Vater Staat

Zdeňka Stoklásková

Vater Staat

Die Armenfürsorge in der Habsburgermonarchie im langen 19. Jahrhundert

PETER LANG
Berlin · Bruxelles · Chennai · Lausanne · New York · Oxford

Bibliografische Information der Deutschen Nationalbibliothek
Die Deutsche Nationalbibliothek verzeichnet diese Publikation in der Deutschen Nationalbibliografie; detaillierte bibliografische Daten sind im Internet über http://dnb.dnb.de abrufbar.

Umschlagabbildung: Waldmüller, Ferdinand Georg: Das gutmütige Kind [Der Bettler] um 1858/1859

Das Buch entstand im Rahmen des Projekts der Forschungsagentur Grantová agentura ČR GA21-07473S *Der Schub und die Armenfürsorge in der österreichischen Monarchie 1780-1850: die Bemühung um die systematische Lösung der Armenfrage*. Der Empfänger des Projekts war die Masarykova univerzita Brno, an der die Autorin (Forscher-ID GLS-8713-2022) tätig ist.

ISBN 978-3-631-91486-1 (Print)
ISBN 978-3-631-92809-7 (ePDF)
ISBN 978-3-631-92810-3 (ePUB)
DOI 10.3726/b22446

PETER LANG
open

Verlegt durch Peter Lang GmbH, Berlin (Deutschland)

info@peterlang.com

www.peterlang.com

Kontaktadresse nach EU-Produktsicherheitsverordnung:
gpsr@peterlang.com

Inhalt

Abbildungsverzeichnis

Grafikverzeichnis

Tabellenverzeichnis

Eine Wiener Frau in ihrer mährischen Heimat

In den siebziger Jahren des 20. Jahrhunderts traf ein Junge in dem kleinen mährischen Dorf Jawurek (Javůrek) täglich zu Hause eine Frau, die er für seine Tante hielt, da sie von Familienmitgliedern so genannt wurde. Erst später erfuhr er, dass sie gar keine Verwandte sei. Frau Leopoldine war ein Wiener Kind, geboren am 6. August 1898 in der Donaumetropole.[1] Über ihre Kindheit erfuhr man sehr wenig, da sie – vermutlich um die schlechten Erinnerungen zu verdrängen – hierüber nicht sprechen wollte. Leopoldines Mutter war ebenfalls eine Wienerin. Nach ihrem Tode übergab man Leopoldine in ein Wiener Waisenhaus. Dort lebte sie einige Jahre, bis die damals fast Achtjährige am 1. Mai 1906 in das mährische Dorf Jawurek kam.

Doch warum wurde sie überhaupt in das mährische Dorf gebracht? Leopoldines Vater besaß hier das Heimatrecht, ohne offensichtlich jemals ein anderes erworben zu haben. Ungeachtet ihres Geburtsortes war folglich für Leopoldine ebenso Jawurek zuständig. Der vermutlich – wie in ähnlichen Fällen bezeugt – durch einen Dorfboten realisierte Transport des Kindes, erfolgte höchstwahrscheinlich, nachdem man dessen Zuständigkeit festgestellt und die entsprechende Rückstellung seiner Ernährungs- und Erziehungskosten an das Gemeindeamt in Javůrek veranlasst hatte. Der Unterhalt des Kindes „zu Hause", also an dem Ort, an dem sich Leopoldine vorher nie aufgehalten hatte, erwies sich für die kleine Gemeinde als wesentlich

[1] Die vollständigen Namen der Personen werden hier aus Datenschutzgründen nicht angegeben.

günstiger als die entsprechende Unterstützung im Wiener Waisenhaus.[2] Gemeinden besaßen das Recht, die Art und Weise der Unterstützung für ihre Bedürftigen zu wählen (§ 25, Gesetz 1863). Nicht ganz klar ist, aus welchem Grund Leopoldine in das Wiener Waisenhaus gebracht wurde, zumal ihr Vater doch lebte. Die Zeitzeugen erfuhren von Leopoldine, sie sei das jüngste Kind einer ganzen Schar von Geschwistern, deren Ernährung der Vater nicht gewährleisten konnte.[3]

In Jawurek lebten keine Verwandten Leopoldines. Entsprechend den geltenden Normen des Heimatrechts, wurde das Mädchen in die Obhut ihrer Heimat übergeben und es wurde nach einer Möglichkeit für die Unterbringung gesucht. Der kinderlose Bauer Josef und seine Frau, die wenig später verstarb, erbarmten sich des Kindes und nahmen es in ihre Familie auf, adoptierten es jedoch nicht. Später heiratete Josef erneut, und aus dieser Ehe gingen vier Kinder hervor. Leopoldine erhielt eines der beiden für Arme bestimmten Zimmer im Gebäude des damaligen Gemeindeamtes. Bei der Volkszählung im Jahre 1921 wurde sie als Dienstmagd in der Familie des Bauern Josef registriert.[4] Leopoldine blieb ihr gesamtes Leben lang in der Familie des Bauern, ohne ihr kleines, karges Zimmer im Gemeindehaus zu verlassen. Einige Jahre lebte sie bei den verheirateten Schwestern des Bauern in anderen Ortschaften, wollte aber stets nach Hause zurückkehren.

Nach der Machtübernahme der sozialistischen Regime durfte Leopoldine offiziell nicht mehr als Dienstmagd tätig sein, sondern fand als Waldarbeiterin eine Beschäftigung. Diese Arbeit war angesichts ihrer körperlichen Statur – Leopoldine maß lediglich 148 cm und litt an Rachitis – sehr anstrengend, was vermutlich auf eine unzureichende Ernährung in der Kindheit zurückzuführen ist. Bis ins hohe Alter lebte, arbeitete

---

2 Javůrek zählte 1910 474, 1921 463 Einwohner. Siehe die Volkszählung von 1910 und 1921, digitalisiert durch das Mährische Landesarchiv Brno: https://www.mza.cz/scitacioperaty/digisada/detail/13527 (19. September 2023).

3 Die Autorin bedankt sich herzlich bei drei Zeitzeugen in Javůrek für deren Hilfe und Bereitschaft, die historischen Zusammenhänge zu rekonstruieren. Gespräch vom 6. Oktober 2023.

4 Volkszählung von 1921, digitalisiert durch das Mährische Landesarchiv Brno. https://www.mza.cz/scitacioperaty/digisada/detail/13527 (19. September 2023). Die Hausnummer in Javůrek kann hier nicht angegeben werden, da dies zur Identifikation von Personen führen würde.

und aß Leopoldine mit der Familie des Bauern sowie nachfolgend derjenigen seiner Tochter und seines Enkelsohnes. Sie kam jeden Morgen und ging am Abend in ihr Zimmer. Sie hat nie geheiratet und wollte ihr Zimmer im Gemeindehaus nicht aufgeben, als ihr der Bauer anbot, ihr ein Zimmer im Hof einrichten zu lassen. Das Zimmer im Gemeindehaus war ungeheizt und Leopoldine musste es selbst in einem kleinen Kamin beheizen, was sich im hohen Alter als problematisch erwies, Familienmitglieder des Bauern Josef leisteten Hilfe. Nach ihrem Tode am 9. Oktober 1980 wurde sie auf dem Friedhof im Grab der Bauernfamilie begraben. Auf dem Grabstein steht lediglich „Leopoldine", ohne Nachnahmen. Der Familienname gilt für alle dort bestatteten Familienangehörige als Überschrift, wodurch sie auch per Namen als Mitglied der Familie galt.

Frau Leopoldine gilt als ein anschauliches Beispiel für die alte österreichische Armenfürsorge, die besonders in kleinen Ortschaften stark auf Mildtätigkeit und Nächstenliebe beruhte. Das Heimatrecht wurde in der Tschechoslowakei im Jahre 1949 aufgehoben, aber die eingeführten Traditionen der Armenfürsorge lebten in der Gesellschaft noch lange weiter.

Armut und Armenfürsorge

„Der Arme entsteht nicht durch ein bestimmtes Maß von Mangel und Entbehrung, sondern dadurch, dass er Unterstützung erhält oder sie nach sozialen Normen erhalten sollte."[5] Armut ist in jeder Gesellschaft präsent, lediglich ihre äußerlichen Formen ändern sich. Man begegnet auf der Straße einer bettelnden Person. Was geht dem Betrachter dabei durch den Kopf? „Soll ich eine Spende geben oder nicht? Ich zahle doch Steuern, unser Staat ist ein Sozialstaat. Vielleicht ist die Person einfach arm, besonders, wenn sie alt und gebrechlich ist. Ich sollte doch eine Spende tätigen." Dann setzt sich der Gedanke fort: War dies immer so? Wann entstand eigentlich der Sozialstaat? Welche Ideen stifteten die staatlich organisierte Armenfürsorge? Wann begann der Staat, seinen eigenen Staatsbürgern zu helfen?

Die Armut war (und ist) eine Alltagserscheinung, in der frühen Neuzeit erlebte sie mitunter eine Glorifizierung. Einsiedler wurden als heilige Männer wahrgenommen und die Armut spielte bei einigen katholischen Orden eine erstrangige Rolle. Im Laufe des 18. Jahrhunderts begann sich die Einstellung zur Armut zu verändern. Mit den Ideen der Aufklärung wandelte sich das Verhalten gegenüber der Armut, die nicht mehr den Ruf eines Schicksals genoss, sondern als Problem galt, das zu lösen war. Pilgerfahrten zu Einsiedlern ebbten allmählich ab, da sie als Zeit und Kostenverlust verstanden wurden, zumal die Pilger den Einsiedlern für gewöhnlich auch Lebensmittel spendeten.

---

5 Simmel, Georg: Soziologie. Untersuchungen über die Formen der Vergesellschaftung. Leipzig: Dunkler & Humblot, 1908, S. 490.

Geistliche Orden, die sich keiner für die Gesellschaft nutzbringenden Tätigkeit zuwandten, wurden aufgehoben. Weitaus weniger erwünscht galten Orden, die nicht allein das Armutsideal pflegten, sondern zugleich auch bettelten, da sie den Vorstellungen der josephinischen Denker zufolge durch ihr Betteln der armen Bevölkerung Lebensmittel vorenthielten, die sich diese im Schweiße ihres Angesichts und bei harter Arbeit erworben hatte und dann den Bettelmönchen schenkte, anstatt sie für die Regenerierung der eigenen Kräfte und zur Ernährung der eigenen Familien zu nutzen.

Die kostspieligen religiösen Zeremonien im Spätbarock gehörten fortan der Vergangenheit an. Die Menschen sparten bei den Ausgaben für Beerdigungen und es ließ sich zugleich ein Rückgang testamentarischer Legate an die katholische Kirche beobachten. „Der Geist der Sparsamkeit" beherrschte den Worten eines Zeitgenossen, Johann Pezzl, zufolge, den öffentlichen Raum. Der Staat benötigte mehr Untertanen – vor allem solche, die jung, gesund und gebildet sein sollten. Der sparsame Umgang mit der eigenen Zeit, die Arbeit selbst und Investitionen in die eigene Ausbildung sowie die Schonung der Gesundheit stellten wirksame Mittel im Kampf mit der Armut dar.[6]

Hilfe boten den Armen verschiedene Wohltäter; eine wichtige Rolle spielte in der Habsburgermonarchie zudem die katholische Kirche. Als private Mäzene traten reiche Stadtbürger und Adelige in Erscheinung, die vor allem die Armen auf ihren eigenen Gütern unterstützten, wodurch sie deren materielle Lage in ihrer Herrschaft verbesserten. Vor allem im westlichen Teil der Habsburgermonarchie bildete sich seit der Mitte des 18. Jahrhunderts – parallel zur Herausbildung des zentralisierten Staates – die Praxis heraus, den Untertanen innerhalb der eigenen Herrschaft Armenfürsorge zu gewähren. Spätestens im Jahre 1777 erfolgte mit der ersten Konskription der Bevölkerung in den meisten Kronländern des späteren Zisleithaniens eine territoriale Zuordnung aller Personen, was bei der späteren Konskription 1804 gesetzlich weiter vertieft wurde. „Jedem Menschen seinen Platz" bedeutete, um mit den Worten Michael Foucaults zu sprechen, mit der Zeit zugleich eine konkrete Verpflichtung des Herrschaftsbesitzers zur Armenfürsorge.

Staat und Land hielten sich Mitte des 18. Jahrhunderts allerdings von der Armenfürsorge fern. Armenhäuser wurden meist von Städten finanziert und

6 [Pezzl, Johann]: Marokkanische Briefe. Aus dem Arabischen. Frankfurt a.M.: Kraus, 1784, S. 16.

boten lediglich wenige Plätze für Arme. In der Praxis waren diese Plätze für alte, gebrechliche Personen reserviert, die sich in einem schlechten Gesundheitszustand befanden. Der Bedarf an Armenfürsorge erwies sich als wesentlich höher: Arme Personen waren häufig auf den Bettel angewiesen, kombiniert mit einer gelegentlichen Arbeitsmöglichkeit. Am stärksten betroffen waren Personen ohne ständige Beschäftigung, also Tagelöhner und Menschen ohne festen Wohnsitz. Auf den jahreszeitlichen Bettel waren meist Männer angewiesen, die von Saisonarbeit lebten, zumal die Winterzeit lediglich eingeschränkte Arbeitsmöglichkeiten bot, die dann meist von qualifizierten Kräften ausgeübt wurden. Das übliche Wassertragen und Holzspalten übernahmen wandernde Handwerksburschen, die bei Ihrer Ankunft bzw. Durchreise in der Stadt keine andere Arbeit finden konnten. Eine gelegentliche Hilfe erhielten sie in Form von Geld, um ihre Wanderung fortsetzen zu können sowie eine kostenlose Übernachtung und Verköstigung in einer Herberge. Handwerksgesellen galten mitunter ansässigen Arbeitgebern willkommener als fremde Tagelöhner, da Gesellen einen moralischen und sozialen Rückhalt durch die Zunft und die Herberge besaßen.

Die Armenfürsorge besaß in der Mitte des 18. Jahrhunderts einen gelegentlichen und karitativen Charakter und war weder vom Staat abhängig noch organisiert. Arme Personen im westlichen Teil der Monarchie, dem späteren Zisleithanien, konnten sich an herrschaftliche Wirtschaftsämtern oder Gemeinden wenden, um Unterstützung zu erhalten, die jedoch oft nicht ausreichte. Beide Subjekte standen in der Frage der Armenfürsorge in „negativer Konkurrenz“ zueinander. Bis zur ersten vollständigen Konskription der Bevölkerung im Jahre 1777 erwies sich auch die Heimatzuständigkeit als eine prinzipielle Frage, zumal selbstverständlich ausschließlich „eigene“ Arme unterstützt wurden, also Personen, die ihre Zugehörigkeit zum Herrschaftsgebiet oder zur Gemeinde nachweisen konnten.

Die Verbreitung der Armut beschleunigte die Transformation der demographischen Lage. Gegen Mitte des 18. Jahrhunderts überwog in einigen Jahren die Mortalität gegenüber der Natalität. Nicht mehr die Pestepidemie, die vor allem Böhmen, Mähren, Nieder- und Oberösterreich zum letzten Mal in den Jahren 1713–1714 heimsuchte, bestimmte das Bild. Die hohe Sterblichkeit war eine Folge der Erschöpfung durch die Kriegsereignisse. Der Österreichische Erbfolgekrieg (1740–1748) und der Siebenjährige Krieg (1756–1763) belasteten die Bevölkerung in Gestalt zahlreicher Rekrutierungen für die Armee und höherer Steuerabgaben. Die Lieferungen für die Armee ließen die ohnehin geringen Vorräte an Lebensmitteln weiter schmelzen. Nachdem die böhmischen und die österreichischen Länder zur Bühne der direkten Kriegsereignisse avancierten, wurde die unzureichend ernährte Bevölkerung zusätzlich durch – von den Armeen verbreitete – Typhusepidemien heimgesucht. In den böhmischen Ländern überwog in den Jahren 1742, 1743, 1747, 1758, 1762 und 1763 die Mortalität gegenüber der Natalität.[7]

Im letzten Viertel des 18. Jahrhunderts lässt sich ein Bevölkerungswachstum verzeichnen, was partiell auf die seinerzeitige hohe Fruchtbarkeit von Frauen zurückzuführen ist. Auf dem Land gab es kaum gezielte Bemühungen, eine Empfängnisverhütung in der Ehe durchzusetzen. Die Anzahl der geborenen Kinder hing vor allem vom Alter der Mutter bei der Eheschließung ab. Das Durchschnittsalter von Frauen, die ihr fünfzigstes Lebensjahr in der Ehe erreichten, lag im 18. Jahrhundert bei der letzten Geburt bei 40,1 Jahren (Jablonec/Gablonz in Nordböhmen). Zu Beginn ihrer Fertilität gebaren die Frauen im Durchschnitt alle 23 bis 28 Monaten ein Kind; im höheren Alter lag dieser Zeitraum bei 29 bis 36 Monaten. Lediglich 10 % der Frauen brachten nach Erreichen des 35. Lebensjahres kein Kind mehr zur Welt.[8] Frauen, die vor ihrem 20. Lebensjahr heirateten, gebaren im Durschnitt 9,2 Kinder, diejenigen, die erst nach ihrem 30. Lebensjahr die Ehe eingingen, gebaren im Durchschnitt 3,6 Kinder. In anderen Lokalitäten finden wir eine ähnliche Situation.

Herrschaften sahen sich seit dem Josephinismus genötigt, grundlegende ärztliche und soziale Hilfe zu leisten, was sich im Laufe der Jahre als ein wichtiger demographischer Faktor erwies. Dank der ärztlichen Versorgung waren Frauen in der Lage, Entbindungen zu überleben und weitere Kinder gebären zu können. Die vom Staat unterstützten Impfungen gegen Pocken (Variola), die in der Habsburgermonarchie schnelle Anwendung fanden, trugen ebenfalls zum Bevölkerungswachstum bei.[9]

---

7 Fialová, Ludmila und Kollektiv: Dějiny obyvatelstva českých zemí, Praha: Mladá fronta, 1996, S. 123.

8 Ebenda, S. 124.

9 In Wien wurde im Jahre 1799 durch Jean de Carro die erste Impfung gegen Pocken auf dem europäischen Kontinent durchgeführt. Riedel, Stefan: Edward Jenner and the history of smallpox and vaccination. In: Proceedings, Baylor University. Medical Center, Bd. 18, Nr. 1, 2005, S. 21–25.

Die Armut der Bevölkerung wurde in der zweiten Hälfte des 18. Jahrhunderts wesentlich durch eine Lebensmittelkrise kompliziert. Die Produktivität bei der Herstellung von Lebensmitteln wuchs nicht parallel zur wachsenden Anzahl an Personen. Ein oder zwei weniger fruchtbare Jahre ließen vor allem arme Bevölkerungsschichten in die Hungersnot abgleiten, da sie kaum Vorräte an nicht verderblichen Lebensmitteln wie Getreide, Mehl oder Schmalz anzulegen vermochten. Unter der Regierung Josephs II. errichtete man sog. Kontributionsgetreidespeicher, die wie eine Getreideleihbank funktionieren sollten. Arme Personen konnten im Falle von Hunger, schlechter Ernte, persönlichen Katastrophen wie Feuer, Überschwemmung, Hagel, Tod oder Krankheit eines Familienmitglieds, Getreide zum Verzehr oder als Saat leihen. Die geliehene Menge musste nach der nächsten Ernte zuzüglich eines prozentualen Aufschlags zurückgegeben werden. Später fungierten Kontributionsgetreidespeicher als sparkassenähnliche Institutionen, die die wirtschaftliche Lage ländlicher Gemeinden mehr oder weniger verbessern konnten, falls die Ernte gut ausfiel und die Vorräte zum Teil verkauft werden konnten.

Sowohl Kaiserin Maria Theresia als auch hohe Beamte waren sich der schwierigen Lage auf dem Lebensmittelmarkt bewusst. Die sog. Raabsche Agrarreform sollte die Frage des Ertrags von Lebensmitteln und die Lage von Personen ohne eigenen Boden lösen.[10] Die Bodenreform beruhte auf einer Aufteilung von dominikalem (d. h. herrschaftlichem) Boden an Bauern, die diesen selbst bewirtschaften sollten. Der Verkauf des Bodens stieß bei Herrschaften auf harten Widerstand, weshalb man die Form einer Erbpacht wählte. Die Pacht wurde durch festgelegte Beträge in Geld oder Naturalien beglichen, die zu festen Terminen zu entrichten waren. Die dadurch entstandenen – nicht sehr großen – Bauernhöfe sollten einer zahlenmäßig umfangreichen Familie dienen. Aus diesem Grunde bezeichnete man die Inhaber eines solchen Besitzes als Familianten. Eine Robotpflicht (Frondienst) wäre damit aufgehoben worden.

Das Raabsche System wurde im Jahre 1775 auf zwei ehemaligen Jesuitengütern in Böhmen ausprobiert und anschließend auf weiteren 105 konfiszierten Jesuitenherrschaften sowie Kammergütern eingeführt. Nach der

10 Franz Anton von Raab zu Ravenheim (1722–1783) als Direktor der kaiserlichen Güter in Böhmen schlug die Bodenreform vor, um die Produktion zu steigern.

erfolgreichen Umsetzung in Böhmen wurde das System auf Niederösterreich (1775), Mähren (1777), der Steiermark (1778) und Galizien (1782) ausgeweitet. Per Hofdekret vom 10. Februar 1783 folgten daraufhin sämtliche Güter, die unter staatlicher Verwaltung standen (bis 1790 wurden dadurch 128 Dörfer in Böhmen und 117 in Mähren neu gegründet). Einige Gemeinden ließen sich durch diese Neuerung inspirieren und boten armen Gemeindegliedern Gemeindeboden für den Bau eigener Häuser an. Derartige Häuser, wesentlich kleiner als Bauerngründe und mit einem kleinen Garten versehen, lagen zumeist am Rande der damaligen Bebauung. Wir finden diese noch heute in vielen Dörfern. Adeligen Herrschaftsbesitzern wurde das Raabsche System anempfohlen, die Herrscherin besaß jedoch keine Machtinstrumente, die Herrschaften zu dessen Einführung zu zwingen. In der Folge entstand eine sehr heterogene Lage in den einzelnen Kronländern und auch innerhalb der Länder, da ein Teil der Besitzer die Reform ganz oder partiell durchführte, während andere Feudalherren das alte Wirtschaftssystem mit der Robotpflicht (Frondienst) beibehielten. Auf Drängen der Großgrundbesitzer wurde die Raabsche Reform im Jahre 1790 eingestellt.

Das Raabsche System wird auch als ein Versuch interpretiert, auf dem Lande lebenden Personen ohne Boden diesen zur Bewirtschaftung zur Verfügung zu stellen und damit ihre Armut zu verringern. Eine solche Interpretation erweist sich jedoch als problematisch, da es in der Folge geschah, dass der Boden in einigen Fällen an Kinder oder Verwandte reicher Bauern verkauft oder verpachtet wurde, die damit ihren eigenen Haushalt errichten konnten.[11] Aus der Perspektive des Staates war es jedoch gleichgültig, wer als potentieller Inhaber der neuen Bauernwirtschaft erschien, da es vor allem um eine Steigerung der Lebensmittelproduktion ging. Allerdings lässt sich im Falle dieses wenig erforschten Themas vermuten, dass der armen Bevölkerung in vielen Fällen dennoch geholfen werden konnte.

In der ersten Hälfte des 19. Jahrhunderts verbesserte sich der Ertrag von Getreide, Kartoffeln, und Gemüse sowie von Nutztieren, vor allem Kühen, infolge der sog. landwirtschaftlichen Revolution. Diese beruhte auf der

---

[11] Mehr zur Gemeinde auf dem Lande auf dem Beispiel der privaten Güter des Olmützer Domkapitels: Drozda, Martin: Vesnická obec na Moravě mezi osvícenstvím a zrušením poddanství na příkladu privátních statků olomoucké kapituly. Brno: Matice Moravská, 2023.

Einführung von Futterpflanzen mit einem höheren Protein- und Kohlenhydratgehalt (Luzerne und Klee im Vergleich zu bisher angebauten Weidegrasarten). Der Anbau von Futterpflanzen verbesserte die Bodenfruchtbarkeit (Klee bindet atmosphärischen Stickstoff an seinen Wurzeln), die darüber hinaus durch die Stallung von Weidetieren eine wesentliche Erhöhung erfuhr. Der Anbau bestimmter Arten von Futterpflanzen konnte die Honigproduktion steigern, da sie als nahrungsvolle Futterquelle für Bienen dienen konnten. Die Produktivität von Lebensmitteln stieg im Laufe des 19. Jahrhunderts auch durch die Verbreitung neuer Pflanzen- und Obstbaumarten, die größere Verbreitung der Bienenzucht und die Gewinnung bisher nicht üblicher Produkte wie Rübenzucker (der bis dahin übliche Zucker aus Zuckerrohr war wesentlich teurer) oder Ersatzkaffee aus Getreide, der zu einer wichtigen Nahrungsquelle für arme Schichten wurde.

Die soziale Differenzierung der Bevölkerung trug wesentlich zur Verbreitung der Armut bei. Die Herrschaften waren an solventen Bauerngütern interessiert, die nicht geteilt werden sollten. Bei großen Familien oder weniger reichen Bauernhöfen verblieb den Geschwistern des Bauernerben die Stellung als Knechte und Mägde, sofern der Besitz die Gründung eigener Familien erlaubte. Andernfalls mussten sie den Geburtshof verlassen und von ihrer Hände Arbeit leben – sei es in der Umgebung als Dienstpersonal, bei anderen Bauern oder reicheren Stadtbürgern bzw. als (un-)qualifizierte Arbeiter in einer Manufaktur und in einer Fabrik. Im Ergebnis entstand eine stabile und starke Bauernschicht. Zugleich lässt sich eine ständige Zunahme von bodenlosen Personen beobachten. In den böhmischen Ländern machten in den protoindustriellen Gebieten Bodenlose die Hälfte bis zu zwei Drittel der gesamten Bevölkerung aus, in einigen Regionen sogar drei Viertel. In landwirtschaftlich fruchtbaren Gebieten wiederum stellten sie die Hälfte der Bevölkerung dar. In den in ihrer konservativen Struktur weniger fruchtbaren Gegenden, wo Industrie, Kommunikationsmöglichkeiten und Viktualienabsatzmarkt fehlten, machten bodenlose Personen hingegen ein Drittel der Population aus. Sie verließen ihre Heimatorte und übersiedelten in die Städte.

Große Städte, „die Schattenbilder des Elends und der Dürftigkeit",[12] boten weitaus mehr Arbeitsmöglichkeiten, jedoch stellte das Leben in der Stadt

12 Weiss, Karl: Geschichte der öffentlichen Anstalten, Fonde und Stiftungen für die Armenversorgung in Wien. Wien: Im Selbstverlage des Gemeinderaths, 1867, S. 192.

im täglichen Bedarf höhere Ansprüche, zumal man mit höheren Preisen für Lebensmittel rechnen musste und die Unterbringung in überfüllten Wohnungen den eigenen Anbau von Obst, Gemüse und Kartoffeln nicht erlaubte bzw. als eine Art Gegenleistung für die Arbeit unmöglich machte (eigene Ernte von Kartoffeln, Obst und Gemüse selbst pflücken usw.), wie dies beispielsweise bei armen Personen auf dem Lande üblich war.

Das österreichische Sozialsystem fußte in der Zeit der späten Habsburgermonarchie auf dem Prinzip des Heimatrechts. Letzteres bildete in der ersten Hälfte des 19. Jahrhunderts unter der Bezeichnung „politisches Domizil" das *Centrum securitatis* der sozialen Fürsorge. Lediglich die Heimatgemeinde war für die Armenfürsorge zuständig, kein anderes Subjekt (mit Ausnahme einer gelegentlichen Caritas) konnte Bedürftige versorgen. Das gut gemeinte Prinzip, dass ein armer Mensch wenigstens einen Ort in seinem Vaterland vorfinden sollte, aus dem er nicht vertrieben werden könne, brachte bei seiner Realisierung zahlreiche Probleme mit sich.

Das österreichische Heimatrecht erwies sich im Unterschied zum preußischen als zu unflexibel und weniger an die Industrialisierung angepasst. Das Heimatrecht und die sich hieraus ableitende Armenfürsorge besaß für arme Personen, die über keinerlei Besitz oder Ersparnisse verfügten, große Bedeutung. Gerade diese Bevölkerungsgruppe konnte nur sehr schwer ein neues Heimatrecht erwerben. Mit der fortschreitenden Industrialisierung vertiefte sich die Kluft der Armut zwischen der Stadt und dem Land.

Die meisten in die Städte abgewanderten Personen blieben formell in ihren ländlichen Gemeinden gemeldet, da sich die großen Agglomerationen weigerten, Besitzlose in ihren Heimatverband aufzunehmen. Es lag in ihrem eigenen Interesse, bedürftige Menschen nicht versorgen zu müssen. Heimat bildete somit für viele Personen eher eine Fiktion: Im Jahre 1900 lebten in ihrem formellen Heimatort von 1.000 Personen in Niederösterreich lediglich 402, in der Steiermark 415, in Böhmen 443, in Kärnten 486 (weitere Informationen dazu finden sich im Kapitel *Das Heimatrecht in der zweiten Hälfte des 19. Jahrhunderts als Problem der Armenfürsorge*). Viele Personen lebten außerhalb ihres Heimatortes, nicht selten in Städten. Nachdem ihre menschliche (Arbeits-)Kraft altersbedingt nachließ, wies man sie – sofern sie um soziale Unterstützung nachsuchten – in ihre Heimatgemeinden aus. Weigerten sie sich in „ihre Heimat" zurückzukehren, wurden sie gnadenlos abgeschoben. Ihre Heimatgemeinden sahen sich verpflichtet, sie aufzunehmen. Sie konnten jedoch weniger Unterstützung bieten als die Stadtgemeinden, da in den ländlichen Gemeindekassen Abgaben und Leistungen fehlten, die die Gemeindeglieder in ihrer aktiven Lebenszeit hätten zahlen können, sofern sie „zu Hause" gelebt hätten. Die Armutsfürsorge bot auf dem Lande ein sehr bescheidenes Bild. Die Schüblinge, alte und gebrechliche Personen, die in der Stadt ihre produktive Lebenszeit verbracht hatten, fanden in der Regel in ihrer Heimatgemeinde keine Verwandte mehr vor, die ihnen in ihrer Armut helfen konnten, sodass sie auf die öffentliche Armenpflege angewiesen waren.

Die soziale Kluft zwischen Stadt und Land vertiefte sich im Laufe des 19. Jahrhunderts immer mehr. Ein Kompromiss ließ sich im Parlament nicht erreichen, zumal sich die hoch industrialisierten Kronländer mit der gegenwärtigen Lage zufrieden zeigten; die ländlichen Kronländer hingegen äußerten großen Unmut, doch vermochten sie im österreichischen Reichsrat keine Mehrheit der Stimmen zu erlangen. Die Heimatgesetze wurden in der Regierungszeit der liberalen Kreise ganz in deren Sinn kodifiziert, blieben jedoch bis zum Ende der Monarchie gültig. In den Achtzigerjahren des 19. Jahrhunderts erschienen die ersten Gesetze, die das Verhältnis zwischen Arbeitgeber und Arbeitnehmer regelten und die das Abgleiten von Arbeitern in die Armut bremsen sollten.

Die Armenfürsorge oblag bis zur Mitte des 19. Jahrhunderts der Herrschaft, die diese jedoch in Zusammenarbeit mit der Gemeinde ausübte, verbunden mit einer elementaren Gesundheitspflege, die für arme Personen kostenlos war und deren Finanzierung die Herrschaft sicherte. Konkret bedeutete dies in der Regel die Bezahlung eines Chirurgen (Wundarztes), einer Hebamme und eines Arztes, abhängig von der jeweiligen Region und der konkreten Zahl der Untertanen. Die zuständigen Gemeinden leisteten ebenfalls Unterstützung, was nicht selten in Kombination mit direkten Geldzuwendungen sowie Holz zum Heizen, Getreide, Schmalz, Butter etc. geschah.

Nach der Aufhebung des Patrimonialsystems ging die soziale und gesundheitliche Kompetenz an die Gemeinden und die neu errichteten Bezirksämter über. Die in der Zeit des Josephinismus in der Habsburgermonarchie gegründeten allgemeinen Krankenhäuser (1784 in Wien, 1786 in Brünn, 1787 in Olmütz, 1788 in Graz, 1789 in Prag) wurden allmählich durch ein Netz von Bezirkskrankenhäusern ergänzt, die ebenso den per sog. Armutszeugnis deklarierten Armen eine kostenlose Behandlung zusicherte.

Die Krankenhäuser dienten jedoch lediglich der Heilung innerhalb eines angemessen kurzen Aufenthalts, während unheilbar Kranke oder von einem chronischen Leiden betroffene Personen im allgemeinen Krankenhaus nicht aufgenommen werden durften oder bei Feststellung dieser Lage sofort zu entlassen waren.

Doch wohin sollten sich Menschen wenden, die unheilbar oder chronisch krank und damit nicht erwerbsfähig waren und keine Familie hatten, die sie aufnehmen konnte? Dieser Zustand offenbart die Lücke innerhalb der Kette der entstehenden Sozialfürsorge und die Quelle ihrer Finanzierung, wie die analysierten Fälle in den Urteilen des Verwaltungsgerichtshofes in der Frage der Kosten für die Armenfürsorge (siehe Kapitel unten) zeigen. Dieser Zustand ist auch heutzutage eine der schwierigsten Fragen im Bereich öffentlicher Gesundheits und Sozialpflege, wenn die betroffene Person keine gesundheitliche Behandlung, sondern soziale Hilfe und Pflege benötigt.

In den Städten wurden sog. Versorgungshäuser gegründet, die die nötige Unterkunft, Pflege, Nahrung und eventuell auch Kleidung, Schuhe usw. boten. Versorgungshäuser nahmen nicht nur einheimische Personen auf, sondern auch Fremde, d. h. Leute, die in der betreffenden Gemeinde nicht beheimatet waren. Den alten österreichischen Gesetzen der zweiten Hälfte des 19. Jahrhunderts zufolge konnte eine Person erst dann aus dem Krankenhaus entlassen werden, wenn sie selbst für ihren Unterhalt aufzukommen vermochte. Dies war bei vielen nicht der Fall. Sie fanden Aufnahme in Versorgungsinstituten im Ort der Behandlung, also in großen Städten, wo es Krankenhäuser gab. Die Versorgungshäuser verlangten jedoch von Auswärtigen die Erstattung der Versorgungskosten von deren Heimatgemeinden, die sich (nicht selten auch auf dem juristischen Weg) wehrten, wie die analysierten Fälle der Urteile des Verwaltungsgerichtshofes in der Frage der Kosten für die Armenfürsorge (siehe Kapitel unten) zeigen.

Die Kosten für die Versorgung wurden nicht selten erst nach dem Tod der Person von der – sofern ermittelbar – Heimatgemeinde getragen, die sich nicht selten weigerte, dem nachzukommen. Unklar blieb die Erstattung der Kosten für Personen, deren Heimatzuständigkeit nicht zu ermitteln war. Diese fielen der Gemeinde zur Last, die sie behandelte und verpflegte, also in vielen Fällen den Städten mit Krankenhäusern und Verpflegungsinstituten. Da der Erhalt von Krankenhäusern in die Kompetenz der Länder fiel, konnten in der Habsburgermonarchie unterschiedliche finanzielle Situationen entstehen, die von der Repräsentation und dem Budget der einzelnen Landtage abhängig waren.

Die politische Waage zwischen dem konservativen und dem liberalen Flügel im zisleithanischen Parlament nach dem österreichisch-ungarischen Ausgleich in der Frage der Armenfürsorge ist auch heute noch schwierig zu beurteilen. Die Kodifizierung des Heimatrechts in den sechziger Jahren des 19. Jahrhunderts (1863) unter liberalen Politikern und die Sozialgesetze (Novellen der Gewerbeordnung von 1883 und 1885) in den achtziger Jahren des 19. Jahrhunderts unter konservativen Politikern scheinen auf den ersten Blick eine eindeutige Interpretation zuzulassen, doch erweist sich dies als zu einfach. Auf Landesebene kam es zu einer Verflechtung von politischen und sozialen Interessen, wie im entsprechenden Kapitel *Naturalverpflegungsstationen: die Suche nach einer Lösung der Armenfürsorge* aufgezeigt wird.

Die Kosten für die Armenfürsorge belasteten die Gemeindekassen beträchtlich. Die Gemeinden bemühten sich, mögliche Ausgaben zu vermeiden. Das Kapitel *Kosten für Armenfürsorge beim Verwaltungsgerichtshof* veranschaulicht die unterschiedliche rechtliche Interpretation der Armengesetzgebung auf sämtlichen Ebenen der politischen (staatlichen) Behörden.

Der Schub, ein Instrument des Sozialsystems und des Strafrechts, war unbestritten ein Akt der Gewalt, der sich nicht selten gegen arme, alte Personen und Kinder richtete.[13] Er bildete allerdings einen Bestandteil der Armenfürsorge, die ausschließlich von der Heimatgemeinde ausgehen konnte. Diese

---

[13] Mit *Schub* bezeichnete man den begleiteten bzw. bewachten Transport von Personen zu Fuß in ihre Heimatgemeinden. In der Habsburgermonarchie wurde dazu ein Netz von Schubstationen aufgebaut, die zur Übernachtung von Schüblingen dienten. Die Bewachung von Schubkolonnen übernahmen die Gemeinden, in deren Liegenschaftskataster sich die Schubtrassen befanden. Vom Schub betroffen waren diverse Personen: vor allem jedoch arme Menschen. Die Abschiebung war für die entlassenen Sträflinge Pflicht, wobei gefährliche ehemalige Inhaftierte mit Fesseln transportiert wurden. Mehr zum Schub vgl. Ammerer, Gerhard: Heimat Straße. Vaganten in Österreich des Ancien Régime. Wien – München: Verlag für Geschichte und Politik, 2003; Stoklásková, Zdeňka: Der Schub in der Habsburgermonarchie. Instrument zur Aufrechterhaltung der öffentlichen Ordnung oder Hilfe bei der Armenfürsorge? Střed. Časopis pro mezioborová studia, Jg. 20, 2020, S. 11–39.

sollte nicht nur als „Ort der Sicherheit“ für ihre eigenen *Gemeindeglieder* gelten,[14] sondern zugleich als Ort der Erziehung (zur Arbeit) und der Pädagogisierung von Personen am Rande des legalen Lebens – mit den Worten der Gesetzbücher des 18. Jahrhunderts ausgedrückt „bedenklicher Leute überhaupt“ – fungieren, als jene Stelle, an der ihre Rückkehr in die Gesellschaft vollzogen werden sollte.

Bis zum Ende der Monarchie konnte keine für alle Kronländer akzeptable Lösung der Armenfürsorge gefunden werden. Die Armutspflege ging weiter von der Heimatgemeinde aus, der Schub als Mittel des verhängten Transportes von Personen in ihre Heimatorte blieb bestehen. Man kann sich heute die schwierig zu beantwortende Frage stellen, ob die gigantischen Schubkosten eine unnütze Verschwendung darstellten oder ob der Schub als eine Vorstufe zur Entstehung des Sozialstaats anzusehen ist.

Die Grundlagen der heutigen Sozialpflege in den Nachfolgestaaten wurden in der Zeit der Habsburgermonarchie geschaffen. In Österreich entfiel das Prinzip der Heimat als Kriterium der Armenfürsorge im Jahre 1939, in der Tschechoslowakei erst 1949 mit Aufhebung des Heimatrechts. Die in der Zeit der Aufklärung entstandenen modernen Ansätze der Armenhilfe leben im heutigen Sozialsystem fort.

---

14 Als Gemeindeglieder galten alle Personen ohne Besitz – im Gegensatz zu Gemeindebürgern mit Grundbesitz oder Meisterrecht. Die Zuordnung ging mit verschiedenen Rechten im Gemeindegefüge einher.

Armut und Armenfürsorge. Forschungsstand und Problemstellung

„Von den Armen geht alles mit ihrem Tode unter: Das Dunkel des Lebens findet seine Entsprechung im Vergessen."[15] Diese Äußerung des italienischen Historikers Armando Sapori (1872–1976) kann als Motto für eine Geschichte der Armut angesehen werden, sind doch die Armen meist zugleich auch die Unbekannten. „Wir wissen über sie wenig, und das, was wir zu wissen glauben, ist oft falsch."[16] Quellen, die tatsächlich Auskunft über die Lebensverhältnisse der unteren Schichten geben, tauchen lediglich sehr sporadisch und punktuell auf: Sie lassen sich für ein bestimmtes Territorium, eine Zeit, eine bestimmte Situation, und nur unter diesen Rahmenbedingungen interpretieren. Wirtschaftliche Umstände wie Löhne, Preise, Ernteergebnisse, Wohnungsbedingungen, Kinderzahl, Ehestand usw. müssen mühsam interpretiert werden. Im Idealfall können diese Datensicherung und analyse mit Fallbeispielen ergänzt werden, die der Demonstration dienen, sich jedoch keineswegs als repräsentativ analysieren lassen. Wolfram Fischer hat auf den verbreiteten Fehler hingewiesen, Zustände zu beschreiben und

---

15 Sapori, Armando: Studi die storia economica (secoli XIII–XIV–XV), Bd. I, Firenze: Sansoni, 1955, S. 165. Zitiert nach: Maschke, Erich: Die Unterschichten der mittelalterlichen Städte Deutschlands. In: Maschke, Erich – Sydow, Jürgen (Hrsg.): Gesellschaftliche Unterschichten in den südwestdeutschen Städten. Stuttgart: W. Kohlhammer, 1967, S. 1–74, hier S. 4.

16 Fischer, Wolfram: Armut in der Geschichte. Erscheinungsformen und Lösungsversuche der „Sozialen Frage" in Europa seit dem Mittelalter. Göttingen: Vandenhoeck & Ruprecht, 1982, S. 7.

als „neu“ zu erklären, ohne jedoch die vorausgehenden Perioden wirklich studiert zu haben.[17]

Die Armut zählt zu den großen und enorm wichtigen historischen Themen, wobei in der Forschung darüber hinaus Konsens besteht, dass Armut kein statischer, sondern ein relativer Begriff ist, der in jeder Epoche eine andere Bedeutung besitzt und – eingebettet in den jeweiligen politischen, ökonomischen, sozialen und mentalen Kontext – zahlreiche Abstufungen kennt.[18] Die Ursachen der Armut sind vielfältig: eine schwierige soziale Lage aufgrund der Familiensituation, mangelnde Ausbildung, Schulden, Arbeitslosigkeit, Kinderreichtum, Krankheit, Alter sowie die fehlende oder schwache „Hand des Staates“, der Obrigkeit bzw. der Gemeinde. Als Katalysatoren von Verarmungsprozessen können eine Krisensituation, ein erntearmes Jahr, eine Naturkatastrophe, der Tod eines Familienmitglieds usw. wirken. Die ältere Forschung verstand unter Armenwesen vornehmlich die obrigkeitlich-besitzbürgerliche Auseinandersetzung mit Armen und Bettlern, vor allem die normativen Strukturen sowie institutionellen, korporativen und individuellen Bekämpfungsstrategien und Fürsorgemechanismen – de facto eine Sicht „von oben“. Neuere Arbeiten fokussieren dagegen eine arme Person als Individuum, als Fallbeispiel, an dem soziale Tendenzen und gesellschaftliche Auseinandersetzungen demonstriert werden können – also eine Sicht „von unten“. Unter Armenfürsorge, Armenpflege und Armenwesen wird in dieser Arbeit die Gesamtheit der fürsorglichen und repressiven Maßnahmen zur Linderung der Armut verstanden.

Aus der Feder des Doyens der historischen Armutsforschung, Helmut Bräuer, stammt eine komprimierte und problemorientierte Zusammenfassung zum Untersuchungsgegenstand in der Enzyklopädie der Neuzeit. Die sich seit dem Mittelalter vertiefende soziale Differenzierung innerhalb der Gesellschaft sorgte für einen Wandel im armutsbezogenen Denken, in der Armenpolitik und in der praktischen Auseinandersetzung mit der Armut. Bereits im späten Mittelalter gingen einige große europäische Städte zu organisatorischen Veränderungen beim Umgang mit der Armut über, die in den sog.

---

17 Ebenda.

18 Ammerer, Gerhard – Schlenkrich, Elke – Veits-Falk, Sabine – Weiß, Alfred Stefan (Hrsg.): Armut auf dem Lande. Mitteleuropa vom Spätmittelalter bis zur Mitte des 19. Jahrhunderts. Wien – Köln – Weimar: Böhlau, 2010, S. 7.

Armentafeln (Verteilung von Speisen und Kleidung) ihre Verwirklichung fanden. Andere Städte führten städtische Armen- und Bettlerordnungen ein (Nürnberg 1370, 1478; Wien 1443; Straßburg 1460, 1481, Brügge 1526), wodurch die Grundlagen von eigenständigen armenpolitischen Normen geschaffen wurden.[19]

Die beginnende Proto-Industrialisierung vertiefte die Pauperisierung, die in England bereits im 16. Jahrhundert dramatische Ausmaße erreicht hatte. Im 16. Jahrhundert setzten immer mehr staatliche Behörden auf das Konzept der Qualifizierung der Almosenvergabe und der Bettlervertreibung: Venedig (1528), Niederlande (1531), England (1538, 1547, 1552, 1576), Kastilien (1540), Frankreich (1543), Schweizer Kantone (1551), Dänemark (1558), Schottland (1579).[20]

Das Problem der Armut, ihrer Ursachen und der Mittel zu ihrer Bekämpfung war von Anfang an ein zentrales Thema der Entwicklung der modernen Sozialwissenschaften und bildet seitdem einen Gegenstand empirischer Untersuchungen und ideologischer Kontroversen. Bereits in den ersten Pamphleten und Werken der Frühen Neuzeit, die sich mit der damaligen sozialen Frage befassten, sowie in den Anfängen ökonomischen Denkens fragte man nach Mitteln, um die Bettelei zu beseitigen, Müßiggänger zu einer Tätigkeit zu zwingen und den Armen Arbeit zu geben.[21]

Der Staat als Stiefvater? Der Disziplinierungsprozess und die Armenfürsorgeforschung

Die historische Armutsforschung hat sich verstärkt der Frühen Neuzeit zugewendet.[22] Das wissenschaftliche Interesse drehte sich dabei um die

---

19 Enzyklopädie der Neuzeit. Bd. 1, Stuttgart – Weimar: Verlag J. B. Metzler, 2005, S. 669–670; der Autor des zitierten Beitrags ist Helmut Bräuer.

20 Ebenda.

21 Geremek, Bronislav: Geschichte der Armut: Elend und Barmherzigkeit in Europa. München – Zürich: Artemis Verlag, 1988, S. 7. Aus dem polnischen Litość i szubienica. Dzieje nędzy i milosierdzia w Europie. Entstanden 1978, veröffentlicht erst 1989 in Lublin im Verlag Czytelnik.

22 Sachse, Christoph – Tennstedt, Florian: Geschichte der Armenfürsorge in Deutschland. Vom Spätmittelalter bis zum ersten Weltkrieg. Stuttgart – Berlin – Köln – Mainz: Verlag W. Kohlhammer, 1980.

Frage, inwieweit die Entwicklung des Armenwesens mit jener des Disziplinierungsprozesses zusammenhänge, und zwar innerhalb des neuzeitlichen Rationalisierungsprozesses. Die Caritas galt weiterhin als wichtiges Thema, jedoch richtete die Forschung den Blick stärker auf die Rolle des Staates. Die Armenfürsorge wurde als Prozess der öffentlich organisierten – auf den Grundsätzen von Subsidiarität, Individualisierung und Heimatzuständigkeit beruhenden – Subsistenzsicherung begriffen. In diesem Kontext dürfen ältere Arbeiten, die methodologisch ihrer Zeit weit vorausgingen, nicht vergessen werden.[23]

Neben der von Norbert Elias entwickelten Theorie des Zivilisationsprozesses übte Gerhard Oestreichs These der Sozialdisziplinierung großen Einfluss auf die Geschichtswissenschaft aus. Das am Anfang noch ideengeschichtlich geprägte Konzept der Sozialdisziplinierung tauchte erstmals im Jahre 1968 auf.[24] G. Oestreich setzte sich mit anderen Schemata wie jenem der Rationalisierung (Max Weber) und Zivilisationstheorie (Norbert Elias) auseinander. Im Gegensatz zu Weber definierte er die Sozialdisziplinierung als einen „der Rationalisierung vorgängigen Prozess“ und im Unterschied zu Elias beschrieb er diese als Prozess langsamer Veränderung des menschlichen Verhaltens, des Lebens- und Wirtschaftsstils, der nicht allein durch sozio- oder psychogenetische Vorgänge wie Selbstdisziplin, sondern zugleich auch durch obrigkeitliche Maßnahmen beeinflusst wird.

Die wichtigste Phase des Disziplinierungsprozesses fällt in das 18. Jahrhundert. Der Prozess der Sozialdisziplinierung entwickelte sich zu einer eigenständigen Forschungsströmung, welcher die interdisziplinäre Zusammenarbeit maßgeblich vorantrieb, da er die Geschichte mit der Rechts-, der Wirtschafts- und der Sozialgeschichte sowie der Staatwissenschaft und der Ethnologie verband. Die Beziehungen zwischen Staat, Gesellschaft, Herrschaft, Gemeinde und armen Personen bildeten den Ausgangspunkt der

---

23 Koch, Lotte: Wandlungen der Wohlfahrtspflege im Zeitalter der Aufklärung. Erlangen: Verlag von Palm & Encke, 1933; Scheiber, Ewald: Das Armenfürsorgewesen in Österreich. Dissertation der Universität Graz. Graz 1948; Petráňová, Alena: Vývoj chudinství v Čechách v době Josefínské. Dissertation der Karls-Universität Prag. Praha 1958.

24 Oestreich, Gerhard: Strukturprobleme des europäischen Absolutismus. Vierteljahrsschrift für Wirtschafts- und Sozialgeschichte, Jg. 55, 1968, S. 329–347.

Forschungen bei Christoph Sachße, Florian Tennstedt, Robert Jütte, Thomas Fischer, Stephan Breuer und Winfried Schulze.[25]

Robert Jütte charakterisierte die Sozialdisziplinierung – analog zu Interpretierungen von G. Oestreich – als „einen alle gesellschaftlichen Ebenen umfassenden Rationalisierungsprozess, welcher zum Kennzeichen der Formierung der europäischen Gesellschaft in der Frühen Neuzeit geworden ist". In der durch demographische, ökonomische und soziale Spannungen geprägten Gesellschaft der Frühen Neuzeit „sollte der Arme seinen festen Platz in der ständisch hierarchisierten Gesellschaftsordnung haben [...] Sozialdisziplinierung konnte deshalb nur bedeuten, den Armen so zu erziehen, dass er diese gottgewollte (so glaubten es jedenfalls die Zeitgenossen) Funktionszuweisung nicht in Frage stellte. [...] Kriminalisierung und Repression auf der einen Seite, Erziehung und Integration auf der anderen Seite" sei die doppelte Gestalt der Sozialdisziplinierung im städtischen Armenwesen (in der Frühen Neuzeit).[26] Michael Foucault datiert den „fundamentalen Charakter" des Disziplinierungsprozesses in das 18. Jahrhundert, wobei je nach der Region auch frühere Datierungen möglich seien.

Jüttes Paradigma der Sozialdisziplinierung bereitete den Weg für weitere Forschungen. Anknüpfend an M. Weber, G. Oestreich und M. Foucault versteht S. Breuer die Sozialdisziplinierung als

---

[25] Sachße, Christoph – Tennstedt, Florian (Hrsg.): Soziale Sicherheit und soziale Disziplinierung. Beiträge zu einer historischen Theorie der Sozialpolitik. Frankfurt am Main: Suhrkamp, 1986; Breuer, Stefan: Sozialdisziplinierung. Probleme und Problemverlagerungen eines Konzepts bei Max Weber, Gerhard Oestreich und Michael Foucault. In: Sachße, Christoph – Tennstedt, Florian (Hrsg.): Soziale Sicherheit und soziale Disziplinierung. Beiträge zu einer historischen Theorie der Sozialpolitik. Frankfurt am Main: Suhrkamp, 1986, S. 45–69; Jütte, Robert: Disziplinierungsmechanismen in der städtischen Armenfürsorge der Frühneuzeit. In: Ebenda, S. 101–118; Steckl, Hannes: „Labore et fame" – Sozialdisziplinierung in Zucht- und Arbeitshäusern des 17. und 18. Jahrhunderts. In: Ebenda, S. 119–147; Schulze, Winfried: Gerhard Oestreichs Begriff „Sozialdisziplinierung in der frühen Neuzeit". Zeitschrift für historische Forschung, Jg. 14, 1987, S. 265–302; auch die „bürgerlichen Tugenden" von Münch, Paul: Ordnung, Fleiß und Sparsamkeit: Texte und Dokumente zur Entstehung der „bürgerlichen Tugenden". München: Dt. Taschenbuch-Verlag, 1984.

[26] Jütte, R.: Disziplinierungsmechanismen in der städtischen Armenfürsorge der Frühneuzeit. In: Sachße, Ch. – Tennstedt, F. (Hrsg.): Soziale Sicherheit und soziale Disziplinierung, S. 101–118.

> Totalisierung jener Disziplinierungstechniken, mit deren Hilfe abweichendes Verhalten schon in der Wurzel ausgerottet wird. Sie beschränkt sich deshalb nicht auf formelle oder informelle Reaktionen oder Sanktionen, obwohl sie diese natürlich nicht entbehren kann. Die Sanktion bildet gleichsam nur den stets präsenten Horizont, innerhalb dessen ein komplexes Gefüge von Mechanismen der Formierung, der Abrichtung, der Einübung von Motiven und Verhaltensmustern am Werk ist.[27]

Martin Dinges unterzog jedoch das Konzept der Disziplinierung einer Kritik, wobei dessen theoretischen Einwände an dieser Stelle kurz zusammengefasst werden sollen. Der Begriff der Sozialdisziplinierung sei, so Dinges, ambivalent, es mangele an einer Präzision der zeitlichen Struktur, das Verhältnis von Teil- und Vergesellschaftungsprozessen erscheine ungelöst. Zudem tendiere das Konzept zu einer Verdinglichung der Disziplinierung und zu einer Staatsüberschätzung. Am Ende steht der Vorwurf, das Konzept biete eine einseitige Deutung des historischen Disziplinbegriffs.[28]

Martin Dinges sieht das theoretische Problem des Disziplinierungsansatzes in dessen struktureller Verwandtschaft mit dem Begriff *Rationalisierung*. Dieser impliziere Handlungsorientierung und Realitätsbeschreibung, also normative und faktische Aspekte. Denkbar seien Rationalisierungsaspekte in beiden Bereichen, woraus sich eine Schwierigkeit für die zweckmäßige Beschreibung des Disziplinierungsprozesses ergibt.[29] Unklar bleibt, wie das Spannungsverhältnis zwischen den normativen Vorgaben und dem faktischen Verhalten zu ermitteln ist und wie die Rationalisierung realisiert wird.

Laut W. Schulze beinhaltet der historische Begriff *Disziplin* inhaltlich und sachlich ambivalente Wirkungen. Disziplin sei einerseits funktional für ökonomische und politische Unterordnung, biete andererseits aber durch die Schaffung von Berechenbarkeit zwischen Herrschern und Beherrschten bestimmte Emanzipationsmöglichkeiten. Im Unterschied zu G. Oestreich wies W. Schulze darauf hin, dass die Demokratisierung nicht erst nach 1789

---

[27] Breuer, S.: Sozialdisziplinierung. Probleme und Problemverlagerungen eines Konzepts bei Max Weber, Gerhard Oestreich und Michael Foucault. In: Ebenda, S. 62.

[28] Dinges, Martin: Frühneuzeitliche Armenfürsorge als Sozialdisziplinierung? Probleme mit einem Konzept. Geschichte und Gesellschaft, Jg. 17, 1991, S. 5–29, hier S. 7.

[29] Dinges, M.: Ebenda, S. 8.

der Disziplinierung folge, sondern dass die emanzipativen Wirkungen von Disziplin gleichzeitig mit Disziplinierung einhergehen können.[30]

Die theoretischen Schwächen des Sozialdisziplinierungskonzepts treten deutlich hervor, wenn man dessen Paradigma auf die Erforschung der Armenfürsorge anwendet. Die übergroße Fokussierung auf die Rolle des Staates – quasi als *„Vorform"* der Sozialfrage – führt dazu, dass man die obrigkeitlichen Institutionen in ein davor gelagertes Terrain setzt. Die Frage nach anderen Formen der Bewältigung von Armut gerät dabei in den Hintergrund bzw. wird gar nicht erst gestellt. Die Untersuchung normativer Quellen (Bettlerordnungen, Schubgesetze, Ordnungen für Zwangsarbeitsanstalten, landesherrliche Gebote usw.), die heuristisch, paläografisch und forschungsorientiert wesentlich einfacher ist, öffnet hingegen den Blick auf die scheinbar erreichte Disziplin. Die praktische Umsetzung von normativen Ordnungen zu untersuchen, erweist sich dagegen als weitaus schwieriger und findet oft in der Praxis keine Realisierung; nicht selten begnügt man sich damit, die Verwirklichung vorauszusetzen, ohne die Frage zu stellen, ob und in welchem Umfang die Disziplinierung in der Armenfürsorge eine Rolle spielte. Der philanthropische Charakter der Armenfürsorge findet häufig keine Berücksichtigung. Wie nachfolgend am Beispiel des Armeninstituts, einem Rechtssubjekt („Vereinigung der Liebe des Nächsten") aufgezeigt wird, spielte die organisierte Selbsthilfe in zahlreichen Ländern der Habsburgermonarchie eine große Rolle.

Robert Jüttes Gegenpolemik verdeutlichte eine interessante Entwicklung in Bezug auf den Disziplinierungsprozess.[31] Indem Norbert Elias' Modell des fortschreitenden Zivilisationsprozesses radikal infrage gestellt wurde, wollte man dabei die Diskussion über die Übertragbarkeit auf andere wissenschaftliche Disziplinen in den Fokus rücken. Das Paradigma der Sozialdisziplinierung wurde kaum angezweifelt. Einen Diskussionspunkt bietet die Arbeit

---

30 Schulze, W.: Gerhard Oestreichs Begriff „Sozialdisziplinierung in der Frühen Neuzeit". Zeitschrift für historische Forschung, Jg. 14, Nr. 3, 1987, S. 299.

31 Jütte, Robert: „Disziplin zu predigen ist eine Sache, sich ihr zu unterwerfen eine andere" (Cervantes): Prolegomena zu einer Sozialgeschichte der Armenfürsorge diesseits und jenseits des Fortschritts. Geschichte und Gesellschaft, Jg. 17, 1991, S. 92–101.

über die Jugendfürsorge im Kaiserreich und in der Weimarer Republik.[32] Die Arbeit geht methodisch von der Sozialpädagogik aus. In diesem Kontext ist die zeitliche Verlagerung des Themas keineswegs ohne Bedeutung, zumal das Paradigma des Disziplinierungsprozesses ursprünglich für die Frühe Neuzeit formuliert wurde.

Robert Jütte wehrte sich gegen die Kritik durch Martin Dinges mit dem Verweis auf die Entwicklung des Prozesses der Disziplinierung, wobei er sich in Übereinstimmung mit G. Oestreich, wie es aus dessen publizierten Nachlass hervorgeht, gegen die lineare Fortschrittstheorie der Disziplinierung wandte. Das Armenwesen fungierte den Worten von Max Weber zufolge – neben Kirche, Militär, Schule und Manufaktur – als wesentlicher „Erzieher zur Disziplin".[33] Wenngleich die Disziplin vom Staat ausgehe, wirken deren Mechanismen nicht zuerst auf der Makro-Ebene. Disziplinierung bedeutet vielmehr

> Formung, Bildung, Einordnung im zunächst kleinsten Verkehrskreis oder Verband, heißt Ermöglichung des Umgangs miteinander, Vereinfachung der Besonderheiten, Erhöhung des Effekts durch Zucht. [...] Die Sozialdisziplinierung ist niemals und in keinem Land zu einem einheitlichen System ausgestaltet worden, und doch ist sie ein zusammenwirkendes Ganzes verschiedener Strömungen auf den einzelnen Lebensgebieten und in den einzelnen Lebenskreisen. Das Bewusstsein für die Ordnungsfaktoren ist jeweils verschieden, die disziplinierende Tendenz aber gleich.[34]

Robert Jütte reagierte auf die Kritik an seinen älteren Arbeiten:

> Das herrschaftszentrische Modell das bürgerliche Selbstverständnis, welches philanthropischen und sozialpolitischen Handeln zugrunde liegt, erfasst den Prozess nur unzureichend. Zur Disziplinierung gehören immer zwei: Disziplinierende und solche, die sich disziplinieren lassen.[35]

---

[32] Peukert, Detlev Julius Konrad: Grenzen der Sozialdisziplinierung. Aufstieg und Krise der deutschen Jugendfürsorge 1878–1932. Köln: Bund.-Verl., 1986.

[33] Zitiert nach: Jütte, R.: „Disziplin zu predigen ist eine Sache, sich ihr zu unterwerfen eine andere". Geschichte und Gesellschaft, Jg. 17, 1991, S. 96.

[34] Zitiert nach: Schulze, W.: Gerhard Oestreichs Begriff „Sozialdisziplinierung in der Frühen Neuzeit". Zeitschrift für historische Forschung, Jg. 14, 1987, Nr. 3, S. 275 und 267.

[35] Jütte, R.: Disziplinierungsmechanismen in der städtischen Armenfürsorge der Frühneuzeit. In: Sachße, Ch. – Tennstedt, F. (Hrsg.): Soziale Sicherheit und soziale

Die über die Rolle der Sozialdisziplinierung in der Armutsforschung geführten Polemiken lassen sich als fruchtbringend erachten. Robert Jütte und Martin Dinges lieferten interessante Interpretationen.

> Will man als Historiker aber dem Stellenwert und der gesellschaftlichen Wirksamkeit solcher neuen Praktiken, Dispositive und Diskurse gerecht werden, dann kann man sich nicht auf die sicher interessante Feststellung zurückziehen, dass es Sozialdisziplinierung auch im Bereich der Armenfürsorge gab. Man muss genauer danach fragen, was denn die Bedeutung dieser Praktiken für die Lösung der anstehenden Probleme war. Wegen der erheblichen Bedeutung der Selbsthilfe in der frühneuzeitlichen Gesellschaft ist deshalb das Sozialdisziplinierungsparadigma als einseitig und verzerrend zurückzuweisen. Es ist einseitig, weil es gesellschaftliche Entwicklung nur als von oben gesteuerten Integrations- und Repressionsprozess zu konzipieren vermag. [...] Das Sozialdisziplinierungsparadigma macht damit eines unter mehreren gesellschaftlichen Angeboten zur Lösung der Bedürftigkeitsproblematik – die obrigkeitlichen Fürsorgeinstitutionen – zum allein entscheidenden Indikator von Modernisierung.[36]

Das Paradigma der *Sozialdisziplinierung* schließt die Lebenswelt – wohl aber auch Selbsthilfestrategien – nicht von vornherein aus. Die Sozialdisziplinierung bildet einen Prozess, der vertikal von oben nach unten verläuft, auch wenn er einen monarchischen, aristokratischen und demokratischen Charakter besitzen kann. Unbedingt erforderlich ist es aber – und insofern sollte man Dinges Grundsatzkritik auch als Anregung verstehen –, in weiteren Untersuchungen zur Geschichte der frühneuzeitlichen Armenfürsorge stärker als bisher zu berücksichtigen, wie es Gruppen oder einzelnen Armen gelang, Lücken in den normativen Systemen aufzuspüren, sodass sie zwar bestimmte Formen von Herrschaftszugriff nicht gänzlich abzuschütteln vermochten, jedoch einzelne Bedingungen verändern und notwendige Freiräume erkämpfen konnten.[37] Die Auseinandersetzung mit dem

---

Disziplinierung, S. 118, Anm. 48; Jütte, Robert: Abbild und soziale Wirklichkeit des Bettler- und Gaunertums zu Beginn der Neuzeit. Sozial-, mentalitäts- und sprachgeschichtliche Studien zu Liber vagatorum (1510). Wien – Köln – Weimar: Böhlau, 1988, S. 53.

36 Dinges, M.: Frühneuzeitliche Armenfürsorge als Sozialdisziplinierung? Geschichte und Gesellschaft, Jg. 17, 1991, S. 27.

37 Jütte, Robert: „Disziplin zu predigen ist eine Sache, sich ihr zu unterwerfen eine andere“. Geschichte und Gesellschaft, Jg. 17, 1991, S. 101.

Sozialdisziplinierungsparadigma in der Armutsforschung führte nicht allein, wie die Worte von R. Jütte zeigen, zu einer gewissen Aussöhnung zwischen beiden Opponenten, sondern sie lieferte zugleich die neue Erkenntnisse über Methoden und Wege der Forschung.

Die Diskussion um das Paradigma der Sozialdisziplinierung basiert einerseits auf den Arbeiten von Elias, Oestreich, Schulze, Jütte und Dinges, andererseits auf den Schriften Michel Foucaults.[38] Das Konzept der Sozialdisziplinierung von M. Foucault beruht auf ausgewählten Beispielen der „Häuser der Massen", die dazu dienen, die disziplinierende Hand des Staates zu demonstrieren. M. Foucault zeigt dabei lediglich die strenge, nicht die milde Hand des Staates.[39] Ohne *die Ordnung der Dinge* könnte kein Sozialstaat entstehen. In Foucaults Konzept erscheint der Staat als ein strenger Beobachter, Kontrolleur, Richter und Henker – quasi als ein *Stiefvater.*

Armut und Armutsfürsorge in Stadt und Land

> Lebensprinzip und Knappheitsgesellschaft war die Sicherung der Nahrung. Nur das Seelenheil war wichtiger, und manchmal nicht einmal dieses. Alle, die von ihrer Hände Arbeit lebten, waren einer Ökonomie der knappen Mittel, des Überlebens und des jähen Untergangs ausgesetzt. Nahrung war der Grundwert, der alle Normen durchzog. Nahrung bedeutete Auskommen und Arbeit in ständischer Stufung, Sicherung der Subsistenz auf ehrliche Weise.[40]

---

38 Vgl. v. a.: Foucault, Michel: Ordnung der Dinge. Überwachen und Strafen. Die Geburt des Gefängnisses. Frankfurt am Main: Suhrkamp, 1985.

39 Im Unterschied zu Michel Foucault untersucht Bernhard Stier zugleich den repressiven und fürsorglichen Charakter landesherrlicher Disziplinierungspolitik im 18. Jahrhundert am Beispiel des Pforzheimer Zucht- und Waisenhauses. Stier, Bernhard: Fürsorge und Disziplinierung im Zeitalter des Absolutismus. Das Pforzheimer Zucht- und Waisenhaus im 18. Jahrhundert. Sigmaringen: Thorbecke, 1988. Den gleichen Zugang verwendet Alexander Klein in seiner eingehenden Analyse der Armenfürsorge und des Zuchthauswesens auf dem Gebiet Vorderösterreichs. Vgl. Klein, Alexander: Armenfürsorge und Bettelbekämpfung in Vorderösterreich 1753–1806. Unter besonderer Berücksichtigung der Städte Freiburg und Konstanz (Forschungen zur Oberrheinischen Landesgeschichte, Bd. XXXVIII). Freiburg – München: Verlag Karl Alber, 1994 (Dissertation der Universität Freiburg, 1989).

40 Stürmer, Michael: Herbst des alten Handwerks: Quellen zur Sozialgeschichte des 18. Jahrhunderts. München: Dt. Taschenbuch-Verlag, 1979, S. 107.

Mit der fortschreitenden (Proto-)Industrialisierung und der Zuwanderung der vornehmlich armen Bevölkerung in die Städte gingen soziale Differenzierungsprozesse sowie eine Ausweitung der Armut und des Bettelns einher. Die Faktoren, die den Stadttypus, die Größe der Kommune sowie das Strukturbild der jeweiligen Bewohnerschaft prägten, besaßen darüber hinaus einen maßgeblichen Einfluss auf die Dimension und Struktur der städtischen Armut. Die zunehmende Reglementierung des Bettelns und der Wandel des Fürsorgewesens veränderten die soziale Stellung der Armen und Bedürftigen in den Städten in grundlegender Weise.[41]

Die Residenzen übten eine besondere Anziehungskraft auf Personen aus, die von ihrer Hände Arbeit lebten. Die Armut in den Residenzstädten wies einen anderen Charakter auf: Unter den Armen machten ausgediente Soldaten und Dienstpersonal (Lakaien, Dienstmägde, Köchinnen, Kutscher usw.) einen großen Anteil aus.[42] In industriellen Agglomerationen überwogen neben Dienstpersonal Fabrikarbeiter und verarmte Handwerker, in Bergstädten wiederum Berg- und Hüttenleute. Eine große Konzentration von Armen findet sich in den Vorstädten, wo diese als Arbeiter, Kleinhäusler, Mieter, Untermieter, Kost- und Bettgeher lebten.

Während einige Zuwanderer von Anfang an in der Residenz keine Kontakte aufbauen konnten, keine geregelte Arbeit fanden oder in vielfältige und

---

41 Fischer, Thomas: Städtische Armut und Armenfürsorge im 15. und 16. Jahrhundert. Sozialgeschichtliche Untersuchungen am Beispiel der Städte Basel, Freiburg in Br. und Straßburg (Göttinger Beiträge zur Wirtschafts- und Sozialgeschichte, Bd. 4). Göttingen: Verlag Otto Schwartz, 1979, S. 13.

42 Mehr zu Armut in Residenzstädten: Fischer, Gerhard – Fischer-Martin, Nora: Die Blumen des Bösen. Eine Geschichte der Armut in Wien, Prag, Budapest, Triest in den Jahren 1693 bis 1873. 3 Bde. Wien: Daedalus, 1993–1994; Bräuer, Helmut: … und hat seithero gebetlet. Bettler und Bettelwesen in Wien und Niederösterreich in der Zeit Kaiser Leopolds I. Wien – Köln – Weimar: Böhlau, 1996; Just, Thomas – Pils, Susanne Claudine: Die Entstehung der Unbarmherzigkeit. Randgruppen und Außenseiter in Wien vom Mittelalter bis ins 20. Jh. (Wiener Geschichtsblätter, Beiheft 1). Wien: Verein für Geschichte der Stadt Wien, 1997; Ebner, Herwig: Die Habsburgischen Residenz- und Hauptstädte in den österreichischen Erblanden im späten Mittelalter und in der frühen Neuzeit (Ein Überblick). In: Ebner, Herwig – Haselsteiner, Horst – Wiesflecker-Friedhuber, Inge (Hrsg.): Geschichtsforschung in Graz. Festschrift zum 125-Jahr-Jubiläum des Instituts für Geschichte der Karl-Franzens-Universität Graz. Graz: Karl-Franzens-Universität Graz, S. 29–42.

lebensbedrohliche Konflikte gerieten, schieden andere im Alter oder wegen Krankheit aus ihren Diensten aus. In dieser sozialen Grauzone entstand ein im Grunde kaum auflösbares Gemisch von Beziehungsarmut, Teilarbeit, zeitweiliger Tätigkeit, interimistischer oder dauerhafter Obdachlosigkeit, Hilfsarbeit, Almosenempfang, Betteln oder teilweisem Betteln sowie Bewegung an der Grenze zur Kleinkriminalität. In den Residenzen – den Orten einer doppelten, also staatlichen und städtischen Obrigkeit – erlebte intensiver als anderswo das Zweifachsystem von Armenunterstützung und Bettlervertreibung einen Ausbau.[43]

Institutionen der Armenfürsorge wurden vor allem in großen Städten gegründet. Sie entsprachen jedoch keineswegs den Bedürfnissen der Armen. Die genaue Zahl der Sozialinstitutionen in Europa ist nicht bekannt; für ganz Frankreich vor der Revolution werden lediglich 32 genannt, für das Heilige Römische Reich deutscher Nation im Jahre 1786 mindestens 60. Die Größe der Institutionen der Armenfürsorge schwankte dabei beträchtlich. Zu den größten Einrichtungen gehörten hier das Hôpital Général in Paris mit 6.000 Insassen und öffentliche Armeneinrichtungen in Berlin mit 11.000 Insassen. Eine spezialisierte Ausnahme stellte das Militärwaisenhaus in Potsdam mit 2.000 Kindern dar.[44] Typisch für die ältere Forschung ist die Nichtbeachtung der Unterschiede zwischen den verschiedenen Institutionen, deren gemeinsamen Oberbegriff die Armut bildete. So finden sich Armen-, Waisen- und Altershäuser in derselben Kategorie wie Zucht-, Spinn- und Zwangsarbeitshäuser als Institutionen für die Armenfürsorge.

Arme Leute, die nie etwas besessen hatten und von der Arbeit ihrer Hände leben mussten, wurden in den Städten lediglich geduldet, da ihre Tätigkeit sich als notwendig erwies. Ihre Wohnungen lagen am Stadtrand, außerhalb der Stadtmauern, in der Regel in der Nähe von Manufakturen und Fabriken. Mit der anwachsenden Zahl der Arbeiter entstanden ganze Armenviertel.

---

[43] Bräuer, Helmut: Armut in der frühen Neuzeit – Sachsen und Österreich im Vergleich. In: Bruckmüller, Ernst – Bräuer, Helmut (Hrsg.): Armut und Reichtum in der Geschichte Österreichs. Wien: Böhlau – München: Oldenburg, 2010, S. 33–57, hier S. 40.

[44] Fischer, W.: Armut in der Geschichte, S. 45.

Abbildung 1: Bäckerstrasse in der Stadt Brünn, ein typisches Viertel armer Fabrikarbeiter.
Quelle: Archiv města Brna (Archiv der Stadt Brünn), Fond U5 Sbírka fotografií, sign. XIIIb 316.

Über ihre Wohnungen selbst erfahren wir wenig. Einer der seltenen Quellen sind die ärztlichen Berichte, die – wie die Aufzeichnungen des Würzburger Stadtphysikus Philipp Joseph Horsch (1772–1820) bezeugen – Mitleid für das Schicksal der Armen zeigen: „Unsere Armen lagen bisher in sehr elenden Wohnungen, manche sind dunkel, feucht, für die Sonne des ganzen Jahres unzugänglich, von den Ställen der Thiere oft nicht viel verschieden."[45] Der Preis für elendes Wohnen war dennoch hoch:

> Die Wohnungen der Armen [...] sind dermalen relativ die theuersten, kaum wird ein Armer in der geringsten Kammer unter 15 bis 18 Gulden jährlichen Mietzinses seine Unterkunft finden. Meistens bewohnen sie Bodenkammern, in welchen sie

[45] Horsch, Philipp Joseph: Versuch einer Topographie der Stadt Würzburg in Beziehung auf den allgemeinen Gesundheitszustand und die dahin zielenden Anstalten. Arnstein – Rudolstadt: Langbein und Klüger, 1805, S. 244.

> allen Unbilden der Witterung preisgegeben sind, oder die dumpfsten und finstersten Winkel. Sogar in Ställen habe ich erkrankte Arme besucht.[46]

Die beschriebene Wohnungsnot in Würzburg stellte bei Weitem keine Ausnahme dar. In der nordböhmischen Stadt Trautenau (Trutnov) überstieg die Wohnungsmiete, umgerechnet auf Quadratmeter, jene in der Wiener Ringstraße.[47] In letzterem Fall betrug die Jahresmiete in den achtziger Jahren des 19. Jahrhunderts für einen Quadratmeter 2 Florin 85 Kreuzer, in Trautenau waren es 3 Florin 24 Kreuzer.[48] Die Textilarbeiter in Trautenau hausten dicht gedrängt in kleinen Wohnungen. Für die arme, bergige Region bedeutete das Leinweberhandwerk eine der wenigen Verdienstmöglichkeiten, was die Industriellen Johann Faltis, Alois Haase und die Gebrüder Walzel ausnutzten. Erst nach vielen Jahren gelang es dem Magistrat von Trautenau, Johann Faltis dazu zu bringen, Wohnhäuser für seine Arbeiter zu bauen. Isidor Singer, der die Wohnungsnot nordböhmischer Arbeiter untersuchte, berichtete von katastrophalen Wohnbedingungen.[49]

Singer maß die gewählten Wohnungen aus und berechnete die Kubikmeter je nach der Anzahl der Bewohner. Sein Vergleich mit der offiziellen österreichischen Statistik verdeutlichte die schlechten Wohnungsverhältnisse der Arbeiter in Trautenau. Singer wies zugleich auf den damit verbundenen Miet- und Wohnungswucher hin.

> Schon bei der letzten Volkszählung wurden Uebervölkerung vieler Häuser konstatiert. So enthält das Haus Nr. 11, ein kleines zweistöckiges Wohngebäude, 109 Personen und ist das bevölkerste Haus der ganzen inneren Stadt. In der oberen Vorstadt sind die meisten Häuser in sanitätswidriger Weise von fremden Fabrikarbeitern übervölkert. So das kleine ebenerdige Haus Nr. 30, in welchem bei der letzten Streifung

---

[46] Ebenda, S. 16.

[47] Die Ringstraße, die an der Stelle der ehemaligen Wiener Stadtmauern entstand, stellte die beste Adresse und die teuerste Straße in der Residenzstadt dar.

[48] Loužil, Jaromír: Postavení dělnictva na Trutnovsku a v přilehlých okresech v 2. polovině 19. století. In: Jaromír Loužil (Hrsg.), Hradecký kraj. Sborník statí o přírodních poměrech a dějinných proměnách severovýchodních Čech. Hradec Králové: Osvěta, 1958, S. 431–440, hier S. 434.

[49] Isidor – später Isidore – Singer (1859–1939) war ein jüdischer Publizist und Übersetzer aus Mähren, der in diplomatischen Diensten Frankreichs stand. Nach seiner Übersiedlung in die USA entwickelte er die Idee der Encyclopedia Judaica.

> am 5. April des laufenden Jahres 76 Personen, auf dem Dachboden allein 37 Personen, zusammengepfercht schlafend angetroffen worden sind. Nicht besser steht es mit den Häusern in der Mittelvorstadt. Dort beherbergt das Haus Nr. 82, bei welchem der Maximalbelag polizeibehördlich auf 70 Personen normiert wurde, deren 106. Diese Häuser sind überdies im schlechtesten Bauzustande. Viele Menschen sind auf dem Dachboden einquartiert, wo angesichts dessen schwerer Zugänglichkeit bei ausbrechendem Schadenfeuer alle verbrennen müssten. Diese Art der Unterkunft ist auch die Ursache der kolossalen Mortalität unter der hiesigen Arbeiterbevölkerung.[50]

In den ärmsten Häusern wohnten zwischen einem Drittel bis zur doppelten Anzahl der Personen des polizeilich normierten Maximalbelags. Im Haus Nr. 30 in der Trautenauer Innenstadt durften nach polizeilichen Vorschriften maximal 56 Personen wohnen; in Wirklichkeit bewohnten 129 Personen das Haus.[51]

Ein ähnliches Bild bietet die Aussage eines Zeitgenossen über das Leben im armen Stadtviertel Klein-Polen Erlangens:

> Unglaublich und doch wahr ist, daß in dem sogenannten Polen, wo die meisten dieser Armen wohnen Familien tagelang hungern müssen, und am Abend kein Bett haben, wo sie ihr Haupt hinlegen. Freund, ich habe hier Scenen gesehen, bei denen dem Menschenfreund die Haut schauert. Fünf oder sechs nackte Kinder in Lumpen gehüllt, wälzen sich bei der grimmigsten Kälte, in einem feuchten Dachstübchen, von Kräze und Aussatz überdeckt, auf Stroh; Erdäpfel in Wasser gekocht sind der armen Kranken einzige Nahrung, und verschmachtend hängt das kleinste an der mütterlichen Brust, die keine Milch mehr geben kann, wie die Mutter selbst gehungert hat. Ich übertreibe hier nicht. Fragen Sie meinetwegen jeden jungen Arzt, der in dem menschenfreundlichen clinischen Institut ist, und in die Hütte der armen Bedauernswürdigen gesandt wird? Fragen Sie jeden, ob er nicht oft den armen Hungrigen ein Stück Geld geben muß, damit sie nur Nahrungsmittel haben, ohne welche alle Arznei oft nichts hilft.[52]

---

50 Singer, Isidor: Untersuchungen über die socialen Zustände in den Fabrikbezirken nordöstlichen Böhmen. Ein Beitrag zur Methodik socialstatistischer Beobachtung. Leipzig: Duncker & Humblot, 1885, S. 192.

51 Ebenda, S. 193.

52 Zitiert nach: Schubert, Ernst: Arme Leute, Bettler und Gauner im Franken des 18. Jahrhunderts (Darstellungen aus der Fränkischen Geschichte, Bd. 26). Zweite durch ein Nachwort und ein Register ergänzte Auflage, Neustadt a. d. Aisch: Kommissionsverlag Degener, 1990, S. 112.

Magistrate und städtebürgerliche Besitzschichten reagierten auf die zunehmende Verarmung mit dem Konzept der Armentrennung. Während in der Vergangenheit die städtischen Almosen- und Bettlerordnungen fremde Betteleute noch partiell oder kurzfristig geduldet hatten, erfolgte seit dem ausgehenden 16. Jahrhundert deren Ausweisung oder Abschiebung. Städtische Angestellte, sog. Bettelmeister oder Bettelvögte, sorgten durch Straßenkontrollen, Torwache und Festnahme verdächtiger Personen für die Durchsetzung der Ordnung. Die in der Frühen Neuzeit eingeführten Armenlisten stellten die ersten organisatorischen Mechanismen zur Armenkontrolle und Armenfürsorge dar. Seit dem letzten Viertel des 18. Jahrhunderts vollzog sich in der Habsburgermonarchie der Prozess der Domizilierung, Rayonierung, Kleingruppenüberwachung und Bürokratisierung im Umgang mit den Armen.

Die „strenge Hand" des Staates galt als der richtige Weg zur Bildung der Armenfürsorge.[53] In England hingegen setzte man eher auf Disziplinierung und weniger auf direkte Beiträge der Armenfürsorge. Die private Caritas, die im Mittelalter die Hauptquelle der Armenfürsorge dargestellt hatte, war im protestantischen Nordwesteuropa in der Frühen Neuzeit bedeutungslos geworden – den treffenden Worten Wolfram Fischers zufolge „eine Legende, die nur schwer stirbt".[54] Die Einführung der Armensteuer in England übte keinen wesentlichen Einfluss auf die Fürsorgelasten aus. Wie die Untersuchungen von W. K. Jordan gezeigt haben, lag diese im 17. Jahrhundert lediglich bei sieben Prozent der Ausgaben, während der wesentliche Teil aus privaten Stiftungen kam.[55]

Darüber hinaus sollte man nicht vergessen, dass im 18. Jahrhundert – den Worten der renommierten Armutsforscherin Dorothy Marshall zufolge – eine „Brutalität in jeder Sphäre" der (in ihrem Fall englischen) Gesellschaft herrschte.[56] Die ablehnende Haltung der bemittelten Schichten gegenüber armen

---

53 Leonard, E. M.: The Early History of English Poor Relief. Cambridge: University Press, 1900, hier zitiert aus der Neuausgabe London: Frank Cass, 1965, S. 303–304.

54 Fischer, W.: Armut in der Geschichte, S. 43.

55 Jordan, Wilbur Kitchener: Philantrophy in England 1480–1660. A Study of Changing Patterns of English Social Aspirations. London: Routledge, 2006, S. 303. 1. Auflage: New York: Russell Sage Foundation, 1959.

56 Marshall, Dorothy: The English Poor in the Eighteenth Century. A Study in Social and Administrative History. London: George Routledge, 1926, zitiert aus der Neuausgabe Routledge and Kegan Paul, 1969, S. 249.

Personen, die lediglich zur Arbeit erzogen werden sollten, verdeutlichen die Worte des bekannten niederländischen Arztes und Sozialtheoretikers Bernard Mandeville (1670–1733) in seiner Schrift über die Wohlfahrtschulen (1723).

> Wenige Kinder machen irgendwelche Fortschritte in der Schule, aber sie sind durchaus in der Lage, in der einen oder anderen Weise beschäftigt zu werden, so daß jede Stunde, die diese armen Leute über ihren Büchern verbringen, verlorenen Zeit für die Gesellschaft ist. Zur Schule zu gehen, ist im Vergleich mit Arbeit Müßiggang, und je länger Jungens diese leichte Art zu leben fortführen, desto weniger werde sie, wenn sie erwachsen sind, die Neigung und die körperliche Stärke besitzen, um feste Arbeit zu leisten. Menschen, die dazu bestimmt sind, ihr Leben in arbeitsamer, mühsamer und schmerzlicher Weise zu führen und zu beschließen, werden sich dem umso geduldiger unterwerfen, je früher sie daran gewöhnt werden.[57]

Die drakonischen Maßnahmen gegen Arme seitens der höheren Macht lassen sich mit anderen Schichten der Gesellschaft vergleichen, da die Verhaltensnormen in vieler Hinsicht ebenso rücksichtslos waren.

Andere Aufklärer sahen in der Bildung einen Fortschritt und zugleich einen Ausweg aus der Armut. Nicht einmal vier Jahrzehnte nach der zitierten Äußerung Bernard Mandevilles kam es im Jahre 1771 auf Initiative von Ferdinand Kindermann zur Gründung einer der ersten Schulen für arme Kinder in der südböhmischen Gemeinde Kaplitz (Kaplice), die große Hoffnungen hervorrief. Dabei legte man großen Wert darauf, dass auch zurückgebliebene und behinderte Kinder eine Ausbildung erhielten. Die Modernität der Schule beruhte zugleich auf der Tatsache, dass neben armen Buben auch Mädchen die Schule besuchten, und zwar in koedukativer Weise. Ferdinand Kindermann hatte gemeinsam mit Ignaz Felbiger von Maria Theresia den Auftrag erhalten, einen Entwurf für die Einführung der allgemeinen Schulpflicht auszuarbeiten. So erfolgte nach dem Vorbild von Kaplitz in der Habsburgermonarchie (konkret: in den Erbländern) die Einführung der allgemeinen Schulpflicht.[58] Die Bildung zielte vor allem auf arme Kinder ab und stellte einen Weg aus der Armut dar.

---

[57] Zitiert nach: Fischer, W.: Armut in der Geschichte, S. 47.

[58] Ferdinand Kindermann (1740–1801), für seine Verdienste als von Schulstein nobilitiert, wurde später Bischof von Leitmeritz (Litoměřice). Johann Ignaz Felbiger (1724–1788), Abt des Augustiner-Chorherrstifts in Sagan (Żagań), gilt als Begründer des Systems der österreichischen Trivialschulen, dem er lebenslänglich vorstand. Die von ihm

Die Gründung von Trivialschulen besaß vor allem auf dem Land große Bedeutung, wo die Armut ein anderes Gesicht zeigte. Es fehlten größere Menschenansammlungen; die Hauptrolle spielten eher Kleingruppen oder Einzelpersonen, wobei deren Einbindung in familiäre Beziehungen häufig die wahren Verhältnisse kaschierte.[59] Wüstungen oder der Wegzug aus bestimmten Regionen galten (und gelten) als Zeichen für eine Abwanderung aus Armut.

Knechte, Mägde und in der Landwirtschaft tätige Tagelöhner bildeten ein starkes mobiles Element, dem am stärksten eine Verarmung drohte. Die sozialstrukturellen Umstände im Dorfmilieu wirkten sich auf die Mentalität der armen Dorfbewohner aus. Die Skala reichte dabei vom demütigen Warten auf die Stunde des Todes über die Suche nach leichteren Beschäftigungen in der Landwirtschaft bis zum Vagieren von Dorf zu Dorf, kombiniert mit der Ausübung leichter – mit dem Bettel verbundener – Tagelöhnerarbeit, wobei das Betteln am Ende zur einzigen Ernährungsquelle wurde. Auf dem Land gingen, besonders nach der Ernte, Betteln und Gaben an Bettler Hand in Hand, zumal Arme mit einer Lebensmittelspende gut zufriedengestellt werden konnten.

Die Zahl der Bettler auf dem Lande erwies sich allerdings als sehr hoch und ihr permanentes Auftreten vor Haustüren wurde von vielen als Störung empfunden. Zudem grassierte nicht selten die Angst vor Diebstählen und Raubüberfällen. Die Idee der Gründung von Armeninstituten fußte auf dem Prinzip der Solidarität in der Frage der Armenfürsorgekosten: Es galt, zu bestimmten Terminen regelmäßig Naturalien oder Geld zu spenden, doch durften die Bettler (vor denen man sich fürchtete) nicht beschenkt werden. Die Spenden lagen, zumindest den Berichten über die Gründung der Armeninstitute zufolge, nicht höher als die unstrukturierten und nicht geplanten Gaben an Bettler, die die Dorfbewohner regelmäßig spendeten. Der Nutzen

verfassten Lehrbücher galten für die damalige Zeit als sehr modern, sie berücksichtigten unterschiedliche Stufen der Begabung von Kindern.

[59] Bräuer, Helmut: Armenmentalität in der Frühen Neuzeit – Annäherungen an ein komplexes Thema aus sächsischer Sicht. In: Ammerer, Gerhard – Schlenkrich, Elke – Veits-Falk, Sabine – Weiß, Alfred Stefan (Hrsg.): Armut auf dem Lande. Mitteleuropa vom Spätmittelalter bis zur Mitte des 19. Jahrhunderts. Wien – Köln – Weimar: Böhlau, 2010, S. 29–30.

organisierter Selbsthilfe gegen das Betteln würde einer besseren öffentlichen Sicherheit zugutekommen.

Armut auf dem Lande erschien den Zeitzeugen als gottgewollter Zustand:

> Wenn man nach dem Ernd die schönsten Herden Viehe erblicket, und in der Saat alle Felder mit Pflügen und Anspann angefüllet sind, so kann ein christlich Gemüth solches nicht ohne Bewegung ansehen, sondern mus dabey erkennen, was der große Gott vor eine reiche Schatz Cammer angelegt habe. Es ist zwar nicht zu leugnen, daß sich auch viele Taglöhner, Hecker und Köbler in reichen ansehnlichen Flecken befinden, die aber alle sambt zu arbeiten genug haben, und wann sie fleißig und sparsam seyn wollen, ihr Stück Brod überall wohl verdienen. Gott habe nämlich gewollt, daß es arm und reich gäbe.[60]

Diese für das bayerische Frankenland geltenden Worte eines Zeitgenossen vom Ende des 18. Jahrhunderts standen unter dem Einfluss der Tradition der Bukolik als idyllischem Schauplatz. Als arm erscheinen diesem Zeugnis zufolge jedoch lediglich bestimmte Berufsgruppen. Doch auch ihnen steht für die Erfüllung bestimmter Tugenden lediglich eine sparsame Nahrung zur Verfügung. Wirklich bedürftig können sie allerdings nicht sein, da sie doch „ausreichend zu arbeiten" haben. Umgekehrt bedeutet dies, dass bei bestimmten Berufsgruppen Armut herrschen muss, wenn diese keine Arbeit haben.[61] Dieser romantische Blick berücksichtigt allerdings nicht jene Gruppen, die nicht mehr erwerbsfähig und wirklich bedürftig waren, also vor allem alte Personen.

Aber auch viele junge Leute entsprachen keineswegs dem Ideal des kräftigen und gesunden Landmannes. Als ein Beweis für die Lage der Bevölkerung auf dem Land mag die Perspektive auf die militärische Tauglichkeit dienen. „Im Ganzen genommen ist mit Ausnahme der kräftigen Rhönbewohner der Menschenschlag nicht sehr vorzüglich, in den Häckersorten meistens verkrüppelt, in den getreidereichen Gauen durch frühzeitiges Anstrengen der Jugend zu den schweren Feldarbeiten vor der Zeit entkräftet."[62] Die Musterungskommissionen

---

60 Zitiert nach: Schubert, E.: Arme Leute, Bettler und Gauner im Franken des 18. Jahrhunderts, S. 95.

61 Ebenda.

62 Chroust, Anton (Hrsg.): Das Würzburger Land vor hundert Jahren: eine statistisch-ökonomische Darstellung in amtlichen Berichten und Tabellen. Festschrift zur Jahrhundertfeier der Vereinigung Würzburgs mit dem Königreich Bayern (Veröffentlichungen der Gesellschaft für fränkische Geschichte, Bd. 3). Würzburg: Stürtz, 1914, S. 262.

erklärten im Jahre 1815 immerhin die Hälfte der Konskribierten für vollkommen untauglich – ein Ergebnis der harten Lebensumstände, die selbst in reicheren Lokalitäten zu einem raschen Abbau der körperlichen Kräfte führten. Sechzig bis siebzig Jahre später zeigten die ärztlichen Berichte bei der Aufnahme in das Waisenhaus im Vorort Neustift (Nové sady) der mittelmährischen Metropole Olmütz (Olomouc) ein etwas freundlicheres Bild. Bei vielen Mädchen im Alter von sechs bis zehn Jahren konstatierte man Spuren mangelnder Ernährung und möglicher Arbeitsanstrengung, die sich häufig in Gestalt einer Rachitis und ungenügender Körperentwicklung zeigten.[63]

Sowohl auf dem Lande als auch in den Städten richtete die Armenfürsorge ihr Augenmerk vor allem auf die *eigenen* Arme – eine gut nachvollziehbare Tatsache, die jedoch in der vorstatistischen Zeit schwer zu realisieren war. Ortschaften auf dem Land gingen zu Armenlisten im Rahmen der Pfarrsprengel über, Herrschaften ließen Verzeichnisse von Bedürftigen zusammenstellen. Hierbei handelte es sich jedoch nicht um eine von der Regierung auferlegte Pflicht. Der Salzburger Erzbischof Hieronymus Graf Colloredo griff zur interessanten Methode der Legitimation von berechtigten Armen. Bereits sein Vorgänger im Amt, Sigismund Graf Schratenbach, hatte Notleidende aus dem landesfürstlichen Almosenamt (Hofeelemosynariat) unterstützt – eine Tradition, die nach seinem Ableben auch sein Nachfolger fortsetzte. Die regelmäßige wöchentliche Unterstützung, in der Regel mit Geld und Brot, beschränkte sich jedoch auf die eigenen Armen, meist Angehörige der Hof- und Staatsdienerschaft, und ausgewählte Stadtarme. Dieser Vorgang setzte die Ausweisung aller stadtfremden und ausländischen Bettlern aus der Stadt voraus, vor allem jedoch die „Inventarisierung“ eigener Armer, was nicht unüblich war.[64] Sehr selten hingegen erfolgte die Zuteilung eines Erkennungszeichens an berechtigte Stadtbettler, die diese am Gewand trugen,

---

63 Státní okresní archiv Olomouc (Staatliches Bezirksarchiv Olmütz), M418 Arcibiskupský sirotčinec (Erzbischöfliches Waisenhaus) Nové Sady, Karton 1, nicht foliiert. Siehe auch: Stoklásková, Zdeňka: Stát namísto rodiny. Státní sirotčí péče a dobročinnost. Historická demografie, Jg. 43, 2019, S. 101–123, hier S. 117. Das unter der Obhut des Olmützer Erzbischofs errichtete Waisenhaus war für ehelich geborene Mädchen bestimmt, im zeitgenössischen Rahmen handelte es sich um sehr gut geführtes Waisenhaus, dem auch der verhältnismäßig gute gesundheitliche Zustand der Mädchen entsprach.

64 Weiss, Alfred Stefan: „Providum imperium felix.“ Glücklich ist eine voraussehende Regierung. Aspekte der Armen- und Gesundheitsfürsorge im Zeitalter der Aufklärung,

was einer Stigmatisierung gleichkam. Die mit besagtem Erkennungszeichen versehenen Personen erhielten eine kostenlose medizinische Versorgung durch den Stadtphysikus, der sich mindestens eine Stunde täglich diesen Personen widmen sollte. Unterstützung erhielten auch schwer arbeitende Personen, die im Dienst der Stadt Salzburg standen, wie Zimmerer und Maurer, vor allem jedoch ausgediente Salzbergwerkarbeiter, die allerdings kein Erkennungszeichen tragen mussten.[65]

Die Einstellung gegenüber Vaganten und Bettlern änderte sich Ende des 18. Jahrhunderts. Hatte man in der Frühen Neuzeit auf das Heer von Armen, Vaganten und Landstreichern mit Furcht reagiert und es mit einer Heuschreckenplage verglichen,[66] so zeigte sich Ende des 18. Jahrhunderts ein organisierter Zugang in der Frage der Bewältigung dieser Massenarmut. Neben den bereits bestehenden Almosen- und Bettlerordnungen gab es Bemühungen, zwischen einheimischen und fremden sowie „wahren" und anderen Armen zu unterscheiden. Lediglich einheimische und „wahre" Arme erhielten Unterstützung, die übrigen Personen wurden ausgewiesen oder abgeschoben. Dieser Prozess erforderte eine eindeutige Gesetzesformulierung und -auslegung sowie ein höheres Maß an Bürokratisierung.

Das 18. Jahrhundert als Umbruchszeit in der Armenfürsorge

Die meisten Autoren, beginnend mit Lotte Koch,[67] vertreten die Meinung, dass das 18. Jahrhundert eine Umbruchszeit in der Armenfürsorge darstellt. Angelika Baumann argumentiert dagegen: „(dass) Probleme und Ziele der spätabsolutistischen Armenpolitik im achtzehnten Jahrhundert keine wesentlichen Wandlungen und Veränderungen durchmachten."[68] Noch weiter geht in seinen Äußerungen Wilhelm Liese, der im 18. Jahrhundert die einseitige

dargestellt anhand Salzburger Quellen ca. 1770–1803. Wien: Österreichischer Kunst- und Kulturverlag, 1997, S. 45.

65 Ebenda.

66 Camporesi, Piero: Brod der Träume: Hunger und Halluzinationen im vorindustriellen Europa. Frankfurt am Main: Campus Verlag, 1990, S. 216.

67 Koch, Lotte: Wandlungen der Wohlfahrtspflege im Zeitalter der Aufklärung, S. 2–3.

68 Baumann, Angelika: „Armuth ist hier wahrhaft zu Haus". Vorindustrieller Pauperismus und Einrichtungen der Armenpflege in Bayern um 1800 (Neue Schriftenreihe

Betonung des Zwangs und der Polizei, „die nichts Gutes schaffen" verrichtete, betont.[69]

Eine Errungenschaft der Armutsfürsorge im 18. Jahrhundert ist der prophylaktische Zugang zur Armut und die Berücksichtigung ihrer sozioökonomischen Ursachen. Nach Rudolf Endres erzielte die kameralistische Sozialpolitik Erfolge im Sinne einer Integration städtischer und ländlicher Unterschichten; es bildeten sich Ansätze einer prophylaktischen Wohlfahrtspflege heraus. Der aufgeklärte Wohlfahrtsstaat habe jedoch wenig an den sozialen Verhältnissen geändert.[70]

Alexander Klein betont die wichtige Rolle des 18. Jahrhunderts:

> Diese Neubestimmung der Armenversorgung als öffentlicher Aufgabe vollzog sich vor dem Hintergrund der Eingrenzung staatlicher Kompetenzen. Sicherheit und Ordnung lösten *Glückseligkeit* als oberste Zwecksetzung staatlichen Handels ab. Die damit verbundene Reduktion staatlicher Zuständigkeiten auf eine gesellschaftliche Entstörungsfunktion korrespondierte mit einer Ausweitung des sozialen Verantwortungsbereichs, der dem einzelnen Untertanen zugeordnet wurde.[71]

A. Klein weist auf eine häufig vorkommende tiefe Kluft zwischen offizieller Programmatik und praktischer Umsetzung (in seiner Forschung auf dem Gebiet von Vorderösterreich) hin. Dies schmälert jedoch keineswegs die staatlichen Bemühungen und die grundsätzliche Bedeutung der Umbruchszeit des 18. Jahrhunderts.

Volker Hunecke geht sogar noch weiter und sieht im 18. Jahrhundert *„die dritte Wende in der Armutsgeschichte"*. Diese Wende beruhe in „der Entdeckung der arbeitenden Armut". Die Ansätze zu einer Überwindung dieser Situation seien auf deutliche Weise erst im 18. Jahrhundert zu erkennen.

---

des Stadtarchivs München, Bd. 132). München: Kommissionsverlag UNI-Dr., 1984, S. 23.

69 Liese, Wilhelm: Geschichte der Caritas. Freiburg in Breisgau: Caritasverlag, 1922, Bd. I, S. 307. Wilhelm Liese (1876–1956) war katholischer Priester und Redakteur der Periodika von Caritas. Die zitierte Geschichte der Caritas gehört zu den Klassikern der Caritasgeschichte.

70 Endres, Rudolf: Das Armenproblem im Zeitalter der Aufklärung. Jahrbuch für fränkische Landesforschung, Jg. 34–35, 1975, S. 1003–1020, hier S. 1020.

71 Klein, A.: Armenfürsorge und Bettelbekämpfung in Vorderösterreich 1753–1806 unter besonderer Berücksichtigung der Städte Freiburg und Konstanz, S. 320–321.

Der Kern dessen, was man die dritte große Wende in der europäischen Armutsgeschichte nennen kann, besteht in der Entdeckung des inneren Zusammenhangs von Armut und Arbeit. Diese Wende sei zeitlich weniger genau fixierbar, vielmehr bildete sie einen relativ langwierigen Prozess, der auf der Ebene der ökonomischen Doktrin von einigen merkantilistischen Denkern in Gang gesetzt wurde.[72] V. Hunecke kritisiert die neuen Methoden der organisierten Armenfürsorge, die im 18. Jahrhundert entstanden.

> Die traditionelle Caritas sollte einer neuen *Wohltätigkeit* weichen, um jene, von Grenzfällen individueller Not abgesehen, schließlich überflüssig machen. Die neue Lehre beinhaltete eine durch und durch ökonomisierte Wohltätigkeit: die Unterstützung durch Arbeit, durch welche die Armen sich selbst zu unterstützen lernen sollten. Ausgangspunkt dieser neuen Richtung bildete die immer klarer erkannte und ausgesprochene Einsicht, daß die Menschen, und speziell die Armen, *Wert* und *Nützlichkeit* hätten; durch ihre Arbeitskraft seien sie imstande, Werte zu schaffen, die ihnen und der Gesellschaft nützlich seien. Aus den vielen *nutzlosen* Armen der früheren Jahrhunderte wurden *nützliche* und *wertvolle* Menschen – unter der Voraussetzung, daß sie arbeiteten. Die Mittel, um die arbeitslosen, in der Mehrzahl männlichen Arbeitstüchtigen zu beschäftigen, wurden häufig den Almosenfonds entzogen, so daß deren traditionelle Nutzgießer, die Witwen, Waisen usw., die ersten Opfer der neuen Armenpolitik wurden.[73]

Die scharfe Kritik von V. Hunecke an der von ihm definierten „dritten Wende" der Armenfürsorge widerspricht den Forschungen der Autorin: Witwen, Waisen sowie alte und nicht mehr arbeitsfähige Personen waren erstrangige Nutzgießer von Armengaben. Der von V. Hunecke kritisierte neue Zugang des 18. Jahrhunderts basierte auf der Trennung von Armen in *wahre* und andere Arme. Arbeitsfähige oder partiell arbeitsfähige Personen sollten durch eine geringe Unterstützung zur Arbeit gezwungen werden, wie die Analyse im Kapitel über die Armeninstitute zeigt. Dabei geht es darum, darzulegen, wie arbeitsfähige Arme zur Arbeit gebracht werden konnten bzw. wie Arbeitsgewohnheiten beibehalten werden konnten, was im Fokus des Kapitels über die Naturalverpflegungsstationen steht.

---

72 Hunecke, Volker: Überlegungen zur Geschichte der Armut im vorindustriellen Europa. Geschichte und Gesellschaft. Zeitschrift für historische Sozialwissenschaft, Jg. 9, 1983, S. 480–512, hier S. 509–510.

73 Ebenda, S. 511.

In der zweiten Hälfte des 18. Jahrhunderts entstanden in der Habsburgermonarchie wichtige Strukturen, ohne die eine staatlich organisierte Armenfürsorge nicht hätte realisiert werden können. Der sich zentralisierende Staat beschritt sukzessive den Weg in die Moderne und füllte die feudalen Strukturen mit modernem Inhalt: Den Herrschaften wurde die Pflicht auferlegt, für ihre Untertanen zu sorgen. Eine vollständige staatliche Armenfürsorge ließ sich jedoch nicht realisieren, da die Habsburgermonarchie aus einem Ständestaat hervorging, dessen Kronländer eine heterogene Vorgeschichte in der Armenpflege aufwiesen. Eine Vereinheitlichung wäre auf den Widerstand der Stände gestoßen und hätte zudem bestimmte Ländertraditionen unberücksichtigt gelassen. Stattdessen wurden Strukturen mit dem Ziel einer allmählichen Harmonisierung geschaffen, was allerdings bis zum Ende der Monarchie nicht gelang. Große Unterschiede zeigten sich in den neuen Republiken – der Ersten Österreichischen und vor allem der Ersten Tschechoslowakischen Republik, die mit Problemen in der sozialen Fürsorge kämpfen musste, da die Slowakei und die Karpatenukraine als ehemalige Teile des Königreichs Ungarn auf anderen Traditionen in der Armenfürsorge fußten.

In der Habsburgermonarchie leistete der Staat keinen direkten Beitrag zur Armenfürsorge, schuf jedoch den gesetzlichen Rahmen und die Bedingungen für eine organisierte Armenpflege, die sich im Laufe des 19. Jahrhunderts wesentlich veränderten – ebenso wie ihre Empfänger. Um mit den Worten von W. Conze zu sprechen: „Aus dem Pöbel musste erst das Proletariat werden."[74]

Quellen

In der Sozialgeschichte Deutschlands gibt es vermutlich kein Gebiet, in dem zwischen der Anzahl der vorhandenen Quellen und dem gegenwärtigen Stellenwert in der Forschung so krasses Missverständnis besteht wie bei der Armenfürsorge. In jüngster Zeit hingegen ist durch die historische Forschung wieder deutlich gemacht worden, dass über die Jahrhunderte die Mehrheit der Bevölkerung tagtäglich Probleme mit der Sicherung der physischen Existenz hatte und die Armut in kaum vorstellbaren Ausmaßen verbreitet war.

---

[74] Conze, Werner: Vom Pöbel zum Proletariat. Sozialgeschichtliche Voraussetzungen für den Sozialismus in Deutschland. Vierteljahrschrift für Sozial- und Wirtschaftsgeschichte, Jg. 41, 1954, S. 333–364, hier S. 347.

Die Worte der angesehenen Armutsforscher Christopher Sachße und Florian Tennstedt besitzen auch für die Forschung auf dem Gebiet der Habsburgermonarchie ihre Gültigkeit.[75] Ungeachtet der zahlreichen erhaltenen Quellen ist der gegenwärtige Stand der Forschung erst dabei, das Grundgerüst der Armenforschung zu erstellen. In zahlreichen Ländern des ehemaligen Habsburgerreiches ist die Geschichte der Armenfürsorge noch immer weitgehend unbekannt. Dies gilt vor allem für das Gebiet des ehemaligen Königreiches Ungarn, Galizien und der Bukowina sowie für die ländlichen Regionen anderer Kronländer. Der territoriale Schwerpunkt des Buches liegt auf den böhmischen Ländern, allerdings richtete sich der komparative Blick auch auf weitere österreichische Länder des späteren Zisleithaniens, etwa mit Blick auf die Urteile des Verwaltungsgerichtshofes, der gesetzlichen Regelung des politischen Domizils und des Heimatrechts usw.

Die Gesellschaft im ausgehenden 18. Jahrhundert wurde quantitativ von Unterschichten, plebejischen Gruppierungen, dem armen Landvolk und armen Personen schlechthin dominiert. Sie alle verkörperten ein beachtliches Potenzial von *Habenichtsen* bzw. von im sozialen Differenzierungsprozess abgeglittenen Menschen.[76] Die Forschungslandschaft innerhalb der Mentalitätsgeschichte der armen Leute zeichnet sich durch eine erstaunliche Zurückhaltung aus und lässt das quantitative Übergewicht der Armen nahezu außer Betracht. Betrachtet man dieses Phänomen innerhalb der gesamten gesellschaftlichen Hierarchie vom einfachen Bettler bis hin zum König, so reflektiert ein solcher Zustand keineswegs die realen Größenverhältnisse der einzelnen Stände, Klassen, Schichten oder Gruppen.[77] Ungeachtet der Gesamtzahl der Untersuchungen entspricht die Quantität der vorliegenden Arbeiten über die Armut und die Armenfürsorge nicht der Anzahl armer Personen im Untersuchungszeitraum. Dies erstaunt keineswegs. Abgesehen von der Tatsache, dass

---

75 Sachße, Ch. – Tennstedt, F.: Geschichte der Armenfürsorge in Deutschland. Vom Spätmittelalter bis zum Ersten Weltkrieg, S. 17.

76 Bräuer, Helmut: Armsein in obersächsischen Städten um 1500. Sozialprofile und kommunale Handlungsstrategien vor der Reformation. In: Oehmig, Stefan (Hrsg.): Medizin und Sozialwesen in Mitteldeutschland zur Reformationszeit (Schriften der Stiftung Luthergedenkstätten in Sachsen-Anhalt, Bd. 64). Leipzig: Evangelisches Verlagshaus, 2007, S. 25–52.

77 Bräuer, H.: Armenmentalität in der Frühen Neuzeit – Annäherung an ein komplexes Thema aus sächsischer Sicht, S. 21.

bekannte Personen – Könige, Helden, Adelige, Geistliche, führende Vertreter der jeweiligen Regierungen, nationalen Gruppierungen und der Streitkräfte, bekannte Damen, Wissenschaftler usw. – ein weitaus stärkeres Interesse auf sich ziehen und ihnen dementsprechend die Forschung größere Aufmerksamkeit schenkt, stehen der „Historikerzunft" nur sehr wenige Quellen mit Blick auf Arme zur Verfügung bzw. fehlen diese gänzlich – gerade im Vergleich zur „höheren Gesellschaft", wo diese in weitaus größerer Zahl vorhanden sind, etwa was Quellen persönlicher Provenienz anbetrifft.

Die Armutsforschung stützt sich vor allem auf Quellen amtlicher Provenienz und historische Rechtsquellen, was sich für die Mentalitätsforschung und die Alltagsgeschichte als keineswegs ideal erweist. Alain Corbin, dessen Arbeiten in der Forschungstradition der Annales-Schule und vor allem der Mentalitätsgeschichte Lucien Febvres stehen, hat bewiesen, dass auch der Mangel an Quellen persönlicher Provenienz kein Hindernis für die Geschichte der unteren Schichten darstellen muss. Seine Methode ist jedoch einzigartig und nicht für alle Armutsforscher geeignet. Sein beeindruckendes Werk *Le monde retrouvé de Louis-François Pinagot* (deutsch: *Auf den Spuren eines Unbekannten*) lässt sich jedoch als eine präzise Darstellung der inneren Gedankenwelt des Hauptthelden, eines armen Holzschuhmachers, betrachten. Es handelt sich dabei nicht um eine „ideale Biografie", sondern eher um eine kollektive Mentalitätsgeschichte, in die das Profil des armen Mannes lediglich eingefügt wird.

Der oben erwähnte Zugang von Alain Corbin ist in der Armutsforschung einzigartig. Die meisten Autoren stützen sich auf traditionelle und verlässliche Quellen, meist amtlicher Provenienz, nicht selten Gerichtsakten. Informationen über das qualvolle, schwierige, ja demütigende Leben armer Personen erhalten wir oft erst dann, wenn diese das Gesetz übertreten und ihre Handlung die Ursache für die Anlage von Aktenmaterial (der unteren Justizorgane) bildet. Eine wichtige Quelle stellen die Evidenzakten zur Armenfürsorge und zur karitativen Tätigkeit vermögenderer Bevölkerungsgruppen dar.

Als Grundlage für die Armutsforschung im vorliegenden Werk dienen vor allem Quellen amtlicher Provenienz und historische Rechtsquellen, zumal sich kaum narrative oder biographische Quellen finden lassen. Allerdings gewähren auch die erwähnten Quellen eine sehr gute und detaillierte Einsicht in die Lebensumstände, sozialen Kontakte und die innere Denkwelt armer Personen. Die Archivquellen der südböhmischen Herrschaft der Familie Buquoy, in der das erste Armeninstitut gegründet wurde, zeigen vor allem eine für ihre Zeit bewundernswerte Organisation und Ökonomie des Armeninstituts. Die Bittschriften von armen Personen usw. eröffnen interessante Aspekte mit Blick auf die Erforschung der Armutspflege. Die tradierte These, Armeninstitute hätten lediglich in der Zeit der Aufklärung bestanden, konnte nicht bestätigt werden.[78] Das Fortleben der Armeninstitute konnte dank der Quellenheuristik mindestens für einen Teil der Habsburgermonarchie bis zum Ende des 19. Jahrhunderts nachgewiesen werden.

Die in der vorliegenden Monographie präsentierten Forschungsergebnisse basieren auf Archivquellen des ehemaligen Habsburgerreiches aus dem Teil, der später Zisleithanien bildete. Die Gebiete des Königreiches Ungarn finden hingegen keine Berücksichtigung. Die Untersuchungen beschäftigen sich lediglich mit den Einstellungen des Staates zur Armenfürsorge. Das Ziel besteht in der Analyse der Entstehung von Strukturen des sich entwickelnden Sozialstaates. Private karitative Tätigkeiten auf dem Feld der Armenfürsorge werden hier nicht behandelt, da dies den Rahmen der formulierten Forschungsziele sprengen würde.

Der geographische Schwerpunkt der Forschungen zur Armenfürsorge liegt auf dem Gebiet der böhmischen Länder. Die Armenfürsorge gestaltete sich jedoch für den westlichen Teil der Habsburgermonarchie ähnlich. Ein Vergleich der einzelnen Kronländer zeigt, wie unterschiedlich sich die Einstellungen in Niederösterreich, Böhmen und Tirol zum politischen Ehekonsens oder zum Rechtssubjekt des Armeninstituts in Mähren, Niederösterreich und der Steiermark gestalteten. Der gesetzliche Rahmen der Armenfürsorge war für die Länder der Habsburgermonarchie im behandelten Zeitraum einheitlich, allerdings berücksichtigte der Staat historische und traditionelle Formen der Armenfürsorge weiterhin, wie die unterschiedliche Anwendung der Armeneinlage in Niederösterreich, Mähren und der Steiermark demonstriert. Der differenzierte Zugang des Staates lässt sich nicht – natürlich im Rahmen der geltenden Gesetze – als ein Versagen des Staates interpretieren, wobei sich der Staat um eine Vereinheitlichung in der Armenpflege bemühte. Angesichts des Zerfalls der Monarchie kam es dazu leider nicht. Der Staat musste die althergebrachten Strukturen und Traditionen der Kronländer berücksichtigen; die Armenfürsorge galt (und gilt) als ein sehr wichtiger, emotionaler und problematischer Faktor, der die Staatsökonomie wesentlich beeinflusste.

---

78 Buquoy, Margarete: Die Armen auf dem Lande im späten 18. und frühen 19. Jahrhundert. Eine Strukturanalyse am Beispiel der Buquyschen Herrschaft Gratzen in Südbohmen. Bohemia, Jg. 26, 1985, S. 37–78.

Abbildung 2: Titelseite der zweiten Abteilung des sechsten Bandes der Josephinischen Gesetzessammlung.
Quelle: Handbuch aller unter der Regierung des Kaisers Joseph des II. für die K. K. Erbländer ergangenen Verordnungen und Gesetze in einer sisthematischen Verbindung. Bd. 6, Wien 1784.

Die Titelseite der zweiten Abteilung des sechsten Bandes der *Josephinischen Gesetzessammlung* verkörpert in der Gestalt einer jungen Frau die Habsburgermonarchie als ein Rechts- und Sozialstaat.

Die Armenfürsorge als Rechtsproblem

Der Staat als sorgende und wahrhafte Mutter

Die Abbildung stellt vermutlich den personifizierten Sozialstaat dar, der in der Gestalt einer schönen jungen Frau in der Pose einer Herrscherin auf dem Thron erscheint. Die Frau hält in beiden Händen wichtige Symbole: das Liktorenzeichen als Symbol der Macht des Staates und die schwörende Hand wiederum als Zeichen des neuen Rechtssystems. Die gebrochenen Fesseln lassen sich als Symbol der persönlichen Freiheit (Aufhebung der Leibeigenschaft im Jahre 1781) der österreichischen Staatsbürger interpretieren. Das Füllhorn steht für den Reichtum des Staates, der für seine bedürftigen Untertanen sorgt, was durch die geschlossene Kasse mit der Aufschrift „Aus Liebe des Nächsten" symbolisiert wird. Diesen Namen trug die erste organisierte Vereinigung für Armenfürsorge in Österreich. Die Abbildung diente als Titelbild in Form eines Kupferstiches für den sechsten Band der Josephinischen Gesetzessammlung. In diesem Band erscheinen Armeninstitute erstmals als Rechtsubjekte. Autor der Kupferstiche ist höchstwahrscheinlich der Kupferstecher Joseph Georg Mansfeld (1763–1818).[79]

---

[79] Ausführlicher zu J. G. Mansfeld siehe: Stoklásková, Zdeňka: Bürger werden in Österreich 1780–1811. In: Brauneder, Wilhelm – Hlavačka, Milan (Hrsg.): Bürgerliche Gesellschaft auf dem Papier: Konstruktion, Kodifikation und Realisation der Zivilgesellschaft in der Habsburgermonarchie (Schriften zur europäischen Rechts- und Verfassungsgeschichte, Bd. 59). Berlin: Duncker & Humblot, 2014, S. 213–242, hier S. 218–220; dieselbe: Die Sprache der Bilder in den Josephinischen Gesetzbüchern. Journal on European History of Law, Jg. 13, Nr. 2, 2022, S. 70–76.

Der Anspruch auf die Armenfürsorge als Recht des Bürgers

> Jeder Unterthan erwartet von dem Landesfürsten Sicherheit und Schutz. Es ist also die Pflicht des Landesfürsten, die Rechte der Unterthanen deutlich zu bestimmen, und ihre Handlungen so zu leiten, wie es der allgemeine und besondere Wohlstand fordert.[80]

Der erste Artikel des Josephinischen Zivilkodex zeigt eine neue Beziehung des Staates zu seinen eigenen Staatsbürgern, nämlich den Anspruch auf Schutz durch den Staat. Ob der erwähnte Artikel 1, der dem *„allgemeinem und besonderem Wohlstand"* der Untertanen dienen sollte, auch den latenten Anspruch auf Armenfürsorge inhaltlich und rechtlich in sich birgt, bleibt anhand des Forschungsstandes ein Desiderat. Die gesetzliche Entwicklung von einem Untertanen hin zu einem Bürger lässt sich jedoch in zeitgenössischen Gesetzsammlungen und Kommentaren nachvollziehen. Der Begriff Mensch erscheint zum ersten Mal im Allgemeinen Bürgerlichen Gesetzbuch (ABGB) von 1811; bis dahin fanden die Termini *Untertan*, *Inwohner* und *Individuum* Verwendung. Letztere sind eher mit einer männlichen Person konnotiert, während der Begriff *Mensch* wohl auch Frauen miteinschließt. „Jeder Mensch hat angeborne, schon durch die Vernunft einleuchtende Rechte, und ist daher als eine Person zu betrachten. Sclaverey oder Leibeigenschaft, und die Ausübung einer darauf sich beziehenden Macht wird in diesen Ländern nicht gestattet."[81] Das ABGB von 1811 geht von der naturrechtlichen Auffassung aus, in der der Mensch als sinnlich vernünftiges, freies Wesen verstanden wird.[82] Der Artikel 16 ist einer der wichtigsten im ABGB; an seiner Auffassung lässt sich im Laufe der Zeit die rechtliche Beziehung des Menschen

---

80 ABGB 1786, Patent vom 1. November 1786, č. 220, §1. Zweyte Fortsetzung der Gesetze und Verfassungen im Justizfache, (weiter siehe: Justizgesetzsammlung). Aus der Kaiserlich-königlichen Hof- und Staats-Aerarial-Druckerey: Wien 1817, Nr. 591, S. 71–129, hier S. 72.

81 ABGB 1811, Patent vom 1. Juni, Nr. 946, § 16. Dritte Fortsetzung der Gesetze im Justizfache unter Seiner jetzt regierenden Majestät Kaiser Franz, Wien 1816, S. 275 ff.

82 Zeiller von, Franz: Commentar über das allgemeine Bürgerliche Gesetzbuch für die gesammten deutschen Erbländer der Oesterreichischen Monarchie, Geistingers Verlagshandlung: Wien und Triest, 1811, Bd. 1, S. 102.

zum Staat demonstrieren. Während der Rechtsgelehrte Josef Unger ihn als *„ganz müßigen, praktisch bedeutungslosen Paragraphen"* bezeichnete,[83] gilt er heute als eine zentrale Norm des österreichischen Rechts mit normativem Inhalt, der subjektive Rechte schützt.[84] Die naturalistische Auffassung des subjektiven Rechts als Anerkennung der menschlichen Würde bildet die gedankliche Basis des Allgemeinen Bürgerlichen Gesetzbuches. Die Ausrichtung auf das menschliche Individuum bedeutet hier: „Du bist frei, Du sollst selbst Dein Wohl gestalten, und zwar im Rahmen des Gesetzes." Karel Eliáš spricht von der Noblesse der österreichischen zivilistischen Tradition, die sich des Menschen in einer möglichen Notlage erbarmt, ihn schützt und ihm bei der Überwindung von Ungleichheiten zwischen den Schwächeren und den Stärkeren hilft.[85]

Die Heimat und die Armenfürsorge

Bereits im 16. Jahrhundert tauchte der Gedanke auf, dass der Bettel besser zu bewältigen sei, wenn es zumindest eine minimale Armenhilfe gäbe, die am besten innerhalb der jeweiligen Herrschaft administrativ zu bewältigen wäre. Dieses Postulat erfuhr in der ersten Hälfte des 18. Jahrhunderts eine Weiterentwicklung, es kam jedoch nicht zu einer gesetzlichen Regulierung. Die Lage wurde insbesondere dadurch erschwert, dass es auf lokaler Ebene zwei Akteure gab, in deren Kompetenz die Pflege für die „eigenen" Armen fiel: Herrschaften und Gemeinden. Die Tatsache, dass das Gesetz parallel zwei unterschiedlichen, in der Praxis miteinander konkurrierenden Subjekten die Pflicht auferlegte, für Arme Sorge zu tragen, bildete die Ursache der zähen Streitigkeiten zwischen Gemeinden und Herrschaften um die Kosten der Armutsfürsorge.

---

83 Unger, Josef: System des österreichischen allgemeinen Privatrechts. 3. Aufl., Leipzig: Breitkopf und Härtel, 1868, Bd. 1, S. 71.

84 Karner, Ernst: Ochrana osobnosti v Rakousku a v Evropě. Karlovarské právnické dny, Jg. 21, 2013, S. 662–680, hier S. 662; Karner, Ernst: Menschenrechte und Schutz der Persönlichkeit im Zivilrecht. Österreichische Juristen-Zeitung, Jg. 106, Heft 20, 2013, S. 906–912, hier S. 906.

85 Eliáš, Karel: Noblesa civilistické tradice a postmoderní přístupy k občanskému právu. Právní rozhledy, Jg. 8, 2003, S. 413–417, hier S. 413.

In der zweiten Hälfte des 18. Jahrhunderts finden sich erste Ansätze für eine gesetzliche Regulierung der Armenpflege, die in ihrer Zeit de facto lediglich auf den steigenden Bettel reagierte, ohne wirkliche Hilfe anzubieten oder zu vermitteln. Ein erster Versuch stellte die „allerhöchste Entschließung" von 1754 dar, die drei Kategorien von österreichischen Staatsbürgern unterschied, die ihren Geburtsort verlassen hatten und später in Armut gerieten:

> 1. Diejenigen Personen, welche sich in einem anderen Erblande ansässig gemachet, das Bürgerrecht ordentlich erworben oder als unbehauste Inwohner ihr Gewerbe oder Profession getrieben und so gestaltig bis zur erfolgten Müheseligkeit die gemeine Last mitzutragen geholfen haben, 2. Jene, welche entweder bei einer Gemeinde oder bei privaten an einem Orte durch 10 Jahre in Diensten gestanden sind, 3. solche, die zwar ebenfalls 10 Jahre in einem andern als ihrem Geburtslande entweder durch Dienstleistung oder auf eine andere Art ihr Brot erworben, jedoch durch diese Zeit nicht an einem, sondern mehreren Orten des Landes sich aufgehalten haben.[86]

Personen, die an ihrem Aufenthaltsort Besitz, Bürger- oder Meisterrecht erworben hatten, also zu den wohlhabenden Menschen gehörten, dann aber auf irgendeine Art und Weise ihren Besitz verloren hatten, sollten als Arme in ihrem Aufenthaltsort eine Versorgung genießen, da ihnen aufgrund ihres Besitzes beziehungsweise des Bürger- oder Meisterrechts das Recht auf Aufnahme in die Gemeinde zustand.

Im Falle der ersten Kategorie von Personen spielte der (verlorengegangene) Besitz die entscheidende Rolle. Die zweite Kategorie stellten

---

[86] „Allerhöchste Entschließung wegen der abzuschickenden Vagabunden und Bettler" vom 16. November 1754. [Kropatschek, Joseph (Hrsg.)]: Sammlung aller k. k. Verordnungen und Gesetze vom Jahre 1740 bis 1780, die unter der Regierung der Regierung des Kaisers Joseph des II. theils noch ganz bestehen, theils zum Theile abgeändert sind, als eine Hilfs- und Ergänzungsbuch zu dem Handbuche aller unter der Regierung des Kaisers Josephs des II. für die k. k. Erbländer ergangenen Verordnungen und Gesetze in einer chronologischen Ordnung. 8 Bde. Wien: Verlag Joh. Georg Mößle, 1786, hier Bd. 2, Nr. 365, 1786, S. 403–405; (im Folgenden zitiert als: Joseph II. – Gesetze chronologisch). Die Gesetzbücher wurden hier nach dem Herrscher zitiert; diesen Zugang hält die Autorin für leserfreundlich. Der Terminus *„unbehauste Inwohner"* lässt sich als österreichische Staatsbürger ohne einen ständigen Wohnort in der betreffenden Gemeinde interpretieren.

> die unbehausten auswärts geborenen Inwohner [dar], welche zwar das Bürgerrecht nicht wirklich erlanget, iedoch mittels Bewilligung der Obrigkeit, des Magistrats oder der Gemeinde sich irgendwo durch 10 Jahre aufgehalten, und der Gemeinde durch ihre Handthierung, oder in anderen Wegen nützlich gewesen sind, wird billig zu sein befunden, daß ein solcher Innmann, wenn er sich wirklich 10 oder mehrere Jahre an einem Orte ohne Unterbruch aufgehalten hat und nach der Hand in eine gänzliche Müheseligkeit gerathen ist, ebenfalls daselbst in die Verpflegung zu nehmen.

Die dritte Kategorie von Personen wiederum, die keinen Besitz erworben und sich an keinem Ort mindestens zehn Jahre aufgehalten hatten, sei „bei aufbrechender Unvermögenheit in ihren Geburtsort abzuschieben".[87]

Die „allerhöchste Entschließung" enthält die grundlegenden Elemente der späteren gesetzlichen Regulierung der Heimatzuständigkeit. Besitz-, Bürger- oder Meisterrechte bildeten später Faktoren, die das Recht auf eine Aufnahme in den Heimatverband beinhalteten. Die zweite Kategorie von Personen, die sich legal zehn Jahre lang in einer Gemeinde aufgehalten hatten, konnten unter bestimmten, später genau formulierten Bedingungen einen Anspruch auf die Aufnahme in den Heimatverband geltend machen. Diese Frist von zehn Jahren sollte nicht nur eine gesetzliche Voraussetzung für die Wartezeit auf eine Heimatzuständigkeit, sondern auch für die Aufnahme in die österreichische Staatsbürgerschaft werden. Die dritte Kategorie, nämlich besitzlose Personen, die sich weniger als zehn Jahre in einer Gemeinde aufgehalten hatten, wurde zur sozialen Last für ihre Geburtsortsgemeinde. Dabei stellte der Geburtsort den kritischen Gradmesser für die Feststellung der Heimatzuständigkeit dar, wie die spätere Praxis zeigen sollte. Der Geburtsort als wichtigstes Kriterium für die Festlegung des Rechts auf Heimatzuständigkeit und die damit verbundene Armenfürsorge wurde auch in der ersten großen Normbestimmung, dem Konskriptionspatent von 1777, definiert. Die Veröffentlichung des Patents zielte jedoch nicht primär auf die Armenfürsorge ab, sondern kam vielmehr im Falle des Fehlens anderer Gesetze zum Einsatz. Die Armenfürsorge ging vom Prinzip der Einheimischen aus, da als Versorgungssubjekt die Herrschaft (Gemeinde) fungierte, während den nicht zu dieser Gemeinde

[87] Beide Zitate ebenda, S. 404.

zählenden Angehörigen keinerlei Versorgung zustand und diese im Falle eines derartigen Ansuchens in der Regel aus der Gemeinde abgeschoben wurden.

Im Jahre 1777 erfolgte also die Veröffentlichung der ersten gesetzlichen Kriterien, die sich für die Armenversorgung als maßgeblich erweisen sollten: „Damit das Maaß der ersten Populationsgattung, nämlich aller zu einem Orte gehörigen Menschen, in Evidenz gebracht werden kann."[88] Die erste gesetzliche Definition einheimischer Personen erwies sich dabei als vage, ebenso wie die zweite Kategorie von Personen, die nicht in ihrem Geburtsort lebten.

> Erstens: In die einheimische (Population) eines jeden Orts selbst wurden jene Menschen gerechnet, welche daselbst geboren sind, alle, die sich daselbst für beständig niedergelassen, und ansässig gemacht haben, mithin eigentlich zu der Bevölkerung dieses Ortes gehörig sind. Zweitens: theilet sich die Population in iene Gattung der Menschen, die zwar in dem konskribiert werdenden Lande geboren, und folgsam auch schon anderwärts zu der einheimischen Population eines Orts dieses Landes gezählet, und dort aufgezeichnet werden, sich aber nur in der Zeit der Konskription in diesem, oder ienem Orte befinden, und also nur in Ansehung dieses Orts fremde sind. Drittens: in ienen Theil der Menschen, die gar nicht zur Population des konskribiert werdenden Landes gehören, sondern sich nur aus besonderen Ursachen darinnen aufhalten, mithin lediglich als Ausländer zu betrachten kommen; doch untertheilet sich diese dritte Populationsgattung noch ferners in Ausländer, oder Fremde aus andern österreichischen Erbländern, und in derlei aus andern völlig fremden Staaten.[89]

Die Aufteilung der Population zeigt dabei, dass es sich bei der ersten gesetzlichen Regelung eher um eine Unterscheidung zwischen den in den konskribierten Ländern ansässigen und den übrigen Personen handelte, ohne dass man jedoch zwischen Ausländern und Fremden aus nicht konskribierten Ländern des österreichischen Vielvölkerstaates unterschied. Diese Tendenz ist noch lange zu beobachten, wie die Polizeiakten in der mährischen

---

[88] Patent vom 18. September 1777. [Kropatschek, Joseph (Hrsg.)]: K. k. Theresianisches Gesetzbuch, enthaltend die Gesetze von den Jahren 1740 bis 1780 in einer chronologischen Ordnung und sistematischen Verbindung, 8 Bde. 3. Aufl. Wien 1789. (weiter siehe: Maria Theresia – Gesetze), hier Bd. 8 (1787), Nr. 2086, S. 311 ff. Hier zitiert aus der Reduplikation des Patents vom 5. Juli 1779.

[89] Ebenda, S. 331–332.

Landeshauptstadt Brünn beweisen, die eine genaue Evidenz von Lohnarbeitern und Dienstpersonal führten, die nicht die Brünner Heimatzuständigkeit besaßen, ohne dass man jedoch zwischen Ausländern, österreichischen Staatsbürgern aus anderen Kronländern und Inländern, die lediglich in den umliegenden Gemeinden lebten, unterschied.[90]

Für die lokalen Behörden, vor allem für die (Proto-)Gemeindeverwaltung,[91] war diese Lage äußerst diffizil, da sie in die Lage gerieten, in der sich die Zuständigkeit für die jeweilige Person und damit für ihre Armenfürsorge als sehr problematisch erwies. Der Staat zwang jedoch die Gemeinden und Herrschaften die Armen zu versorgen. Doch wer war jener Arme, den es zu versorgen galt? Die nachfolgende Regelung für die Heimatzuständigkeit galt ebenfalls nicht der Armenpflege, kam jedoch hier zur Anwendung. „Das Konskriptions- und Rekrutierungspatent" aus dem Jahre 1804 diente zwar in erster Linie der Evidenz der möglicherweise wehrpflichtigen Männer für das in der Zeit des Josephinismus eingerichtete stehende Heer, doch nutzten die lokalen Behörden dieses für die Armenfürsorge, zumal besagtes Patent eine gesetzliche Trennung von einheimischen und fremden Personen bestimmte. Als Einheimische galten *„alle in dem Orte Geborne"*. „Diese werden immer, sie seyen anwesend oder nicht, bey ihren noch lebenden Eltern classificirt, so lange sie sich nicht selbst für einen eigenen Aufnahms-Bogen qualificirt, oder anderwärts nationalisirt haben, oder auch in den Geistlichen- oder Soldaten-Stand übergetreten sind; [...]"[92]

Die zweite Kategorie definierte die gesetzlichen Regelungen für die Aufnahme einer anderen Heimatzuständigkeit auf der Grundlage der sog.

---

[90] Ausführlicher hierzu: Stoklásková, Zdeňka: Die Arbeitsmigration in der Habsburgermonarchie im 19. Jahrhundert – Staat, Herrschaften, Gemeinden und das Sozialsystem. In: Zdeňka Stoklásková – Mojmír Stránský – Philipp Ther (Hrsg.): Österreich und Tschechien als Immigrationsländer – Transnationale Arbeitsmigration seit 1780 im historischen Vergleich. Wien: LitVerlag, 2024, S. 13–30.

[91] Der Terminus (Proto-)Gemeindeverwaltung stammt lediglich von der Autorin, die damit eine Lücke in der Terminologie zu überbrücken versucht. Es handelt sich um die – noch nicht gewählte – Gemeindeverwaltung, wie dies später auf der Grundlage der Provisorischen Gemeindeordnung im Jahr 1849 geschah.

[92] Konskriptions- und Rekrutierungspatent vom 25. Oktober 1804, Sr. K. K. Majestät Franz des Zweyten Politische Gesetze und Verordnungen für die Oesterreichischen, Böhmischen und Galizischen Erbländer (weiter siehe Franz II. (I.). – Gesetze). 36 Bde. Wien: K. K. Hof- und Staatsdruckerey, 1817–1837, hier Bd. 23 (1807), § 26, S. 29.

Nationalisierung. Als Einheimische sollten *„alle, welche sich in dem Orte nationalisirt haben"* gelten. „Die Nationalisierung geschieht entweder durch einen zehnjährigen Aufenthalt in den conskribirten Erbländern[93] oder durch häusliche Niederlassung, Ankauf von Grundstücken, Antretung des Bürger- oder Meisterrechtes, einer Bedienung, eines Amtes oder einer andern stabilen Versorgung."[94] Eine Nationalisierung im Sinne des Erwerbs des politischen Domizils war also an Besitz, Amt oder eine andere Ernährungsquelle gebunden. Der Ausdruck *„eine andere stabile Versorgung"* ließ einen breiten Interpretierungsspielraum zu, der von den Gemeindebehörden genutzt werden konnte. *Die Nationalisierung* war bereits im sog. *Dezennium* im Hofdekret vom 28. Dezember 1826 gesetzlich definiert. „Sobald jemand durch einen Zeitraum von 10 Jahren von seiner Geburtsgemeinde entfernt ist und sich die ganze Zeit fortwährend in einem Orte aufgehalten hat, ist diese letztere Gemeinde nach den bestehenden allgemeinen Vorschriften zu dessen Versorgung verpflichtet." Die faktische Verwirklichung des Dezenniums greift jedoch zeitlich wesentlich weiter zurück und reicht bis in die Mitte des 18. Jahrhunderts.[95]

---

[93] [Fußnote durch die Autorin hinzugefügt.] Zu den konskribierten Erbländern wurden Oberösterreich, Niederösterreich, Innerösterreich, Böhmen, Mähren, Schlesien, Galizien und die Bukowina gerechnet, die dann nachfolgend als „altkonskribierte Länder" galten. Für Tirol, Vorarlberg und Dalmatien bestanden eigene Vorschriften, die sich in bestimmten Bereichen wesentlich von jenen, in konskribierten Ländern geltenden Vorschriften unterschieden. In Galizien und der Bukowina wurde das Konskriptions- und Rekrutierungspatent zwar veröffentlicht, fand jedoch kaum praktische Anwendung. Die zum österreichischen Vielvölkerstaat gehörenden italienischen Länder kannten das Institut des österreichischen politischen Domizils nicht; der Terminus *cittadinanza* schloss auch die Staatsbürgerschaft ein. Die italienischen Länder kannten eine andere Art und Weise der Armenfürsorge, die im Untersuchungszeitraum nicht direkt vom Staat oder vom Land abhing.

[94] Konskriptions- und Rekrutierungspatent vom 25. Oktober 1804. Franz II. (I.) – Gesetze, Bd. 23 (1807), § 26, S. 29.

[95] Die Allerhöchste Entschließung wegen den abzuschickenden Vagabunden und Bettler vom 16. November 1754. Joseph II. – Gesetze chronologisch, Bd. 2, Nr. 365, 1786, S. 403–405. Bei entlassenen Soldaten, die vor dem Eintritt in die österreichische Armee als Ausländer galten, oder bei aus nicht konskribierten Ländern stammenden Soldaten wurde das Dezennium erst nach der Entlassung aus der Armee angerechnet.

Die Existenz oder das Fehlen der Eltern galt für die Evidenz von Einheimischen als ausschlaggebend. Elternlose Personen wurden – unabhängig von ihrem Alter – als Fremde in der Gemeinde ihres Aufenthaltes klassifiziert.

> Die conscribirten Elternlosen, das ist, solche Elternlose, welche in was immer für einem concribirten Lande gebürtig sind, oder sich durch einen zehnjährigen Aufenthalt daselbst nationalisirt, jedoch nicht für einen eigenen Aufnahmsbogen qualificiert haben. Zu den Elternlosen werden auch jene Menschen gerechnet, deren Eltern man nicht weiß. Diese Menschen werden immer da, wo sie bei der Conscription angetroffen werden, in der Fremdentabelle, Formular B, classificiert und ihr Geburtsort samt der Herrschaft, zu der sie gehören, in der Qualifikation angezeiget.[96]

Alle übrigen Personen galten als Fremde. Die Tatsache jedoch, dass eine Person, die in Konskriptionsverzeichnissen als Fremde erschien, erweist sich in der Frage der Interpretierung des Konskriptionspatents, auf dem das politische Domizil auf den vollendeten zehn Jahren des ununterbrochenen Aufenthaltes fußte, als völlig irrelevant. Nach dem Wortlaut des Konskriptionspatents galten Untertanen aus den sog. altkonskribierten Ländern erst dann in einer Gemeinde als nationalisiert, wenn die von ihrer Herrschaft entlassen worden waren.

Die Wirksamkeit des Konskriptionspatents aus dem Jahr 1804 wurde erst durch die Herausgabe der Provisorischen Gemeindeordnung im Jahre 1849 abgelöst. In der Praxis erwies sich dies mindestens als problematisch. Die „Provisorischen Vorschriften über das Heimatrecht“, eine bloße Sammlung gültiger Vorschriften, zusammengestellt von der Oberösterreichischen Landesbehörde im Jahre 1850, spiegeln die Realität wider. Die Vorschriften verfolgten den Zweck, Beamten am zweckmäßigsten Kriterien in die Hand zu geben, um die Heimatzuständigkeit festzustellen. Allein dieser Umstand verdeutlicht, dass es in der Gesetzgebung eine Vorschriftenlücke gab. Auf diese Weise schuf man eine Hierarchie, der zufolge die Heimatzuständigkeit ermittelt werden sollte, falls der Bittsteller keine

[96] Konskriptions- und Rekrutierungspatent vom 25. Oktober 1804. Franz II. (I.) – Gesetze, Bd. 23 (1807), § 26, S. 29–30.

Nachweise vorlegen konnte. An erster Stelle standen Personen, die in der Gemeinde über Besitz verfügten oder das Recht besaßen, hier ihr Gewerbe oder eine gewerbeähnliche Tätigkeit ausüben zu können; an zweiter Stelle folgten Staatsbeamte, Geistliche oder öffentliche Lehrer, die ihr Domizil gleich nach dem Antritt ihres Postens erhielten. An dritter Stelle standen Personen, die sich seit zehn Jahren freiwillig und ununterbrochen in der Gemeinde aufhielten. An vierter Stelle befinden sich die nationalisierten österreichischen Staatsbürger, die Aufnahme in den Heimatverband gefunden hatten. Für den Fall, dass es nicht möglich war, dass sich die Person über zehn Jahren hinweg in der Gemeinde aufgehalten hatte oder andere Nachweise fehlten, sollte eine solche Person ihr politisches Domizil in der Gemeinde der Eltern erhalten. Erst wenn auch dies nicht festgestellt werden konnte, sollte die Person in der Gemeinde beheimatet sein, in der sie geboren wurde.

Der Ort der Geburt, der in der einzigen – im Untersuchungszeitraum geltenden – gesetzlichen Norm als das wichtigste Kriterium für die Heimatzuständigkeit galt, findet sich bei der praktischen Anwendung erst an sechster Stelle. Diese Praxis scheint bereits seit Längerem Anwendung gefunden zu haben, was die vorsichtige Formulierung des Hofdekrets vom 22. April 1822 zeigt:

> Die bei einem zufälligen Besuche erfolgte Geburt eines Kindes kann eine Gemeinde nicht verpflichten, in der Folge die Verpflegungskosten für dasselbe zu berichtigen, sondern es bleibt hierzu diejenige Gemeinde verpflichtet, wo das Domicilium der Eltern zur Zeit der Geburt des Kindes war.[97]

Zu ungeplanten Geburten kam es besonders im Falle außerehelich geborener Kinder, die in der Frage des politischen Domizils eine besondere Stellung einnahmen. Sie sollten das Heimatrecht ihrer Mutter bekommen, sofern sich dies ermitteln ließ. Ausschlaggebend war, ob sich die Mutter zehn Jahre lang ununterbrochen freiwillig an einem Ort aufhielt. In diesem Fall sollte sie als Einheimische anerkannt werden. Im umgekehrten Fall sollte die Geburtsgemeinde für das Kind verantwortlich sein – doch galt dies nicht, wenn sich das Kind selbst in einer Gemeinde zehn Jahre ununterbrochen aufhielt.

---

[97] Herzog, Franz Tobias: Sammlung der Gesetze über das politische Domicil im Kaiserthume Österreich. Wien: Verlag Anton Edler von Schmid, 1837, S. 82.

Dann hatte die Aufenthaltsgemeinde die Kosten für dessen Ernährung und Erziehung zu tragen.

Es bestand also ein eindeutiger Unterschied zwischen ehelichen und unehelichen Kindern, die durch ihr „Dezennium" selbstständig das Heimatrecht erwerben konnten – ohne Rücksicht darauf, ob ihre Mutter in der betreffenden Gemeinde beheimatet war. Außerehelich geborene Kinder galten folglich im Gegensatz zu ehelichen als selbstständige Subjekte in der Frage des eigenen Erwerbs des politischen Domizils, was bei ehelichen Kindern ausgeschlossen war. Die Gesetze unterschieden zwischen außerehelich geborenen Kindern und Personen ohne Eltern, für welche die gleichen Postulate galten, doch wurden sie stets als Ortsfremde angesehen. Die Interpretation der Heimatzuständigkeit gemäß Konskriptionspatent erweist sich als nicht eindeutig, da das Patent zwar für die Feststellung der Heimatzuständigkeit herangezogen wurde, ohne jedoch für diese publiziert gewesen zu sein.

Der Ort der Geburt als Kriterium für die Heimatzuständigkeit bereitete bei der praktischen Anwendung Probleme. Manche Gemeinden, insbesondere große Agglomerationen, wehrten sich gegen die Aufnahme in den Heimatverband von Personen, die zwar in der Gemeinde geboren waren, deren Eltern jedoch einer anderen Gemeinde angehört hatten, wie das Beispiel der Maria Amalia Kowarzik zeigt. In den überlieferten archivalischen Quellen begegnen wir Maria Amalia in der mährischen Landeshauptstadt Brünn, als sie als vierzehnjährige Textilarbeiterin in der Plüschproduktion von ihrem ersten Arbeitgeber, den Gebrüdern Schöller, entlassen wurde. Dies geschah zwischen dem 7. März und dem 16. September 1848.[98] Es gibt keinerlei Hinweise auf eine Versorgung als Arme, doch verlängerte man ihr für die Zeit der Arbeitslosigkeit die Aufenthaltserlaubnis. Wenngleich Maria Amalia Kowarzik in Brünn das Licht der Welt erblickt hatte, war die Gemeinde Domaschow (Domašov) für sie zuständig, zumal diese mährische Gemeinde im Gerichtsbezirk Eibenschütz (Ivančice) für ihre Eltern

---

98 Die 1819 gegründete Fabrik der Gebrüder Schöller gehörte zu den größten Textilunternehmen in Brünn. Im Jahre 1826 wurde für die Arbeiter eine Krankenkasse eingerichtet. Smutný, Bohumír: Brněnští podnikatelé a jejich podniky 1764–1948: encyklopedie podnikatelů a jejich rodin. Brno: Statutární město Brno – Archiv města Brna, S. 381.

zuständig war und Maria Amalia ihnen als Unmündige folgen musste.[99] Unabhängig davon konnte sie in ihrem Alter den Erwerb des Heimatrechts nicht selbstständig beantragen. Allerdings gelang ihr wesentlich später, im Jahre 1855, die Aufnahme in den Brünner Heimatverband. Da sie zu dieser Zeit noch immer nicht volljährig war, dürfte dies durch eine andere Person geschehen sein, entweder aufgrund ihrer eigenen Heirat oder derjenigen ihrer Mutter.[100] Maria A. Kowarzik arbeitete weiterhin in Brünn ohne einen häufigen Arbeitgeberwechsel: Nach einer Phase der Arbeitslosigkeit war sie ab dem 16. September 1848 in der Textilfirma Auspitz und ab dem 30. November 1877 in der Textilfabrik Spitz beschäftigt.[101] Über ihr weiteres Schicksal ist nichts bekannt, da sie als Einheimische nicht mehr von der Polizei erfasst wurde.[102]

In der Frage des politischen Domizils wurde die Gültigkeit des Konskriptionspatents erst durch das Provisorische Gemeindegesetz im Jahre 1849 aufgehoben, das die gesetzlichen Grundlagen des Heimatrechts in Österreich schuf.[103] Die Bezeichnung „provisorisch" trägt das Gesetz, zumal man von einer späteren Abstimmung durch das Parlament ausging, die jedoch

---

99 Toponyme werden sowohl im Deutschen als auch in anderen Sprachen an der Stelle der ersten Erscheinung angeführt; weiter ausschließlich auf Deutsch.

100 „Maria Kowarzik ist in Nr. 5 am Mühlgraben einheimisch und zuständig konskribiert. Konsk. Amt Brünn am 12.9.1855." Moravský zemský archiv Brno (Mährisches Landesarchiv Brünn, weiter siehe MZA Brno), Polizeipräsidium B 26, Protokollbuch (1848), Nr. 569, nicht nummeriert. Auf ihre eigene Heirat oder auf eine erneute Heirat ihrer Mutter schließe ich aus der Bemerkung des Polizeibeamten, dass sie bei ihrer Mutter lebte, wobei in vorherigen Anträgen die Eltern Erwähnung fanden. Ihr Vater mochte also bereits verstorben sein. Sie und ihre Mutter wechselten zugleich den Wohnort, was sich entweder auf die veränderten sozialen Verhältnisse oder auf eine neue Heirat zurückführen ließe.

101 Zu bekannten Textilunternehmen der jüdischen Industriellen Auspitz und Spitz eingehender: Smutný, B.: Brněnští podnikatelé a jejich podniky 1764–1948, S. 24–26; 416–417.

102 Die zitierte Quelle „Fabrik- und Lohnarbeiterprotokolle" diente zur Erfassung von Personen, die nicht die Brünner Heimatzuständigkeit besaßen.

103 Der Begriff Heimatrecht taucht zum ersten Mal in der Provisorischen Gemeindeordnung auf, doch wird dieser Terminus auch für die ältere Zeit verwendet. Patent vom 17. März 1849, Allgemeines Reichs-Gesetz- und Regierungsblatt für das Kaiserthum Oesterreich (im Folgenenden zitiert als: RGBl.). Wien: Kaiserlich-königliche Hof- und Staatsdruckerei, Jg. 1849, 1850, Nr. 170, II. Ergänzungsband, S. 203–222.

bekanntermaßen nie erfolgte. Die Verabschiedung der Reichsverfassung, bekannt als sog. Märzverfassung, erfolgte am 4. März 1849, zur Veröffentlichung des Provisorischen Gemeindegesetzes (auch bekannt als Provisorische Gemeindeordnung) kam es am 17. März 1849. Der Kaiser berief sich in der Einleitung zum Gesetz auf § 33 der kurz zuvor veröffentlichten Verfassung. Das Provisorische Gemeindegesetz galt für die nachfolgenden Länder: Ober- und Niederösterreich, Salzburg, die Steiermark, Kärnten, Krain, Görz (Gorizia, Gorica) und Gradis (Gradisca, Gradišče), Istrien und Triest, Dalmatien, Tirol und Vorarlberg, Böhmen, Mähren, Schlesien, Galizien, Lodomerien, Krakau und die Bukowina, wobei sich die Ausführung für die vier zuletzt genannten Länder problematisch gestaltete. Vereinfacht kann gesagt werden, dass für diese Länder erst das nachfolgende Gesetz über das Heimatrecht aus dem Jahr 1859 in Kraft trat.[104]

In den katastral definierten Ortsgemeinden unterschied man zwischen *Gemeindegliedern* und *Fremden*. Gemeindeglieder waren Gemeindebürger oder Gemeindeangehörige. Als Gemeindebürger galten Personen, die „von einem in der Gemeinde gelegenem Haus- oder Grundbesitz, oder von einem, den ständigen Aufenthalt in der Gemeinde gesetzlich bedingenden, Gewerbe oder Erwerbe einen bestimmten Jahresbetrag an directen Steuern zahlen, oder von der Gemeinde als solche anerkannt worden sind." „Gemeindeangehörige sind jene, welche durch Geburt oder Aufnahme in den Gemeindeverband der Gemeinde zuständig sind."[105] Die Geburt begründete die Zuständigkeit der Gemeinde der Eltern, bei unehelichen Kindern der Mutter, wobei das Ableben eines oder beider Elternteile keine Folge auf die Heimatzuständigkeit besaß. Die erst 1849 festgelegte Norm fand in der Praxis, wie das Beispiel von Maria Amalia Kowarzik verdeutlicht, seit langem Anwendung. Die beim Ableben des Vaters unmündigen Kinder folgten bei einer erneuten Heirat ihrer Mutter, mündige Kinder behielten die Heimatzugehörigkeit ihres verstorbenen Vaters, was zu Paradoxen führen

[104] Goldemund, Ingobert – Ringhofer, Kurt – Theuer, Karl (Hrsg.): Das österreichische Staatsbürgerschaftsrecht, mit erläuternden Anmerkungen, einschlägigen Nebengesetzen und der Rechtsprechung der höchsten Gerichtshöfe (Manz'sche Ausgabe der österreichischen Gesetze, Bd. 19). Wien: Manz'sche k. k. Verlags- und Universitätsbuchhandlung, 1969, S. 598.

[105] Patent vom 17. März 1849, § 8 und 11, RGBl., Nr. 170, § 8, S. 205.

konnte, dass nämlich die Kinder desselben Vaters unterschiedliche Heimatzuständigkeiten aufweisen konnten. Die außerehelich geborenen Kinder folgten ebenso ihrer Mutter bei ihrer Heirat – ohne Rücksicht darauf, ob es zu deren Legitimierung gekommen war.[106]

Einige Gemeinden wehrten sich, die „angeheirateten" Kinder der Frauen als einheimische Sprösslinge anzuerkennen. Die Gemeinde Medo-Ujezd (Medový Újezd) sträubte sich dagegen, Franz Klöckner, den ehelichen Sohn der Katharina Klöckner, geborenen Juhota, als ihr Gemeindemitglied anzuerkennen. Der im Jahre 1841 geborene Franz Klöckner zog mit seiner verwitweten Mutter nach Medo-Ujezd, wo der neue Ehemann seiner Mutter, Karl Lukes, ansässig war. Franz Klöckner lebte bei seiner Mutter bis zu seinem 23. Lebensjahr im Familienverband. Die Wiederverehelichung seiner Mutter fand im Jahre 1848, also noch während seiner Unmündigkeit, statt. Ihr legitimes Heimatrecht in Medo-Ujezd beabsichtigte die Mutter, auch auf ihren Sohn aus erster Ehe auszudehnen. Franz Klöckner selbst hatte nie ein selbstständiges Heimatrecht erworben, sodass er die neue Zuständigkeit seiner Mutter behielt. Die gegenüber der böhmischen Statthalterei vorgetragene Beschwerde der Gemeinde Medo-Ujezd wies der Verwaltungsgerichtshof durch seine Erkenntnis im Jahre 1880 als gesetzlich unbegründet ab.[107]

Waise galten als Angehörige der Gemeinde, in der sie sich zum Zeitpunkt des Ablebens ihrer Eltern aufhielten, Findlinge wurden in der Gemeinde beheimatet, in der sie aufgefunden wurden (§ 19). Das Heimatrecht der Findlinge in staatlichen und Landesinstituten fand im Jahre 1849 keine Berücksichtigung, es wurde lediglich eine spätere Lösung durch spezielle Gesetze angedeutet. Frauen mussten nach der Heirat das Heimatrecht ihres Mannes annehmen, ohne eine eigene Wahlmöglichkeit zu besitzen oder ihre Zuständigkeit an den Ehemann übertragen zu können. Geschiedene Frauen konnten als einzige weibliche Subjekte selbstständig eine neue

[106] Als Legitimierung wird die Heirat der Eltern nach der Geburt des Kindes verstanden, das Kind galt dann als ehelich geboren. Waren Bräutigam und Kindesvater nicht eine und dieselbe Person, konnte keine Legitimierung des Kindes vollzogen werden.

[107] Budwinski von, Adam (Hrsg.): Erkenntnisse des k. k. Verwaltungsgerichtshofes. Jg. IV, 1880, Wien: Manz'sche k. k. Verlags- und Universitätsbuchhandlung, 1880, Nr. 918, S. 414–415.

Heimatzuständigkeit erwerben, ebenso elternlose Kinder, da das Gesetz in dieser Frage nicht zwischen volljährigen und unmündigen Personen unterschied (§ 12b).

Unmündige Personen mit zumindest einem lebenden Elternteil waren benachteiligt, da sie aufgrund ihres Alters nicht selbstständig ein anderes Heimatrecht erwerben konnten, obwohl sie einen Heimatschein besaßen und eine Aufenthaltsgenehmigung sowie eine Arbeitserlaubnis erhalten konnten. Ob die Zeit vor Erreichen der Volljährigkeit in die „Wartezeit" für einen eventuellen Anspruch auf das Heimatrecht eingerechnet wurde, lässt sich aus dem Gesetz nicht eindeutig ableiten. Archivalische Forschungen vermochten einen solchen Fall bisher nicht nachzuweisen. Die Aufnahme der Arbeitstätigkeit mit dem 14. Lebensjahr galt als normal. Hierfür steht das Beispiel der jungen Arbeiterin Barbora Titlová.

> Fabrikarbeiterin war ich seit meinem zwölften Lebensjahr, als ich zur Firma Scheinost in Schüttenhofen (Sušice) kam. Als ich zum ersten Mal in die Werkstatt trat, sagte der Meister: „Was willst du hier, mein Kind?" Ich war klein und sah für mein Alter jünger aus. [...] Ich konnte die Maschine nicht erreichen und musste deshalb bei der Arbeit auf einer Kiste stehen. Es gab damals in der Fabrik mehrere Mädchen in meinem Alter.[108]

Unmündige Personen besaßen keine rechtliche Möglichkeit, ihr Heimatrecht am Ort ihrer Arbeitstätigkeit zu erwerben, da sie der Heimatzuständigkeit ihrer Eltern unterlagen. Die späteren Kommentare (die mit Blick auf das Datum ihrer Veröffentlichung die Probleme Mitte des 19. Jahrhunderts nicht zu lösen vermochten) helfen bei der Erklärung der gesetzlichen Lage, da sie „das Moment der Selbständigkeit oder Unselbstständigkeit in wirtschaftlicher Beziehung" präzisieren. Der Verwaltungsgerichtshof untersuchte die Beschwerde der Gemeinde Neu Studenetz (Nový Studenec) gegen die Entscheidung der böhmischen Statthalterei in der Causa des Heimatrechts von Anton Culek. Anton Culek lebte mit seinem Vater Georg Culek in Neu Studenetz, wo sein Vater naturalisiert wurde, da er hier das Haus

[108] Branald, Adolf – Klepl, Jan (Hrsg.): Život a dílo. Ze vzpomínek pracujících [Leben und Werk. Aus den Erinnerungen von Arbeitenden]. Praha: Národní technické muzeum, 1953, S. 37. Die Firma Scheinost in Sušice (Schüttenhofen) in Südwestböhmen war ein bedeutender Produzent von Phosphorstreichhölzern.

Nr. 25 gekauft hatte. Georg Culek erwarb später (die Zeit lässt sich nicht genau ermitteln) durch die stillschweigende Aufnahme mittels der sog. *Quadrinierung* das Heimatrecht in Ober-Studenetz.[109] Anton Culek trat in seinem vierzehnten Lebensjahr im Jahre 1851 in die Lehre und begab sich drei Jahre später als Bäckerbursche auf Wanderschaft. Dieser Zeitpunkt ist für seine Heimatzuständigkeit maßgeblich, da er sich von nun an selbstständig ernährte, sodass er nicht mehr die Bestimmung „im Familienverband lebend" laut Paragraph 14 des Gesetzes von 1849 erfüllte. Sein Vater schloss jedoch seine *Quadrinierung* später ab, sodass er das neu erworbene Heimatrecht nicht auf seinen Sohn ausdehnen konnte, sodass Letzterer die ursprüngliche Zuständigkeit in Neu Studenetz behielt. Die Beschwerde der Gemeinde Neu Studenetz wurde als unbegründet abgewiesen.[110] Die Ursache der Beschwerde der gleichnamigen Gemeinde erfahren wir nicht, doch handelte es sich angesichts der Datierung des Prozesses (1889–1890) wahrscheinlich um die Armenfürsorge für den ehemaligen Bäckergesellen, der wohl etwa 62 Jahre alt war.

Österreichische Staatsbürger mit „besonderen persönlichen Verhältnissen" wie Staatsdiener, Offiziere, im Offiziersrang Angestellte, Geistliche und öffentliche Lehrer zählten zu Angehörigen der Gemeinde, die ihnen den ständigen Aufenthalt zugewiesen hatte. Die Aufnahme in den Gemeindeverband erfolgte entweder durch einen förmlichen Gemeindebeschluss oder stillschweigend durch Duldung. Für den förmlichen Gemeindebeschluss musste ein Betrag von zwei Gulden in Gold gezahlt werden, die Bürger entrichteten sechs Gulden.

In unserem Zusammenhang ist die Erleichterung der Aufnahme in den Heimatverband für mittellose Personen wichtig, die sich als Errungenschaft der revolutionären Ereignisse interpretieren lässt. Eine neue Möglichkeit war die klar definierte Aufnahme „stillschweigend durch Duldung eines ohne Heimatschein, oder mit einem bereits erloschenen Heimatscheine sich durch vier Jahre ununterbrochen in der Gemeinde aufhaltenden, die österreichische

---

[109] Beide erwähnten kleinen Gemeinden sind heute Stadtteile von Ždírec nad Doubravou im Kreis Vysočina in der Tschechischen Republik.

[110] Budwinski von, Adam (Hrsg.): Erkenntnisse des k. k. Verwaltungsgerichtshofes. Jg. XIV, 1890, Wien 1890, Nr. 5417, S. 494–495; Goldemund, I. – Ringhofer, K. – Theuer, K. (Hrsg.): Das österreichische Staatsbürgerschaftsrecht, S. 594.

Staatsbürgerschaft besitzenden Fremden".[111] Das bisherige Dezennium wurde damit abgeschafft, als hinreichend galten vier Jahre ununterbrochenen Aufenthaltes, der laut späterer Normen zudem freiwillig sein musste, womit Personen während ihrer Gefängnisstrafe, Zwangsarbeiter und vor allem – wie man später genauer formulierte – Personen mit sog. zugewiesenem Heimatrecht hiervon ausgeschlossen wurden.

Die (Zwangs-)Aufnahme des Heimatrechts für Frauen nach der Heirat blieb bestehen. Als Voraussetzungen für eine Aufnahme kamen stillschweigend die Duldung einer Person mit „erloschenem" oder nicht vorhandenem Heimatschein sowie der ununterbrochene vierjährige Aufenthalt, nämlich die sogenannte *Quadrinierung* zur Anwendung. Der Anspruch auf stillschweigende Aufnahme galt als erloschen, sofern die entsprechende Person innerhalb der „Wartefrist" per Schub in ihre Heimat abgeschoben wurde. Als Beweis für den Aufenthalt diente die jährliche Rektifikation der Konskription, seit 1857 die Volkszählung.

Einige Arbeiter nutzten den Anspruch auf eine stillschweigende Aufnahme in den Heimatverband durch Duldung innerhalb kürzester Zeit nach Veröffentlichung des Gesetzes. Hierzu gehörte auch Johann Suchy, Tuchscherergeselle aus dem böhmischen Pilsen, der im mährischen Brünn in der Offermann-Fabrik mindestens zwischen dem 13. März 1848 und dem 5. Januar 1867 tätig war.[112] Am 22. August 1852, vier Jahre nach Veröffentlichung des Provisorischen Gemeindegesetzes, erhielt J. Suchy innerhalb kürzester Zeit durch die Stadt Brünn seine Anerkennung als Einheimischer, wodurch er das Recht auf Armenfürsorge erwarb. Mit seinen 68 Jahren gewann dies für ihn brennende Aktualität. Dessen ungeachtet arbeitete er mindestens bis zu seinem 83. Lebensjahr, was angesichts seiner physisch anspruchsvollen Arbeit Bewunderung verdient.[113] Als Arbeiter der Offermann-Fabrik konnte sich

---

111 Patent vom 17. März 1849, § 8 und 11, RGBl., Nr. 170, § 12, S. 205.

112 Die Fabrik der Familie Offermann gehörte zu den bedeutendsten Textilunternehmen in Brünn (Brno), das damals als das „österreichische Manchester" galt. Zu den konkreten Inhabern des Familienunternehmens vgl.: Österreichisches Biographisches Lexikon 1815–1850. Band 7, Wien: Verlag der Österreichischen Akademie der Wissenschaften, 1978, S. 216.

113 Tuchscherer hielten die schweren Scheren waagerecht über die Textilien und schoren sie; auf diese Weise produzierte man z. B. Manchester, Plüsch und Samt. In der Firma Offermann war zu dieser Zeit das Tuchscheren zum Teil bereits mechanisiert.

Suchy zudem der möglichen Unterstützung aus dem – von Karl Offermann für seine Angestellten begründeten – Sozial- und Krankenfonds erfreuen, für die damalige Zeit in der Tat eine wirkliche Rarität. Als Nachweis für die erworbene Heimatzuständigkeit diente der Konskriptionszettel, auf dessen Grundlage die Ausstellung des Heimatscheins erfolgte.[114]

Die Provisorische Gemeindeordnung verankerte das Recht auf Armenversorgung: „Die Gemeindeangehörigen haben überdies das Recht: 1. Des ungestörten Aufenthaltes im Gebiete der Gemeinde; 2. Auf die Benützung des Gemeindegutes nach den bestehenden Einrichtungen; 3. Auf Versorgung nach Maße der nachgewiesenen Bedürftigkeit."[115] Zum ersten Mal wurde die Lage der Personen erwähnt, deren Zuständigkeit nicht bekannt war. „Personen, deren Zuständigkeit nicht erweislich ist, fallen, wenn sie erwerbsunfähig werden, der Gemeinde zur Last, in welcher sie sich zuletzt aufgehalten haben."[116] Diese Festlegung der mit Problemen behafteten Heimatzuständigkeit von Vaganten gilt als eine Vorstufe der späteren Normen für diese rechtlich schwer fassbare Bevölkerungsschicht.

In der Provisorischen Gemeindeordnung selbst unterschied man zwischen der Aufnahme (faktisch Anspruch auf Aufnahme) und dem Recht auf Heimatzuständigkeit.

> Jeder österreichische Reichsbürger hat das Recht, die Aufnahme als Gemeindeangehöriger zu verlangen, wenn er 1. die volle Befugnis hat, über seine Person und über sein Vermögen zu verfügen; 2. wenigstens zehn Jahre unmittelbar vorher auf Grundlage eines giltigen, nicht erloschenen Heimatscheines ununterbrochen im Gemeindebezirke wohnhaft ist; 3. sich sammt seiner Familie eines unbescholtenen Rufes erfreut und 4. den Besitz eines, den Unterhalt seiner Familie sichernden Vermögens oder Nahrungszweiges nachweiset.[117]

---

114 „Johann Suchy erscheint Nr. 10 der Bäckergasse einheimisch konskribiert und nach Brünn zuständig. Konskriptions-Amt Brünn am 22. August 852." MZA Brno, Polizeipräsidium B 26, Protokollbuch Nr. 569, nicht nummeriert. Die Bäckergasse in Brünn war eine typische Adresse für arme Arbeiter und lag damals noch außerhalb der Stadtmauern. Siehe die Abbildung 1.

115 Patent vom 17. März 1849, § 22, RGBl., Nr. 170, § 22, S. 206.

116 Patent vom 17. März 1849, § 18, RGBl., Nr. 170, § 18, S. 206.

117 Landesgesetz- und Regierungsblatt für das Kronland Mähren (weiter LGBl.). Franz Gastl Druckerei: Brünn, 1850, Nr. 126, § 11, S. 196.

Im Falle einer Verweigerung der Aufnahme entschied im Rekursverfahren der zuständige Kreispräsident. Bei der Erlangung des Heimatrechtes (durch einen Beschluss der Gemeinde oder eine entsprechende Erkenntnis des Kreispräsidenten) musste in beiden Fällen eine Aufnahmegebühr entrichtet werden.[118] Das Recht zur Aufnahme in den Heimatverband war folglich an Besitz oder an eine stabile Versorgung gebunden.

Die Gemeinden suchten sich vor eventuellen Kosten für Armenfürsorge durch Streifungen und Visitationen zu schützen und konnten sich hier auf konkrete Vorschriften berufen. Mit den angehaltenen Personen wurde ein Protokoll (*Konstitutum*) aufgesetzt, in dem man ihren Namen, die Staatsbürgerschaft, Zuständigkeit, Familienstand sowie die Religion verzeichnete und sich zugleich nach einem eventuellen Betteln erkundigte. Große Bedeutung besaßen in diesem Kontext eine eventuelle Übertretung des Gesetzes und ein möglicherweise in der Vergangenheit erfolgter Schub. Fremde Staatsbürger sollten über die Grenze abgeschoben, österreichische Staatsbürger in ihre Heimatgemeinden gewiesen oder abgeschoben werden.[119] Personen hingegen, die als Einheimische und Erwerbsunfähige galten, sollte die Gemeinde versorgen. Man beabsichtigte, arbeitsfähige Einheimische zu beschäftigen oder in Zwangsarbeitsanstalten zu schicken.[120]

Bemerkenswert an der Provisorischen Gemeindeordnung ist das Bemühen, Arme und Vaganten, für die keine Zuständigkeit ermittelt werden konnte, nicht einfach fortzujagen, auszuweisen und abzuschieben, sondern sie entsprechend des physischen Zustands der Betroffenen und den finanziellen Möglichkeiten der Gemeinden zu versorgen. Erwerbsunfähige Personen, deren Zuständigkeit nicht festgestellt werden konnte, fielen der Gemeinde

---

118 Die Stadt Brünn verlangte eine Aufnahmegebühr in Höhe von zwei Gulden.

119 Das Gesetz unterschied zwischen den Begriffen *gewiesen* und *geschoben*. Gewiesen hieß einfach in die Heimatgemeinde ausweisen, dort musste sich die Person nach Ankunft melden. Oft wurde die Reise an einen bestimmten Weg, die sog. Marschroute, gebunden. Geschoben hieß mit Begleitung im sog. Schub, also einer Kolonne reisen, die einen oder mehrere Wachmänner bei sich hatte. Gefährliche Schüblinge wurden mit Fesseln transportiert (z. B. entlassene Sträflinge). Der Schub geschah zu Fuß auf den sog. Schubstraßen, an der sich Schubstationen befanden, in denen Schüblinge übernachteten. Die Flucht vom Schub war strafbar.

120 Stubenreich von, Moritz: Handbuch der österreichischen Verwaltungs-Gesetzkunde, 3., verbesserte und vermehrte Auflage. Bd. 1, Wien: Fr. Manz Verlag, 1861, S. 342–343.

zur Last, in der „sie sich zuletzt aufgehalten hatten".[121] Alle Personen besaßen in ihrer Gemeinde Anspruch „auf polizeilichen Schutz der Person und seines in der Gemarkung liegenden Eigentums und auf die Benützung der Gemeinde-Anstalten nach Maß der bestehenden Einrichtungen." In unserem Zusammenhang ist besonders das Recht „auf Versorgung nach Maßgabe der nachgewiesenen Bedürftigkeit" hervorzuheben.[122] Damit wurde der Grundstein für die Struktur der Sozialfürsorge im österreichischen Vielvölkerstaat geschaffen.[123]

Die problematische Auslegung des Terminus häusliche Niederlassung

> [Unter *häuslicher Niederlassung*] kann weder begrifflich noch auch (gemäß) der Terminologie des § 26 Z. 1 lit. b lediglich die eigentümliche Erwerbung von Realitäten verstanden werden. Vielmehr ist darunter zu versehen die auf ein bestimmtes oder erhofftes Einkommen aus dem Vermögen aus dem Erwerb oder aus einem sonstigen Bezuge gestützte Gründung eines Familienhaushaltes an diesem Ort mit der Absicht, daselbst den ständigen Aufenthalt zu nehmen.[124]

Die Interpretation des Terminus „häusliche Niederlassung" führte später zu Beschwerden von Gemeinden, die sich weigerten, Personen in den Heimatverband aufzunehmen. Die Erkenntnis des Verwaltungsgerichtshofes vom 15. Juli 1887 erläuterte die wichtige Interpretierung der Anwendung des Erwerbs des Heimatrechts durch die *häusliche Niederlassung*: „Die für ‚die Nationalisierung' nach dem Conskriptionspatente aufgestellte Erfordernis der ‚häuslichen Niederlassung' ist durch die eigenthümliche

---

[121] Patent vom 17. März 1849, § 18, RGBl., Nr. 170, § 18, S. 206.

[122] Beide Zitate: Patent vom 17. März 1849, § 21 und § 22, Abs. 3, RGBl., Nr. 170, S. 206.

[123] Mehr zu Heimatrecht und der Trennung von einheimischen und fremden Personen: Stoklásková, Zdeňka: Fremdsein in Böhmen und Mähren. In: Heindl, Waltraud – Saurer, Edith (Hrsg.): Grenze und Staat. Paßwesen, Staatsbürgerschaft, Heimatrecht und Fremdengesetzgebung in der österreichischen Monarchie (1750–1867). Wien – Köln – Weimar: Böhlau, 2000, S. 621–720; dies.: Právo domovské. Encyklopedie českých právních dějin. Ostrava: Key Publishing, 2017, Bd. VI, S. 339–351.

[124] Goldemund, I. – Ringhofer, K. – Theuer, K. (Hrsg.): Das österreichische Staatsbürgerschaftsrecht, S. 578.

Erwerbung der Realität, auf welcher die Niederlassung erfolgt, nicht bedingt."[125]

Die Gemeinde Napajedl (Napajedla) erhob am 28. August 1886 Beschwerde gegen die Entscheidung der mährischen Statthalterei, die Zuständigkeit von Ignaz Oulehla betreffend. Der am 29. Juli 1814 in Wischitz (Vyžice) geborene Ignaz Oulehla, ehelicher Sohn des Grundbesitzers in Kvitkovic (Kvítkovice), übersiedelte im Jahre 1843 oder 1844 mit seiner Familie nach Napajedl, wo ihm am 6. Mai 1844 ein Kind geboren wurde. Ignaz Oulehla hatte in Napajedl ein Häuschen Nr. 160a gekauft, das er laut dem am 26. Februar 1848 datierten Vertrag an Josef Swoboda verkauft hatte. Der Vertrag gelangte am 5. September 1848 vom Grundbuchamt zur Einverleibung. Ignaz Oulehla arbeitete in den Jahren 1849 bis 1866 in der Zuckerfabrik in St. Miklos (heute Fertöszentmiklós, Ungarn), später in Untereigen (Niederösterreich) als Spodium-Aufseher (Herstellung von tierischer Knochenasche zur weiteren industriellen Verarbeitung). Ignaz Oulehla starb am 5. April 1886 in der Wiener städtischen Versorgungsanstalt am Alserbach, ohne seit seinem Weggang aus Napajedl in einer Gemeinde ein selbstständiges Heimatrecht erworben zu haben.

> Mit der angefochtenen Entscheidung der mährischen Statthalterei vom 26. August 1886 wurde Ignaz Oulehla in Napajedl heimatberechtigt erklärt, weil er sich durch häusliche Niederlassung als Besitzer der am 26. Februar 1848 verkauften Realität dort im Sinne des § 26, Abs. 1b des Conskriptionspatents vom Jahre 1804 nationalisiert hatte, bis zu seiner im Jahre 1849 erfolgten Übersiedlung nach Ungarn, zur einheimischen Bevölkerung zählte, seither aber in keiner anderen Gemeinde das Heimatrecht erlangt hat. Der V. G. Hof fand gegen diese Entscheidung in der Beschwerde vorgebrachten Einwendung, daß bloß der Verkauf des Häuschens C.-Nr. 160a in Napajedl seitens des Letzteren, insbesondere nicht dessen häusliche Niederlassung in Napajedl mit Zustimmung der Obrigkeit, nachgewiesen sei, und daß letztere Gemeinde denselben als ihren Angehörigen nicht anerkannten, gesetzlich nicht begründet. [...] Nachdem überdies die Beschwerde einen mehrjährigen Aufenthalt des Ignaz Oulehla in Napajedl vor dem Jahre 1849 nicht bestreite, so steht mit Rücksicht auf seinen Realitätenerwerb daselbst dessen Nationalisierung in Napajedl außer jedem Zweifel.[126]

---

[125] Erkenntnis vom 15. Juli 1887. Budwinski von, A. (Hrsg.): Erkenntnisse des k. k. Verwaltungsgerichtshofes. Jg. XI, 1887, Wien 1887, Nr. 3646, S. 550.

[126] Erkenntnis vom 15. Juli 1887. Budwinski von, A.: Erkenntnisse des k. k. Verwaltungsgerichtshofes. Jg. XI, 1887, Wien 1887, Nr. 3647, S. 551–552.

Die Beschwerde der Gemeinde Napajedl wurde vom Verwaltungsgerichtshof abgewiesen.[127] Bemerkenswert ist, dass die vorherige Heimatzuständigkeit von Ignaz Oulehla für nichtig erklärt wurde, zumal sie überhaupt keine Erwähnung fand; im Zeitraum vor dem Realitätenerwerb hätte es sich um diejenige seiner Eltern gehandelt haben können.

Die Erkenntnis des Verwaltungsgerichtshofes vom 3. Dezember 1880 entschied eine problematische Auslegung des Erwerbs des Heimatrechts durch *häusliche Niederlassung*. „Daß die Nationalisierung in einem Orte nach dem Conskriptionspatente vom Jahre 1804 begründende Moment der ‚häuslichen Niederlassung' ist nicht dadurch bedingt, daß die Realität, auf welcher die Niederlassung einer Person erfolgte, Eigenthum derselben sei."[128] Den Anlass für diese Erkenntnis bildete die Beschwerde der Gemeinde Bennisch (Horní Benešov) gegen die Gemeinde Wiese (Loučky, beide Ortschaften Österreichisch Schlesien), gegen die Entscheidung des Ministeriums des Innern vom 28. Juni 1880 betreffend das Heimatrecht der Albertine Wasserhauer. Die am 22. November 1836 geborene Albertine Wasserhauer war die Tochter des bereits verstorbenen Johann Wasserhauer, der vom Jahre 1827 bis zum 1. Oktober 1837 als Liechtensteinischer Revierförster seinen Dienst versehen hatte. Die Landesregierung bezog sich in der Frage von dessen Heimatzuständigkeit in Wiese auf das sog. Decennium. Das Ministerium des Innern seinerseits stützte sich auf denselben Paragrafen, allerdings auf den Umstand der häuslichen Niederlassung, da sich Johann Wasserhauer zum Zeitpunkt seiner Pensionierung im Jahre 1837 bis zu seinem Tod am 19. September 1839 im Haus Nr. 60 in der Gemeinde Benisch, in der seine Gattin diese Realität besaß, „häuslich" niedergelassen hatte. Die Umsiedlung der unmündigen Albertine Wasserhauer mit ihrer nun verwitweten Mutter nach Freudenthal (Bruntál) und später nach Wien änderte natürlich nichts

---

[127] Den Grund der Beschwerde nannte die Erkenntnis des Verwaltungsgerichtshofs nicht, allerdings darf vermutet werden, dass hierfür die Rückstellung der Kosten des Wiener städtischen Versorgungsanstalt verantwortlich zeichnete; diese These bestätigt auch die Datierung der Beschwerde der Gemeinde, die bald nach dem Tode Ignaz Oulehlas erfolgte.

[128] Erkenntnis vom 3. Dezember 1880. Budwinski von, A.: Erkenntnisse des k. k. Verwaltungsgerichtshofes. Jg. IV, 1880, Wien 1881, Nr. 939, S. 452–454.

an der Heimatzuständigkeit, jedoch bestritt die Gemeinde Bennisch die häusliche Niederlassung von Johann Wasserhauer in Bennisch, weil das Haus Nr. 60 nicht in seinem Eigentum stand, sondern seiner Gattin gehörte, bei der er sich aufhielt.

Albertine Wasserhauer weilte seit den vierziger Jahren mit ihrer Mutter in Wien. Aufgrund ihres nachgewiesenen Aufenthaltes bis zum 22. November 1860 hätte sie durch Duldung die stillschweigende Aufnahme in den Gemeindeverband erlangen können, sofern sie vor dem 27. April 1859 innerhalb von vier Jahren bei zwei Aufnahmen der Konskriptionslisten einen Nachweis vorgelegt hätte beziehungsweise ohne Heimatschein gewesen wäre, ohne gegen sie also folglich die Ausweisung in den Heimatort vollzogen worden wäre.[129] Allerdings besaß ihre Mutter einen auf den 19. April 1856 von der Gemeinde Bennisch ausgestellten Heimatschein, der mit Blick auf ihre minderjährige Tochter als Ausweis der Zugehörigkeit gelten musste. Der Aufenthalt von Mutter und Tochter in Freudenthal und Olmütz (Olomouc) blieb ohne rechtliche Folgen, zumal er auch keine zehn Jahre dauerte.

Der Verwaltungsgerichtshof interpretierte den Tatbestand folgendermaßen:

> Falls das Gesetz von der Anschauung ausgegangen wäre, daß derjenige, welcher sich im Orte häuslich niederläßt, nur unter der Bedingung sich nationalisiere, wenn die Liegenschaft, auf welcher er sich niederläßt, eigenthümlich erwirbt, wäre es überflüssig gewesen, das Moment der häuslichen Niederlassung als Nationalisierungstitel aufzunehmen, weil es in dem andern Titel, nämlich in dem des Ankaufes von Grundstücken inbegriffen wäre.[130]

Demgemäß entschied man, dass sich Johann Wasserhauer im Jahre 1837 in Bennisch häuslich niedergelassen hatte und entsprechend der geltenden Vorschriften mit seiner minderjährigen Tochter dort einheimisch geworden war. Für seine Tochter Albertine war, sofern sie in der Zwischenzeit keine andere

---

[129] Prochazka, Ignaz Joseph (Hrsg.), Die provisorische Gemeindeordnung für die Stadt Wien. Gemeinfachlich dargestellt und vom Standpunkte der inneren Freiheit der Gemeinde kritisch beleuchtet. Wien: Saltmayer & Comp., 1850, § 8, Lit. b.

[130] Budwinski von, A.: Erkenntnisse des k. k. Verwaltungsgerichtshofes. Jg. IV, 1880, Wien 1881, Nr. 939, S. 453.

Heimatzuständigkeit erworben hatte, Bennisch zuständig. Die Beschwerde der Gemeinde Bennisch wurde als gesetzwidrig abgewiesen. Ebenso stieß der Ersatz der Verfahrenskosten von der mitbelangten Gemeinde Wiese auf Ablehnung.[131] Interessant erscheint, dass sich der Verwaltungsgerichtshof nicht mit den Fakten als solchen befasst und man die Heimatzuständigkeit der Ehefrau von Josef Wasserhauer von der Gemeinde Bennisch nie in Abrede gestellt hatte, zumal diese in Bennisch eine Immobilie besaß und einen gültigen von der Gemeinde Bennisch ausgestellten Heimatschein vorweisen konnte. Nach den geltenden Gesetzen musste die Ehefrau dieselbe Heimatzuständigkeit besitzen wie ihr Ehemann. Ausnahmen galten lediglich für geschiedene Frauen, Obdachlose usw., die hier keine Rolle spielen. Die verheiratete Frau musste nach der Heirat pflichtgemäß die Heimatzuständigkeit ihres Mannes übernehmen, während dies umgekehrt nicht für das Heimatrecht des Ehemanns galt.[132] Die Erkenntnis des Verwaltungsgerichtshofes erwies sich auch dergestalt als richtig, da die Ehefrau dasselbe Heimatrecht wie ihr Ehemann besitzen musste, auch wenn das Gericht das Heimatrecht der Ehefrau und damit der erwähnten Tochter Albertine nicht als Beweis heranzog.[133]

Ein wichtiges Ergebnis des Heimatgesetzes von 1849 bildete die Pflicht der Gemeinden zur Führung einer Matrikel ihrer Gemeindeglieder. Für die staatliche Evidenz entstand damit ein wichtiges Instrument zur Erfassung der Bevölkerung, ihrer „bürokratischen Heimat"[134] und eventueller Ansprüche auf die Armenfürsorge. Jede Person konnte nur in einer Gemeinde beheimatet sein, die Annahme einer neuen Heimatzuständigkeit bedeutete zugleich den Verlust der alten. Im hier untersuchten Kontext der Rechte der Gemeindeglieder erweist sich der Verlust des Wahlrechts für „Personen, die in einer Armenversorgung oder in einem Gesindeverbande stehen oder vom Tag- oder Wochenlohne leben" (§ 35) als besonders wichtig. Als Beweis der Heimatzuständigkeit diente der für vier Jahre gültige und mit einem

---

131 Ebenda.

132 Patent vom 17. März 1849, § 12, Lit. c. RGBl., Nr. 170, § 12, S. 205.

133 Der Grund für die Beschwerde der Gemeinde Bennisch mag in den Kosten für die Armenfürsorge von Albertine Wasserhauer gelegen haben.

134 Der Begriff stammt von der Autorin.

Gemeindestempel versehene Heimatschein (§ 136). Auf die kostenlose Ausstellung des Heimatscheins hatte jeder Berechtigte Anspruch, die Ausstellung durfte nicht verweigert werden. Heimatscheine konnten im Inland, das heißt in der Habsburgermonarchie, als Reise- und Identifikationsdokumente benutzt werden.[135]

Zwei Heimatscheine sollen an dieser Stelle vorgestellt werden: Ein Heimatschein stammt aus der Zeit der Einführung (1849) dieser Dokumente, der andere aus dem Zeitraum unmittelbar vor der Aufhebung des Heimatrechts (1939 in Österreich, 1949 in der Tschechoslowakei). Der Heimatschein von Anna Kolaczek wurde von der zuständigen Stadt Reichenau (Rychnov nad Kněžnou) in Böhmen am 28. Dezember 1851 ausgestellt. Die 34-jährige ledige Anna Kolaczek kam nach Brünn, um dort als Dienstmagd zu arbeiten. Sie sprach Tschechisch, war mittlerer Statur, hatte braune Haare und braune Augen, die jedoch im tschechischen Teil des Heimatscheins als „rot" bezeichnet wurden. Laut Protokoll des Brünner Polizeipräsidiums arbeitete sie seit 1848 als Textilarbeiterin. Ihr Heimatschein trug korrekterweise die Unterschrift der Gemeindevorsteher, da er ansonsten keine Gültigkeit besessen hätte. Interesse verdient in diesem Zusammenhang die dreifache Vidierung ihres Heimatscheines bei dessen – durch den Gemeindevorstand in Reichenau, also ihrer Heimatgemeinde, bestätigten – Gültigkeit. Jeden Umzug oder Arbeitgeberwechsel vermerkte die Polizei in Brünn genau.

Josef Hrdlička (1903–1991) wiederum, ein 39-jähriger, verheirateter und gelernter Schuster, arbeitete in seinem Beruf in der Schuhfabrik Baťa in Brünn. Nach der Verstaatlichung der Privatunternehmen unter dem sozialistischen Regime verdiente er als Gießer in den Gießereiwerken in Kuřim (Gurein) seinen Lebensunterhalt. Josef Hrdlička behielt sein Heimatrecht in der Gemeinde seiner Eltern, obwohl er lange Zeit dauerhaft in einer anderen Gemeinde gelebt hatte und hier ein Haus besaß. Der Heimatschein wurde in der Zeit des Protektorats Böhmen und Mähren im Jahre 1942 ausgestellt, wobei das Okkupationsregime die alte Struktur des Heimatrechts und der damit verbundenen Armenfürsorge beibehielt.

[135] Für die Reise in die Länder der Ungarischen Krone existierten spezielle Vorschriften.

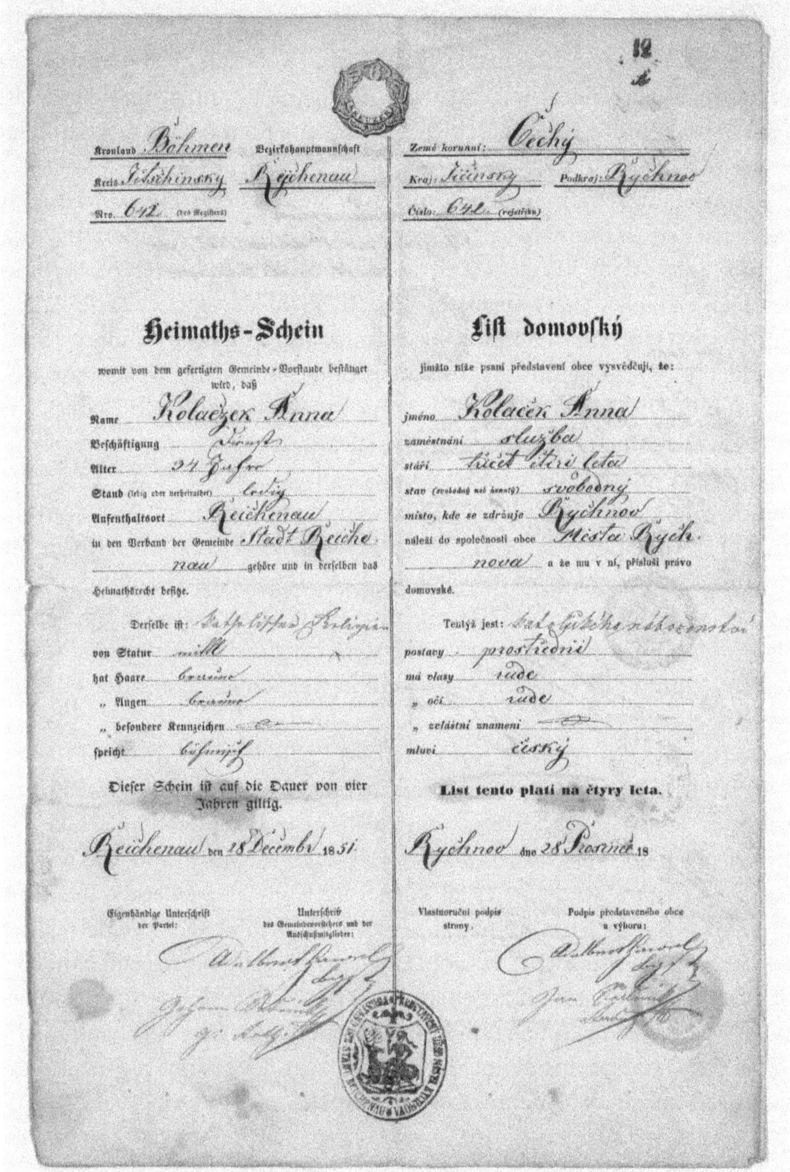

Kronland Böhmen — Bezirkshauptmannschaft Reichenau

Kreis Jičiner

Nro. 642 (des Registers)

Heimaths-Schein

womit von dem gefertigten Gemeinde-Vorstande bestätiget wird, daß

Name Kolaczek Anna

Beschäftigung Dienst

Alter 24 Jahre

Stand (ledig oder verheiratet) ledig

Aufenthaltsort Reichenau

in den Verband der Gemeinde Stadt Reichenau gehöre und in derselben das Heimathsrecht besitze.

Derselbe ist: katholischer Religion

von Statur mittl

hat Haare braune

„ Augen braune

„ besondere Kennzeichen —

spricht böhmisch

Dieser Schein ist auf die Dauer von vier Jahren giltig.

Reichenau den 18 December 1851

Eigenhändige Unterschrift der Partei: — Unterschrift des Gemeindevorstehers und der Ausschußmitglieder:

Země korunní: Čechy

Kraj: Jičínský — Podkraj: Rychnov

Číslo: 642 (rejstříku)

List domovský

jímžto níže psaní představení obce vysvědčuji, že:

jméno Kolaček Anna

zaměstnání služba

stáří třicet čtiři leta

stav (svobodný neb ženatý) svobodný

místo, kde se zdržuje Rychnov

náleží do společnosti obce Města Rychnova a že mu v ní přísluší právo domovské.

Tentýž jest: katolického náboženství

postavy prostřední

má vlasy rude

„ oči rude

„ zvláštní znamení —

mluví český

List tento platí na čtyry leta.

Rychnov dne 28 Prosince 18

Vlastnoruční podpis strany. — Podpis představeného obce a výboru:

Abbildung 3: Der Heimatschein von Anna Kolaczek (geb. 1818), Dienstmagd und Textilarbeiterin in Brünn.
Quelle: Mährisches Landesarchiv Brno, Polizeipräsidium B 26, Protokollbuch Nr. 569.

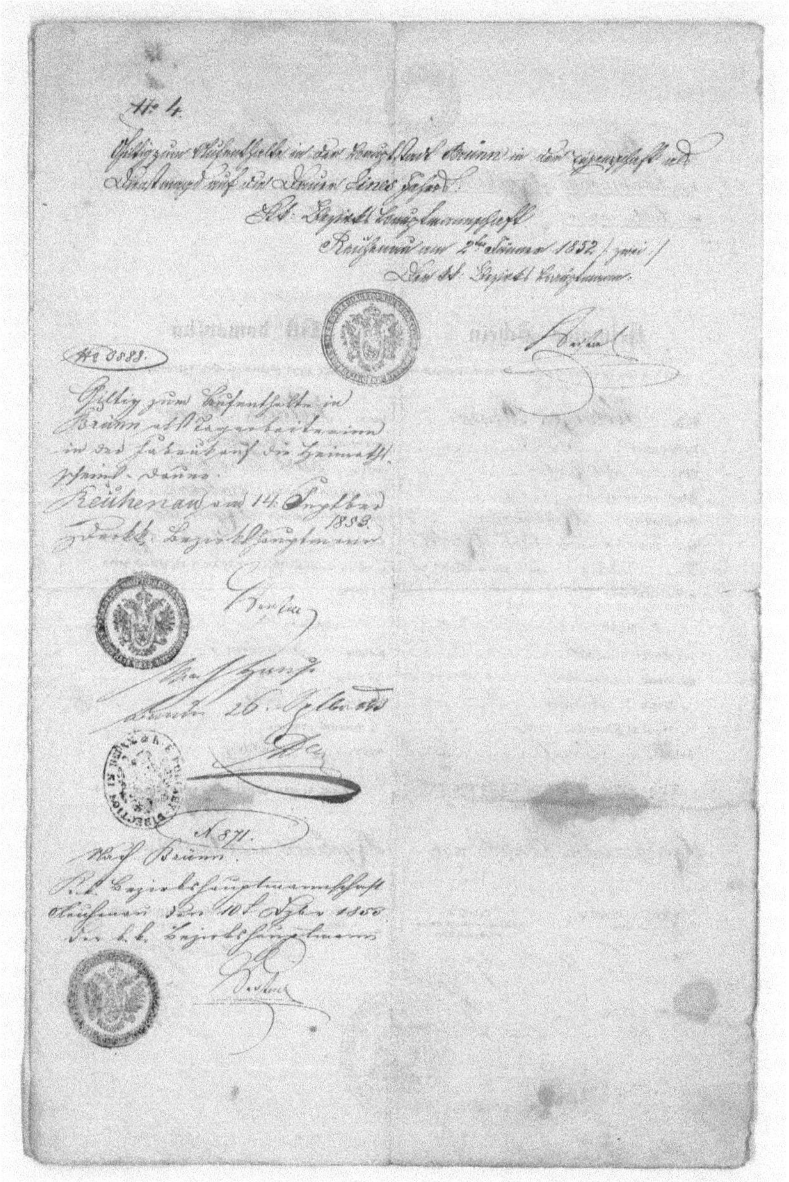

Abbildung 4: Die Rückseite mit Vidierungen des Heimatscheines von Anna Kolaczek (geb. 1818), Dienstmagd und Textilarbeiterin in Brünn.
Quelle: Mährisches Landesarchiv Brno, Polizeipräsidium B 26, Protokollbuch Nr. 569.

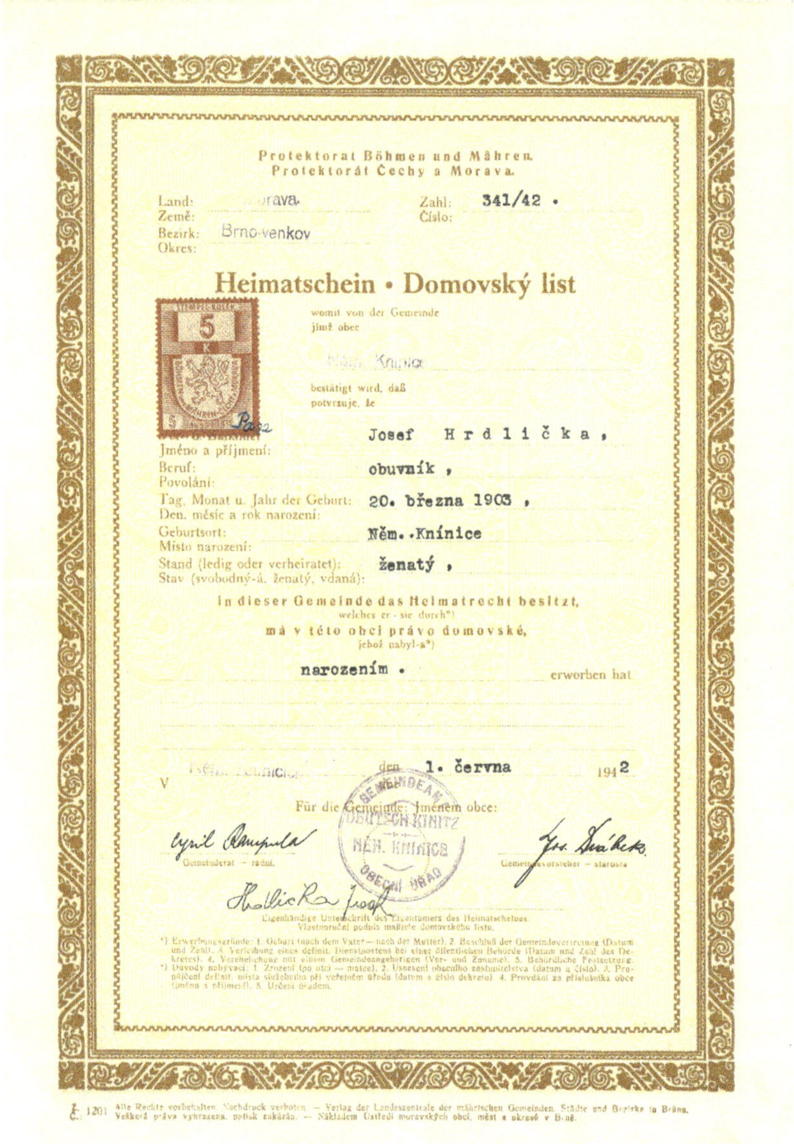

Protektorat Böhmen und Mähren.
Protektorát Čechy a Morava.

Land: / Země: …rava — Zahl: / Číslo: 341/42.

Bezirk: / Okres: Brno-venkov

Heimatschein • Domovský list

wonit von der Gemeinde / jímž obec

… Knínice

bestätigt wird, daß / potvrzuje, že

Jméno a příjmení:	Josef Hrdlička,
Beruf: / Povolání:	obuvník,
Tag, Monat u. Jahr der Geburt: / Den, měsíc a rok narození:	20. března 1903,
Geburtsort: / Místo narození:	Něm. Knínice
Stand (ledig oder verheiratet): / Stav (svobodný-á, ženatý, vdaná):	ženatý,

In dieser Gemeinde das Heimatrecht besitzt,
welches er - sie durch*)
má v této obci právo domovské,
jehož nabyl-a*)

narozením. erworben hat

V … Knínic… den 1. června 1942

Für die Gemeinde: Jménem obce:

Gemeinderat – radní — Gemeindevorsteher – starosta

Eigenhändige Unterschrift des Eigentümers des Heimatscheines.
Vlastnoruční podpis majitele domovského listu.

*) Erwerbungsgründe: 1. Geburt (nach dem Vater – nach der Mutter). 2. Beschluß der Gemeindevertretung (Datum und Zahl). 3. Verleihung eines definit. Dienstpostens bei einer öffentlichen Behörde (Datum und Zahl des Dekretes). 4. Verehelichung mit einem Gemeindeangehörigen (Vor- und Zuname). 5. Behördliche Festsetzung.
*) Důvody nabývací: 1. Zrození (po otci – matce). 2. Usnesení obecního zastupitelstva (datum a číslo). 3. Propůjčení definit. místa služebního při veřejném úřadu (datum a číslo dekretu). 4. Provdání za příslušníka obce (jméno a příjmení). 5. Určení úřadem.

Z. Č. 1201 Alle Rechte vorbehalten. Nachdruck verboten. – Verlag der Landeszentrale der mährischen Gemeinden, Städte und Bezirke in Brünn. Veškerá práva vyhrazena, patisk zakázán. – Nákladem Ústředí moravských obcí, měst a okresů v Brně.

Abbildung 5: Der Heimatschein von Josef Hrdlička (1903–1991), Schuhmacher in der Baťa-Schuhfabrik in Brünn.
Quelle: Privatsammlung der Autorin

Das Heimatrecht in der zweiten Hälfte des 19. Jahrhunderts als Problem der Armenfürsorge

Die die Heimatzuständigkeit und die Armenversorgung beeinflussenden Gesetze erfuhren bereits im darauffolgenden Jahr nach der Veröffentlichung der Provisorischen Gemeindeordnung in einigen großen Agglomerationen Änderungen. Die einigen Städten erteilten eigenen Verfassungen, sog. Statuten, beschränkten die Wirksamkeit der Provisorischen Gemeindeordnung von 1849 im Bereich der Armenfürsorge wesentlich. Die Veröffentlichung der Statuten, die in die Zuständigkeit der einzelnen Länder der Monarchie fielen, war bereits in § 6 der Provisorischen Gemeindeordnung vorgesehen. Dabei handelte es sich um folgende Städte: Wien,[136] Prag, Reichenberg,[137] Brünn, Olmütz,[138] Troppau,[139] Linz, Steyr,[140] Salzburg,[141] Laibach

[136] Provisorische Gemeindeordnung vom 9. März 1850. Landesgesetz- und Regierungsblatt (weiter siehe LGBl.) für das Erzherzogtum Österreich unter der Enns. Wien: Aus der Kaiserlich-königlichen Hof- und Staatsdruckerei, 1850, Nr. 21.

[137] Gemeindeordnung vom 1. Mai 1850. Landesgesetz- und Regierungsblatt für das Kronland Böhmen. Prag: Aus der Statthaltereidruckerei, 1850, Nr. 86; Gemeindeordnung vom 21. Dezember 1850, ebenda, Nr. 202.

[138] Provisorische Gemeindeordnung vom 6. Juli 1850. Landesgesetz- und Regierungsblatt für das Kronland Mähren. Brünn: Schnellpressdruck von Franz Gastl, 1850, Nr. 126; Provisorische Gemeindeordnung vom 6. September 1850, ebenda, Nr. 145.

[139] Gemeindeordnung vom 28. September 1850. Landesgesetz- und Regierungsblatt für das Kronland Ober- und Niederschlesien. Troppau: Schnelldruck von Adolf Traßler, 1850, Nr. 24.

[140] Gemeindeordnung vom 15. Juli 1850. Allgemeines Landesgesetz- und Regierungsblatt für das Kronland Österreich ob der Enns. Linz: Johann Huemer's Witwe, 1850, Nr. 261; Gemeindeordnung vom 15. November 1850, ebenda, Nr. 480.

[141] Gemeindeordnung vom 15. Juni 1850, Landesgesetz und Regierungsblatt für das Kronland Salzburg. Salzburg: Aus der Oberer'schen Druckerei, 1850, Nr. 332.

(Ljubljana),[142] Klagenfurt,[143] Innsbruck, Bozen (Bolzano), Trient (Trento)[144] und Triest (Trieste).[145]

Maßgeblich beeinflussten die Statuten besonders die Heimatzuständigkeit, wie eine Entscheidung des Verwaltungsgerichtshofes später zeigen sollte.[146] Im Zentrum der gerichtlichen Untersuchung stand die Heimatzuständigkeit des provisorischen Finanzwachaufsehers Johann Glaser und seines gleichnamigen, am 23. Juni 1883 verstorbenen minderjährigen Sohnes. Johann Glaser (Vater) diente bis zur seiner, Anfang des Jahres 1857 erfolgten Provisionierung in Idria (Idrija), wo ihm und seinem minderjährigen Sohn das Heimatrecht zugesprochen worden war. Laut Aussage von J. Glaser war er seit April 1857 in Laibach stationiert; hierfür fehlte jedoch ein Beweis. Seine mögliche Anstellung in Laibach übte keinen Einfluss auf sein Heimatrecht aus, zumal er sowieso in Laibach mit seinem Posten als Finanzoberaufseher kein Heimatrecht hätte erwerben können.

Die weiter oben bereits erwähnten Statuten in Laibach standen § 13 der Provisorischen Gemeindeordnung vom 17. März 1849 gegenüber. § 13 bediente sich lediglich des Begriffes „Staatsdiener", der wohl auch den Posten von Johann Glaser mit einbezogen haben dürfte. Laut § 9 des Laibacher Statuts konnte lediglich ein Reichs-, Landes- oder Gemeindebeamter das Laibacher Heimatrecht erwerben, keineswegs jedoch ein Diener. Johann Glaser war als Mitglied der Finanzwache lediglich Diener, nicht aber Beamter, wie aus den §§ 3, 4, 245 und 246 der Verfassung der Finanzwache vom 21. April 1843 hervorgeht. Aus diesem Grunde konnte er sich nicht auf die

---

142 Provisorische Gemeindeordnung vom 9. Juni 1850. Landes-Gesetz- und Regierungs-Blatt für das Kronland Krain. Laibach: Aus der Eger'schen Buchdruckerei, 1850, Nr. 276.

143 Provisorische Gemeindeordnung vom 9. Juni 1850. Landesgesetz und Regierungsblatt für das Kronland Kärnten. Klagenfurt: Ferd. von Kleinmayr, 1850, Nr. 355.

144 Provisorische Gemeindeordnung vom 11. Juni 1850. Landesgesetz und Regierungsblatt für das Kronland Tirol und Vorarlberg. Innsbruck: Druck und Verlag der Wagner'schen Universitätsbuchhandlung, 1850, Nr. 98; Provisorische Gemeindeordnung vom 2. September 1850, ebenda, Nr. 398; Provisorische Gemeindeordnung vom 29. März 1851, ebenda, 1851, Nr. 61.

145 Kaiserliches Patent vom 12. April 1850. RGBl., Bd. XLII, 1850, Nr. 139.

146 Erkenntnis vom 19. November 1891. Budwinski von, A.: Erkenntnisse des k. k. Verwaltungsgerichtshofes. Jg. XV, 1891, Wien 1891, Nr. 6254, S. 835–836.

Laibacher Zuständigkeit berufen, selbst wenn seine Behauptung über die eigene Anstellung in Laibach der Wahrheit entsprochen hätte. Allerdings konnte sich Glaser auch weiterhin auf die Zuständigkeit der Gemeinde Idria berufen, deren Beschwerde durch den Verwaltungsgerichtshof als unbegründet abgewiesen wurde. Den Grund der Beschwerde der Gemeinde Idria bildete womöglich die Frage der altersbedingen Armenfürsorge für Johann Glaser, zumal dieser mindestens seit 1857 seinen Dienst versehen und in der Zwischenzeit seinen Sohn und potentiellen Ernährer verloren hatte. Die Statuten der großen Agglomerationen dienten als ein legitimes Mittel zur Abwehr der Aufnahme von armen, arbeitenden Personen, die ihr ‚produktives Alter' in der Stadt verbracht hatten, jedoch keinen Anspruch auf die Armenfürsorge im Bedürftigkeitsfall besaßen.

Das Jahr 1850 markierte eine Zäsur in der bisherigen Verflechtung der schwammig gehaltenen Auslegungen zum Thema politisches Domizil: „Gemeindeangehörige sind dermalen alle Personen, welche die Gemeindeangehörigkeit nach den bisher bestandenen Heimathgesetzen erworben haben."[147] Die Veröffentlichung *„der Stadtverfassungen"*, wie sie manchmal genannt werden,[148] durch große Agglomerationen lenkt den Blick auf die Präzisierung von Stellen, an denen die Aufnahme in den Heimatverband „drohte" – gerade bei der stillschweigenden Aufnahme von Personen, die von ihrer Hände Arbeit lebten und potentielle Bezieher einer Armutshilfe sein konnten, war dies der einzige Weg, um die Änderung der eigenen Heimatzuständigkeit sichtbar zu machen.

> Die stillschweigende Aufnahme in den Gemeindeverband durch Duldung erfolgt nur dann, wenn der Fremde auch bei der in dem obigen Zeitraum fallenden zweiten Aufnahme der Conskriptionslisten in dieselben eingetragen war und keine Verwahrung der Gemeinde gegen dessen Aufnahme durch Anhaltung zur Erlangung

---

147 Mit Blick auf das Thema wurde hier das Beispiel Brünn herangezogen, zumal die mährische Landeshauptstadt über Statuten verfügte. Provisorische Gemeindeordnung für die Landeshauptstadt Brünn vom 18. Juli 1850, Landesgesetz- und Regierungsblatt für das Kronland Mähren (weiter bloß LGBl.), 1850, Nr. 126, § 8, S. 195.

148 Goldemund, I. – Ringhofer, K. – Theuer, K. (Hrsg.): Das österreichische Staatsbürgerschaftsrecht, S. 586.

> eines neuen Heimatscheines, oder durch Ausweisung in seinen Heimatort Statt gefunden hat.[149]

Ausweisung oder Schub in den Heimatort schlossen den Bewerber von einem Anspruch auf die Heimatzuständigkeit aus.

Verhinderung der *Quadrinierung*

> Die Aufenthaltsgemeinde mußte, wenn sie das Eintreten der *Quadrinierung* verhindern wollte, die im Gemeindegebiet sich aufhaltenden Fremden zur Vorweisung eines nach den jeweiligen gesetzlichen Bedingungen formell gültigen Heimatdokumentes verhalten.[150]

Die Erkenntnis des Verwaltungsgerichtshofes vom 21. September 1909 formulierte klar und deutlich eine Verhinderung der *Quadrinierung*,[151] doch hatte sich Letztere längst in der Praxis durchgesetzt. Die Stadt Brünn wehrte sich seit 1848 durch die Erfassung fremder Arbeiter und Dienstleute vor möglichen Ansprüchen auf eine stillschweigende Aufnahme in den Heimatverband. Als Fremde werden hier alle nicht in der Stadt Heimatberechtigte angesehen. Die Polizei führte eine genaue Liste von Arbeitnehmern, die nicht das Heimatrecht in der Stadt besaßen.[152] Die Arbeitnehmer mussten ihren gültigen Heimatschein vorweisen. Näherte sich das Ende der Gültigkeit des Dokuments, erhielten die Inhaber die Aufforderung, sich einen neuen Heimatschein ausstellen zu lassen, worauf sie ein Anrecht besaßen. Die Gemeinden durften die Ausstellung des Heimatscheins nicht verweigern, sofern kein Zweifel an der Zuständigkeit der Person bestand. Die Ausstellung erfolgte kostenlos.

Die regelmäßige Kontrolle von Heimatscheinen und Arbeitsverhältnissen schützte die Städte vor möglichen Ansprüchen auf eine stillschweigende Aufnahme in den Heimatverband. Der Antragsteller auf Heimatrecht sollte

---

[149] LGBl. Bd. 17 (1850), Nr. 126, § 10b, S. 196.

[150] Goldemund, I. – Ringhofer, K. – Theuer, K. (Hrsg.): Das österreichische Staatsbürgerschaftsrecht, S. 590.

[151] Budwinski von, A.: Erkenntnisse des k. k. Verwaltungsgerichtshofes. Jg. XXXIII, 1909, Wien 1909, Nr. 6885, S. 873-875.

[152] Die sog. Fabrik- und Lohnarbeiterprotokolle. MZA Brno, Polizeipräsidium B 26, Protokolle Nr. 690–718.

sich eines unbescholtenen Rufes erfreuen, was bei Armen für gewöhnlich kein derart gravierendes Problem darstellte wie die zweite Bedingung: Der Antragsteller musste fristgemäß sämtliche landesfürstliche Steuern und Gemeindegebühren entrichtet haben. Ein weiteres Hindernis bei armen Personen dürfte eine weitaus höhere Hürde gewesen sein: Der Antragsteller musste eine dauerhafte berufliche Tätigkeit (bei Handwerkern, Kaufleuten, Künstlern und anderen selbstständigen Berufen) als Quelle seiner Einnahmen nachweisen, von denen er sich selbst und – sofern erforderlich – seine Familie ernähren konnte. Bei unbemittelten Antragstellern forderte man vermutlich den Nachweis eines fortwährenden Arbeitsverhältnisses.

Gerade diesen Faktor berücksichtigte der Olmützer Magistrat (Olomouc) bei seinen Entscheidungen sehr genau, wie der Fall der Theresia Kunz aus Liebau (Libavá) in Mähren belegt. Die siebenundzwanzig Jahre alte – dem Protokoll zufolge – blonde und grauäugige Dienstmagd trat am 7. Februar 1850 in den Dienst eines gewissen Professor Eigel in Olmütz (Olomouc), aus dem sie vier Jahre später, am 10. April 1854, wieder ausschied. Sowohl bei ihrem Dienstantritt als auch bei der Beendigung des Arbeitsverhältnisses meldete sie sich gleich am darauffolgenden Tag bei der Polizei, die der Frau deren Aufenthaltsbewilligung während der Arbeitslosigkeit (bis zum 25. April 1854) verlängerte. Die erneute – bis zum 30. April 1854 gültige – Aufenthaltsverlängerung, die Theresia Kunz erst ex post anlässlich der Anzeige ihres neuen Dienstes (bei einer gewissen Frau Hurník, ebenfalls in Olmütz) am 1. Mai 1854 erteilt wurde, verdeutlicht, dass die Stadt derartigen „unbedenklichen“ armen Personen die Aufenthaltsbefugnis nicht verweigerte, selbst wenn sie arbeitslos waren, zumal Theresia Kunz einen gültigen Heimatschein besaß, was die Stadt vor eventuellen Ansprüchen auf Armenfürsorge „schützte“.[153]

Auf die Gültigkeit des Heimatscheines pochte die Polizei mit großem Nachdruck. Josef Neufuss, siebenunddreißigjähriger Oberkellner aus Sobotka in Böhmen, arbeitete seit dem 8. Februar 1850 bei einem gewissen Thomas Wlk in Olmütz (Olomouc), dem er als Arbeitgeber einen „brandaktuellen“ – am Tag zuvor ausgestellten – Heimatschein vorlegen konnte. Sein

---

153 Státní okresní archiv Olomouc [Staatliches Bezirksarchiv Olmütz] (weiter siehe SOkA Olomouc), Archiv města Olomouc [Archiv der Stadt Olmütz], Dienstbotenprotokoll (1853), Sign. 3231, Inv.-Nr. 4292.

Arbeitsverhältnis beendete Neufuss am 25. Februar 1853, hatte dies allerdings bereits zehn Tage zuvor bei der Polizei gemeldet. Laut Polizeiprotokoll reiste er noch am Tag seines Dienstaustrittes in seinen Heimatort – für die Polizei die entscheidende Tatsache, zumal er als Arbeitsloser und später darüber hinaus auch ohne gültigen Heimatschein die mögliche Wartezeit mit Blick auf eine stillschweigende Aufnahme in den Heimatverband hätte beginnen können. Josef Neufuss kam im Jahr darauf erneut nach Olmütz (am 11. Mai 1854) und fand hier wiederum Arbeit in seinem Beruf. Gegen seine Tätigkeit in der Stadt erhob die Polizei keinerlei Einwände, zumal Neufuss einen neuen Heimatschein vorweisen konnte.[154]

Die Stadt Olmütz schützte sich durch eine polizeiliche Evidenz vor eventuellen Anwärtern auf stillschweigende Aufnahme in den Gemeindeverband. Die nicht in der Stadt beheimateten Fabrikarbeiter und Dienstleute unterlagen regelmäßiger Kontrolle. Letztere fand häufig bei einem Wechsel des Arbeitgebers oder beim Eintritt in die Arbeitslosigkeit statt. Ebenso wie Olmütz verhielt sich auch die mährische Landeshauptstadt Brünn, die über Jahrzehnte die Evidenz von Fabrikarbeitern und Dienstleuten genau registrierte. In der folgenden Statistik wurden 1313 Personen unter dem Aspekt ihres Heimatlandes ausgewertet. Interesse verdient bei der statistischen Auswertung die Tatsache, dass die Polizei keinen Unterschied zwischen Personen aus dem eigenen Kronland, den übrigen Kronländern, den Ländern der Ungarischen Krone sowie dem Ausland machte. Das einzige hier untersuchte Kriterium war die Heimatzuständigkeit in Brünn.

Für die statistische Auswertung wurden bewusst die „Schwellen-Jahre“ vor und nach der Aufhebung der Untertänigkeit (1847–1849) gewählt, um einen möglichen Einfluss auf diese Tatsache festzustellen. Der Zerfall des Patrimonialsystems gilt traditionell als Wegfall der „Bremse“ für die freie Migration der Arbeitskräfte. Die nunmehr „freie“ ländliche Bevölkerung sei folglich in die Städte abgewandert, um in den Fabriken zu arbeiten.

Die Statistik unterstützt die These der Autorin einer wesentlich früheren Abwanderung der ländlichen Bevölkerung in große Agglomerationen, da sonst das wirtschaftliche Wachstum in der ersten Hälfte des 19. Jahrhunderts nicht zustande gekommen wäre. Im Jahre 1847 wurden 744 Personen in den

---

[154] SOkA Olomouc, Archiv der Stadt Olomouc, Dienstbotenprotokoll (1853), Sign. 3231, Inv.-Nr. 4292.

Protokollen erfasst, also eine wesentlich höhere Zahl als in den Folgejahren (1848 249 Personen, 1849 320 Personen).

Eines der wichtigsten Phänomene des Vormärz in der Habsburgermonarchie war der schnelle Bau der ersten Eisenbahnstrecken. Beim Bau der Verbindung zwischen Floridsdorf (dem heutigen 21. Wiener Bezirk) und Wagram der Kaiser-Ferdinands-Nordbahn[155] wirkten im Jahr 1837 annähernd 10.000 Arbeiter.[156] Waren die Arbeiter illegal beschäftigt? Wahrscheinlich nicht, da sie vermutlich von ihren Herrschaften eine legale Genehmigung erhielten, um am Bau arbeiten zu können.

Die Herrschaften sahen nämlich keinen Grund, um die Arbeitsmobilität ihrer Untertanen zu bremsen, denn die in den Städten oder beim Bau der Eisenbahn tätigen Untertanen brachten ihren Familien und in der Folge auch ihrer Herrschaft einen Verdienst, der zum wirtschaftlichen Aufschwung der Herrschaft beitragen konnte. Manche der Arbeiter lebten in der Stadt lediglich in der Arbeitswoche, wie die Bemerkungen der protokollierenden Polizeibeamten dokumentieren: „Geht samstags nach Hause".[157] Die Autorin vertritt in diesem Zusammenhang die These, dass die Aufhebung der Untertänigkeit keinen Einfluss auf die Arbeitsmobilität der unbemittelten Personen ausübte.

---

[155] Bei der in den Jahren 1837–1856 erbauten Kaiser-Ferdinands-Nordbahn handelte es sich um die erste Dampfeisenbahnstrecke in Österreich, die von Wien nach Norden führte und eine wichtige Verbindung zu preußischen Eisenbahnen bildete.

[156] Hons, Josef: U kolébky železných drah. Praha: Dopravní nakladatelství, 1956, S. 104.

[157] Fabrik- und Lohnarbeiterprotokolle. MZA Brno, Polizeipräsidium B 26, Protokoll Nr. 570.

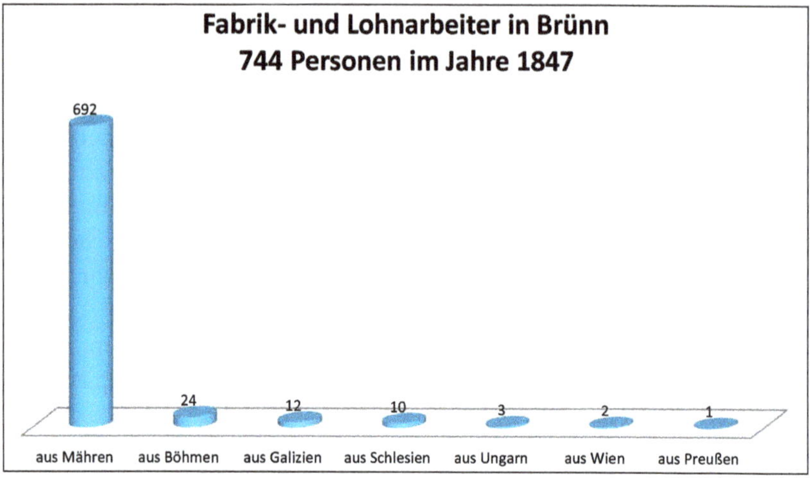

Grafik 1: Fabrik- und Lohnarbeiter in Brünn, 1847.
Quelle: Mährisches Landesarchiv Brno, Polizeipräsidium B 26, Protokollbuch Nr. 569.

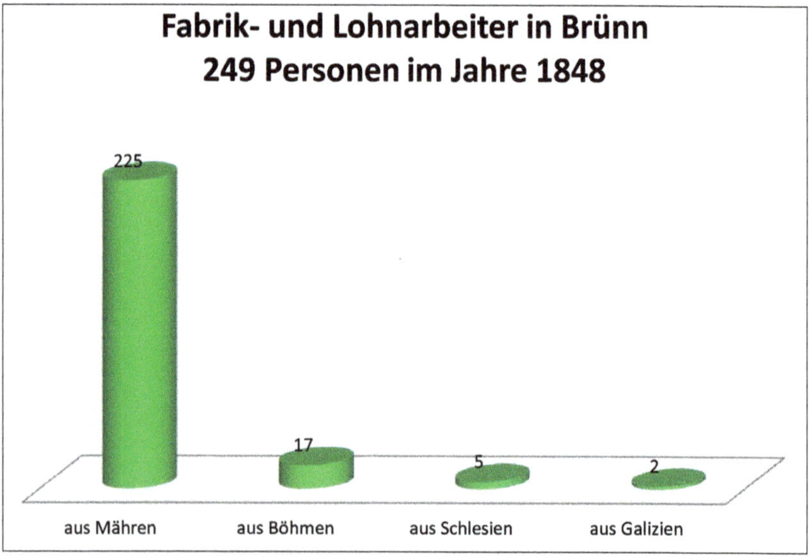

Grafik 2: Fabrik- und Lohnarbeiter in Brünn, 1848.
Quelle: Mährisches Landesarchiv Brno, Polizeipräsidium B 26, Protokollbuch Nr. 570.

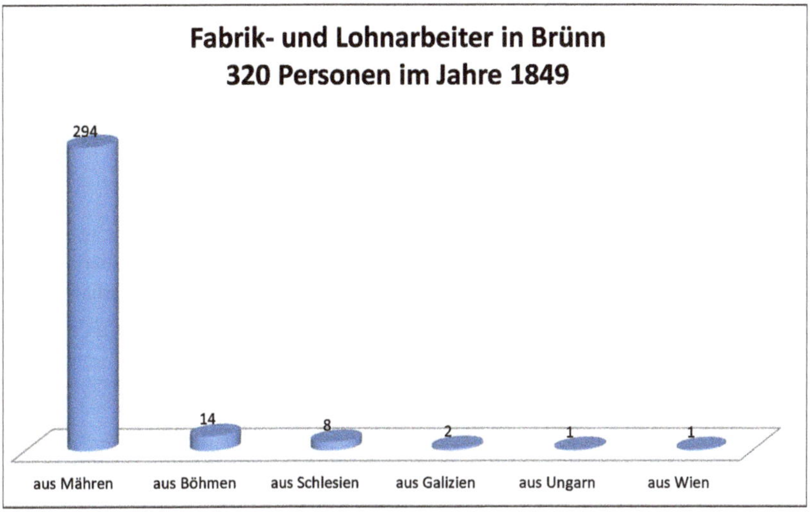

Grafik 3: Fabrik- und Lohnarbeiter in Brünn, 1849.
Quelle: Mährisches Landesarchiv Brno, Polizeipräsidium B 26, Protokollbuch Nr. 571.

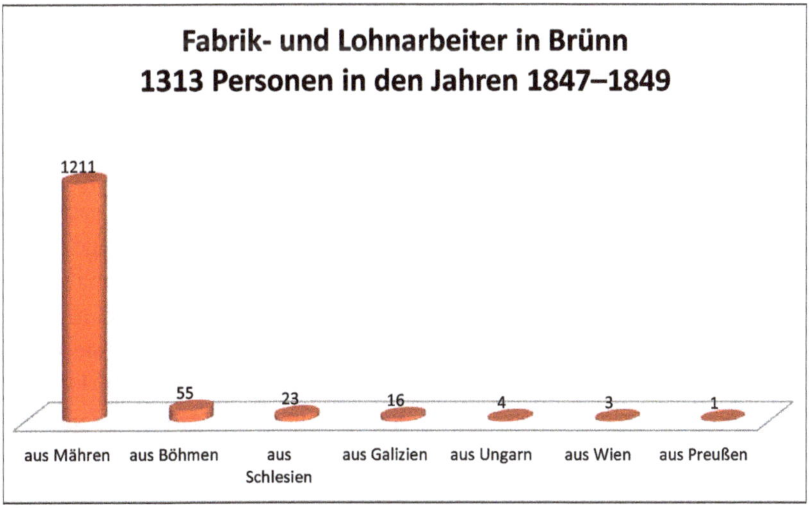

Grafik 4: Fabrik- und Lohnarbeiter in Brünn, 1847–1849.
Quelle: Mährisches Landesarchiv Brno, Polizeipräsidium B 26, Protokollbuch Nr. 569, 570, 571.

Der direkte Sieg liberaler Kreise

Das Gemeindegesetz vom 24. April 1859 ging von den Bestimmungen der Provisorischen Gemeindeordnung aus, brachte jedoch in der Frage der Armenfürsorge wesentlich stärker die Interessen der liberalen Unternehmer zum Ausdruck.

> Die Aufnahme in die Zuständigkeit zur Gemeinde ist demjenigen österreichischen Staatsbürger, über dessen Ansuchen nicht zu versagen, welcher 1. die volle Befugnis hat, über sein Vermögen zu verfügen, und 2. in dem Rechte zum Aufenthalte in der Gemeinde weder durch die Polizeivorschriften noch durch andere gesetzliche Anordnungen beschränkt ist, und 3. wenigstens vier Jahre unmittelbar vorher ununterbrochen und freiwillig in der Gemeindemarkung seinen Wohnsitz hatte und währen dieser Zeit der Armenversorgung nicht zur Last fiel; zugleich 4. sich eines unbescholtenen Rufes erfreut; wie auch 5. mit landesfürstlichen Steuern und Gemeinde-Abgaben an diese Gemeinde nicht im Rückstande haftet, und 6. den Besitz eines, den Unterhalt für ihn und seine Familie sichernden Vermögens, oder den wenigstens durch vier Jahre fortgesetzten selbständigen Betrieb eines Nahrungszweiges, wodurch sein und seiner Familie Unterhalt gesichert ist, nachweiset. Wird die Aufnahme von der Gemeindevertretung verweigert, so entscheidet im Falle der Berufung die Gemeinde vorgesetzte politische Behörde.[158]

Mit dem Gemeindegesetz 1859 wurde die Möglichkeit der stillschweigenden Aufnahme in den Gemeindeverband wesentlich erschwert. Insbesondere der Nachweis eines den Unterhalt der Person und seiner Familie sichernden Vermögens erwies sich für unbemittelte Personen als unerreichbar. Ein reines Aussitzen durch Duldung, also die stillschweigende Aufnahme nach vier Jahren des ununterbrochenen Aufenthaltes, kam nicht mehr infrage.

Dies war der Fall der am 6. August 1863 in Solka in der Bukowina (heute Solca in Rumänien) geborenen Valerie Truntz, deren Heimatzuständigkeit die Stadtgemeinde Bochnia (heute Polen) bestritt.[159] Valerie hatte nie selbstständig das Heimatrecht erworben, aus diesem Grunde behielt sie das Heimatrecht ihres am 30. Januar 1825 in Wieliczka (heute Polen) geborenen und am 27. Dezember 1884 in Radautz (heute Rădăuţi in Rumänien) verstorbenen Vaters Johann Nepomuk Truntz. Dieser lebte bis zum Jahre 1840 in Bochnia,

---

158 Patent vom 24. April 1859, RGBl., Bd. XIV, 1859, Nr. 58, § 39, S. 95 ff.

159 Erkenntnis vom 9. Juli 1896. Budwinski von, A.: Erkenntnisse des k. k. Verwaltungsgerichtshofes. Jg. XX, 1896, Wien 1896, Nr. 9850, S. 1216–1217.

1850 bis 1858 diente er als gemeiner Soldat im Linien-Infanterie-Regiment. Nach seiner Entlassung als Reservist begab er sich nach Radautz, wo er bis zu seinem Tod lebte. Wo sich Johann Nepomuk Truntz zwischen 1840 und 1850 aufhielt, konnte nicht ermittelt werden. Die Gemeinde Bochnia ihrerseits verwies auf den Umstand, dass sich J. N. Truntz mehr als vier Jahre in Radautz aufgehalten hatte und damit gemäß § 12 der Provisorischen Gemeindeordnung des Jahres 1849 dort die Heimatzuständigkeit erlangen konnte. Dabei übersah die Gemeinde Bochnia jedoch (möglicherweise absichtlich), dass sich J. N. Truntz lediglich ein Jahr in Radautz seit dem Gelten der – dann durch das nachfolgende Gemeindegesetz aufgehobenen – Provisorischen Gemeindeordnung aufgehalten hatte. Da kein Beweis vorlag, dass J. N. Truntz selbstständig ein anderes Heimatrecht erhalten hatte, behielt jene von seinem Vater übernommene Zuständigkeit weiterhin Gültigkeit. Johann Nepomuks Vater, Johann Truntz, hatte von 1827 bis zu seinem Tod am 1. Januar 1853 als Salinenbeamter bei der Salinenverwaltung in Bochnia gearbeitet. Seit seiner Anstellung im Jahre 1827 fiel er laut dem Konskriptionspatent von 1804, § 26, Lit. b, wie auch gemäß § 13 der Provisorischen Gemeindeordnung von 1849 unter die Zuständigkeit von Bochnia.[160] Da nicht nachgewiesen werden konnte, dass sein Sohn Johann Nepomuk selbstständig ein anderes Heimatrecht erworben hatte, ging man davon aus, dass dieser ebenfalls unter die Zuständigkeit von Bochnia fiel. Das Heimatrecht des Großvaters übertrug sich damit auch auf seine Enkelin Valerie Truntz in Radautz. Die Gemeinde Bochnia versuchte unter Hinweis auf §§ 18 und 19 (Zuweisung von Heimatlosen an die Gemeinde des Aufenthaltes) Valerie Truntz abzuschieben, was jedoch misslang, da ihre Zuständigkeit nach Bochnia nachgewiesen werden konnte.[161]

Die ausdrückliche Aufnahme in die Zuständigkeit zur Gemeinde erfolgte durch einen Beschluss der Gemeindevertretung. Die Mitgliedschaft in der Heimatgemeinde erhielt durch den Aufnahmeschein erst dann Beweiskraft, wenn der Amtsstempel zusätzlich mit den Unterschriften des Gemeindevorstands und zweier Ausschussmitglieder versehen war. Die sog. *Quadrinierung*,

---

160 Beide Gesetze betreffen die Aufnahme in den Gemeindeverband durch den Antritt eines Postens, im Falle des Salinenbeamten Johann Truntz handelte es sich um den Rang eines Staatsbeamten.

161 Der Grund der Beschwerde der Stadtgemeinde Bochnia mochten die Kosten für Armenpflege sein, da Valerie Truntz als heimatlos bezeichnet wurde.

also die stillschweigende Aufnahme nach vier Jahren ununterbrochenen Aufenthaltes, wurde aufgehoben. Damit entfiel für arme Personen die einzige Möglichkeit zur Aufnahme in eine andere, für sie in der Regel günstigere Heimatzuständigkeit.

Das Gesetz vom 3. Dezember 1863 knüpfte an seinen Vorläufer vom 5. März 1862 an[162] und wurde für jene Teile der Habsburgermonarchie veröffentlicht, die später Zisleithanien bildeten.[163] In unserem Zusammenhang verdient das eindeutig formulierte Recht auf ungestörten Aufenthalt und Armenfürsorge für Personen mit Heimatrecht Aufmerksamkeit.

Das Heimatrecht konnte ausschließlich durch Geburt,[164] durch Verehelichung (für Frauen), durch die Aufnahme in den Heimatverband und durch die Erlangung eines öffentlichen Amtes erworben werden. Allerdings fehlte die wichtigste Möglichkeit für arme Personen – die stillschweigende Erlangung durch einen mehrjährigen Aufenthalt im Ort selbst. Die Dauer des Aufenthalts in der Gemeinde spielte folglich keine Rolle, da die Zuständigkeit nicht mehr stillschweigend erworben werden konnte. Auf das Heimatrecht konnte nicht verzichtet werden, da ein solcher Akt keine rechtlichen Folgen nach sich zog. Das Heimatrecht bestand ausschließlich in einer Gemeinde und durfte „weder auf eine bestimmte Zeit beschränkt noch unter einer den gesetzlichen Folgen des Heimatrechts abträglichen Bedingungen erteilt werden“.[165] Eine bestimmte Erweiterung erfuhr die Kategorie des *öffentlichen Amtes*, zumal – neben festangestellten Staats- und Hofbeamten – auch Landesbeamte und Beamte der öffentlichen Fonds hinzugerechnet wurden, darüber hinaus Geistliche und öffentliche Lehrer. Alle diese Personen erhielten das Heimatrecht unmittelbar nach dem Antritt ihres Amtes.

Den zeitgenössischen Vorstellungen des ökonomischen Liberalismus zufolge sollte die Beziehung zwischen Arbeitgeber und Arbeitnehmer vollkommen frei und ohne jede Regulierung gestaltet werden, ganz im Sinne

[162] RGBl., Bd. IX, 1862, Nr. 18, S. 36 ff.

[163] RGBl., Bd. XLIII, 1863, Nr. 105, S. 368 ff.

[164] Eheliche Kinder erhielten das Heimatrecht ihres Vaters, uneheliche jenes ihrer Mutter. Legitimierte Kinder erhielten das Recht des Vaters zum Zeitpunkt der Legitimation. Durch die Annahme „an kindesstatt“ (Adoption) oder die Übernahme in die Pflege wurde das Heimatrecht nicht begründet. RGBl., Bd. XLIII, 1863, Nr. 105, § 6, S. 369.

[165] RGBl., Bd. XLIII, 1863, Nr. 105, § 8, S. 370.

„der objektiven ökonomischen Gesetze". Die Liberalen gingen gezielt im Namen der Gesellschaft gegen den absolutistischen Staat vor. Sobald sie die Macht in ihren eigenen Händen hielten, wendeten sie diese gegen die „übrige" Gesellschaft an. Alle Versuche zur Reform des Arbeitsrechts, der Länge der Arbeitszeit oder der Arbeitsbedingungen stießen auf Ablehnung. Das bewusste Desinteresse an der sozialen Frage brachte ein Repräsentant der Regierung zum Ausdruck. Am 11. Mai 1868 äußerte sich der Minister des Inneren, Karl Giskra (1820–1879),[166] gegenüber einer Deputation von Arbeitern dahingehend, dass die soziale Frage eine hohle Phrase – ähnlich den Reden über Freiheit – sei. Menschen sprächen über diese, ohne zu wissen, was sie bedeute. Einer der Arbeiter antwortete daraufhin: „Exzellenz, viele wissen wohl nicht, was die soziale Frage bedeutet, jedoch sie erleben sie". Später erklärte Minister Giskra, die soziale Frage in der Habsburgermonarchie gäbe es nicht, sie höre an der sächsisch-böhmischen Grenze bei Bodenbach auf.[167] Von der Äußerung eines der Repräsentanten der Macht einmal abgesehen, konnte die Tatsache eines enormen Anwachsens von armen Personen in der Gründerzeit nicht übersehen werden. Im Gesetz von 1863 wurde den Gemeinden die Armenfürsorge als Aufgabe übertagen, was in vorigen Gesetzen bislang so nicht klar zum Ausdruck gekommen war.

Einen Ausweg aus der gesetzlich prekären Lage von Personen mit unbekannter Heimatzuständigkeit stellte das sog. zugewiesene Heimatrecht dar. Die kodifizierte Hierarchie der Feststellung des Heimatrechts bei Heimatlosen verdeutlicht die tatsächliche Stratifizierung dieser Gesellschaftsgruppe.

> Die Heimatlosen sind in nachstehender Reihenfolge zuzuweisen: 1. derjenigen Gemeinde, in welcher sie sich zur Zeit ihrer Abstellung zum Militär oder ihres freiwilligen Eintrittes in dasselbe befunden haben; 2. derjenigen Gemeinde, in

[166] Karl Giskra (1820–1879), mährischer Landtagsabgeordneter und später Abgeordneter des Reichsrats, Bürgermeister der Landeshauptstadt Brünn. Als Innenminister (1867–1870) führte er die Trennung von Verwaltung und Justiz durch, wirkte bei der Lösung des Konkordats mit dem päpstlichen Stuhl mit und warb für die freisinnige Gesetzgebung im Schul- und Ehebereich. Österreichisches Biographisches Lexikon, Wien 1957, Bd. 1, S. 446–447.

[167] Bodenbach (Podmokly) ist heute ein Stadtteil von Děčín (Tetschen) in Böhmen. Zitate bei: Adámek, Karel: Řešení otázky dělnické. Česko-moravský národní hospodář a samosprávný věstník, Jg. IV, 1884, S. 524–542, hier S. 531. Urban, Otto: Česká společnost 1848–1918. Praha: Academia, 1982, S. 264.

> welcher sie sich vor dem Zeitpuncte des zur Frage gekommenen Heimatrechts an längsten, wenigstens aber ein halbes Jahr ununterbrochen und bei gleichem Aufenthalte in zwei oder mehreren Gemeinden zuletzt, nicht unfreiwillig aufgehalten haben; 3. Derjenigen Gemeinde, in welcher sie geboren sind; oder bei Findlingen, in welcher sie aufgefunden wurden; oder bei solchen in der Verpflegung einer öffentlichen Findelanstalt stehenden oder gestandenen Personen, deren Geburts- oder Fundort unbekannt ist, in welcher sich diese Anstalt befindet; 4. Derjenigen Gemeinde, in welcher sie zur Zeit des zur Frage gekommenen Heimatrechtes angetroffen werden.[168]

Getrenntlebenden Ehefrauen von Heimatlosen konnte im Unterschied zu anderen verheirateten Frauen das Heimatrecht zugewiesen werden, und zwar ohne Berücksichtigung des Heimatrechts des Mannes.

Die Institution des zugewiesenen Heimatrechts sollte bis zum Nachweis der Heimatzuständigkeit eine Art Überbrückungslösung darstellen. Allerdings musste man damit rechnen, dass bei bestimmten Personen dieser Ausweg die einzige Lösung ihrer Lage darstellen würde. Die Rechte von Personen mit zugewiesenem Heimatrecht wurden beschränkt, zumal diese über kein Wahlrecht in der zugewiesenen Gemeinde verfügten.

In der Formulierung des Gesetzes vom 3. Dezember 1863 spiegelte sich sichtbar der Einfluss liberaler Machtpolitiker. Große Agglomerationen zeigten sich nicht bereit, armen Arbeitern das Heimatrecht zu erteilen, die vor allem aus ländlichen Gebieten in die Städte gekommen waren. Liberale Unternehmer konnten sich auf den ständigen Zufluss von jungen „frischen" Arbeitskräften vom Land verlassen, für die sie keine soziale Verantwortung übernehmen mussten, sondern dieses „erschöpfte Menschenpotenzial" in die Heimatgemeinde zurückschieben konnten. Ein Konsens im Rahmen des österreichischen Vielvölkerstaates ließ sich nicht finden, zumal die Industriezentren mit der bestehenden Lage einverstanden waren und hieran nichts zu ändern trachteten. Die ruralen Kronländer ihrerseits zeigten sich sehr unzufrieden, da in den Kassen der Landgemeinden die Abgaben einheimischer Personen fehlten, die ihr produktives Alter in den Städten verbracht hatten, ohne dort das Heimatrecht zu erwerben.

---

[168] RGBl., Bd. XLIII, 1863, Nr. 105, § 19, S. 371.

Tabelle 1: Bevölkerungsaustausch im Rahmen Zisleithaniens.

	1900				1910			
	Anwesende Bevölkerung	**Zuständige Bevölkerung**	**Verhältnis Absolut**	**Verhältnis in Prozent**	**Anwesende Bevölkerung**	**Zuständige Bevölkerung**	**Verhältnis Absolut**	**Verhältnis in Prozent**
Böhmen	6.318.697	6.825.265	–506.568	-7,42%	6.769.548	7.104.170	–334.622	-4,71%
Bukowina	730.195	689.560	40.635	5,89%	800.098	771.010	29.088	3,77%
Dalmatien	593.784	586.282	7.502	1,28%	645.666	638.731	6.935	1,09%
Galizien	7.315.939	7.419.655	-103.716	-1,40%	8 025.675	8.123.032	-97.375	-1,20%
Görz und Gradisca	232.897	236.007	-3.110	-1,32%	260.721	271.245	-10.524	-3,88%
Istrien	345.050	335.690	9.360	2,79%	403.566	375.449	28.117	7,49%
Kärnten	367.324	393.763	-26.439	-6,71%	396.200	412.347	-16.147	-3,92%
Krain	508.150	554.928	-46.778	-8,43%	525.995	554.889	-28.894	-5,21%
Mähren	2.437.706	2.628.788	-191.082	-7,27%	2.622.271	2.803.894	-181.623	-6,48%
Niederösterreich	3.100.493	2.021.367	1.079.126	53,39%	3.531.814	2.633.866	897.948	34,09%
Oberösterreich	810.246	805.246	5.000	0,62%	853.006	861.954	-8.948	-1,04%
Salzburg	192.746	153.492	39.254	25,57%	214.737	178.378	36.359	20,38%
Schlesien	680.422	683.602	-3.180	-0,47%	756.949	733.117	23.832	3,25%
Steiermark	1.356.494	1.245.896	110.598	8,88%	1.444.157	1.358.541	85.616	6,30%
Tirol	852.712	836.952	15.760	1,88%	946.613	892.660	53.953	6,04%
Triest und Gebiet	178.599	82.746	95.853	115,84%	229.510	132.593	96.917	73,09%
Vorarlberg	129.237	106.223	23.014	21,67%	145.408	117.996	27.412	23,23%
Zisleithanien	**26.150.708**	**25.632.805**	**517.903**	**2,02%**	**28.571.934**	**27.968.872**	**603.062**	**2,16%**

Quelle: Österreichische Statistik Neue Folge, Band 2, Kaiserlich-königliche Staatsdruckerei: Wien, 1912, S. 12.

Angesichts der Tatsache, dass das Niveau der Armenfürsorge von der finanziellen Lage der Gemeinde abhing, fiel der materielle Status der „ausgedienten" Arbeiter und Arbeiterinnen vom Lande niedriger aus als jener in den Städten, in denen nicht heimatberechtigte Arbeiter eine niedrigere „Kaste" bildeten. Diese konnte man ausweisen oder abschieben, wenn sie ihre Arbeit oder ihren Familienernährer verloren hatten oder sonst in Armut gerieten. Dies stand im Einklang mit dem Gesetz, derartige Arme in ihre – in der Regel ländlichen – Heimatgemeinden zu schicken. Durch den Machteinfluss liberaler Kreise wurde die Heimat in der zweiten Hälfte des 19. Jahrhunderts zur reinen Fiktion, die lediglich auf dem Heimatschein existierte.

Tabelle 2: Heimatberechtigte Personen von 1.000 ortsanwesenden Personen.

In der Aufenthaltsgemeinde	1869	1880	1890	1900	1910
Böhmen	724	596	518	443	570
Bukowina	894	890	837	806	822
Dalmatien	958	942	932	826	925
Galizien	927	895	838	928	811
Görz und Gradisca	851	846	800	791	770
Istrien	851	857	829	816	777
Kärnten	724	612	544	486	522
Krain	896	830	780	747	783
Mähren	800	690	615	553	655
Niederösterreich	547	421	415	402	540
Oberösterreich	664	565	491	437	579
Salzburg	677	565	503	433	517
Schlesien	752	638	574	473	538
Steiermark	707	564	467	415	509
Tirol	826	759	711	660	690
Triest und Gebiet	851	469	456	417	536
Vorarlberg	826	760	672	598	641
Zisleithanien	**787**	**697**	**639**	**598**	**665**

Quelle: Österreichische Statistik, Band XXXII, Heft 2, Kaiserlich-königliche Staatsdruckerei: Wien, 1893, S. V; Österreichische Statistik Band 64, Heft 1, Kaiserlich-königliche Staatsdruckerei: Wien, 1902, S. VII; Österreichische Statistik Neue Folge, Band 2, Heft 1, Kaiserlich-königliche Staatsdruckerei: Wien, 1912, S. 13.

Tabelle 3: Austausch der Bevölkerung zwischen den Ländern und Bezirken des gleichen Landes sowie innerhalb der einzelnen Bezirke.

Länder mit im Lande sesshafter Bevölkerung	Länder mit Bevölkerungsabzug	Länder mit Bevölkerungszuzug	Länder mit Binnenwanderungen zwischen den Bezirken	Länder mit Binnenwanderungen innerhalb der Bezirke
Dalmatien	Kärnten	Triest	Böhmen	Kärnten
Galizien	Schlesien	Salzburg	Steiermark	Steiermark
Bukowina	Mähren	Niederösterreich		Schlesien
Tirol	Görz			Salzburg
Vorarlberg	Gradisca			Niederösterreich
Niederösterreich				

Quelle: Österreichische Statistik Neue Folge, Band 2, Heft 1, Kaiserlich-königliche Staatsdruckerei: Wien, 1912, S. 12.

Wer bezahlt für die Armen? Kosten der Armenfürsorge beim Verwaltungsgerichtshof

Das Staatsgrundgesetz (Art. 15, Nr. 144/1867[169]) ging in der Frage der richterlichen Gewalt davon aus, dass eine Person, die sich in ihren Rechten durch die Entscheidung der politischen Behörden (im heutigen Verständnis der staatlichen Verwaltung) verletzt fühle, sich an eine juristische Behörde (Gericht) wenden könne, die sich mit ihrem Fall zu beschäftigen habe. Nach längerer Debatte unterzeichnete Kaiser Franz Josef I. am 22. Oktober 1875 das Gesetz, das zur Gründung des Verwaltungsgerichtshofes führte.[170] Der Kaiserlich-königliche Verwaltungsgerichtshof nahm seine Tätigkeit am 2. Juli 1876 auf. Er urteilte über problematische Entscheidungen politischer Behörden auf dem Territorium Zisleithaniens. Seine Urteile hoben sämtliche früher gefällten Entscheidungen aller Instanzen auf, die streitenden Parteien mussten seine Erkenntnisse als die höchste und letzte gerichtliche Instanz respektieren. Damit wurde die Tätigkeit politischer Behörden einer gerichtlichen Aufsicht unterstellt.

Das Verwaltungsrecht war zur damaligen Zeit zersplittert; Richter mussten sich nach veralteten Rechtsnormen früherer Epochen richten. Für die erfolgreiche Einreichung eines Gesuchs galt es sämtliche Möglichkeiten aller Verwaltungsbehörden, also alle Rechtsbehelfe, auszuschöpfen; in unserem Fallbeispiel bedeutete dies die Rechtsbehelfe der zuständigen Gemeinde, Bezirkshauptmannschaft, Landesregierung oder Statthalterei sowie des Innenministeriums. Die Verhandlung fand in der Regel mündlich in Anwesenheit von Advokaten

[169] RGBl., Bd. XLI, 1867, Nr. 144, S. 399.
[170] RGBl., Bd. XIII, 1876, Nr. 36, S. 85–92.

und Vertretern der involvierten Parteien statt. Den Gegenstand der hier analysierten Fälle bildeten die Kosten für die Armenfürsorge, in der Regel ein Streit zwischen zwei Gemeinden, die sich weigerten, (oft bereits entstandene) Kosten zu ersetzen. Beide Seiten unternahmen den Versuch nachzuweisen, dass die Rückerstattung der Kosten der jeweils anderen Gemeinde obliege, wobei man sich auf konkrete Gesetzesparagraphen über das Heimatrecht berief, die die gesetzliche Grundlage für die Armenfürsorgekosten bildeten. Im konkreten Betrachtungszeitraum handelte es sich um das Gesetz vom 3. Dezember 1863, der Verwaltungsgerichtshof griff jedoch auch auf ältere Normen zurück, konkret auf das Gesetz von 1859,[171] 1849,[172] ja sogar das Konskriptionspatent aus dem Jahre 1804.[173] Dieser Rückgriff auf die alten Rechtsnormen für die Dauer des menschlichen Lebens erfolgte, weil diese auf der Rechtslage zur fraglichen Zeit nach den seinerzeit geltenden Vorschriften beruhten.

Die Kosten der Armenfürsorge belasteten wesentlich die Gemeindehaushalte, die sich jeder Ausgabe für die Armenfürsorge widersetzten. Meist handelte es sich um Personen, die den produktiven Teil ihres Lebens in Städten verbracht hatten und erst nach Eintritt ihrer Arbeitsunfähigkeit durch Alter oder Krankheit in ihre Heimatgemeinden geschickt wurden. Viele kehrten aber in ihre Heimatgemeinde gar nicht zurück, sondern wurden an ihrem Aufenthaltsort versorgt, meist in Versorgungs- oder Armenhäusern. Diese verlangten jedoch die Rückstellung der Kosten für die Versorgung, nicht selten erst nach dem Tode der versorgten Personen. Durch die Abwesenheit der Personen erlosch das Heimatrecht in ihrer Gemeinde nicht, der Verlust konnte nur durch die Annahme einer neuen Zuständigkeit oder einer anderen Staatsangehörigkeit eintreten. Die unten angeführten gewählten Fallbeispiele zeigen die Armenfürsorge als Rechtsproblem der politischen Behörden, das erst durch die Erkenntnisse des Verwaltungsgerichtshofes gelöst wurde. Alle Fallbeispiele erschöpften bereits die Möglichkeiten der politischen Lösung: Die beschwerdeführende Gemeinde lehnte es ab, die Kosten für ihr Mitglied rückzuerstatten, wodurch sie nicht selten seine Zuständigkeit infrage stellte. Die Gemeinde, die die Rückerstattung der Kosten verlangte, wandte sich an die zuständige Bezirkshauptmannschaft, die eine Entscheidung formulierte;

[171] Patent vom 24. April 1859. RGBl., Bd. XIV, Nr. 58, S. 95–168.

[172] Patent vom 17. März 1849. RGBl., II. Ergänzungsband, Nr. 170, S. 203–222.

[173] Konskriptions- und Rekrutierungspatent vom 25. Oktober 1804. Franz II. – Gesetze, Bd. 23, 1807, Nr. 4, S. 3–131.

diese war der Grund der Beschwerde der anderen Partei bei der zuständigen Statthalterei, die in der Regel die Entscheidung der Bezirkshauptmannschaft erhob und gegenteilig entschied. Die unterlegene Partei beschwerte sich beim Ministerium des Innern, die meist den Bescheid der Statthalterei erhob und die ursprüngliche Entscheidung der Bezirkshauptmannschaft bestätigte. Durch die Beschwerde gelangte der Fall schließlich zum Verwaltungsgerichtshof, dessen Erkenntnis für beide Parteien verbindlich war.

Kosten für unheilbar kranke und nicht erwerbsfähige Personen

Die Erkenntnisse des Österreichischen Verwaltungsgerichtshofes zeigen die problematische Interpretierung des Heimatgesetzes infrage des Ersatzes der entstandenen Kosten der Armenfürsorge.

> Die Aufenthaltsgemeinde eines auswärtigen Armen ist für die Unterstützung und Verpflegung desselben den Ersatz nur desjenigen Aufwandes von der Heimatsgemeinde in Anspruch zu nehmen berechtiget, welcher bei Einhaltung eines vollständig gesetzmäßigen Vorganges, der Heimatgemeinde jedenfalls erwachsen wäre.[174]

Die in der böhmischen Stadt Wlašim (Vlašim) heimatberechtigte Agnes Kadeřavek wurde im Wiener Krankenhaus „Rudolfstiftung" behandelt.[175] Die Verwaltung des Krankenhauses forderte am 24. November mittels des Wiener Magistrats die Gemeinde Wlašim auf, ihre als arme klassifizierte Agnes Kadeřavek bis zum längstens 3. Dezember 1874 zu übernehmen. Dies war das Ergebnis des ärztlichen Gutachtens vom selben Tag, in dem Agnes Kadeřavek als unheilbar krank eingestuft wurde, jedoch als transportabel mittelst Wagen oder Eisenbahn ohne Begleitung befunden wurde. Die Krankenanstalt handelte im Einklang mit den seit der Zeit des Josephinismus gültigen Vorschriften, denen zufolge unheilbar oder chronisch kranke Menschen nicht in Krankenhäusern bleiben durften, da diese lediglich zur Heilung von Kranken bestimmt worden waren. Dieser Zustand ist auch heutzutage eines der schwierigsten Probleme der öffentlichen Gesundheitspflege.

---

174 Erkenntnis vom 24. November 1876. Budwinski von, A.: Erkenntnisse des k. k. Verwaltungsgerichtshofes. Jg. I, 1876, Wien 1881, Nr. 6, S. 20–26.

175 Seit dem Jahr 2020 Klinik Landstraße, früher umgangssprachlich Rudolfspital genannt.

Der Wiener Magistrat ersuchte am 27. November 1874 die Bezirkshauptmannschaft Beneschau (Benešov), die Heimatgemeinde der Kranken, zu verständigen. In dem Schreiben wurde mitgeteilt, dass Agnes Kadeřavek aus dem Krankenhaus „Rudolfstiftung" entlassen und in die Verpflegung der Kommune Wien übernommen worden sei. Zudem wurde mitgeteilt, dass die Wiener Kommune „den Ersatz der entstandenen Verpflegungskosten 60 Kreuzer täglich begehren werde". Der Stadtrat in Wlašim reagierte nicht; erst nach der Aufforderung des Wiener Magistrats, übergeben durch die Bezirkshauptmannschaft Beneschau am 10. Februar 1875 an den Stadtrat Wlašim, Agnes Kadeřavek und die entstandenen Verpflegungskosten zu übernehmen, ersuchte der Stadtrat Wlašim den Wiener Magistrat, die kranke Frau in ihre Heimat zu befördern. Am 7. April 1875 erteilte der Wiener Magistrat den Auftrag, Agnes Kadeřavek nach Wlašim zu transportieren. Die Versorgungsanstalt am Alserbach, wo die Arme versorgt wurde, vollzog dies erst am 3. Mai 1875, da das am 8. April 1875 ausgestellte ärztliche Gutachten den Transport bei „einer wärmeren Jahreszeit" empfahl. Der Wiener Magistrat verlangte den Ersatz der Verpflegungs- und Transportkosten in Höhe von 101 Gulden 17 Kreuzer. Der Stadtrat Wlašim bestritt jedoch lediglich die Transportkosten in Höhe von 9 Gulden 97 Kreuzer. Der Wiener Magistrat beauftragte die Bezirkshauptmannschaft Beneschau, die Stadtgemeinde Wlašim zur Zahlung der übrigen Kosten 91 Gulden und 10 Kreuzer anzuhalten. Der Rekurs des Wlašimer Stadtrates entschied die böhmische Statthalterei zu deren Gunsten; über Rekurs der Gemeinde Wien wurde vom Ministerium des Innern die Statthaltereientscheidung aufgehoben und die Entscheidung der Bezirkshauptmannschaft bestätigt.

Der Verwaltungsgerichtshof führte am 23. November 1876 eine öffentliche mündliche Verhandlung in der Anwesenheit dreier Vertreter der Seiten: den der Stadtgemeinde Wlašim, den der Stadtgemeinde Wien und den des Ministeriums des Innern. Der Verwaltungsgerichtshof entschied wie folgt:

> Die Entscheidung des k. k. Ministeriums des Innern dto. 2. Juni 1876, insoweit durch dieselbe der k. k. Reichshaupt- und Residenzstadt Wien der volle Ersatz der für die Verpflegung der Agnes Kadeřavek in der Zeit von 26. Februar bis April 1875 erwachsenen Kosten zuerkannt ist, wird als gesetzwidrig aufgehoben. Im Uebrigen wird die Beschwerde zurückgewiesen. Der Anspruch der k. k. Reichshaupt- und Residenzstadt Wien auf Ersatz der Kosten des Verfahrens wird abgewiesen.[176]

---

[176] Erkenntnis vom 24. November 1876. Budwinski von, A.: Erkenntnisse des k. k. Verwaltungsgerichtshofes. Jg. I, 1876, Wien 1881, Nr. 6, S. 22.

Die auf den ersten Blick überraschende Erkenntnis des Verwaltungsgerichtshofes begründet sich auf die §§ 28 und 29 des Gesetzes vom 3. Dezember 1863, Nr. 105, dass die Aufenthaltsgemeinde im Falle „augenblicklicher Bedürfnisse“ einem fremden Armen die Unterstützung nicht versagen dürfe, dass sie ferner „in ihrem Gemeindegebiete erkrankte auswärtige Arme so lange zu verpflegen habe, bis sie ohne Nachteil für ihre und Anderer Gesundheit aus der Verpflegung entlassen werden können“. Beide Artikel räumen das Recht der Aufenthaltsgemeinde auf Ersatz gegen die Heimatgemeinde ein, jedoch laut § 30 ist die Aufenthaltsgemeinde zur „unverzüglichen Anzeige an die ihr bekannte Heimatsgemeinde“ verpflichtet, unter der Sanktion, „dass sie widrigens für allen aus der Verzögerung entstandenen Nachteil verantwortlich wird“.

Die Übernahme eines fremden armen Kranken in die Verpflegung der Aufenthaltsgemeinde war laut den §§ 26, 29 und 30 eine Obliegenheit der Aufenthaltsgemeinde; die Entlassung aus der Armenfürsorge konnte nur dann geschehen, wenn die Person imstande war, sich den notwendigen Unterhalt mit eigenen Kräften zu verschaffen. Die Aufenthaltsgemeinde konnte jedoch durch die „rechtzeitige Entlassung (der Person) das Interesse der Heimatsgemeinde wahren“. In allen anderen Fällen hatte die Aufenthaltsgemeinde die Verpflegung „so lange zu bestreiten, bis die von der Heimatsgemeinde getroffenen Verfügungen in Vollzug gesetzt werden können“.

Agnes Kadeřavek war nach dem ärztlichen Zeugnis krank, ihr Status als arme Person wurde nie bestritten, sie war unheilbar krank und erwerbsunfähig, die Entlassung aus der Armenfürsorge der Gemeinde Wien kam nicht infrage (§ 29). Die gesetzliche Verpflichtung der Stadtgemeinde Wien war in ihrem Fall die rechtzeitige Verständigung der Heimatsgemeinde. Die beschwerdeführende Stadtgemeinde Wien berief sich auf den Terminus „unverzüglich“ (§ 30 Heimatgesetzes), den der Verwaltungsgerichtshof folgendermaßen interpretierte: „Denn dem Ausdrucke ‚unverzüglich‘ im § 30 Heimatgesetzes kann doch nur der Sinn beigelegt werden, daß die Verständigung ohne unmotivierten Verzug, d. h. so schleunig zu geschehen hat, als dies bei ordnungsmäßigem Geschäftsgange erwartet werden kann.“

Die Heimatgemeinde Wlašim begründete ihre Beschwerde mit der verspäteten Frist der Aufenthaltsgemeinde Wien, was vom Verwaltungsgerichtshof bejaht wurde, denn die Zuschrift, Agnes Kadeřavek per Eisenbahn oder Wohltatsfuhre in ihre Heimat abzuliefern, wurde am 26. Februar 1875 datiert, jedoch wurde sie in Amtshandlung erst am 7. April 1875 gezogen. Die eingetretene Verzögerung des Transports kam wider Willen der kranken Frau. Die im § 30 des Heimatgesetzes ausgesprochene Verantwortlichkeit der Aufenthaltsgemeinde muss auf die Verzögerung ausgedehnt werden, weil die Absicht der Gesetzbestimmung darauf abzielte, die Heimatgemeinde in ihrer Absicht zu unterstützen, die Art und Weise der Armenversorgung selbst zu bestimmen (§ 25 des Heimatgesetztes). Der Verwaltungsgerichtshof interpretierte „die unzweifelhafte Absicht des Gesetzes", dahin gehend, dass es dieser widersprechen würde, wenn man die Aufenthaltsgemeinde von aller Absicht lossprechen und die volle Ersatzpflicht der Heimatgemeinde aufrechterhalten würde. Ein Anspruch der Aufenthaltsgemeinde auf vollen Ersatz im Sinne des §§ 25, 26, 28 29 und 30 sei lediglich „bei Einhaltung eines vollständig gesetzmäßigen Vorganges" berechtigt. Das war im Fall Agnes Kadeřavek nicht geschehen, da die Aufenthaltsgemeinde Wien die Aufforderung, die Frau an die Heimatgemeinde abzuliefern, verspätet in eine Amtshandlung umsetzte, womit der Gemeinde Wlašim weitere Kosten entstanden sind. Der Verwaltungsgerichtshof nutzte das Recht, bei der begründeten Beschwerde die Entscheidung des Ministeriums des Innern, in dem der Gemeinde Wien der volle Ersatz der Verpflegungskosten zugesprochen wurde, als gesetzwidrig aufzuheben, was im Falle Agnes Kadeřavek geschah.[177] Der Anspruch der Stadt Wien auf Ersatz der Kosten des Verfahrens wurde abgewiesen.[178]

Kosten für heilbar Kranke

Das Ministerium des Innern entschied am 8. März 1879, dass die böhmische Stadtgemeinde Jermer (Jaroměř) die Krankenverpflegungskosten für Wenzel Hofmann der mährischen Gemeinde Eibenschitz (Ivančice) erstatten soll. Wenzel Hofmann wurde im Eibenschitzer Krankenhaus vom 9. Mai bis zum 28. August 1874 behandelt. Er litt an einem Fußgeschwür, war sonst aber vollkommen gesund und im fortgeschrittenen Stadium der Heilung geeignet zur Entlassung aus dem Krankenhaus, weil laut dem ärztlichen Zeugnis „solche sonst ganz gesunde Individuen durch den mehrmonatlichen

---

[177] § 7, Gesetz vom 22. Oktober 1875 betreffend die Errichtung eines Verwaltungsgerichtshofes. RGBl., Bd. XIII, 1876, Nr. 36.

[178] § 40, ebenda.

Spitalsaufenthalt körperlich geschwächt werden und die Narbenbildung dann viel träger erfolgt, als anfangs". Die Stadtgemeinde Jermer reagierte unverzüglich und wies die Aufenthaltsgemeinde Eibenschitz am 14. Mai 1874 an, Wenzel Hofmann aus der Krankenverpflegung zu entlassen oder ihn in eine öffentliche Krankenanstalt zu überstellen. Die Gemeinde Eibenschitz ließ unbeachtet der Bitte der Stadt Jermer, Wenzel Hofmann aus der Pflege zu entlassen oder ihn in eine öffentliche Krankenanstalt oder nach Hause zu transportieren, ohne weitere Verständigung der Heimatgemeinde mehr als drei Monate in der Krankenverpflegung.[179] Dieser Vorgang verursachte die Verschlimmerung des Gesundheitszustandes von W. Hofmann, sodass er durch sein Leiden dauerhaft daran gehindert war, sich den notwendigen Unterhalt mit eigenen Kräften zu verschaffen.

Der Verwaltungsgerichtshof konstatierte, dass die Stadtgemeinde Eibenschitz nicht in der vom Heimatgesetz vorgesehenen Weise vorging. Die Auslegung der Artikel 25, 28, 29 und 30 des Heimatgesetzes zeigte, dass die Heimatgemeinde so bald als möglich von dem ihr zustehenden Recht, die Art und Weise der Armenversorgung selbst zu bestimmen (§ 25), keinen Gebrauch machen konnte. Die genaue Erfüllung der durch das Gesetz gegebenen Vorschriften für die Behandlung auswärtiger Armer sah der Verwaltungsgerichtshof als Vorbedingung für den Anspruch auf den vollen Ersatz der Kosten. Der Verwaltungsgerichtshof hob die Entscheidung des Ministeriums des Innern als im Gesetz nicht begründet auf, wies jedoch auf die in § 28 des Heimatgesetzes formulierte „notwendige Unterstützung" hin, die Wenzel Hofmann von der Aufenthaltsgemeinde zustehen würde, wenn er im Stadium der Heilung aus dem Krankenhaus entlassen worden wäre. Aufgrund seines Gesundheitszustands war er nicht in der Lage, sich mit eigenen Kräften seinen Unterhalt zu erwerben, und seine Vermögenslosigkeit stand außer Frage.[180] Gemäß § 39 des Heimatgesetzes wurde die Höhe der Rückstellungskosten den politischen Behörden überlassen, da „im Rechtswege nicht weiter mehr verhandelt werden" konnte.[181]

---

179 Erkenntnis vom 11. Oktober 1879. Budwinski von, A.: Erkenntnisse des k. k. Verwaltungsgerichtshofes. Jg. III, 1879, Nr. 584, S. 333–335.

180 Es handelte sich um das „Maß der strengen Notdurft", § 1, Abs. 2, Gesetz vom 3. Dezember 1868, LGBl. für Böhmen, Nr. 59.

181 § 39, Gesetz vom 3. Dezember 1863, RGBl., Bd. XLIII, Nr. 105, 1863.

Kosten für Armenfürsorge als Problem zwischen Ortsgemeinde und Katastralgemeinde

Wie bereits im 18. Jahrhundert bei der Entstehung der Armeninstitute, die nicht selten als die Angelegenheit der einzelnen Gemeinden verstanden worden waren, wurde die organisierte Armenpflege als eine Pflicht der Gemeinden verstanden. Die Ortsgemeinde Barzdorf (Bernartice) beschwerte sich im Namen ihrer Gemeinde und der Gemeinde Oberhermsdorf (Horní Heřmanice) gegen die Entscheidung des Schlesischen Landesausschusses und der Katastralgemeinde Buchsdorf (Buková, alle in Österreichisch Schlesien) vom 26. Februar 1878. Der Grund der Beschwerde war der Aufwand für die Schule und die Kosten der Armenfürsorge der in zum Gebiet der Ortsgemeinde Barzdorf gehörigen Katastralgemeinde Buchsdorf. Die Gemeinde Barzdorf und Oberhermsdorf wollten für ihre Schulen und ihre Arme aufkommen, dies verlangten sie auch von der Gemeinde Buchsdorf. Der Aufwand für Schulen und Armenfürsorge wurde einheitlich entschieden, wenn auch der Bezirksschulrat in Freiwaldau (bis 1947 Frývaldov, heute Jeseník) zu Rat gezogen wurde, nachdem es sich nicht um drei selbstständige, sondern um eine aus drei Katastralgemeinden bestehende Schulgemeinde handelte. Die Steuern waren gleichmäßig auf alle Steuerträger im ganzen Gemeindegebiet aufgeteilt. In der Frage der Armenfürsorge berief sich der Verwaltungsgerichtshof auf §§ 1 und 3 des Gesetzes vom 3. Dezember 1863,[182] nach denen sich das Heimatrecht (und die von ihm abhängige Armenfürsorge) auf den gesamten Umfang des Gemeindegebietes erstreckte. Die Armenfürsorge obliegt nach der schlesischen Gemeindeordnung der Ortsgemeinde (§§ 27, 35 und 54). Der Verwaltungsgerichtshof wies nach der öffentlichen mündlichen Verhandlung die Beschwerde der Ortsgemeinde Barzdorf als unbegründet ab und verurteilte die Gemeinde Barzdorf zum Ersatz der Gerichtskosten in der Höhe 5 Gulden gegenüber dem schlesischen Landesauschuss.[183]

---

[182] RGBl., Bd. XLIII, Nr. 105, 1863.

[183] Erkenntnis vom 8. November 1878. Budwinski von, A. (Hrsg.): Erkenntnisse des k. k. Verwaltungsgerichtshofes. Jg. II, 1878, Nr. 356, S. 513–515.

Der Heimatschein als Nachweis der Heimatzuständigkeit und die Voraussetzung der Armenfürsorge

Der Heimatschein galt seit seiner Einführung im Jahre 1849 als Nachweis der Heimatzuständigkeit und damit auch als notwendige Voraussetzung für die Armenfürsorge, die ja in der Habsburgermonarchie lediglich von der Heimatgemeinde ausgehen konnte. Der Heimatschein war vier Jahre gültig, seine Ausstellung erfolgte kostenlos. Ein abgelaufener Heimatschein galt als Voraussetzung für die „Wartezeit" für eine andere Heimatzuständigkeit. Dieser Umstand war Grundlage der Beschwerde der Gemeinde Wosek (Osek im Pilsener Kreis), die Thomas Janouschek die Armenfürsorge mit der Begründung verweigerte, weil seine Heimatzuständigkeit infrage zu stellen sei. Die Gemeinde Wosek bestritt nicht die Ausstellung des Heimatscheines für Thomas Janouschek, sondern lediglich die Gültigkeit der Urkunde, mit der Begründung, dass der Inhaber zur Zeit der Ausstellung der Urkunde das Heimatrecht in der Gemeinde (Husinec) besaß. Es wurde offensichtlich nicht in der Heimatmatrikel gesucht, da damit die Zuständigkeit von T. Janouschek in Wosek bestätigt worden wäre.

Die Gemeinde Wosek wehrte sich dagegen, die ständige Unterstützung für T. Janouschek in Höhe von 2 Florinen monatlich in vierteljährigen Raten zu zahlen.[184] Man hatte auf den Umstand der Existenz von eventuellen Verwandten des Mannes hingewiesen, die zivilrechtlich verpflichtet waren, für dessen Unterhalt zu sorgen.

Der böhmische Landesausschuss verpflichtete die Gemeinde Wosek zur Armenfürsorge von T. Janouschek; durch die Beschwerde der Gemeinde gelangte der Fall zum Verwaltungsgerichtshof, der die Entscheidung des Landesausschusses bestätigte und die Beschwerde der Gemeinde Wosek als unbegründet abwies, dabei aber keinen Kostenersatz auferlegte.[185] Der Verwaltungsgerichtshof unterschied zwei Tatsachen: zum einen die Armenfürsorge für T. Janouschek, die dem Mann von der Gemeinde Wosek gewährleistet werden sollte, selbst wenn sich Verwandte auffinden lassen sollten, die zivilrechtlich verpflichtet seien, für dessen Unterhalt zu sorgen. Zum anderen

---

184 Die Zahlung sollte ab dem 1. September 1890 erfolgen, die Gemeinde reichte die Beschwerde drei Tage danach ein.

185 Erkenntnis vom 17. Juni 1891. Budwinski von, A. (Hrsg.): Erkenntnisse des k. k. Verwaltungsgerichtshofes. Jg. XV, 1891, Wien 1891, Nr. 6040, S. 534–536.

ging es um die Höhe und Form der Unterstützung, die von der Gemeinde selbst gewählt werden sollte, da nach § 11 des Heimatgesetzes der Gemeinde freies Ermessen zugestanden wurde, die Art und Weise der Armenfürsorge zu bestimmen.

Kosten der Armenfürsorge als Problem zwischen den Ländern der Ungarischen Krone und den im Reichsrate vertretenen Königreichen und Ländern

Die Frage des Kostenersatzes für die Armenfürsorge in den beiden Reichshälften richtete sich gemäß dem österreichisch-ungarischen Ausgleich im Jahre 1867 nach dem Prinzip der Reziprozität, die jedoch nach den Bestimmungen des Heimatgesetzes geprüft werden sollte. Ein komplizierter Fall war die Vergütung der Verpflegungskosten für einen Minderjährigen. Der achtjährige Johann Nowak, der Sohn des in Klosterbruck (Louka, heute der Stadtteil von Znaim) in Mähren geborenen Handlungsgehilfen Ottokar Nowak verbrachte vier Jahre in der öffentlichen Pflege der Stadt Budapest.[186] Der am 16. Dezember 1871 geborene Knabe verlor bereits am 20. Juni 1872 seine Mutter, sein Vater Ottokar wurde im April 1874 festgenommen und arrestiert, über sein weiteres Schicksal hinsichtlich der Pflege des Kindes ist nichts mehr bekannt. Am 26. Januar 1877 forderte der Budapester Magistrat durch den ungarischen Minister die vorausgesetzte Heimatgemeinde des Knaben, nämlich Klosterbruck, auf, die Verpflegungskosten vom 27. April 1874 bis zum 26. Januar 1877 (und weiter angelaufenen Kosten in Höhe von 96 Gulden jährlich) zu ersetzen. Nach der Untersuchung der Bezirkshauptmannschaft Znaim zeigte sich jedoch, dass die Gemeinde Klosterbruck nicht die Heimatgemeinde von Ottokar Nowak war, da der Vater von Ottokar Nowak, Johann Nowak, der zur Zeit der Verhandlung in Brünn lebende Bezirkshauptmann in Rente, in Mährisch-Ostrau diente, wo er laut der gültigen Vorschriften auch das Heimatrecht erhalten hatte, das natürlich auf seinen (vermutlich) damals unmündigen Sohn überging. Die Gemeinde Mährisch-Ostrau hatte, nachdem festgestellt worden war, dass Ottokar Nowak inzwischen kein anderes Heimatrecht erhalten hatte, seine

[186] Erkenntnis vom 12. Juli 1879. Budwinski von, A. (Hrsg.): Erkenntnisse des k. k. Verwaltungsgerichtshofes. Jg. III, 1879, Wien 1881, Nr. 539, S. 265–269.

Zuständigkeit anerkannt, jedoch weigerte sie sich, die Verpflegungskosten für seinen unmündigen Sohn Johann zu erstatten.

Die Reziprozität beider Reichshälften in der Frage der Ersetzung der Verpflegungskosten für arme Personen war sehr problematisch, insbesondere weil im Königreich Ungarn ein Anspruch auf Armenfürsorge zwar theoretisch bestand, dieser aufgrund der fehlenden Hausmatrikel in der Praxis jedoch nur schwer durchzusetzen war. Dazu kam noch der Umstand, dass das Allgemeine Bürgerliche Gesetzbuch im Königreich Ungarn nach 1861 außer Kraft gesetzt wurde. Dies galt jedoch nicht für die umgekehrte Richtung, nämlich bei der Erstattung der Kosten für einen österreichischen Staatsbürger, da in Zisleithanien seit 1849 die Evidenz der Heimatberechtigten gesetzlich verankert war.

Die Beschwerde der Gemeinde Mährisch-Ostrau landete beim Verwaltungsgerichtshof, der alle Ebenen der Vorinstanzen geprüft hatte. Das Ministerium des Innern bestätigte am 21. März 1879 die Entscheidung der zuständigen Bezirkshauptmannschaft in Friedek (heute Frýdek-Místek), die Stadtgemeinde Mährisch-Ostrau „zur Zahlung der für die Verpflegung des Johann Nowak in Budapest aufgelaufenen Verpflegungskosten im Betrage von 264 Fl. zu verpflichten“, wobei ihr ferner aufgetragen wurde, „den Genannten in die heimatliche Pflege zu übernehmen“.[187] Damit wurde der Entscheidung der mährischen Statthalterei, die die vorherige Entscheidung der Friedeker Bezirkshauptmannschaft aufgehoben hatte, keine Folge gegeben.

Der Verwaltungsgerichtshof differenzierte im behandelten Fall drei Tatsachen: 1. Der Gemeinde Mährisch-Ostrau erteilte den Auftrag zur unverzüglichen Übernahme des Knaben Johann Nowak in die heimatliche Pflege; 2. Die der Gemeinde Mährisch-Ostrau von der Stadt Budapest auferlegte Leistung der Verpflegungskosten vom 27. April 1874 bis 26. Januar 1877 in der Höhe 264 Gulden; 3. Der auferlegte Ersatz der noch entstehenden Kosten.

Im ersten Punkt wurde die Beschwerde zurückgewiesen; dies bedeutete die unverzügliche Übernahme des Knaben durch seine Heimatgemeinde Mährisch-Ostrau; begründet wurde dies mit § 23 des Heimatgesetzes 1863, und dem § 178 ABGB 1811. Der Ersatz der Verpflegungskosten in der Höhe 264 Gulden und der Ersatz der inzwischen angelaufenen Kosten wurden als gesetzwidrig aufgehoben. Laut § 28 des Heimatgesetzes darf die Gemeinde

---

[187] Ebenda.

„einem auswärtigen Armen im Falle augenblicklichen Bedürfnisse die nötige Unterstützung nicht versagen", jedoch soll die Heimatzuständigkeit der Person „durch sofort anzustellende Nachforschung ohne erheblich Schwierigkeit zu ermitteln und (der Heimatgemeinde) unverzüglich Anzeige zu machen" (§ 30). Die Stadt Budapest unternahm vom 27. April 1874 bis zum 17. März 1877 keine Schritte, die Heimatzuständigkeit von Johann Nowak zu ermitteln. Durch die lange Verzögerung konnte die Stadt Mährisch-Ostrau nicht von ihrem Recht, die Art und Weise der Armenversorgung zu bestimmen, Gebrauch machen (§ 25). Der Ersatz der angelaufenen Kosten nach dem 27. Januar 1877 laut der Entscheidung des Ministeriums des Innern wurde als gesetzwidrig aufgehoben.

Was überhaupt keine Berücksichtigung fand, war das Schicksal des armen Kindes, das im Alter von sechs Monaten seine Mutter verlor, im Alter von drei Jahren aus der Pflege seines Vaters genommen wurde und mehr als drei Jahre in der Obhut des Budapester Magistrats verbracht hatte. Die Form der Pflege erfahren wir nicht, es könnte sich sowohl um die institutionelle als auch um die Form der Pflege bei den Pflegeltern gehandelt haben. Nach Jahren amtlicher Handlungen sollte der arme Junge „in seine Heimat" zurückkehren, wo er höchstwahrscheinlich nie gewesen war. Die Existenz eines lebenden wohlhabenden Großvaters macht die Lage des Kindes noch schwieriger (die Quellen geben darüber keinen Aufschluss, ob der Großvater von der Geburt und der schwierigen Lage seines Enkels erfahren hatte).

Die Relevanz der Höhe des Kostenersatzes

Die Stadtgemeinde Klagenfurt lehnte die Erstattung der Verpflegungskosten für Marie Nagy an die steirische Marktgemeinde Obdach ab. Hedwig Nagy hatte ihre außereheliche Tochter Marie am 16. Dezember 1875 in der Gemeinde Obdach zurückgelassen, die das Kind in die Pflege an dortige Inwohnerin Marie Scharadon übergegeben hatte. Die Klagenfurter Heimatzuständigkeit von Hedwig Nagy und damit auch die von Marie Nagy war außer Zweifel. Bis Ende Juli 1877, also in einer Zeitspanne von 19 ½ Monaten, stiegen die Kosten, die die Gemeindekasse in Obdach in Vorschüssen an die Pflegerin ausgezahlt hatte, auf 78 Gulden. Die Mutter des Kindes, Hedwig Nagy, war nicht in der Lage, die aufgewendeten Kosten für ihr Kind zu ersetzen, sodass dies von ihrer Heimatgemeinde übernommen werden musste. Die Gemeinde Obdach war gemäß § 28 verpflichtet, das Kind zu übernehmen.[188]

Die Stadt Klagenfurt argumentierte, dass sie von der Verpflegung des Kindes auf Kosten der Gemeinde Obdach nicht rechtzeitig verständigt worden sei und dass die Dauer von 19 ½ Monaten das Maß des *augenblicklichen Bedürfnisses* (§ 28) ungebührlich überschritten habe. Der Verwaltungsgerichtshof sah den Fall des augenblicklichen Bedürfnisses als gegeben an. Ob und inwieweit der Gemeinde Obdach wirklich eine Verzögerung zur Last falle, sei nicht zu beurteilen, da die beschwerdeführende Stadtgemeinde weder behauptet noch zu beweisen versucht habe, dass ihr durch diese angebliche Verzögerung ein Nachteil entstanden sei. Die Stadtgemeinde Klagenfurt vermochte nicht nachzuweisen, dass bei früherer Verständigung oder im Fall einer früheren Übergabe des Kindes die Pflege mit geringeren Kosten durchzuführen gewesen sei, als dies der Gemeinde Obdach gelungen war. Die Beschwerde der Stadtgemeinde Klagenfurt wurde vom Verwaltungsgerichtshof als unbegründet abgewiesen und die Heimatgemeinde wurde angewiesen, den ermäßigten Betrag von 66 Gulden an die Marktgemeinde Obdach zu bezahlen.[189]

Die Erwerbsunfähigkeit als Voraussetzung der Armenfürsorge

Die Voraussetzung für die Armenfürsorge war die Nicht-Erwerbsfähigkeit, die Ende des 19. Jahrhunderts im zunehmend komplexen System der sozialen Fürsorge strenger überprüft wurde. Christine Pscheidl aus Hartmanitz (Hartmanice im Böhmerwald/Šumava) beantragte eine dauerhafte Armenunterstützung, die sie mit einem ärztlichen Zeugnis belegte, das eine schwache

---

188 „Die Gemeinde darf auch auswärtigen Armen im Falle augenblicklichen Verhältnisse die nöthige Unterstützung nicht versagen, vorbehaltlich des Ersatzes, den sie nach ihrer Wahl von der Heimatgemeinde oder von dem nachdem Civilrechte oder nach andren Gesetzen hiezu Verpflichteten verlangen kann." § 28, Gesetz vom 3. Dezember 1863, RGBl., Bd. XLIII, 1863, Nr. 105.

189 Erkenntnis vom 12. November 1879. Budwinski von, A. (Hrsg.): Erkenntnisse des k. k. Verwaltungsgerichtshofes. Jg. III, 1879, Wien 1881, Nr. 614, S. 394–395.

körperliche Konstitution, Kropf (Struma), Augenschwäche bestätigte. Sie verlangte keine Krankenpflege, sondern eine dauerhafte regelmäßige Unterstützung, gab jedoch zu, dass sie „mit äußerster Kraftanstrengung Näh- und Putzarbeiten" verrichtet.[190] Da das ärztliche Zeugnis eine Erwerbsfähigkeit nicht ausgeschlossen hatte, ging der Verwaltungsgerichtshof davon aus, dass es

> keine gesetzliche Bestimmung (gäbe), die die Gemeinde verpflichten würde, dem Armen die begehrte Armenversorgung auf Grund des ärztlichen Ausspruches über dessen Erwerbsunfähigkeit auch dann zu gewähren, wenn derselbe zugibt, dass er sich den notwendigen Unterhalt mit eigenen Kräften zu verschaffen vermag; der Umstand aber, ob die Gewinnung des Unterhaltes mit Leichtigkeit oder nur mit Anstrengung möglich ist, ist gesetzlich irrelevant, da ja § 26 des Heimatgesetzes und § 10 des Armengesetzes die Gemeinde sogar berechtigt, den arbeitsfähigen Bewerber um eine Armenversorgung zur Leistung geeigneter Arbeiten nöthigenfalls zwangsweise zu verhalten.[191]

Die Beschwerde von Christine Pscheidl auf eine regelmäßige Armenunterstützung wurde durch den Verwaltungsgerichtshof als unbegründet abgewiesen.

Ersatzanspruch der Beerdigungskosten für Arme

Beim Verwaltungsgerichtshof landete die Beschwerde von Maria Roith, die von der Heimatgemeinde Weißensulz (Bělá nad Radbuzou in Böhmen) die Übernahme der Beerdigungskosten für ihren verstorbenen Ehemann verlangte. Die Erkenntnis vom 16. Januar 1891 lehnte den Anspruch der Witwe auf Ersatz der Begräbniskosten ab. Eine auf den ersten Blick überraschende Entscheidung, wobei das Heimatrecht des Verstorbenen und sein Status als Armer nie bestritten worden waren.[192] Der Ehegatte von Maria, Johann Roith, war am 10. Juni 1888 in Pilsen (Plzeň in Böhmen) gestorben; erst nach mehr als vierzehn Monaten beanspruchte die Witwe den Ersatz der Beerdigungskosten, ohne davor sowohl die Heimat-, als auch die Aufenthaltsgemeinde über die Krankheit und den Tod ihres Ehemannes informiert zu haben.

---

[190] Erkenntnis vom 17. Juni 1891. Budwinski von, A. (Hrsg.): Erkenntnisse des k. k. Verwaltungsgerichtshofes. Jg. XV, 1891, Wien 1891, Nr. 6040, S. 534–536.

[191] Ebenda.

[192] Erkenntnis vom 16. Januar 1891. Budwinski von, A. (Hrsg.): Erkenntnisse des k. k. Verwaltungsgerichtshofes. Jg. XV, 1891, Wien 1891, Nr. 5678, S. 46–48.

Damit hatte sie § 5 des böhmischen Armengesetzes missachtet.[193] Nach dem Heimatgesetz vom 3. Dezember 1863 war die Heimatgemeinde verpflichtet, für die Unterstützung ihrer Heimatberechtigten im Verarmungs- und Erkrankungsfall zu sorgen und gemäß § 12 des böhmischen Armengesetzes auch die nötigen Begräbniskosten zu übernehmen. Die Gemeinde hatte jedoch das Recht, die Art und Weise der Armenfürsorge zu bestimmen (§§ 28, 29 und 30 des Heimatgesetzes) und die „unerläßlich nötigen Begräbniskosten" zu bestreiten (§ 12 des böhmischen Armengesetzes).

Die Gemeinde Weisensulz lehnte den von der Beschwerdeführerin beantragten Ersatz der Begräbniskosten ab. Die Witwe hatte ihren verstorbenen Ehemann auf eigene Kosten bestattet, ohne die Heimatgemeinde über dessen Krankheit und Tod zu informieren und ihn als Armen zu melden. Die Einwendung der Witwe, dass die Begräbniskosten nicht allzu hoch seien und dass sie nicht imstande sei, bei ihrem geringen Arbeitsverdienst, die Beerdigungskosten abzuzahlen, sowie die Nachtragserklärung von Maria Roith, dass sie in einer „irrigen Auffassung" gehandelt hatte, fand das Verwaltungsgericht als belanglos. Die Beschwerde wurde als unbegründet abgewiesen.

Seit der Entstehung des Verwaltungsgerichtshofes im Jahre 1875 wurden regelmäßig Fälle der Armenfürsorge entschieden. Anhand der systematisch gewählten Fallbeispiele kann Folgendes zusammengefasst werden: Während in den ersten Jahren vor allem Fälle der Beschwerden politischer Behörden entschieden wurden (typischerweise zweier Gemeinden), lassen sich Ende des 19. Jahrhunderts zunehmend Beschwerden privater Personen finden, die um ihre Armenunterstützung kämpfen. Das System der Armenfürsorge wurde immer „moderner" und komplexer: Arme belegen ihre Gesuche mit ärztlichen Gutachten und versuchten, regelmäßige Armenzuschüsse zu erhalten, die lediglich in Währung und nicht in Naturalien ausgezahlt wurden. Die vom Verwaltungsgerichtshof entschiedenen Fälle widerspiegeln den sich modernisierenden und vertiefenden Prozess der Bildung des Sozialstaates in der Habsburgermonarchie.

---

193 „Jeder, der eine öffentliche Armenunterstützung ansprechen will, hat sich um dieselbe bei dem Gemeindevorsteher, oder falls in der Gemeinde eine Armenkommission bestellt ist, bei einem Mitgliede derselben persönlich zu melden. Für kranke und verschämte Arme jedoch kann diese Anmeldung auch durch dritte Personen geschehen." Gesetz vom 3. Dezember 1868, § 5. Landesgesetzblatt für das Königreich Böhmen, Bd. XXIV, Jg. 1868, Nr. 59, Prag 1869, S. 145–151.

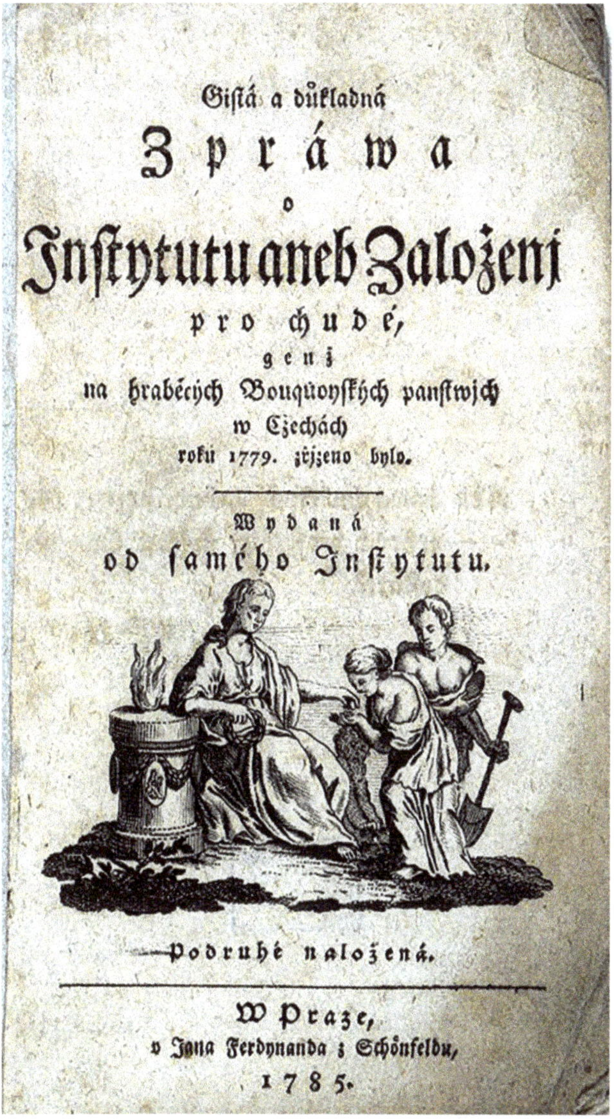

Gistá a důkladná

Zpráwa

o

Instytutu aneb Založenj

pro chudé,

genž

na hraběcých Bouqüoyských panstwjch

w Czechách

roku 1779. zřjzeno bylo.

Wydaná

od samého Instytutu.

Podruhé naložená.

W Praze,

v Jana Ferdynanda z Schönfeldu,

1785.

Abbildung 6: Titelseite der Nachricht über die Gründung des Armeninstituts.
Quelle: Gistá a důkladná zpráwa o Institutu aneb Založení pro chudé, genž na hraběcých Buquoyských panstwjch w Czechách roku 1779 zřízeno bylo. 2. Aufl., W Praze u Jana Ferdinanda z Schönfeldu, 1785.

Die Vereinigung aus der Liebe des Nächsten, wie das Rechtssubjekt hieß, ist hier in der Gestalt einer jungen Frau, die Spenden verteilt. Der Lorbeerkranz in der Hand (nicht auf dem Haupt) mag das Symbol des ewigen Ruhms für die Wohltätigkeit sein.

Armeninstitute als Versuch der Lösung der Armut

Die Terminologie

Die Begriffe *Armeninstitut* und *Armenhaus* sind nicht gleichzusetzen, wenngleich es auch im Laufe der Entwicklung im 19. Jahrhundert zu einer Vermischung oder sogar Zusammenführung beider Bezeichnungen kam. Bei ihrer Entstehung handelte es sich hingegen um jeweils eigenständige Rechtssubjekte. Der Ausdruck *Heimatrecht* bezieht sich hier auch auf die Zeit der Aufklärung und des Vormärz, obwohl er erst in der Provisorischen Gemeindeordnung von 1849 gesetzlich formuliert wurde. Davor fand der Begriff *Politisches Domizil* Verwendung; für die Zugehörigkeit zu einer Gemeinde wiederum stoßen wir auf die Termini *Heimatzuständigkeit*, *Zuständigkeit* oder *Zuständigkeitsobrigkeit*. Die ursprünglichen Bezeichnungen sind jedoch auch in der historischen Forschung und in der Rechtsgeschichte keineswegs geläufig.

Abbildung 7: Ferdinand Georg Waldmüller: Die Klostersuppe. Öl auf Holz, 93,5x121 Zentimeter. Entstehungsjahr 1858, signiert. *Quelle: Sammlung Belvedere Wien.*

In der Zeit des Josephinismus geriet auch die Verteilung der Klostersuppe in den Fokus der Kritik, da sie angeblich Vagabundieren und Arbeitsscheu unterstützt hätte. Ferdinand Georg Waldmüller wählte das Wiener Franziskanerkloster als Schauplatz, dessen Stufen von vielen glücklichen Kindern und Frauen überlaufen sind. Im Hintergrund umringen Männer mittleren Alters einen Franziskanerpater.[194]

[194] Ammerer, Gerhard – Veits-Falk, Sabine: Die Visualisierung des Bettelns. Geben und nehmen zwischen Mildtätigkeit und Sozialkritik an bildlichen Beispielen Österreichs und Süddeutschlands vom 16. bis zum 19. Jahrhundert. *Archiv für Kulturgeschichte*, Jg. 89, 2007, S. 301–328, hier S. 321.

„Gebt mir Brot, oder verhindert mich nicht, es an der Türe mitleidiger Nebenmenschen selbst zu suchen."[195] Das Armeninstitut in Gratzen

> Es war so schlimm, so nahmen Buben Geigen und gingen in die Dörfer in der Umgebung spielen, um etwas Brot zu bekommen. Unser Franzi, damals zehn Jahre alt, ging als ihr Kamerad mit ihnen; die Buben gaben ihm eine Tasche, damit er mit ihnen gehen könne. Der Bub ließ sich überreden und ging mit ihnen betteln. Am Abend suchte die Mutter den Sohn. Sie erfuhr, wohin er gegangen war und auch die Nachricht, dass sie erst in zwei Tagen kommen werden. Die Mutter kam nach Hause und weinte sehr. [...] Als der Bub nach Hause kam, drohte der Vater mit Prügeln und die Mutter weinte. Franz sagte: Wenn ich euch bitten würde, mich betteln gehen zu lassen, ich weiß, dass ich nicht gehen konnte. Leute jedoch gaben uns genug Brot und ich bringe, Ihnen, Mutter, etwas Graupen in der Tasche. Die Mutter weinte noch mehr.[196]

Der Bettel wurde also als Schande wahrgenommen, wie die Erinnerungen der späteren Inhaberin der Glaswerke Kavalier zeigen.

Die gelegentliche unsystematische Wohlfahrtspflege im Spätbarock, wie eben die Klostersuppe, wurde in der Zeit der Aufklärung als ein falscher, bereits überwundener Weg bei der Lösung der Armenfrage angesehen. Die südböhmische Herrschaft Gratzen übernahm nach dem Tode seines Vaters im Jahre 1767 Johann Nepomuk Graf Buquoy. Sein durch den Reformkatholizismus, vor allem durch die Gedanken des Prager Universitätsprofessors Karl Heinrich Seibt und die englischen Wirtschaftstheorien inspirierter Zugang zur Verwaltung der geerbten Güter, führte zu Reformen der Landwirtschaft, der Bildung und der Wohlfahrtspflege. Die waldreichen und industriearmen Gebiete der Herrschaft boten wenig Arbeit und Ernährung für die Bevölkerung, deren wirtschaftliche Lage folglich verbessert werden sollte. Johann N. Buquoy führte den Anbau neuer landwirtschaftlicher Pflanzen ein, vor

---

[195] [Spazierer, Bernhard]: Zuverlässige und ausführliche Nachricht von dem Armen-Institute, welches auf den gräflich Buquoischen Herrschaften in Böhmen im Jahr 1779 errichtet worden. Herausgegeben von dem Institute selbst. Linz: Selbstverlag, 1784, S. 20.

[196] Frič, Josef Jan (Hrsg.): Paměti babičky Kavalírové. 2. Aufl., Praha: F. Topič, 1930, S. 50. Der erwähnte Bub Franzi (Frantik) Adler, geliebter Bruder der Autorin, starb mit vierzehn Jahren. Die Eltern sahen sich gezwungen, Geld zu leihen, um ihm ein Armenbegräbnis zu ermöglichen.

allem Futterpflanzen, die eine Hebung und Erweiterung des Viehbestands ermöglichten; dies sollte die Ernährungssituation in der armen Region signifikant konsolidieren. Die Errichtung spezialisierter Schulen mit praktischen Fächern diente der Erhöhung der Chancen auf dem Arbeitsmarkt. In der Buquoyschen Herrschaft wurden zur Eindämmung von Wohnungsnot und Armut Dominikalsiedlungen errichtet.[197]

Abbildung 8: Johann Nepomuk Graf von Buquoy. Unbekannter Autor. Entstehungsjahr vor 1890. Burg Gratzen.
Quelle: Sammlung des Nationalen Instituts für Denkmalpflege der Tschechischen Republik. (Národní památkový ústav České republiky).

[197] Als Dominikalhäuser bezeichnete man Gebäude, die auf Dominikalboden mit Erlaubnis der Herrschaft entstanden; damit erhielten vor allem jene Bevölkerungsgruppen, die keinen Boden besaßen, die Chance, ein eigenes Haus zu bauen. Die Bewohner wurden deshalb in den Quellen als Dominikalisten bezeichnet.

Die durch Missernten verursachten Hungerjahre verschlimmerten die ohnehin schlechte Ernährungslage der Untertanen zusätzlich.[198] Kaiser Joseph II. spendete aus eigener Tasche 60.000 Gulden für Böhmen und 30.000 Gulden für Mähren zur Bekämpfung der Hungersnot.[199] Johann Buquoy hatte bei seinem Herrschaftsantritt einen Armenfond in Höhe von 3.000 Florin gegründet, der in den Hungerjahren nahezu vollständig aufgebraucht wurde. Für Getreide, Brot und Saatgut stiftete J. Buquoy 60.000 Florin, damit Arme kostenlos, die übrigen Untertanen wiederum zu günstigen Preisen (als Aushilfe in Gestalt eines Kredits mit großzügigen Abzahlungsfristen), Getreide kaufen konnten.[200] J. Buquoy mutmaßte nämlich, die Notlage sei nicht auf Getreidemangel, sondern auf Geldmangel zurückzuführen. Diese Meinung vertrat auch der kaiserliche Kommissar Franz Karl Kressel von Qualtenberg an, der auf Weisung der Kaiserin die Situation der Armen untersuchte.[201]

Johann Buquoy beauftragte seinen Beamten Bernhard Spatzierer mit der Einrichtung einer Organisation, die die Armut beheben und das Betteln unnötig machen sollte. Am 29. Dezember 1779 fand auf Initiative des Grafen Buquoy im Schloss Gratzen eine Beratung der Pfarrer, herrschaftlichen Beamten und geladenen Gäste zur Lösung der Armenfürsorge statt.[202] Träger

---

198 Abel, Wilhelm: Massenarmut und Hungerkrisen im vorindustriellen Europa. Versuch einer Synopsis. Hamburg – Berlin: Parey, 1974, S. 193; Collet, Dominik: Die doppelte Katastrophe. Klima und Kultur in der europäischen Hungerkrise 1770–1772. Göttingen: Vandenhoeck & Ruprecht, 2019.

199 Weinzierl-Fischer, Erika: Die Bekämpfung der Hungersnot in Böhmen 1770–1771 durch Maria Theresia und Joseph II. Mitteilungen des Österreichischen Staatsarchivs, Jg. 7, 1954, S. 478–514, hier S. 485 und 496.

200 Graf Buquoy plante, ein neues Schloss samt Parkanlage außerhalb der Stadt Gratzen erbauen zu lassen, wobei der Kostenvoranschlag bei 66.854 Fl. lag. Der Bau wurde allerdings nicht verwirklicht. Buquoy, Margarete: Die Armen auf dem Lande im späten 18. und frühen 19. Jahrhundert. Eine Strukturanalyse am Beispiel der Buquoyschen Herrschaft Gratzen in Südbohmen. Bohemia, Jg. 26, 1985, S. 37–78, hier S. 40; breiter auch dies.: Graf von Buquoy und sein Armeninstitut. Ein Beitrag zur Sozialgeschichte Böhmens und Österreichs. Zulassungsarbeit zum Staatsexamen. München: Univ., 1967; Teichl, Anton: Geschichte der Stadt Gratzen mit theilweiser Berücksichtigung der Herrschaft Gratzen. Gratzen: Selbstverlag, 1888, S. 178.

201 Weinzierl-Fischer, E.: Die Bekämpfung der Hungersnot in Böhmen, S. 487.

202 [Spazierer, Bernhard]: Zuverlässige und ausführliche Nachricht von dem Armen-Institute, welches auf den gräflich Buquoischen Herrschaften in Böhmen im Jahr 1779 errichtet worden. Herausgegeben von dem Institute selbst. Brünn: Silvester Siedler, 1784, S. 5.

der Organisation sollte eine Bruderschaft sein, die als *„Vereinigung aus Liebe des Nächsten"* gegründet wurde. Ihre Mitglieder unter dem Vorsitz des Grafen Buquoy verpflichteten sich, die Armenversorgung finanziell und durch persönliches Engagement zu unterstützen. Die Organisation selbst präsentierte sich ganz im Sinne der Aufklärung; ihre äußere Gestalt war jedoch noch Spätbarock geprägt. Dazu gehörten Volksfrömmigkeit, eigene Patrone für Armeninstitutsbezirke, öffentliche Armenspeisungen am Jahrestag, feierliche Gelübde der Mitglieder usw.[203]

In einer Zeit, in der ausschließlich die katholische Religion in den Erbländern (mit der Ausnahme der Toleranz für Juden) erlaubt war, klingen die Worte der „Nachricht", die sich de facto als Statuten der Vereinigung interpretieren lassen, fast unglaublich.

> Da das Gebot der Liebe des Nächsten nicht nur ein Gebot der Religion, sondern auch ein mit unauslöschlichen Charakteren in das menschliche Herz geschriebenes Gesetz ist: so kann auch niemand, weß Standes, Religion, oder Geschlechtes er sey, davon ausgeschlossen werden. Kein Stand, keine Religion, und auch kein Geschlecht kann, und darf also von dieser Vereinigung ausgeschlossen bleiben.[204]

Die Verwaltungsbezirke der Armenfürsorge stimmten mit den Pfarreien überein, wobei die Pfarrer als Pfarrbezirksvorsteher fungierten. Dies entsprach nicht allein der barocken Caritas, sondern erwies sich zugleich als sehr praktisch, zumal die Pfarrer schreiben und lesen konnten und darüber hinaus den Dienst an den Armen als ihre Pflicht ansahen. Alle Armenbezirke der Herrschaft bildeten einen Hauptbezirk, der seinen Sitz im Verwaltungszentrum der Herrschaft besaß; die Buquoysche Herrschaft wurde in 13 Armenbezirken eingeteilt, die dem Pfarrsprengel entsprachen.

Die Armenfürsorge war zentral und hierarchisch organisiert. Die oberste Ebene bildeten die Herrschaft, die zweite die Bezirksvorstände, die dritte die Armenväter und die vierte schließlich die Rechnungsführer. Diese Struktur wurde in der Praxis sehr oft vereinfacht, indem die Pfarrer neben dem

---

203 [Spazierer, B.]: Zuverlässige und ausführliche Nachricht, Brünn, S. 8.

204 [Spazierer, B.]: Zuverlässige und ausführliche Nachricht von dem Armen-Institute, welches auf den gräflich Buquoischen Herrschaften in Böhmen im Jahr 1779 errichtet worden. Herausgegeben von dem Institute selbst. Linz: Selbstverlag, S. 9.

Posten des Vorstands zugleich jenen des Armenvaters ausübten. Die Rechnungsbücher wurden üblicherweise von Lehrern geführt, zumal diese nicht selten neben den Pfarrern die einzigen im Ort waren, die über ausreichende Schreibfähigkeiten und Rechenkünste verfügten. Außerdem mussten sich „rechtschaffene Männer" finden, die Almosen sammeln, verwahren und aufteilen und zugleich Naturalien zur Verarbeitung weiterleiten sollten. Alle Posten waren ehrenamtlich. Das Prinzip der Zentralisierung entsprach dem Josephinischen Geist des zentralistischen Staates.

In den Armenbezirken von Gratzen gingen zwei ortskundige und als würdig befundene Personen in Begleitung zweier Armer einmal wöchentlich jeweils am Mittwoch durch den Ort und baten um Gaben und Spenden. Den Armen selbst war es nicht erlaubt, ohne die beauftragte Person von Haus zu Haus zu gehen, zumal ein derartiges Handeln eher dem Bettel ähnelte, den ja gerade die Errichtung des Armeninstituts abstellen sollte. Auch auf das äußere Erscheinungsbild der mitarbeitenden armen Personen wurde Wert gelegt: Sie sollten durch ihr Aussehen die Ortsbewohner nicht erschrecken und sich zugleich für den Transport der materiellen Spenden als kräftig genug erweisen.[205] Art und Weise sowie Umfang der Spenden bestimmten die Spender: Sie umfassten Bargeld und Naturalien, darunter nicht allein Lebensmittel wie Brot, Mehl oder Getreide, sondern auch Flachs und Wolle, die weiter zur Verarbeitung an Handwerker weitergegeben wurden. Ihre Arbeit galt ebenfalls als Spende, was der Armenvater per Quittung bestätigte. Neben den regelmäßigen Almosen nutzte man verschiedene Gelegenheiten, um Spenden zu sammeln: Kirchenfeiertage, Opferstock, private Feste wie Hochzeiten oder Taufen. Als probates Mittel galten darüber hinaus Vermächtnisse und Testamente.

„Keine Gabe ist uns zu gering"[206]

Die Spender erhielten für eine größere Spende eine Quittung, die im Namen des Pfarrbezirkes ausgestellt und meist vom zuständigen Pfarrer unterschrieben wurde. Die Quittung wurde in zwei Originalen ausgestellt: eines für den Spender, das andere für die Buchhaltung. Durch

---

[205] [Spazierer, B.]: Zuverlässige und ausführliche Nachricht, Linz, S. 9.

[206] [Spazierer, B.]: Zuverlässige und ausführliche Nachricht, Brünn, S. 16.

dieses Vorgehen erhalten wir Kenntnis über das amtliche Verfahren im Armeninstitut. Eine Spende in Höhe von fünf Gulden ging nach dem Tode des verstorbenen Bauers Andreas Hable am 1. April 1815 ein.[207] Die Spende konnte nicht nur für Arme, sondern auch für andere Zwecke bestimmt sein, wie jene 150 Gulden beweisen, die am 19. Januar 1815 als Salär von „Sr. Hochgräflichen Gnaden" ausgezahlt wurden. Der Spender konnte unter Umständen den Verwendungszweck bestimmen, wie die fünf Gulden von Georg Urner zeigen, die am 19. September 1815 für „Katharina nach dem Martin Mikolossitz" bestimmt waren.[208] Zu den spendenden Subjekten zählen nicht nur Privatpersonen, sondern auch Ämter. Der Herrschaftsbesitzer bzw. dessen Oberamt gehörten zu den größten Wohltätern. Die Pfarre in Strobnitz (Stropnice) bestätigte durch ihren Pfarrer Viktorin Maßhirsch und den Rechnungsführer Ignaz Großphopst am 21. Januar 1785 eine Spende von „39 Klafter Holz für die Armen". Die Gräfin Buquoy wiederum spendete für das Jahr 1815 100 Gulden[209], Graf Buquoy seinerseits am 8. Juni für „die 2 Quartale" des Jahres 1816 300 Gulden.[210] Die Pfarrei in Oemau (Soběnov) bestätigte am 21. Mai 1784, „von Sr. Exzellenz Graf Buquoysch. Waldungen" neun Klafter weiches Brennholz erhalten zu haben. Die übliche Formel in der Quittung „wofür Gott ein Belohner seyn wird" wies auf die christliche Nächstenliebe hin.[211] Die Spender mussten allerdings nicht zwangsläufig Christen sein, wie das Almosen eines Pfunds „Ochsenen Fleisches" durch den Rabbiner Grössig am 17. Juli 1784 in Lometz (Lomec) beweist.[212] Auch anonyme Spenden verzeichnen die Archivakten, wie die Almosengabe

---

207 Státní oblastní archiv Třeboň, [Staatliches Regionalarchiv Wittingau, weiter SOA Třeboň], Velkostatek Nové Hrady [Herrschaft Gratzen], Armeninstitut, AI III, Fasc. IX, Nr. 4290.

208 SOA Třeboň, Velkostatek Nové Hrady, Armeninstitut, AI III, Fasc. IX, Nr. 4290.

209 Die 100 Gulden waren für das Siechenhaus bestimmt, dessen Gründung mit dem Armeninstitut zusammenhing. SOA Třeboň, Velkostatek Nové Hrady, Armeninstitut, AJ III, Fasc. IX, Nr. 4290.

210 Ebenda.

211 SOA Třeboň, Velkostatek Nové Hrady, Armeninstitut, AI III, Quittungen der Pfarrbezirke der Herrschaft Gratzen und Libějitz 1784/178, Fasc. IX., Nr. 4306.

212 SOA Třeboň, Velkostatek Nové Hrady, Armeninstitut, AI III. Fasc. IX., Nr. 4306.

von acht Gulden und 16 Kreuzern für „Arme im Siechenhause“ am 3. September 1816 unterstreicht.[213]

Beim Armeninstitut handelte es sich um ein rechtliches Subjekt, das bei seiner Gründung weder durch den Staat noch das Land Mittel erhielt und ausschließlich auf Spenden durch Einzelpersonen, Behörden und Organisationen angewiesen war. Der Vorstand des Instituts führte das Argument ins Feld, lästiges Betteln abstellen zu wollen. Die Spenden bedeuteten vielmehr – im Vergleich zu den täglichen willkürlichen Bettelgaben, die die Ortsansässigen regelmäßig vornahmen – keinen größeren Aufwand. Die vom Armeninstitut unterstützten Armen durften nicht betteln. Falls sie dies doch taten, wurden sie aus der Organisation des Armeninstituts ausgeschlossen. Die Bewohner der Herrschaft sollten keine Bettler beschenken. Auf diese Weise trennte man in der Tat einheimische und fremde Arme voneinander, was angesichts der damals nicht vorhandenen Volkszählung Bewunderung verdient. Ob diese sehr optimistische Idee den Hauptzweck, nämlich dass der Staat keine Mittel für Arme opfern wollte, hätte erreichen können, lässt sich angesichts des heutigen Forschungsstandes nicht eindeutig sagen. Keineswegs sollte die Tatsache vergessen werden, dass die Idee des Armeninstituts aus der spätbarocken Frömmigkeit und Caritas entsprang, zu der die Armenfürsorge innerhalb eines christlichen Lebenswandels untrennbar gehörte.

Als bahnbrechend erwies sich die praktische Ausführung der Armenhilfe. Doch wer galt eigentlich als *wahrer* Armer? Existierten in der Praxis unterschiedliche Kategorien armer Personen, d. h., sollte die Armenhilfe stufenweise gewährt werden? Wie verband man finanzielle und materielle Hilfe miteinander? Wie konnte der Bedürftigkeitsgrad eines Armen erkannt werden? Mit jedem Armen wurde in der Regel in dessen Gegenwart ein Protokoll aufgenommen, das die Verhältnisse der entsprechenden Person genau untersuchen sollte. Das Konstitut(um), also das niedergeschriebene Verhör, hatte den Zweck, die finanzielle und soziale Lage der potentiellen Antragsteller zu ermitteln. Zu diesem Zweck wurden folgende Fragen gestellt: Name, Familienstand, Wohnort, Länge des Aufenthaltes im Ort, Anzahl und Alter der Kinder. Darüber hinaus galt es zu klären, ob diese bereits eine Erziehung genossen hatten und ob sie sich imstande sahen,

213 SOA Třeboň, Velkostatek Nové Hrady, Armeninstitut, AI III. Ebenda.

ihre Eltern zu versorgen, wie der Arme seinen Unterhalt bisher verdient hatte, ob und wie viel die arme Person noch verdienen konnte und ob sie sich „auf sonst eine Art fortbringen könne".[214] Ein Teil der Fragen zielte auf den Vermögensstand: ob die Person etwas besitze, ob sie von Kindern, Verwandten, Wohltätern oder einer Stiftung etwas erhalte, woher sie Kost, Kleidung und Brennstoff beziehe bzw. wo die Ursache der Verarmung läge; hinzu kamen Zeugnisse für eine Bestätigung der jeweiligen Aussage. Auf der Grundlage des so ermittelten Standes wurde für den Armen eine Armenhilfe festgelegt.

Die meisten Personen waren von Geburt an arm, konnten sich jedoch mit ihrer Arbeit den notwendigen Unterhalt verdienen. Allerdings gerieten sie infolge von Alter oder Krankheit in eine vollständige Armut. Die 52-jährige Näherin Rosina Cžížek aus Netrowitz (Netrobitz/Netřebice), die seit zwanzig Jahren in Rossboden (Rozpoutí) lebte, konnte ihren Unterhalt durch Nähen bestreiten, auch dank der Tatsache, dass sie bei ihrer Schwester lebte. Nach dem Tode ihrer drei Jahre zuvor verwitweten Schwester zeigte sich ihre Augenkrankheit derart fortgeschritten, dass sie als arbeitsunfähig galt. Eine physische Arbeit konnte sie aufgrund ihres gebrochenen und in der Folge schlecht zusammengewachsenen Fußes nicht mehr verrichten. Rosina war ledig, ihre Schwester hatte vier Kinder hinterlassen, für die sie Sorge trug. Im Protokoll wurde festgehalten, dass sie als Arme einen Anspruch auf eine ¾ Portion täglich besaß.

Die 60-jährige Maria Schlossar aus Sohoř (Záhoř, heute ein Stadtteil der Gemeinde Kaplice), wo sie ohne Unterbrechung lebte, gab als Ursache für ihre eigene Armut die Armut der Eltern an. Ihrer Arbeit als Spinnerin konnte sie aufgrund von Altersschwäche nicht mehr nachgehen. Bis zum Tode ihrer Mutter vor zehn Jahren hatte sie mit dieser zusammengelebt. Ihren Unterhalt bestritt sie in der letzten Zeit durch Betteln, das Holz zum Heizen erhielt sie als Spende von der Wirtschaftskanzlei der Herrschaft. Man bewilligte ihr eine ganze Portion.

Die 78-jährige Witwe Maria Hawel aus Gross Poreschin (heute Pořešín, Ortsteil von Kaplice), lebte seit 58 Jahren in Rossboden. Sie war verwitwet

---

[214] SOA Třeboň, Velkostatek Nové Hrady, Armeninstitut, AI III, Armenbeschreibungen für die Pfarrei Kaplitz. Fasc. IX., Nr. 4306. Die unten beschriebenen Fälle armer Personen wurden am 28. Juni 1843 in Kaplitz zu Protokoll gegeben.

und hatte fünf Kinder, wobei sie das letzte mit 45 Jahren gebar. Ihr Mann war 25 Jahre zuvor gestorben, sodass sie ihre fünf Kinder selbst ernähren musste, da sie seinerzeit noch klein waren. Sie übte ihren Beruf als ungeprüfte Hebamme aus und lebte auf diese Art von den Spenden der Gebärenden und (vermutlich) finanziellen und materiellen Gaben der Herrschaft und der Gemeinde, wie es für Hebammen auf dem Lande üblich war. Aufgrund ihres hohen Alters ging sie ihrem Beruf nicht mehr nach. Ihre Kinder waren bis auf einen in Wien lebenden und dort als Dienstbote tätigen Sohn verheiratet und hatten eigene Familien. Keines der Kinder konnte die Mutter ernähren, da sie sich selbst „kümmerlich" durchschlugen. Sie wohnte auf Lebenszeit im „Häusl des Bauern Jakob Steff", Holz zum Heizen erhielt sie durch „Sr. Herzoglichen Gnaden" und „von guten Leuten". Als die Ursache ihrer Armut gab sie den frühen Tod ihres Ehemannes und ihre vielen Kleinkinder an. Maria Hawel sprach man eine tägliche ¾-Portion zu.[215]

Die 56-jährige Witwe Anna Tuma aus Wyhen (heute Výheň, ein Ortsteil von Netřebice), die seit 20 Jahren in Rossboden lebte, war Mutter einer Tochter. Ihr Mann hatte als „Teichgräber" gearbeitet und war nach langer Krankheit bereits verstorben. Ihre 24-jährige Tochter lebte mit ihrem Kleinkind von ihrer Arbeit in der Landwirtschaft (wohl als Magd) und konnte für ihre Mutter lediglich kleine Beiträge aufbringen, zum Teil als Belohnung für die gelegentliche Pflege des Kindes. Anna Tuma ernährte sich von Handarbeit, die sie jedoch wegen Altersschwäche nicht mehr ausüben konnte. Neben der Hilfe durch ihre Tochter lebte sie von den Gaben ihrer Mitmenschen. Graf Buquoy spendete ihr jährlich ein halbes Klafter Holz zum Heizen. Als Ursache für ihre Armut gab sie die langjährige Krankheit ihres Ehemannes (16 Jahre) und den damit verbundenen Verlust ihrer Ernährungsquelle an. Anna Tuma sicherte man eine ¾-Portion zu.

Der 70-jährige, verheiratete Wenzel Charvat aus Klein Poreschin (heute Pořešinec, ein Stadtteil von Kaplice) verbrachte hier sein ganzes Leben vor Ort. Sein Beruf lässt sich anhand des Protokolls nicht ermitteln; Charvat selbst verweist auf andere Akten, die aber wohl nicht erhalten geblieben sind. Er hatte sechs Kinder im Alter zwischen zehn und 28 Jahren. Bis auf den jüngsten zehnjährigen Sohn Gregor lebten alle anderen Kinder außer

215 Der Fall Maria Hawel und Maria Schlossar ebd.

Haus und verdienten ihren Lebensunterhalt zumeist in fremdem Dienst. Die Töchter Maria, 22 Jahre, und Rosalia, 18 Jahre, lebten „in Österreich", womit wahrscheinlich die österreichischen Länder gemeint sind (Nieder- und Oberösterreich). Die Tochter Anna, 14 Jahre alt, verdingte sich als Magd vermutlich in der Umgebung. Über die Söhne Joseph (28 Jahre) und Jakob (24 Jahre) erfahren wir, dass sie in Österreich lebten: Joseph als verheirateter Zimmergeselle, während Jakob ledig blieb. Keines der Kinder sah sich imstande, die Eltern (und wohl auch den jüngsten Bruder) zu ernähren. Wenzel Charvats Gemahlin verdiente ihren Unterhalt mit Spinnen, was aber für die Familie jedoch nicht ausreichte. Daher versuchte der Antragsteller, zusätzlich Gelegenheitsarbeiten wahrzunehmen. Laut eigener Aussage verfügte er über keinerlei Besitz und lebte – mit Ausnahme gelegentlicher Tätigkeiten und dem Spinnen seiner Frau – von den Spenden mildtätiger Mitmenschen. Das Holz zum Heizen erhielt er vom Grafen Buquoy. Als Ursache seiner Armut nannte er die zahlreichen Kinder und sein hohes Alter. Es wurde ihm die Hilfe einer ¾-Portion zugesagt.

Der 68-jährige Joseph Lepsch aus Oemau (Soběnov) lebte seit 50 Jahren in Stiegesdorf (heute Zdíky, ein Ortsteil von Bujanov), war verheiratet und Vater von drei Töchtern. Alle drei Töchter im Alter von 38, 35 und 19 Jahren arbeiteten als Dienstmägde in der unmittelbaren Umgebung, erhielten jedoch laut Aussage des Vaters einen derart geringen Lohn, dass sie ihre Eltern nicht zu unterstützen vermochten. Joseph Lepsch verdiente seinen Unterhalt als Maurer. Aufgrund seiner fortschreitenden Augenkrankheit konnte er jedoch nur gelegentlich etwas Lohn einbringen. Seine Frau verdiente ihr Geld mit Spinnen, allerdings reichte ihr Lohn nicht für beide aus. Das Holz zum Heizen erhielt das Ehepaar wiederum vom Grafen Buquoy. Als Ursache seiner Armut verwies Joseph Lepsch auf die bereits bestehende Armut seiner Eltern, er selbst habe nie etwas besessen. Ihm wurde eine Unterstützung in Höhe einer ¾-Portion bewilligt.

Die 68-jährige Maria Gotthard aus Einsiedl (heute Nažidla, ein Ortsteil von Kaplice), lebte seit 30 Jahren in Gurenitz (heute Skorenice, ein Ortsteil von Zdíky). Als Witwe mit zwei erwachsenen Kindern verdiente sie ihren Unterhalt als „Tagwerkerin". Ihr Mann arbeitete als Gemeindehirte. Aufgrund ihres hohen Alters wurde sie als „untauglich" für die Ausübung ihres früheren Verdienstes eingestuft. Laut eigener Aussage konnte sie noch etwa „Grobes spinnen". Ihr Sohn, Soldat, schickte ihr jährlich 12 bis 15 Fl. Wiener

Währung. Als Ursache ihrer Armut bezeichnete sie „das immerwährende Elend“ und die Tatsache, dass sie nunmehr lediglich „das Wenige“ machen könne. Maria Gotthard erhielt eine halbe Portion.[216]

Was nun hatten alle diese Personen gemeinsam? Alle wohnten seit mehr als zehn Jahren, manche sogar ihr Leben lang, im Pfarrsprengel Kaplitz (Kaplice); d. h., sie wurden nach dem Prinzip des späteren Heimatrechts versorgt und galten in der Pfarrei Kaplitz als einheimische Personen. Neben den bereits erwähnten sieben Personen wurden noch fünf weitere als die „ärmsten und dürftigsten Individuen“ eingestuft. Der Pfarrei Kaplitz standen folglich im Jahre 1843 somit zwölf Stellen für die Unterstützung aus dem Fonds des Armeninstituts zur Verfügung, die wohl auch für die Zukunft beibehalten werden sollten, zumal nach dem Ableben der unterstützten Person eine andere unter den Anwärtern auszuwählen sei. Alle erhielten ihr Heizholz vom Grafen Buquoy; viele ergänzten ihren Lebensunterhalt mit Gaben von Wohltätern und bekamen Spenden. Das entsprechende Protokoll unterzeichneten die Ortsrichter der betreffenden Gemeinden, wobei die Beteiligten ein möglich baldiges Inkrafttreten der Unterstützung empfahlen. Die meisten Personen waren älter als 60 Jahre, verwitwet oder verheiratet mit einem Ehepartner, dessen Verdienst nicht für beide ausreichte. Die Kinderlosen erhielten in der Regel einen größeren Anteil an besagter Portion als diejenigen mit Kindern. Aus der Sicht der historischen Demographie verdient das relativ niedrige Alter der Kinder Beachtung, auch wenn es sich auch um eine sehr kleine Anzahl an Personen handelt; die armen Personen wurden erst im fortgeschrittenen Alter Eltern.

Ein besonderer Bittsteller war der (laut Protokoll) 108-jährige Joseph Gaderbauer aus Buchers.[217] Der verwitwete Holzhauer war Vater von drei Töchtern. Seine älteste, bereits über 60 Jahre alte Tochter Maria, befand sich bereits im Witwenstand, da ihr Gemahl, ein Schneider aus Niederösterreich, verstorben war. Die Mutter von vier Töchtern erscheint als „selbst dürftig“.

216 Alle zitierten Aussagen ebd.

217 Das an der österreichisch-böhmischen Grenze gelegene Dorf Buchers zählte im Untersuchungszeitraum etwa 1.000 Einwohner (Schätzung aufgrund späterer Statistiken); es ist heute aufgegeben und wird als untergangene Siedlung geführt. Buchers erscheint tschechisch als Buchoř, Puchéř oder Pohoří na Šumavě, heute gehört es zur Gemeinde Pohorská Ves.

Anna, die mittlere, 60-jährige Tochter, war ebenfalls verheiratet und lebte ebenso wie Maria in Niederösterreich. Sie war Mutter von vier Kindern. Die jüngste Tochter Eva war annähernd 50 Jahre alt und lebte als ledige Mutter mit einem achtjährigen Sohn bei ihrem alten Vater, dem sie half. Der Bittsteller selbst hatte noch 20 Jahre zuvor in seinem schweren Beruf gearbeitet, konnte diese schwere physische Arbeit jedoch aufgrund einer fortschreitenden Augenkrankheit nicht fortsetzten. Gaderbauer lebte in einem „Dominikalhäuschen" in Buchers, das dem Gastwirt Jakob Altmann gehörte, der dem alten Holzhauer das kostenlose Wohnen ermöglichte. Der alte, blinde Mann erhielt täglich 15 Kreuzer durch das Armeninstitut in Buchers, dazu Jahr für Jahr zwei Klafter Holz zum Heizen durch die Herrschaft Gratzen. Den Grund für sein Gesuch bildete der sich verschlechterte Gesundheitstand: Gadebauer war bettlägerig, sodass seine ihn pflegende Tochter nicht mehr ihrer eigenen Arbeit nachgehen konnte. Eine Unterstützung wurde als *„notwendig anerkannt"*.[218]

Nicht allein der Gedanke des rechtlichen Subjekts – des Armeninstituts – gilt als bahnbrechend, sondern auch die Form der Unterstützung, die in sogenannten Portionen gemessen wurde. Diese Herangehensweise erwies sich als sehr effektiv, modern und praktikabel, wie sich später in der Zeit der Napoleonischen Kriege zeigen sollte, als die Preise für Lebensmittel innerhalb kurzer Zeit um ein Vielfaches stiegen. Das Prinzip basierte auf einem Modell, das ein Lebensminimum festlegte, von dem die entsprechende Portion abhing. Als ein solches Lebensminimum berechnete man im Jahre 1780 vier Kreuzer pro Tag. Man ging dabei davon aus, dass ein Tagelöhner täglich zwölf Kreuzer verdiente, wovon er sich, seine Frau und ein Kind ernähren müsse, sodass folglich ein Drittel des Verdienstes einem Tagesminimum entspräche.[219] Arme Personen wurden entsprechend ihrer sozialen Lage in vier Kategorien eingeteilt und erhielten folglich eine ganze Portion, eine ¾-, eine ½-, oder eine ¼-Portion täglich, die in Naturalien und Bargeld ausgezahlt

---

[218] SOA Třeboň, Velkostatek Nové Hrady, Armeninstitut, AI III, Armenbeschreibungen für die Pfarrei Buchers. Fasc. IX., Nr. 4306 ff. Nicht datiert, ich schätze die Datierung in das Jahr 1843.

[219] Einen guten Vergleich der Preise und Löhne bietet Teichl, A.: Geschichte der Stadt Gratzen, S. 180: Im Jahre 1805 betrug der Tageslohn eines Tagelöhners 18–20 Kreuzer, eine Tagelöhnerin erhielt 12–14 Kreuzer, ein qualifizierter Handwerker 36–39 Kreuzer. Die Übersicht der Preise der Lebensmittel: S. 248–249.

wurde. Die Form der Unterstützung entsprach der konkreten Möglichkeiten des Armeninstituts – eine Spende in Gestalt entweder reiner Naturalien (Lebensmittel, Hygieneartikel, Kleidung, Schuhe) oder Geld bzw. als eine Kombination von beidem. Separat erfolgte in der Regel die Zuteilung von Brennholz zum Heizen. Dabei agierte die Herrschaft entweder als unmittelbarer Spender oder als Vermittler (für das Wirtschafts- oder Forstamt). Man zog es insgesamt vor, Arme eher mit Naturalien und vor allem regelmäßig zu versorgen, da eine größere Einmalspende (den Mitarbeitern des Armeninstituts zufolge) die Gefahr barg, dass die Armen alle Spendenmittel auf einmal aufbrauchen könnten, würden in der Folge Not leiden und in der Folge möglicherweise wieder zum Betteln übergehen.

Für die erwähnte eine Portion konnte sich eine arme Person folgende Dinge leisten: wöchentlich 7 Pfund Brot, 8 Seidel Mehl und „Zugemüs", wöchentlich 7 Kreuzer für Unterkunft sowie jährlich für Männer folgende Kleidung: eine wollene oder zwilchene Hose, zwei grobe Hemden, ein Paar wollene Strümpfe, ein Paar Schuhe, alle zwei Jahre einen ganz oder halbwollenen Rock sowie alle drei Jahre einen Hut oder eine Mütze. Für Frauen entsprach die Summe folgenden Artikeln: einer ganz- oder halbwollenen Jacke, einem halbwollenen Rock, einer grobleinenen schwarzen oder braunen Schürze, einem Hals- oder Kopftuch, zwei groben Hemden, einem Paar grobwollener Strümpfe und einem Paar Schuhe.[220] Das Existenzminimum für die Berechnung der Portionen lag sehr niedrig: Man berechnete 4 Kreuzer für Sträflinge als Tagesminimum und Spitäler erhielten 6–10 Kreuzer täglich.[221] Die niedrige Spende sollte arme Personen, sofern sie noch arbeitsfähig waren, dazu zwingen, sich einen Zuverdienst zu verschaffen.[222] Die Preise für Lebensmittel und der Löhne änderten sich natürlich im Laufe der Zeit, doch vermochte die Idee der Portionen dies sehr gut zu überbrücken, da sie vom Existenzminimum für einen bestimmten Zeitraum abhängig war.

---

220 Buquoy, M.: Die Armen auf dem Lande, S. 43.

221 Petráňová, Alena: Venkovská chudina evidovaná v Buquoyském „zaopatřovacím" zřízení v druhé polovině 18. století. Jihočeský sborník historický, Jg. 30, 1961, S. 114–134, hier S. 116.

222 [Spazierer, B.]: Zuverlässige und ausführliche Nachricht von dem Armen-Institute. Brünn, S. 22.

Die Spenden erhielten jedoch ausschließlich „wahre" und einheimische Arme. Den in den Armenbezirken nicht ansässigen Armen verwehrte man nicht allein eine Unterstützung, sondern wies sie zugleich aus dem entsprechenden Gebiet aus oder schob sie ab. Die Armeninstitute verglich man de facto mit Vätern.

> Nach der Landesverfassung soll die Betteley nicht gestattet werden, und eine jede Gemeinde soll ihre Arme erhalten. Bey dieser also haben die fremden Armen Hilfe zu suchen; und sie können sich über kein Unrecht beklagen, wenn ihnen solche von Gemeinden, zu denen sie nicht gehören, und die ihre eigenen Armen zu förderst zu versorgen haben, versagt wird. Was würde man von einem Vater sagen, der um fremde arme Kinder zu speisen, seine eigenen verhungern liesse?[223]

Die Obrigkeiten bestellten bezahlte „Aufseher", die fremde Bettler und Vaganten anhalten und dem Kreisamt übergeben sollten; diese wurden meist in den Schub gesetzt.

Die bahnbrechende Idee der Sammlung von Almosen erwies sich anfangs als finanziell absolut unzureichend, was sich jedoch später ändern sollte. Während in den städtischen Bezirken die Almosen ausreichten, zeigten sich die ländlichen Pfarreien außer Stande, die nötigen Spenden aufzubringen. Von den dreizehn Armenbezirken der Buquoyschen Herrschaft verfügte allein die Pfarrei Buchers über ausreichende Spenden. Eine wichtige Rolle spielte dabei die Größe der Bauerngehöfte: In Armenbezirken mit kleineren Bauerngehöften fielen die Spenden dürftiger aus. In anderen Bezirken beschwerten sich die Armenväter, „ihre" Arme würden betteln und es gäbe viele fremde Bettler und Vaganten. Als problematisch erwies sich der sog. Reisepfennig, der pflichtgemäß an Wanderburschen ausgegeben werden musste. Einige Armenbezirke gingen davon aus, dass ihr Kataster sehr klein sei und ein Wandergeselle innerhalb eines Tages einen oder sogar zwei Nachbarbezirke erreichen könne, um dort den Reisepfennig zu erbitten. Aus den Akten geht jedoch hervor, dass die meisten Bezirke so handelten, um eigene Kosten zu sparen.[224]

---

223 [Spazierer, B.]: Zuverlässige und ausführliche Nachricht von dem Armen-Institute. Brünn, S. 53.

224 SOA Třeboň, Velkostatek Nové Hrady, Armeninstitut, AI III, Korrespondenz der Armenväter, Fasc. IX., Nr. 4294 (18. Februar 1780), Nr. 4273 (31. August 1785).

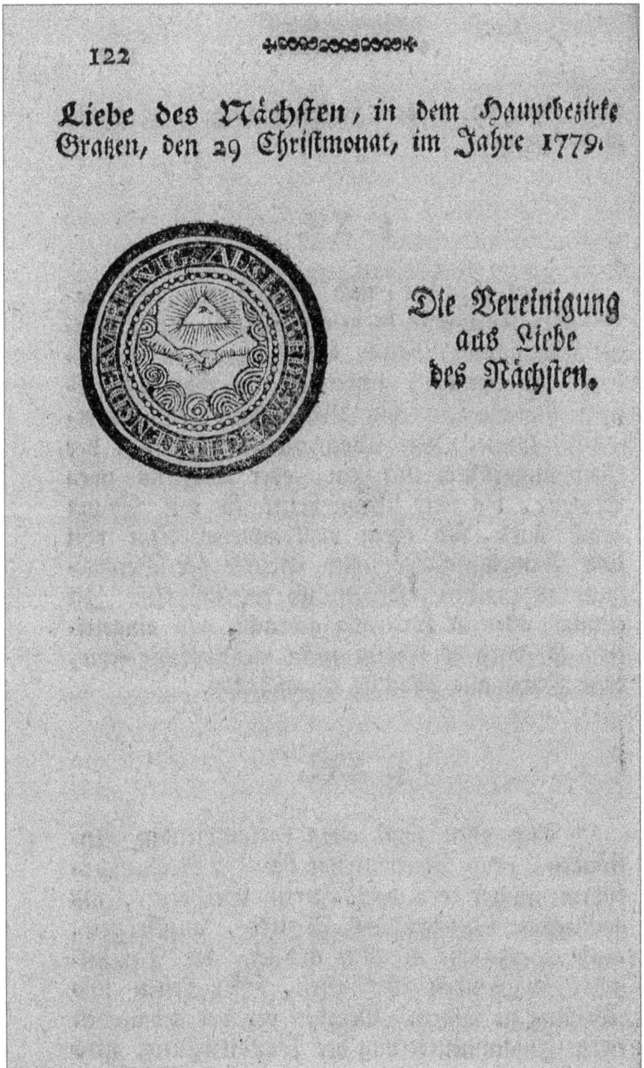

122

Liebe des Nächsten, in dem Hauptbezirke Gratzen, den 29 Christmonat, im Jahre 1779.

Die Vereinigung aus Liebe des Nächsten.

Abbildung 9: Siegel der Vereinigung aus Liebe des Nächsten. *Quelle: [Spazierer, B.]: Zuverlässige und ausführliche Nachricht von dem Armeninstitute, welches auf dem gräflich-Buquoyschen Herrschaften in Böhmen im Jahre 1779 errichtet worden. Herausgegeben von dem Institute selbst. Brünn: Johann Silvester Siedler, 1784, S. 122. Die hinreiche (Hilfe anbietende) Hand unter dem Licht des Gottesauges sind gute Symbole von Armeninstituten.*

Das Armeninstitut als Vorbild der Armenfürsorge

Auch wenn sich die Struktur der Armenbezirke auf der Grundlage der Pfarreien als äußerst sinnvoll darstellte, entstand damit ein Netzwerk, dessen Nutzung sich als zweischneidig erwies, zumal die Größe der Armenbezirke variierte, sie eine abweichende Struktur besaßen, die Zahl der Bewohner von Bauerngründen voneinander abwich und sich die Anzahl und Größe der Bauerngehöfte unterschied. Dennoch bewertete der Herrscher die Idee des Grafen Buquoy als reformorientiert und beispielgebend. „Die Nachricht über das Armeninstitut" wurde im ersten Band der Josephinischen chronologischen Gesetzessammlung publiziert und den Herrschaften in Böhmen zur Verwirklichung empfohlen.[225] Die Herrschaften erblickten in der Verminderung des Bettelns und der Versorgung der Bedürftigsten einen Weg zur Verbesserung der wirtschaftlichen Situation des Großgrundbesitzes. Die obrigkeitlichen Gründungen von Armeninstituten wurden von den Staatsämtern mit Wohlwollen beobachtet.[226] Der Kaiser selbst zeigte sich durch die Tätigkeit des Grafen Buquoy derart beeindruckt, dass er bereits im Jahre 1780 an die Gründung eines Armeninstituts in Wien dachte. Er ließ „die Nachricht über das Armeninstitut" durch die niederösterreichischen Stände in Druck geben und verbreiten.[227] Johann Buquoy wurde im Mai 1783 nach Wien berufen, um unverzüglich ein Armeninstitut in Wien zu gründen.[228] Im Vergleich zum Armeninstitut in Südböhmen zeigte sich das Wiener Armeninstitut fast aller Formen barocker Volksfrömmigkeit entkleidet, worauf die Geistliche Hofkommission womöglich starken Druck ausgeübt haben mag. Bereits am 6. Oktober 1783 begann in Wien erstmals

---

225 Hofdekret vom 9. November, Patent in Böhmen vom 23. November 1782. Joseph II. – Gesetze Chronologisch, Bd. 1, 1785, S. 246–266; publiziert wurden dabei auch andere die Armenpflege betreffenden Gesetze.

226 Hofdekret vom 26. November 1784. Roth, Johann (Hrsg.): Vollständiger Auszug aller im Königreiche Böheim Ende des 18. Jahrhunderts bestehenden Gesetze. Prag: K. k. Normalschul-Buchdruckerei, 1801, Bd. 1, S. 198–204.

227 Weiß, K.: Geschichte der öffentlichen Anstalten, Fonde und Stiftungen für die Armenversorgung in Wien, S. 194.

228 Luca, Ignaz de: Politischer Codex, oder wesentliche Darstellung sämmtlicher, die k. k. Staaten betreffenden, Gesetze und Anordnungen im politischen Fache. Wien: Thad. Edler von Schmidbauer & Comp., 1789, Bd. 1, S. 107.

die wöchentliche Austeilung, wobei die Höhe der Portion entsprechend der größeren Ansprüche in der Großstadt auf 8 Kreuzer täglich erhöht wurde.[229]

Josef II. setzte eine Stiftungshofkommission ein, zu deren Präsidenten am 17. April 1784 Johann Graf Buquoy ernannt wurde.[230] Letzterer durfte seine Ernennung als Verdienst ansehen, allerdings fällt seine diesbezügliche Stellungnahme nicht eindeutig aus. Die sehr anspruchsvolle Tätigkeit führte bald zu Meinungsverschiedenheiten zwischen dem Kaiser und Buquoy. Eine Rolle mag die unterschiedliche Haltung gegenüber religiösen Bruderschaften gespielt haben, die der Auflösung anheimgefallen waren.[231] Der Besitz der Bruderschaften sollte in ein wohltätiges Rechtssubjekt überführt werden, jedoch gestaltete sich der Prozess nur partiell als erfolgreich. Eine mögliche Verknüpfung von Bruderschaften und Armeninstituten hielt Johann Buquoy für ziemlich ungeschickt.

Ein weiterer strittiger Punkt war die bekannte Sparsamkeit des Kaisers. Die Almosensammlung reichte in Wien zur Deckung der Kosten keineswegs aus. Graf Buquoy verteidigte seine Idee der privaten Wohltätigkeit als einer Lösungsmöglichkeit für das Problem der Armut. Allerdings drängte er den Kaiser, für den Fall der Unzulänglichkeit des Armeninstituts, einen Armenfonds in Höhe von 40.000 bis 50.000 Gulden einzurichten.[232] Hierzu zeigte sich Joseph II. allerdings nicht bereit, zumal er das Armeninstitut eher als eine Maßnahme zur Zurückdrängung des Bettelns ansah. Johann Buquoys Idee umfasste auch die Unterstützung arbeitsfähiger Armen, die durch ihre Arbeit entweder teilweise oder später schließlich eine völlige

---

229 Nachricht von dem in der k. k. Residenzstadt Wien, auf Sr. Majestät allerhöchste Veranlassung eingeführten Armeninstitute. Wien: Gedruckt bei Johann Thomas Edlen von Trattern, 1784, S. 40.

230 Buquoy, Margarete: Das Buquoysche Armeninstitut – Vorläufer der staatlichen Fürsorge. Ein Beitrag zur josephinischen Sozialpolitik, Zeitschrift für Ostforschung, Jg. 31, Nr. 2, 1982, S. 255–270, hier S. 267.

231 Eine Bruderschaft wurde in Wien belassen, ihr Besitz jedoch in eine neue Bruderschaft unter dem Namen „Der thätigen Liebe des Nächsten" transformiert. Dies geschah mit der Absicht, die barocken Bruderschaften in neue charitative Organisation umzuwandeln, was im weiteren Prozess scheiterte. Auf der Grundlage des aktuellen Forschungsstandes ist es leider nicht möglich, die Rolle der Bruderschaften und deren Beziehung zu den Armeninstituten zu präzisieren, da hierfür eigenständige Untersuchungen notwendig wären. Der Wortlaut der Auflösung der Bruderschaften: Joseph II. – Gesetze chronologisch, Bd. 2, 1785, S. 405 ff.

232 Buquoy, Margarete: Das Buquoysche Armeninstitut, S. 267.

Selbstständigkeit erreichen sollten.[233] Das oberflächliche Vorgehen der Wiener Polizei gegen Vagabunden und Bettler bildete einen weiteren Streitpunkt zwischen Johann Buquoy und dem Kaiser. Die Armenversorgung sollte den Bettel ausschließen, was vielen Polizeibeamten und anderen zuständigen Personen jedoch nicht ausreichend bewusst zu sein schien. Die Unterstützung von Armen sollte Betteln und Vagabondage einschränken, erzwang jedoch gleichzeitig eine nachsichtigere Kontrolle der entsprechenden Personen.

Die Idee der Armeninstitute unterstützte auch die Öffentlichkeitsarbeit. „Die Nachricht" wurde mehrmals in gleicher oder leicht geänderter Fassung in Wien, Prag und Linz publiziert; einen breiteren Leserkreis sollte sie in Gestalt von Übersetzungen erreichen.[234] Die katholische Kirche spielte eine wichtige Rolle im System der Armeninstitute, die Predigten herausragender Männer wie Kardinal Christoph Anton von Migazzi, des Schulreformers Ferdinand Kindermann von Schulstein oder des Rektors des Prager Generalseminars Augustin Zippe sollten die Idee der Armenfürsorge unterstützen.[235]

---

[233] Im Einklang mit Margarete Buquoy lehne ich die Interpretation Lotte Kochs ab, das Buquoysche Institut habe die Unterstützung arbeitsfähigen Armen nicht gekannt. Koch, L.: Wandlungen der Wohlfahrtspflege im Zeitalter der Aufklärung, S. 150; Buquoy, M.: Das Buquoysche Armeninstitut, S. 267. Die Epidemie im Jahre 1772 in Prag war höchstwahrscheinlich nicht die Pest, wie L. Koch schreibt (S. 149).

[234] [Spazierer, Bernhard]: Gistá a důkladná Zpráva o Instytutu aneb Založení pro chudé, genž na hraběcých Buquoyských panstwích w Czechách roku 1779 zřízeno bylo. Wydaná od samého institutu. Podruhé naložená. W Praze: U Jana Ferdinanda z Schönleldu, 1785; [ders.]: Esatto Ragguaglio dell' Istituto dei poveri erretto nel 1779 nelle terre del Signor Conte di Buquoy in Boemia Traduzione, Vienna: Nella stamperia privilegiata di Giuseppe Nobile de Baumeister, 1784; [ders.]: Nuovo Ragguaglio intorno ai progressi dell' istituto dei poveri, Traduzione. Vienna: Selbstverlag, 1784; [ders.]: Detail exact de L'Institut érigé, pour le soulagement des pauvres, en 1779, sur les terres de M. Le Comte de Buquoy en Boheme. A Vienne: Selbstverlag, 1784; [ders.]: Dostateczna gruntowna informacya oustawie Bractwa ubogych, ktore v hrabstwie Buquoyskim w Czechach w rocku 1779 zalożone. Lwów: Selbstverlag, 1785.

[235] Migazzi, Christoph: Die Glückseligkeit der Armen und die Glückseligkeit der Reichen, in einer öffentlichen Rede in der Hauptkirche bey St. Stephan zu Wien vorgetragen bey dem zweyten allgemeinen Dankfest einer hochlobl. zum Behufe der Armen aufgerichteten Congregation [...] am 15. Des Aprilmonats 1761. Wienerisches Diarium, Nr. 30. 15. April 1761, S. 7. Zippe, Augustin: Sechs Predigten, gehalten auf Veranlassung der in Böhmisch Kamnitz errichteten Armenversorgungsanstalt, nebst einer interessanten Vorrede und besonderen Nachrichten von der Verfassung dieser Anstalt. Prag: Anton

Obwohl die katholischen Würdenträger eine abweichende Haltung gegenüber der geistlichen Aufklärung einnahmen, bildete die Armenfürsorge eine gemeinsame Plattform, auf der Einvernehmen herrschte.

Die Gründung von Armeninstituten erfolgte nicht nur in Wien, sondern auch auf dem Lande, zuerst in Südböhmen, wo das Buquoysche Vorbild am stärksten seine Wirkung entfaltete.[236] Dem Staat standen keine Machtinstrumente zur Verfügung, mit denen er die Herrschaften zur Bildung von Armeninstituten zwingen konnte; so vermochte er lediglich die Armeninstitute zu empfehlen, wie dies in Böhmen geschah.

> Die Annehmung des Armeninstituts wird zwar den Obrigkeiten nicht grade anbefohlen; doch müssen sie ihren armen Untertanen Arbeit und Verdienst verschaffen, da es ihnen ohnehin zukömmt, für die Armuth zu sorgen, und nach den längst erflossenen Generalien, das dem Staate und dem Lande schädliche Betteln bestmöglichst hintanzuhalten; welche bei dem Endzwecke durch die Annehmung und Ausführung dieses Systems am füglichsten erzielt werden können.[237]

Der Staat versuchte vielmehr, auf anderen Wegen die Bildung von Armeninstituten zu erzwingen, nämlich durch die Einführung weiterer Formen der Armenpflege, was im Endeffekt dasselbe Ziel erreichen sollte.

Elsenwanger, 1782; Brünn: Siedler, 1784; Kindermann von Schulstein, Ferdinand: Zwo Reden des Probstes von Schulstein über die Worte des neunten Psalms: Der Arme ist dir überlassen, du bist der Waisen Helfer; an die Seelsorger der K. Stadt Prag nebst einer dritten Rede an die israelitische Gemeinde der nämlichen Hauptstadt von der Armenversorgung. Herausgegeben zum Besten christlicher und jüdischer Armen. Prag: Verlag der k. k. Normalschul-Buchdrukerey, 1787; Krammer, Michael: Von der Liebe gegen die Armen als eine Pflicht der Menschheit und Kennzeichen der Religion, am gehalten am 24 Brachmonats im Jahre 1778, in der St. Peterskirche in der kön. Neustadt Prag, da das neuerrichtete Verpflegshaus der armen Waisen das Fest Johannis, des Vorläufer Christi, feierlich begieng. In: Sammlung einiger Lob- und Sittenreden, die an verschiedenen Festen, auf verschiedenen Kanzeln zu Prag gesagt worden sind von Michael Krammer, Weltpriester, der Weltweisheit Doktor, und ehemaligen Sonntags- und Fastenprediger in der neuerrichteten Pfarrkirche zu St. Nikolaus in der königl. kleinen Stadt Prag. Prag: Felizian Mangolg und Söhne, 1779, S. 273–291.

236 Verordnung vom 9. November 1782. Luca, Ignaz de: Politischer Codex, Bd. 1, S. 107.

237 Verordnung vom 19. August 1785. Blasek, Johann (Hrsg.): Auszug aller im Königreiche Böhmen bestehenden Verordnungen und Gesetze nach Johann Rorths Sammlung neu auferlegt, verbessert und vermehrt durch Johann Blaschek. Prag: Scholl'sche Buchdruckerei, 1817, Bd. 1, S. 240–245, hier S. 240.

> Diejenigen Obrigkeiten jedoch, welche diesem Institute nicht beitreten wollen, haben bis Ende Dezember d. J. an das Kreisamt zu äußern, auf welch eine andere Weise sie ihre wahren Arme mit dem Notdürftigen versehen, den Arbeitsfähigen thunlichen Vorschub zur Erhaltung einigen Verdienstes leisten, die Bettelei, und den Müßiggang abstellen wollen.[238]

Einige Großgrundbesitzer gründeten Armeninstitute mit dem Ziel, den Bettel abzustellen oder wenigstens zu verringern, wie dies Graf Thun auf seiner nordböhmischen Herrschaft tat. Seine Bettelordnung stellte eine Kompilation der alten herrschaftlichen Verbote dar, fremde Bettler übernachten zu lassen. Ein Novum bildeten lediglich die hohen Strafen, die bei einer Nichtbeachtung drohten. Eine angebotene Übernachtung für einen Bettler oder Vaganten zog eine Strafe von 30–40 Kreuzern für Untertanen nach sich, für Gastwirte immerhin 10 Reichsthaler. Für den Fall, dass sich der zu bestrafende Untertan nicht in der Lage zeigte, die Strafe zu entrichten, konnte er diese in Form von Robot (Frondienst) abarbeiten, und zwar 10 Kreuzer für jeden Robot-Arbeitstag. Der Ertrag sollte dem nächstgelegenen Armeninstitut zufallen.[239]

Die Bemühungen bei der Umsetzung brachten unterschiedlichen Erfolg, wobei die Kronländer Böhmen, Niederösterreich und Mähren zu den Vorreitern gehörten. Der Begründer der Idee des Armeninstituts und Präsident der Stiftungshofkommission Johann Graf Buquoy sah seine Aufgabe als erfüllt an und zog sich im Jahre 1787 auf seine Güter zurück. Er blieb aber als Berater der Kommission und des Kaisers weiter tätig.[240] Die Armeninstitute überstanden unter schwierigen Bedingungen die Zeiten der Napoleonischen Kriege; manche verfügten nicht über genug Spenden, um die erwähnten Portionen für Bedürftige aufbringen zu können.

Wenngleich es sich bei den Armeninstituten insgesamt um einen eindeutigen Fortschritt handelte, erwies sich deren Funktionsweise als problematisch. Vaganten und Bettler wurden vor allem aus den großen Städten vertrieben, sofern letztere nicht für diese zuständig waren oder man ihre Zuständigkeit nicht ermitteln konnte. Die umliegenden ländlichen Gemeinden zählten hingegen umso mehr Arme, die sie nicht zu versorgen vermochten. Die Armeninstitute betrachteten die eingesammelten Almosen – im Rahmen

---

[238] Verordnung vom 19. August 1785. Blasek, J. (Hrsg.): Auszug aller im Königreiche Böhmen bestehenden Verordnungen, Bd. 1, S. 240.

[239] Petráňová, A.: Venkovská chudina, S. 121.

[240] Buquoy, M.: Das Buquoysche Armeninstitut, S. 268.

einer Gemeinde, einer Pfarrei, oder einer Herrschaft – als „ihren“ Verdienst. Es kam zu Ungleichheiten unter den Armeninstituten, zumal die erfolgreicheren Armeninstitute ihre übrigbleibenden Almosen keineswegs an andere Armeninstitute auszugeben beabsichtigten.

> Man hat den Hauptgrundsatz unserer Vereinigung immer noch nicht recht begriffen; daß alle Bezirke und alle vereinigten Herrschaften untereinander nur eine und die nämliche Almosenkasse vorstellen, und sich immer einander gemeinschaftliche Hände bieten sollen. Manche verharren noch darauf, das Almosen gehöre nur jenen wahren Armen, welche sich in der Gemeinde, in dem Bezirke oder auf der Herrschaft, wo das Almosen eingebracht wird, befinden, und alle übrige müssen davon ausgeschlossen bleiben. Dadurch wird das Band zerrissen, welches die Vereinigung fest knüpfen, und derselben die Sicherheit eines beständigen Fonds gewähren soll.[241]

Diese Umstände bildeten de facto die Vorstufe für eine gesetzliche Verankerung des Heimatrechts, welches die Pflichten gegenüber Armen klar festlegte. Armenbezirke wurden nach Pfarreien und Herrschaften strukturiert, was sich zwar als praktisch erwies, allerdings büßten die Gemeinden damit ihre Autonomie in der Frage der Armenpflege ein. Die Armeninstitute verkörperten somit lediglich einen Bestandteil der sozialen Fürsorge. Die zur gleichen Zeit entstandenen Siechenhäuser, Krankenhäuser, Waisenhäuser und Armenhäuser wurden zwar als eine Art „kommunizierender Gefäße“ sozialer Dienstleistungen wahrgenommen, waren jedoch weder vom Land noch vom Staat abhängig. Die neue Struktur, die eine derart problematische Aufteilung beseitigte, kann als modern angesehen werden, auch wenn sie – gerade mit Blick auf die begrenzten Finanzmittel der Armeninstitute, Armenhäuser und anderen öffentlichen Institute – bei der Schaffung eines vollständigen Netzes der Armenfürsorge lediglich den Beginn eines neuen, sehr mühseligen Weges darstellte.

Die Entwicklung der sozialen Fürsorge zielte auf ein rechtliches Subjekt ab, das für „seine“ Bedürftigen zuständig sein sollte. Nach der Aufhebung des Patrimonialsystems entfiel das andere Subjekt einer „negativen Konkurrenz“ in der Armutsfürsorge. Die neue Rechtslage fand ihren Niederschlag in der Kodifizierung der Provisorischen Gemeindeordnung, in der die Gemeinde als einziges Subjekt der Armenfürsorge festgeschrieben wurde.

---

[241] [Spazierer]: Zweyte Nachricht von dem Fortgange des Armeninstituts, welches auf den gräflich Buquoischen Herrschaften in Böhmen im Jahre 1779 errichtet worden, § VIII, S. 39–40.

Die Gemeinde als ein Grundstein der Armenfürsorge

Die Armenfürsorge war im Rahmen der ländlichen Gesellschaft mit Ausnahme der Armeninstitute, die ja eigene Subjekte darstellten, primär an die Gemeinde gebunden, die die Armenpflege auf zwei Ebenen realisierte.[242] Die erste Ebene umfasste Stiftungen und Gaben konkreter Personen, die Bedürftigen zur Verfügung gestellt wurden. Auf diese Art und Weise konnte z. B. ein armer Familienangehöriger oder eine völlig fremde Person, versorgt werden, die der Bauer auf seinem Grund und Boden beschäftigte. Privatpersonen lieferten häufig Essen oder boten Bettlern gelegentlich Arbeit an. Wenngleich das Betteln seitens staatlicher Behörden wiederholt verboten wurde und mithilfe des Schubs der öffentliche Raum geräumt wurde, erfahren wir aus Verhörprotokollen von zahlreichen vagierenden Personen.[243] Der Umfang dieser überwiegend materiellen Hilfe lässt sich aus den Archivquellen lediglich ansatzweise rekonstruieren, zumal kaum Dokumente über diese Art der Hilfe auftauchen. Dies bedeutet jedoch nicht, dass diese Hilfe nicht zustande gekommen wäre. Diese Form der Armenhilfe unterlag dem Grad des Engagements der einzelnen Mitglieder der ländlichen Gesellschaft, das sowohl durch den moralischen Appell an die christliche Mildtätigkeit als auch durch die private Erfahrung oder das Mitleid der stiftenden Person motiviert sein konnte. Die materielle Hilfe für arme, arbeitsfähige Menschen bildete einen gewöhnlichen Bestandteil der allgemeinen Armenfürsorge auf dem Lande, zumal Personen, die eine Familie hatten, die sie versorgen konnte, oder die arbeitsfähig waren, von den Armenstiftungen nicht unterstützt werden durften.

Die zweite Ebene stellte die institutionalisierte Unterstützung von Armen durch die Gemeinde dar. Die Gemeinde in den böhmischen Ländern bestand

---

[242] „Keine Grundobrigkeit im Königreich Böhmen ist aus Landesgesetzen verbunden, die Armen selbst zu verpflegen, sondern dieß liegt jeder Gemeinde in Rücksicht ihrer einheimischen Armen ob.“ [Spazierer, B.]: Zuverlässige und ausführliche Nachricht von dem Armen-Institute, welches auf den gräflich-Buquoyschen Herrschaften in Böhmen im Jahr 1779 errichtet worden. Brünn: Silvester Siedler, 1784, S. 48.

[243] Der Taglöhner Josef Pekař, ein ausgedienter 45-jähriger Soldat, wurde im Jahre 1841 in Kunowitz (Kunovice) festgehalten, nachdem er ein Stück Brot erbitten wollte. Státní okresní archiv Olomouc [Staatliches Bezirksarchiv Olmütz], Archiv města Litovel [Archiv der Stadt Littau/Litovel], Karton 455, Inv.-Nr. 2101, nicht foliiert. Der Schub als selbständiges Thema wird hier nicht behandelt.

im 18. Jahrhundert und in der ersten Hälfte des 19. Jahrhunderts als ein kollektives Organ von Bauern (Landbesitzern), repräsentierte aber zugleich eine durch die Herrschaft regulierte Institution. Diese Landbesitzer (in den Quellen oft als *Nachbarn* bezeichnet) kamen regelmäßig in Gemeindeversammlungen zusammen und wachten gemeinsam über das Gemeindevermögen, das sich vor allem aus Grundstücken und Immobilien zusammensetzte. Die Gemeindeverwaltung arbeitete zum Großteil ehrenamtlich, doch verfügte die Gemeinde über bestimmte Finanzmittel, die der Erfüllung verschiedener Aufgaben dienten. Die Art und Weise und das Ausmaß der Vergütung entsprachen dem Umfang der Verfügung über Gemeindevermögen und Gemeindegrundstücke (Felder, Wiesen, Weiden, Wälder).[244] Der Umfang des Gemeindevermögens fiel sehr unterschiedlich aus. Während in einigen Fällen die Gemeinden lediglich über geringfügige Einnahmen verfügten, disponierten andere Gemeinden jährlich über große Summen in Höhe von mehreren Tausend Gulden. Der Umfang der Gemeindeeinnahmen übte einen grundlegenden Einfluss auf die Mittel aus, die für die Armenfürsorge bestimmt waren.

Den Gemeinden oblag im Untersuchungszeitraum die Pflicht, eigene Arme zu versorgen, während andere (festgesetzte) Bedürftige per Schub in ihre Heimatgemeinden abgeschoben wurden. Den Transport festgesetzter Personen und die Aufsicht bei der Übernachtung übten durch die Gemeinde oder die Herrschaft bestellte Personen aus.[245] Eigenen arbeitsfähigen Armen sollte die Gemeinde Arbeit vermitteln, was vermutlich auf der Grundlage eines mündlichen Abkommens mit einzelnen Bauern unter Berücksichtigung des Arbeitsbedarfes im Verlaufe der jeweils konkreten Jahreszeit geschah. Falls die arme Person keine Arbeit erhielt, konnte sie in einer Gemeindeunterkunft Unterbringung finden, was in der ersten Hälfte des 19. Jahrhunderts in einem

---

244 Čoupek, Lukáš: Hospodaření obecních samospráv na Velehradském panství v první polovině 19. století. Slovácko, Jg. 57, 2015, S. 201–216.

245 Stoklásková, Zdeňka: Panoptikum bídy. Obrazy ze všedního dne postrku na lichtenštejnském panství Časopis Matice moravské – Supplementum, Bd. 134, 2015, S. 85–90; dies.: Der Schub in der Habsburgermonarchie. Instrument zur Aufrechterhaltung der öffentlichen Ordnung oder Hilfe bei der Armenfürsorge? Střed. Časopis pro mezioborová studia, Jg. 20, 2020, S. 11–39.

als Armenhaus dienenden Gebäude geschah.[246] Hier durfte zeitbegrenzt der für ein Jahr zum Weiden des Gemeindeviehes bestellte Gemeindehirt wohnen. Infolge der schrittweisen Abschaffung des gemeinschaftlichen Weidens und des Übergangs zu einer anderen Art und Weise der Viehhaltung (statt auf der Weide die volle Stallunterbringung) diente das Gemeindehaus in vielen Gemeinden ausschließlich als Gemeindearmenhaus.[247]

In einigen mährischen Gebieten erfahren wir, dass Gemeinden die Unterkunft von Militärinvaliden oder armen Witwen bei Bauern oder Häuslern vermittelten. Der Häusler aus Brikaß (Příkazy, Przikas) im Olmützer Kreis verpflichtete sich beispielsweise in einem Kaufvertrag:

> Wenn ein Militärinvalide vom Krieg kommen sollte oder eine „waise" Witwe, die in ihrer Sorge kein Zuhause hätte, so musste ich wie alle anderen entweder diesen Invaliden oder die alte verlasse Witwe über ein Jahr unterbringen, wenn auf mich die Reihe gekommen sein sollte.[248]

Hierbei scheint es sich also nicht um eine Freiwilligkeit der Hausbesitzer in einer konkreten Gemeinde gehandelt zu haben, sondern vielmehr um einen von der Gemeinde durchgesetzten Zwang. Die Gemeinde stellte in der Regel mehrere Personen an, denen somit ein regelmäßiges Einkommen zustand, das jedoch an der Grenze des Existenzminimums lag. Zu den Gemeindeangestellten zählten in der Regel Hirten, Nacht-, Feld- und Waldwächter sowie Gemeindeboten, wobei Letztere dabei häufig ein Zubrot verdienten, das keineswegs gering ausfallen musste. So erhielt der Gemeindebote (der Dienst bei der Korrespondenzzustellung) Dominik Müller im Jahre 1848 für seinen Dienst von der Gemeinde Křenovice u Kojenína [Krenowitz] immerhin 55 Gulden.[249]

Die Gemeinderechnungsbücher beinhalten zahlreiche Rechnungsposten, die mit der Armenpflege zusammenhängen. Die meisten betreffen den

---

246 Opluštil, Zdeněk – Řezníček, Josef: Vojnice. Čítanka hanácké děediny. Vojnice: Dobrovol. Hasič. Sbor, 1935, S. 93.

247 Štěpánek, Ladislav: Pastouška a vývoj její funkce ve vesnici. Český lid, Jg. 66, Nr. 3, 1979, S. 166–169.

248 Zemský archiv Opava, pobočka Olomouc [Landesarchiv Troppau, Zweigstelle Olmütz], weiter siehe ZAO Olomouc, Fond Správa prebend kapituly Olomouc [Die Verwaltung von Benefizien des Olmützer Domkapitels], Karton 239, Sign. 16017, Folio 443.

249 ZAO Olomouc, Správa prebend kapituly Olomouc, Karton 239, Sign. 81, Inv.-Nr. 455, Folio 422.

Schub.[250] Die Angaben fallen oftmals sehr karg aus, sodass wir nicht von allen Rechnungsposten Kenntnis erhalten. Hierzu zählen sowohl die Kosten für den Transport von Personen, aber auch Ausgaben für Verpflegung und Kleidung. Für den Schub erwies es sich als charakteristisch, dass – sofern die Kleidung der Schüblinge nicht der Jahreszeit entsprach oder sich als ungenügend herausstellte – die entsprechenden Personen einen Zuschuss oder eine materielle Spende erhielten. Die Gemeinden trugen zur Armenpflege ihrer Mitglieder auch durch andere wohltätige Hilfe bei: z. B. die Erstattung von Schulgeld für die Kinder armer Familien, die Übernahme von Begräbniskosten (Sarg) usw.[251] Die Gemeinden zahlten darüber hinaus Zuschüsse für wohltätige Organisationen, etwa für das Spital der Barmherzigen Brüder in Proßnitz.[252]

Die ländliche Bevölkerung bewies ein großes Zusammengehörigkeitsgefühl bei der Hilfe für Personen, die von einer Naturkatastrophe heimgesucht wurden (Feuer, Hagel, Überschwemmung usw.). Sowohl einheimische Bauern als auch die Angehörigen der Nachbardörfer boten meist materielle Hilfe (Getreide, Heu, Stroh), die Gemeinde (Institutionen) wiederum stellte Finanzmittel für die Erneuerung des Haushaltes und der Hauswirtschaft zur Verfügung.[253] Die sich wandelnden demographischen Verhältnisse auf dem Lande, vor allem in Gestalt des Pauperismus als Nebenprodukt der eigentlich – von der Herrschaft wie dem Hofbesitzer gewünschten – stabilen Struktur des bäuerlichen Besitzes (sofern es nicht mehrere potentielle Hoferben gab und letztlich der Alleinerbe sich nicht in der Lage zeigte, alle Geschwister standesgemäß auszuzahlen) und des Bevölkerungszuwachses zwangen die vollberechtigten Mitglieder der Gemeinde, also jene Gemeinschaft, die die Selbstverwaltung ausübte, den sozialen Absturz der armen ländlichen Bevölkerung zu bremsen.

---

250 ZAO Olomouc, Správa prebend kapituly Olomouc, Karton 238, Sign. 81, Inv.-Nr. 455, Folio 176, 243.

251 ZAO Olomouc, Správa prebend kapituly Olomouc, Karton 237, Sign. 81, Inv.-Nr. 455, Folio 328.

252 Vychodil, Josef: Kterak se konaly sbírky na Prostějovskou nemocnici milosrdných bratří. Selský archiv, Jg. 2, Nr. 4, 1903, S. 222–225.

253 Skopec, Jindřich (Hrsg): Paměti Františka J. Vaváka, souseda a rychtáře milčického z let 1770–1816. Praha: Dědictví sv. Jana Nepomuckého, 1907, Bd. I, 1, S. 146–147.

Die Gemeinde entwickelte Präventivmaßnahmen, die ein Anwachsen der Armut in der Gesellschaft eindämmen sollten. Die Versammlung der Bauern, also die Gemeinde, stellte einen Teil der Gemeindegrundstücke zur Verfügung, damit nicht im Besitz von Boden befindliche Personen Häuser bauen und Familien gründen konnten. Außerdem wurden Gemeindefelder, -wiesen und -weiden an Bedürftige verpachtet, um ihnen zumindest eine minimale Ernährungsquelle zu bieten. Die Errichtung von Häusern auf Gemeindegrundstücken war nicht selten an eine nutzbringende Gewerbetätigkeit gekoppelt (Schreiner, Wagner, Fleischer), der die Inhaber vor einem Abgleiten in die Armut schützen sollte.

Die ländlichen Gemeinden setzten im Rahmen der Armenfürsorge ein breites Spektrum von Aktivitäten um, das sowohl materielle Hilfe für arme Personen als auch Präventivmaßnahmen umfasste, um ein Anwachsen der Landarmut zu verhindern. Die von der Gemeinde für die Armenfürsorge aufzubringenden Summen waren nicht selten enorm, sodass die Mittel der Armenfonds häufig nicht ausreichten. Als charakteristisches Beispiel mag das Armeninstitut in Senitz (Senice) dienen, in dem in den dreißiger Jahren des 19. Jahrhunderts die Kosten 300 Gulden jährlich überstiegen, wobei die dortige Gemeinde selbst, die größte im ganzen Pfarrbezirk, selbst nie mehr als 50 Gulden jährlich stiftete.

Die Wirtschaftsführung der Armeninstitute in Mähren

Margarete Buquoy betrachtet die Armeninstitute als sehr fortschrittliche Institution, spricht jedoch zugleich von deren Niedergang,[254] was sich anhand der überlieferten Archivquellen so nicht bestätigen lässt. Im Kronland Mähren bestanden viele Armeninstitute über das 19. Jahrhundert hinaus fort.

Mit Blick auf das Funktionieren der einzelnen Armeninstitute in der Praxis bieten die Rechnungsbücher der Armenfonds, die die jährlichen Finanzbilanzen ihrer praktischen Tätigkeit offenlegen, einzigartige Informationen. Rechnungsbücher der einzelnen Armeninstitute ermöglichen es zugleich, die reale Wirtschaftsführung zu rekonstruieren. Die zum Teil standardisierte Form der Einträge gestattet es darüber hinaus, die Armenfonds in

[254] Buquoy, M.: Das Buquoysche Armeninstitut, S. 268.

verschiedenen Gemeinden miteinander zu vergleichen.[255] Die untersuchten Kategorien der formalisierten Einträge präsentieren sich dabei wie folgt:

- Anzahl der Personen, die Unterstützung erhielten, die volle Portion oder deren Teile,
- das zur Verfügung stehende Kapital (einschließlich der übriggebliebenen Reste des Vorjahres sowie der Höhe der Obligationen),
- neue Einkünfte (Zinsen, Beiträge für den Armenfond),
- Gesamtausgaben.

Die Einträge fanden mit der Finanzbilanz des Restbetrags im Armenfonds ihren Abschluss, wobei der Restbetrag dann in das Folgejahr übertragen wurde. Die Form der Einträge unterlag den staatlichen Verordnungen, die das Landesgubernium veröffentlichte.[256]

In der Praxis verfügten die Armeninstitute in der Regel über mehrere Einnahmequellen. In erster Linie handelte es sich um regelmäßige Einkünfte von Spendern, die durch den regelmäßigen sog. Armenkassen-Gang ergänzt wurden.[257] Zu den Spenden gehörten sowohl Finanzmittel als auch Naturalien, die meistens im Pfarrhaus gelagert und folglich an vom Armeninstitut

---

255 Im nachfolgenden Text geht es um eine Analyse der Wirtschaftsführung von acht mährischen Armenfonds. Die Armenfonds dabei wurden mit Blick auf die erhaltenen Archivquellen gewählt; es finden demzufolge also solche Fonds Berücksichtigung, deren Einträge mindestens zum Beginn des 19. Jahrhunderts erhalten geblieben sind. Státní okresní archiv Olomouc (Staatliches Bezirksarchiv Olmütz, weiter SOkA Olomouc), Farní úřad [Pfarramt] Cholina (Köllein), Inv.-Nr. 71; Farní úřad Senice na Hané (Großsenitz), Inv.-Nr. 87; Farní úřad Velký Týnec (Großteinitz), Inv.-Nr. 92; Diecézní archiv Biskupství brněnského v Rajhradě (Diözesanarchiv des Brünner Bistums in Raigern, weiter DABB Rajhrad), Farní úřad Dačice (Datschitz), Inv.-Nr. 164; Farní úřad Kostelní Vydří (Kirchwieder), Inv.-Nr. 67; Farní úřad Olší u Tišnova (Olschi, Olschy), Inv.-Nr. 4, 5; Farní úřad Staré Hobzí (Althart), Inv.-Nr. 56; Farní úřad Vranov u Brna (Wranau), Inv.-Nr. 104.

256 Als Beispiel mag das vom Brünner Kreisamt auf der Grundlage des Dekrets des mährisch-schlesischen Landesguberniums publizierte Zirkular vom 28. Oktober 1842 dienen, dass die zu berücksichtigenden Rechnungsposten vorschrieb, die verfolgt werden müssten. Das Zirkular ist im Rechnungsbuch des Armeninstitut Olší u Tišnova erhalten geblieben. DABB Rajhrad, Farní úřad Olší u Tišnova, Inv.-Nr. 4.

257 Unter Armenkasse-Gang wird die regelmäßig geplante Sammlung von Spenden verstanden.

unterstützte Personen verteilt wurden.[258] Der Umfang der Naturalien erwies sich von Anfang an als bedeutend; in vielen Fällen machte er mehr als die Hälfte aller im Verlaufe des Jahres erhaltenen Einkünfte aus. Im Laufe des 19. Jahrhunderts sank der Anteil der Naturalien zunehmend zugunsten von Geldbeträgen. Ebenso veränderte sich im Laufe der Zeit die Einnahmestruktur. In den 1840er Jahren stellten Klingelbeutelgeld, Naturalien, Musiklizenzgeld und Zinsen aus geliehenem Kapital den größten Teil der Einnahmen dar, wobei diese vier Kategorien in der Regel mehr als drei Viertel aller im Jahre erhaltenen Einnahmen ausmachten; eine außerplanmäßige Summe stellten Geldstrafen für bestimmte Straftaten sowie eine Gebühr aus versteigertem Besitz in der Pfarrei dar (ein Prozent der versteigerten Summe).[259] Klingelbeutel- und Musiklizenzgeld beeinflussten grundlegend den Umfang der Finanzmittel in den Armenfonds. Indem Einkünfte für die Bewilligung der Tanz- und Musikabende generell stabil blieben und auch in den Armenfonds mit niedrigem Einkommen eine bedeutende Einnahmequelle darstellten, fielen die Zinsen aus geliehenem Kapital sehr unterschiedlich aus. Im Armeninstitut in Althart (Staré Hobzí) machten im Jahre 1845 diese Zinsen mehr als die Hälfte der Einnahmen (59 Gulden) aus, in Großsenitz (Senice na Hané) überschritten sie sogar 100 Gulden, während sie im Armeninstitut in Olschy (Olší) bei Tišnov lediglich zwei Gulden 15 Kreuzer betrugen.

Aus den Jahresbilanzen lässt sich schließen, dass im Falle der Akkumulation größerer Summen im Laufe mehrerer Jahre diese in der Folge als Kredit an Zinsen verliehen wurden.[260] Die gleiche Praxis fand bereits früher bei den

[258] Unter den gewöhnlichen Naturalien finden wir Roggenmehl, Weizenmehl, Erbsen, Graupen, Roggen, Weizen und Gerste, hier am Beispiel des Jahres 1789 im Armeninstitut Velký Týnec. SOkA Olomouc, Farní úřad Velký Týnec, Inv.-Nr. 92.

[259] Karl und Thomas Veverka in Schwarzkirchen (Ostrovačice) versteigerten freiwillig im März 1907 ihre Grundstücke. Aus der Versteigerungssumme fiel ein Prozent, 63 Kronen, 4 Heller, an das Armeninstitut im Ort. Bei der freiwilligen öffentlichen Versteigerung des Besitzes von Antonín Záruba in Schwarzkirchen im März 1906 kam eine Summe in Höhe von 14.530 Kronen zustande; an das Armeninstitut fielen also 145 Kronen 30 Heller. DABB Rajhrad, Farní úřad Ostrovačice, Inv.-Nr. 69, Karton 7.

[260] Im Jahre 1846 wurden aus den Finanzmitteln des Armeninstituts in Velký Týnec 600 Gulden an das dortige Bauernehepaar Jan und Teresia Novotný geliehen, im selben Jahr wurden vom Armeninstitut in Senice „4 Stück Metallobligationen" für 1.116 Gulden erworben. SOkA Olomouc, Farní úřad Velký Týnce, Inv.-Nr. 92; Farní úřad Senice na Hané, Inv.-Nr. 87.

Kirchenfabrikkassen Anwendung.[261] Der Geldverleih brachte dem Armeninstitut zwar nur ein kleines, dafür aber stabiles Einkommen. In den Rechnungsakten der Armenfonds lässt sich nachvollziehen, dass die Summe der Jahresausgaben langfristig lediglich einen Bruchteil der verfügbaren Mittel bildete. Das primäre Ziel des Armeninstituts bestand eher in der Sicherung eines Existenzminimums für arbeitsunfähige Personen im Armenbezirk ohne Verwandte (oder andere Personen, die für sie sorgen konnten) als in der Verbesserung der sozialen Lage der Armen insgesamt. Diese Herangehensweise sicherte die Stabilität der Armenfonds, die auch nach der Aufhebung des Patrimonialsystems weiterbestanden. Die effektiv betriebene Betriebswirtschaft sicherte das Weiterbestehen einer konstanten oder sogar wachsenden Summe, über die die Armeninstitute verfügen konnten.[262]

Die Zahl der Personen, die Leistungen aus Armeninstituten bezogen, zeigte sich auf dem Lande sehr gering; sie repräsentierten wohl „die Ärmsten der Armen". Der Staat versuchte im Allgemeinen die gleichen Bedingungen für die Aufnahme in das Armeninstitut festzulegen, allerdings bestehen angesichts der sehr unterschiedlichen Praxis der einzelnen Armeninstitute berechtigte Zweifel, ob dies tatsächlich umgesetzt wurde. Während beispielsweise der Armenbezirk in Senice regelmäßig für zwölf Personen eine volle Sozialleistung (Portion) garantierte, schwankten in anderen Armenbezirken die Zahl der unterstützten Personen und die damit verbundenen sozialen Leistungen (eine volle Portion oder eben ein Bruchteil dieser). Eine maßgebende Rolle spielte der Umgang mit den Finanzmitteln, die dem konkreten Institut im Betrachtungszeitraum zur Verfügung standen. Der Vergleich zwischen der Einwohnerzahl und den Leistungsempfängern des Armensbezirks lässt

---

[261] Chocholáč, Bronislav: Poddaní na venkově. In: Borovský, Tomáš – Chocholáč, Bronislav – Pumpr, Pavel (Hrsg.): Peníze nervem společnosti. K finančním poměrům na Moravě od poloviny 14. do počátku 17. století. Brno: Matice Moravská, 2007, S. 292–336, hier S. 318; Pumpr, Pavel: Beneficia, záduší a patronát v barokních Čechách. Na příkladu třeboňského panství na přelomu 17. a 18. století. Brno: Matice Moravská, 2010, S. 355–369.

[262] Eine Ausnahme in der analysierten Probe von Armeninstituten stellte jenes in Cholina dar, in dem in den dreißiger und vierziger Jahren des 19. Jahrhunderts das Niveau des zur Verfügung stehenden Kapitals schwankte. SOkA Olomouc, Farní úřad Cholina, Inv.-Nr. 71.

für die 1850er Jahre erkennen, dass letztere nahezu 0,5 % der Einwohner des verwalteten Territoriums ausmachen.

Die höchste Zahl an Unterstützten wies unter den analysierten Armeninstituten die Einrichtung in Kostelní Vydří auf, wo der Durchschnitt der vom Armenfonds unterstützten Personen bei 1,19 % der Bewohner des Armenbezirkes im Jahr 1860 lag.[263]

Tabelle 4: Die durchschnittliche Zahl der vom Armeninstitut in ausgewählten Pfarreien unterstützten Personen.

Pfarrei	1791–1800	1791–1800	1791–1800	1791–1800	1791–1800	1791–1800	Durchschnitt
Dačice	–	8,90	8,80	24,30	36,60	26,30	20,98
Velký Týnec	11,80	8,70	10,10	13,70	20,00	20,00	14,05
Cholina	17,00	13,10	9,70	11,10	11,50	14,40	12,80
Vranov	–	6,00	12,00	15,20	13,30	16,30	12,56
Senice	–	12,80	12,50	12,00	12,00	12,10	12,28
Staré Hobzi	–	14,70	9,60	10,00	10,20	6,80	10,26
Kostelní Vydři	4,00	4,10	4,30	12,30	10,30	10,00	7,50
Olši u Tišnova	–	4,20	4,10	3,40	3,70	3,10	3,70

Quelle: SOkA Olomouc, Farní úřad Cholina, Inv.-Nr. 71; Farní úřad Senice na Hané, Inv.-Nr. 87; Farní úřad Velký Týnec, Inv.-Nr. 92; DABB Rajhrad, Farní úřad Dačice, Inv.-Nr. 164; Farní úřad Kostelní Vydří, Inv.-Nr. 67; Farní úřad Olší u Tišnova, Inv.-Nr. 4, 5; Farní úřad Staré Hobzí, Inv.-Nr. 56; Farní úřad Vranov u Brna, Inv.-Nr. 104.

Die Zahl der aus dem Armenfond unterstützten Personen bildet lediglich einen von mehreren Indikatoren der Armutsfürsorge. Ein wichtiger Faktor war die Größe der Portion, zumal man keineswegs davon ausgehen kann, dass ein Viertel einer – an acht arbeitsunfähige Personen ausgegebenen – Portion auf eine bessere Lage der Armenpflege widerspiegelt als die Versorgung von zwei gleich armen und bedürftigen Personen mit einer ganzen Portion. Im Zirkular für das Kronland Mähren wurde im Jahre 1785 eine volle Portion für

[263] Da es sich um die sogenannte vorstatistische Zeit handelt, müssen wir mit Blick auf die Anzahl der Bewohner von späteren Statistiken ausgehen, hier konkret für das Jahr 1860. In der Pfarrei Kostelní Vydří lebten im Jahre 1860 631 Katholiken und 11 Nichtkatholiken. Wolný, Gregor: Kirchliche Topographie von Mähren, meist nach Urkunden und Handschriften. Brünn: Selbstverlag, 1855–1866.

die ländlichen Gegenden mit vier Kreuzern pro Person und Tag festgelegt,[264] was im Fall einer vollen Portion 24 Gulden pro Person und Jahr ausmachte. Die Auszahlung dieser Summe beziehungsweise ihrer Anteile dokumentieren die Rechnungsbücher und-akten. Bei einem Großteil der Armenfonds können wir einen differenzierten Zugang zu Leistungen feststellen (eine ganze Portion oder deren Anteil), was sich als Bemühen interpretieren lässt, die soziale Lage der jeweiligen Person und deren Fähigkeit, sich einen Nebenverdienst zu verschaffen, zu berücksichtigen.

Die Wirtschaftsführung der Armenfonds zeigt, dass die hohe Zahl der Armen im Armenbezirk sowie die niedrigen Einnahmen die Ursache dafür bildeten, dass nur wenige Personen eine volle Portion erhielten. Der pragmatische Ansatz spiegelte die Idee wider, dass es vorteilhafter sei, mehrere Arme mit Teilportionen zu unterstützen, als lediglich wenige mit vollen Portionen. Diese Strategie wurde zugleich durch die Vorstellung eines Arbeitszwangs begründet, was zumindest Personen treffen sollte, die eine gelegentliche Arbeit auszuüben vermochten. Einige Armeninstitute reichten zu keinem Zeitpunkt volle Portionen, wie z. B. Olší bei Tišnov oder Dačice, wo das Armeninstitut aufgrund unzureichender Einnahmen sogar Achtelportionen austeilen ließ (15 Kreuzer pro Monat).[265] Ein wichtiger Indikator sind darüber hinaus die summarischen Ausgaben für die Armutsfürsorge, die sowohl die Zahl der unterstützten Personen als auch die Höhe der erbrachten Sozialleistungen berücksichtigen. Im Rahmen der analysierten Armeninstitute lässt sich ungeachtet kleinerer Schwankungen konstatieren, dass die an Arme ausgezahlte Summe im Verlaufe der Zeit allmählich stieg.

Zwischen den einzelnen Armeninstituten lassen sich allerdings bedeutende Unterschiede feststellen. Als Beispiel eines verhältnismäßig erfolgreichen Armeninstituts kann der Armenfonds in Senice dienen, der sein verfügbares Kapital in den Jahren 1806–1848 von 782 auf 3.890 Gulden zu erhöhen vermochte. Aus diesen Mitteln wurden regelmäßig zehn bis fünfzehn arme Personen unterstützt, die stets eine volle Portion erhielten. Neben der Auszahlung von Portionen an zu unterstützende Personen gab der Armenfonds zugleich Mittel

[264] Moravská zemská knihovna Brno (Mährische Landesbibliothek Brünn), Sbírka císařských a královských patentů a cirkulářů (Sammlung von kaiserlichen und königlichen Patenten und Zirkularen), Sign. ST40097.114,9, Nr. 44, 1785.

[265] Belegt in den Jahren 1842–1850. DABB Rajhrad, Fond Farní úřad Dačice, Inv.-Nr. 164.

für Kranke, Waisen und unversorgte Witwen aus. Arme aus seinem Armenbezirk erhielten darüber hinaus Zuschläge für Holz zum Heizen sowie für die Kleidung und Schuhe in Höhe von bis zu 50 Gulden jährlich.[266]

Als Gegenbeispiel mag das Armeninstitut in Olší bei Tišnov dienen. Das Grundkapital bildeten 128 für einen längeren Zeitraum geliehene Gulden, aus denen lediglich ein Jahreszins in Höhe von vier bzw. zwei Gulden entsprang. Mehrere Gulden erbrachte das sogenannte Klingelbeutelgeld, womit die wirtschaftlichen Möglichkeiten de facto erschöpft waren; Naturalgaben sind hier nicht belegt. Die Ausgaben für Arme überstiegen 20 Gulden lediglich dreimal, wobei in den zwanziger Jahren des 19. Jahrhunderts die summarischen Ausgaben nur zwei Gulden jährlich ausmachten, die unter sieben Armen verteilt wurden! Erst in den 1840er Jahren des 19. Jahrhunderts verbesserte sich die Lage, insbesondere als Folge des sog. Musiklizenzgeldes. Trotzdem wurden im Armenbezirk, in dem im Jahre 1858 1.138 Menschen verzeichnet waren, lediglich zwei bis vier Personen mit der niedrigsten Rate, also mit einer Viertelportion, versorgt.

An der Verwaltung des Armeninstituts sollten sich vor allem drei Personen aus der Pfarrei beteiligen: der Pfarrer, der Rechnungsführer und der „Armenvater".[267] Ausgehend von der Analyse der ausgewählten Armenbezirke lässt sich konstatieren, dass die Vereinigung aller drei Posten in einer Hand sich als gängige Praxis etablierte. Der Posten des Rechnungsführers setzte eine spezialisierte Ausbildung heraus, da die Führung einer genauen Buchhaltung des Armenfonds, der häufig Summen von Tausenden Gulden umfasste, und bei dem die alljährliche Ausfüllung eines vorgeschriebenen und verbindlichen Formulars bestimmte Kompetenzen verlangte, die die meisten Menschen auf dem Land bei Weitem keineswegs besaßen. Vermutlich bekleideten aus diesem Grund den Posten des Rechnungsführers in Cholina und Staré Hobzí die dortigen Lehrer, was in den anderen Armeninstituten wohl auch üblich war. In allen untersuchten Armenbezirken nahm der Pfarrer den wichtigsten Posten ein, der in vielen Armenbezirken zugleich auch als Rechnungsführer agierte. In den vierziger Jahren des 19. Jahrhunderts führte die Buchhaltung darüber hinaus auch der Kooperator. Wesentlich weniger Kenntnisse besitzen wir über die Person des Armenvaters, dessen Name in

[266] SOkA Olomouc, Farní úřad Senice na Hané, Inv.-Nr. 87.
[267] [Spazierer, B.]: Zuverlässige und ausführliche Nachricht, Brünn, S. 57–122.

den Rechnungsunterlagen weitaus seltener auftaucht. Bei diesem sollte es sich um eine in der dortigen Gemeinschaft respektierte und ehrwürdige Person handeln. Es überrascht daher nicht, dass dieses Amt auch von Ortsrichtern ausgeübt wurde (Cholina, Velký Týnec, Staré Hobzí), wobei sich unter den Armenvätern aber auch Bauern fanden.

Die nachfolgenden Grafiken und Tafeln unten zeigen die für die Untersuchung ausgewählten Armeninstitute auf dem Lande in Mähren. Die entsprechende Auswahl der Armeninstitute richtete sich dabei nach dem Stand der überlieferten Archivquellen. Für die Sonde wurden solche Armeninstitute ausgewählt, deren Wirtschaftsführung sich vom Ende des 18. Jahrhunderts bis zur Mitte des 19. Jahrhunderts rekonstruieren lässt. In einigen Armeninstituten fiel die Kapitaldecke derart gering aus, dass es kaum möglich war, volle Portionen auszuzahlen. Andererseits widerspiegeln die Armeninstitute die Lage in unterschiedlichen Regionen. Die Armeninstitute in Cholina und Velký Týnec befanden sich in einem landwirtschaftlich sehr fruchtbaren Gebiet in Mittelmähren, nämlich der Hana [tschechisch Haná], dagegen lag das Armeninstitut in Staré Hobzí in Südböhmen in einer für die Landwirtschaft weniger ertragreichen Gegend. Die Tafeln und Graphiken zeigen die Portionen, deren Teile, die Einnahmen und Ausgaben sowie den Restbetrag für jedes Kalenderjahr in Gulden der Conventions-Münze. Das Armeninstitut in Velký Týnec führte jedoch seine Rechnungsbücher seit dem Jahre 1828 in Gulden der Wiener Währung, der im Vormärz als zweite parallele Währung in Österreich existierte.[268] Eine Umrechnung erscheint nicht möglich, da sich das Verhältnis zwischen der Conventions-Münze und der Wiener Währung jährlich änderte, wobei man jedoch grob gesehen von einem Verhältnis 1:2,5 Conventions-Münze zu Wiener Währung ausgehen kann. Die erhaltenen Archivquellen für Cholina gestatten einen Einblick in das Verhältnis zwischen unterstützten Männern und Frauen, wobei konkret die Ausgangsthese ihre Bestätigung findet, dass Frauen einen größeren Anteil innerhalb des unterstützten Personenkreises ausmachten.

---

[268] Die Wiener Währung wurde nach dem Staatsbankrott im Jahre 1811 eingeführt, als Folge der Zerrüttung der österreichischen Finanzen im Verlauf der Napoleonischen Kriege. Nach der Gründung der Wiener Stadt-Banco (Österreichischen Nationalbank) im Jahre 1816 wurde die devalvierte Wiener Währung aus dem Umlauf allmählich gezogen. Die Wiener Währung war bis zum Jahre 1857 im Umlauf.

Tabelle 5: Armenportionen in Cholina 1797–1848.

Jahr	Personen	Männer	Frauen	1 Portion	¾ Portion	½ Portion	¼ Portion	Einkommen	Ausgaben	Restbetrag
1797	19	7	12	9		10		443	222	221
1798	15	6	9	6		9		455	228	226
1799	16	7	9	7		9		460	234	226
1800	18	8	10	8		10		396	172	223
1801	14	6	8	4		10		428	193	235
1802	14	6	8	4		10		583	297	286
1803	14	5	9	4		10		497	197	300
1804	13	6	7	3		10		575	263	311
1805	13	6	7	5		8		634	315	319
1806	14	8	6	5		9		826	526	300
1807	12	6	6	4		8		532	236	296
1808	14	6	8	5		9		604	304	299
1809	11			4		7		586	296	290
1810	12	6	6	4		8		501	231	270
1811	10	5	5	3		7		533	260	273
1812	9	4	5	2		7		326	131	194
1813	9	4	5	2		7		329	134	194
1814	9	3	6	2		7		352	157	194
1815	9	3	6	2		7		352	157	194
1816	9	3	6	2		7		402	207	194
1817	10	2	8	2		8		371	176	194
1818	10	3	7	1		9		372	177	194
1819	10	3	7	1		9		364	169	194
1820	12	5	7	1		11		362	168	194
1821	11	4	7	1		10		365	170	194
1822	13	5	8	1		12		351	156	194
1823	12	4	8	1		11		393	198	194
1824	11	5	6	1		10		438	243	194
1825	11	5	6	1		10		421	226	194
1826	11	4	7	1		10		432	238	194
1827	12	4	8	1		11		409	203	205
1828	8	4	4	0		8		540	216	324
1829	12	5	7	12		0		278	115	162
1830	10	5	5	2	2	6		354	128	226
1831	11	5	6	2	1	8		400	139	261

Tabelle 5: *(Fortsetzung)*

Jahr	Personen	Männer	Frauen	1 Portion	¾ Portion	½ Portion	¼ Portion	Einkommen	Ausgaben	Restbetrag
1832	9			6	3			876	336	539
1833	8			8				832	266	566
1834	10			10				860	300	559
1835	12			6	6			835	324	510
1836	12			12				735	270	464
1837	13			13				751	265	488
1838	14			14				731	302	429
1839	14			14				700	256	444
1840	12			12				769	281	487
1841	12			12				836	345	490
1842	15			15				799	336	463
1843	15			6	4	4	1	792	305	487
1844	15			5	6	2	2	826	320	506
1845	15			4	6	2	3	902	336	565
1846	13			4	4	4	1	155	34	121
1847	15			5	6		4	172	74	97
1848	15			5	6		4	156	95	60
Summe	**637**	**168**	**239**	**264**	**44**	**314**	**15**	**27391**	**11927**	**15438**

Quelle: SOkA Olomouc, Farní úřad Cholina, Inv.-Nr. 71.

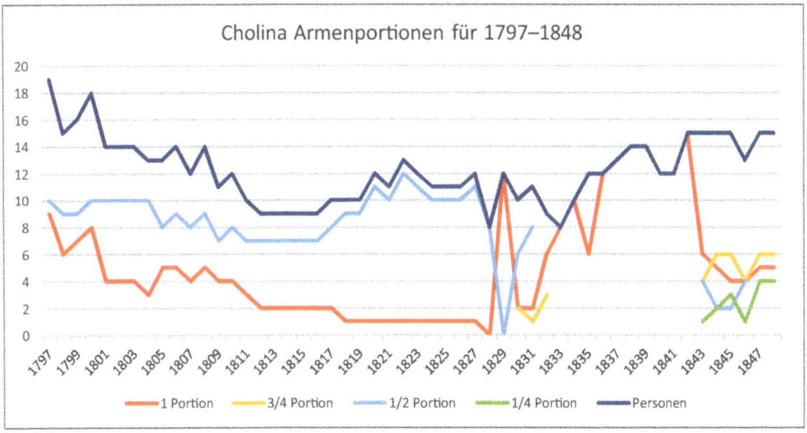

Grafik 5: Leistungen der Armenportionen in Cholina 1797–1848.
Quelle: SOkA Olomouc, Farní úřad Cholina, Inv.-Nr. 71.

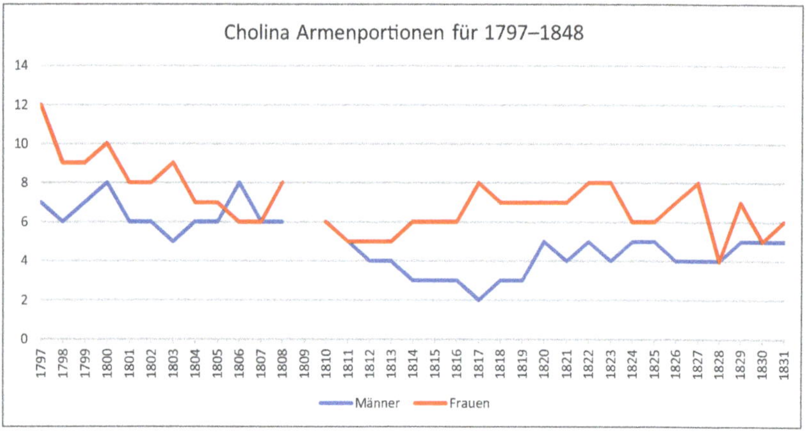

Grafik 6: Armenportionen für Frauen und Männer in Cholina 1797–1831.
Quelle: SOkA Olomouc, Farní úřad Cholina, Inv.-Nr. 71.

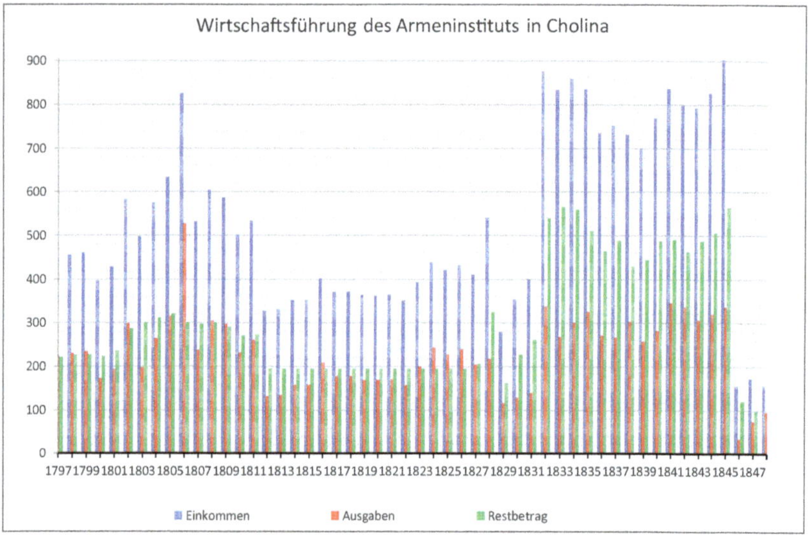

Grafik 7: Die Wirtschaftsführung des Armeninstituts in Cholina 1797–1848.
Quelle: SOkA Olomouc, Farní úřad Cholina, Inv.-Nr. 71.

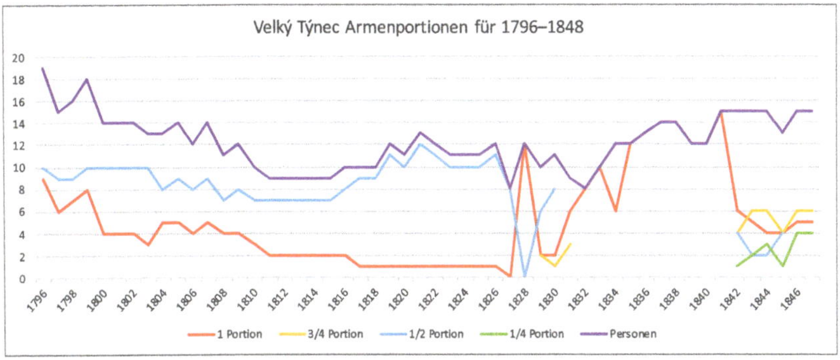

Grafik 8: Leistungen der Armenportionen in Velký Týnec 1796–1848.
Quelle: SOkA Olomouc, Farní úřad Velký Týnec, Inv.-Nr. 92.

Tabelle 6: Armenportionen in Velký Týnec 1796–1848.

Jahr	Personen	1 Portion	¾ Portion	½ Portion	¼ Portion	Einkommen	Ausgaben	Restbetrag
1796	15			10	5	253	152	101
1797	13			8	5	280	158	122
1798	11			7	4	258	127	131
1799	10			6	4	282	136	145
1800	10			6	4	302	139	162
1801	10			6	4	293	153	139
1802	9			5	4	299	153	146
1803	8			5	3	240	128	112
1804	12			6	6	232	125	106
1805	7			2	5	219	115	104
1806	8	1	1	6		233	77	155
1807	7	1		6		329	125	203
1808	11	2		9		380	151	228
1809	8	3		5		423	168	255
1810	7	3	1	3		546	142	403
1811	8	3	1	4		566	133	433
1812	8	4		4		217	139	78
1813	8	3		5		220	145	75
1814	8	3		5		236	133	103
1815	8	3		5		258	133	125

(Fortsetzung)

Tabelle 6: *(Fortsetzung)*

Jahr	Personen	1 Portion	¾ Portion	½ Portion	¼ Portion	Einkommen	Ausgaben	Restbetrag
1816	12	3		9		342	136	206
1817	13	5		8		424	189	234
1818	13	5		8		467	218	248
1819	12	4	1	7		436	218	218
1820	11	2	2	7		406	182	223
1821	10	1	2	7		412	197	214
1822	10	1	2	7		387	157	229
1823	12	2	3	7		384	135	249
1824	12	2	2	8		373	112	260
1825	15	2	1	12		359	113	246
1826	12	1	1	10		361	105	265
1827	15	1	1	13		386	102	283
1828	13	1	1	11		493	100	392
1829	18	2	1	15		591	137	453
1830	20	2	3	15		692	202	490
1831	20	1	2	17		685	240	445
1832	20	1	2	17		671	169	502
1833	20	1	2	17		663	136	527
1834	20	1	2	17		723	192	531
1835	20	1	2	17		705	206	498
1836	20	1	2	17		717	221	495
1837	20	1	2	17		808	312	496
1838	20	1	2	17		821	310	510
1839	20	2	3	15		852	346	505
1840	20	3	6	11		1538	765	772
1841	20	4	5	11		1250	323	927
1842	20	4	5	11		1251	251	1000
1843	20	4	5	11		1287	244	1043
1844	20	4	5	11		1471	347	1123
1845	20	4	6	10		1504	341	1162
1846	20	4	6	10		2162	937	1224
1847	20	4	6	10		1638	343	1295
1848	20	4	6	10		1697	347	1350
Summe	**744**	**105**	**92**	**503**	**44**	**33022**	**11065**	**21941**

Quelle: SOkA Olomouc, Farní úřad Velký Týnec, Inv.-Nr. 92.

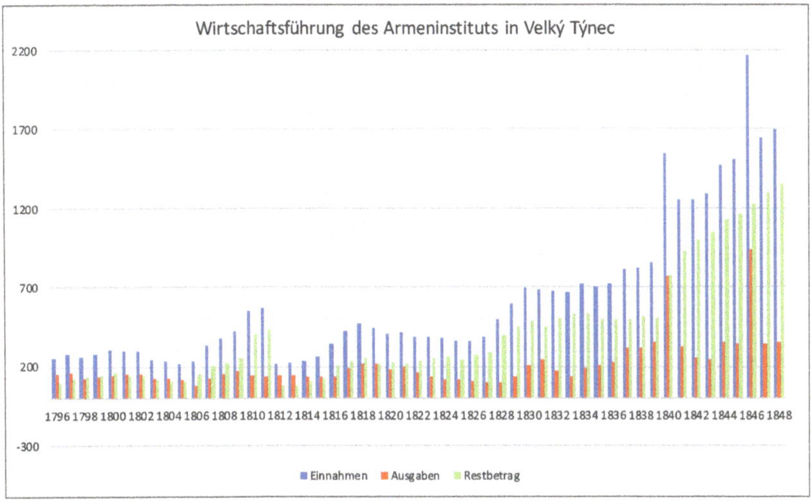

Grafik 9: Wirtschaftsführung des Armeninstituts in Velký Týnec 1796–1848. *Quelle: SOkA Olomouc, Farní úřad Velký Týnec, Inv.-Nr. 92.*

Tabelle 7: Armenportionen in Staré Hobzí 1805–1850.

Jahr	Personen	1 Portion	¾ Portion	½ Portion	¼ Portion	Einkommen	Ausgaben	Restbetrag
1805	9	2		7		63	35	28
1806	12	4		8		85	47	37
1807	9	4		5		74	44	30
1808	8	3		5		79	49	29
1809	24	6	9	9		332	132	200
1810	26	5	12	9		346	146	200
1811	26	5	12	9		285	84	201
1812	7	4		3		267	18	249
1813	7	3		4		279	20	259
1814	8	5		3		395	67	328
1815	8	2		6		389	64	325
1816	8	2		6		408	61	347
1817	8	2	1	5		474	66	408
1818	8	2		6		480	63	417
1819	8	2		6		499	68	430

(Fortsetzung)

Tabelle 7: *(Fortsetzung)*

Jahr	Personen	1 Portion	¾ Portion	½ Portion	¼ Portion	Einkommen	Ausgaben	Restbetrag
1820	8	2		6		496	64	432
1821	8	2		6		462	33	429
1822	8	2		6		467	52	415
1823	8	2		6		977	62	915
1824	7		1	6		993	78	915
1825	10		1	5	4	1040	89	951
1826	8		1	3	4	1025	78	947
1827	11		1	3	7	1102	78	1024
1828	10		1	3	6	1162	78	1084
1829	17	1	1	9	6	1287	161	1126
1830	13	1		8	4	1520	336	1184
1831	10		1	8	1	1562	381	1180
1832	15	8	4	2	1	1562	381	1881
1833	13		3	8	2	1490	177	1313
1834	12	1	3	7	1	1535	297	1238
1835	9		3	5	1	1357	186	1170
1836	9		3	5	1	1329	149	1180
1837	9	1	3	4	1	1279	134	1144
1838	9	1	4	3	1	1316	134	1181
1839	6	1	1	3	1	1287	86	1201
1840	-					1294	107	1187
1841	7	2	1	3	1	1289	109	1180
1842	7	1		5	1	1276	93	1182
1843	5			1	4	1271	91	1180
1844	5			1	4	1289	97	1191
1845	5			1	4	1319	98	1221
1846	8	1		4	3	1329	91	1238
1847	8	1		4	3	1382	94	1268
1848	9	1			8	1370	144	1225
1849	7			1	6	1341	112	1228
1850	6				6	1328	101	1227
Summe	**443**	**79**	**66**	**217**	**81**	**42191**	**5135**	**37725**

Quelle: DABB Rajhrad, Farní úřad Staré Hobzí, Inv.-Nr. 100.

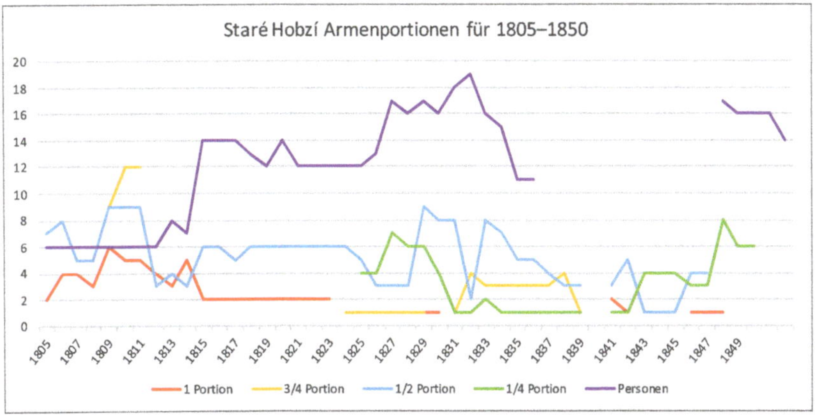

Grafik 10: Leistungen der Armenportionen in Staré Hobzí 1805–1850.
Quelle: DABB Rajhrad, Farní úřad Staré Hobzí, Inv.-Nr. 100.

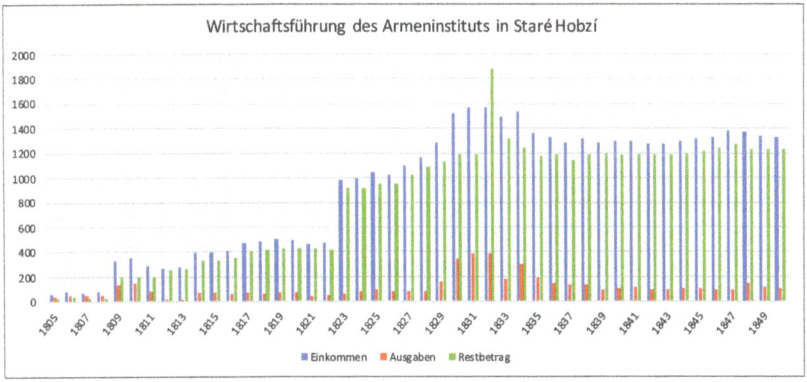

Grafik 11: Die Wirtschaftsführung des Armeninstituts in Staré Hobzí 1805–1850.
Quelle: DABB Rajhrad, Farní úřad Staré Hobzí, Inv.-Nr. 100.

Tabelle 8: Armenportionen in Vranov 1803–1850.

Jahr	Personen	1 Portion	¾ Portion	½ Portion	¼ Portion	Einkommen	Ausgaben	Restbetrag
1803	6					2001	122	1879
1804	6					1961	80	1881
1805	6					1964	82	1881
1806	6					1964	82	1882

(Fortsetzung)

Tabelle 8: *(Fortsetzung)*

Jahr	Perso-nen	1 Portion	¾ Portion	½ Portion	¼ Portion	Ein-kom-men	Aus-gaben	Rest-betrag
1807	6					1975	72	1903
1808	6					1986	75	1910
1809	6					1990	86	1903
1810	6					1993	74	1919
1811	8					1968	87	1880
1812	7					1958	70	1888
1813	14					1976	88	1887
1814	14					1969	92	1877
1815	14			8	6	1974	87	1886
1816	13			9	4	1980	98	1881
1817	12			9	3	1965	72	1892
1818	14			11	3	1972	85	1887
1819	12	9		3		1977	87	1890
1820	12	9		3		1985	90	1894
1821	12	9		3		1990	90	1899
1822	12	9		3		1999	96	1903
1823	12	9		3		2008	96	1911
1824	13	9		4		2002	91	1911
1825	17	9		8		2007	100	1970
1826	16	9		7		2001	98	1902
1827	17	11		6		1993	90	1903
1828	16	10		6		2016	121	1894
1829	18	10		8		1994	106	1888
1830	19	11		8		2001	105	1885
1831	16	11		5		2008	123	1885
1832	15	13		2		2021	119	1902
1833	11				11	2082	177	1904
1834	11				11	2106	165	1940
1835						2355	373	1982
1836						2349	311	2038
1837						2370	309	2061
1838						2371	309	2061
1839						2394	314	2080
1840						2398	317	2081

Tabelle 8: *(Fortsetzung)*

Jahr	Personen	1 Portion	¾ Portion	½ Portion	¼ Portion	Einkommen	Ausgaben	Restbetrag
1841						2413	313	2100
1842						2535	334	2200
1843						2572	371	2200
1844						2771	570	2200
1845						2651	448	2202
1846	17					2597	417	2179
1847	16					2505	325	2179
1848	16					2499	319	2179
1849	16					2575	395	2179
1850	14					2544	365	2544
Summe	**452**	**138**	**0**	**106**	**38**	**103685**	**8896**	**95182**

Quelle: DABB Rajhrad, Farní úřad Vranov, Inv.-Nr. 104.

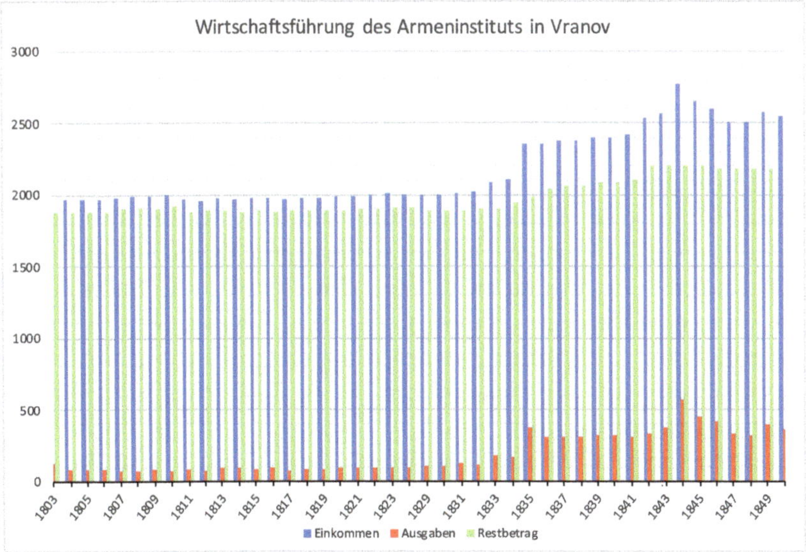

Grafik 12: Die Wirtschaftsführung des Armeninstituts in Vranov 1803–1850. *Quelle: DABB Rajhrad, Farní úřad Vranov, Inv.-Nr. 104.*

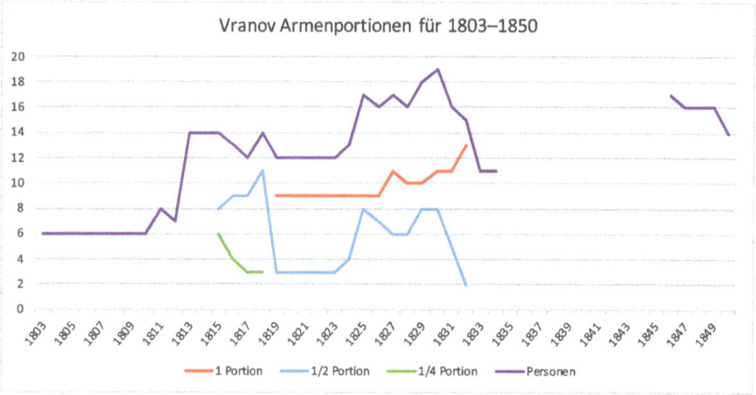

Grafik 13: Leistungen der Armenportionen in Vranov 1803–1850.
Quelle: DABB Rajhrad, Farní úřad Vranov, Inv.-Nr. 104.

Die Armeninstitute erlebten in Mähren und Schlesien eine große Verbreitung, sowohl in den Städten als auch auf dem Land. Über die Jahresbilanzen in den Jahren 1837 bis 1839 informiert die nachfolgende Tabelle.[269] Die Armeninstitute verfügten über ein gewisses Kapital, das einen Zuwachs aufwies und aus Immobilien und barem Geld bestand, das eventuell auch gegen Zinsen verliehen wurde. Die Einkünfte setzten sich aus Sammlungen „mit Hausbüchsen", Opferstockgeldern, Kirchenbüchsengeldern, Naturalien, Almosen „von Guttätern", Vermächtnissen und Schenkungen, Beiträgen von Bruderschaften und Vereinen, Musik- und Tanzlizenzgebühren sowie einem gewissen Prozentsatz (in der Regel ein Prozent) von Versteigerungen (Lizitationen) und Zinsen vom eigenen Kapital zusammen.

Die Ausgaben von Armeninstituten bestanden nicht nur aus der Unterstützung der Armen nach festgelegten Portionen, sondern auch aus der „Wegzehrung für Reisende, Kranke und Dürftige", was ahnen lässt, dass die Finanzmittel nicht nur für die Einheimischen zum Einsatz kamen. Der sog. Reisepfennig war üblich und stellte den Beschwerden von Armenvätern zufolge einen entsprechenden Ausgabeposten von Armeninstituten dar (siehe oben in diesem Kapitel). Im Jahre 1843 belief sich die Summe der mährischen und schlesischen Armeninstitute für auswärtige Personen auf 17,74 % der Gesamteinnahmen.[270] In der Tabelle der Jahresbilanzen

---

[269] Die Geldbeträge sind in Gulden Wiener Währung und gerundet.

[270] Nachricht vom kaiserl. konigl. Mährisch schlesischen Landesgubernium. Uiber den Fortgang der Armenpflege in Mähren und Schlesien im Jahre 1843, mit Rückblick auf die Vorhergegangenen Jahre. Brünn: Mährisch-schlesisches Landesgubernium, 1845.

der Armeninstitute in den Jahren 1837–1839 ist das wachsende Kapital ersichtlich, das auch für weitere Jahre gilt (siehe Tabelle der Jahresbilanzen der Armeninstitute in Mähren und Schlesien 1840–1844). Die Analyse der empfangenen Mittel zeigt, dass der Anteil von Bargeld in den Jahren 1837–1839 zwischen 70,11 und 76,07 % lag. Den Rest der empfangenen Almosen bildeten die Naturalien.

Tabelle 9: Jahresbilanzen der Armeninstitute in Mähren und Schlesien 1837–1839 in Gulden Wiener Währung.

Jahr	Vermögensstand am Jahresende	Kapitalzuwachs	Kassenstand am Jahresanfang	Empfang bar	Empfang ganz	Empfang bar in Prozent
1837	1.463.854	0	162.602	516.951	679.554	76,07%
1838	1.526.391	62.536	199.211	502.392	701.603	71,61%
1839	1.656.605	130.214	221.512	519.504	741.016	70,11%

Quelle: Nachricht vom kaiserl. konigl. Mährisch schlesischen Landesgubernium. Uiber den Fortgang der Armenpflege in Mähren und Schlesien im Jahre 1841, mit Rückblick auf die Vorhergegangenen Jahre. Brünn: Mährisch-schlesisches Landesgubernium, 1843.

Das gleiche Schema der Wirtschaftsführung, Sammlung und Verteilung wurde in allen sieben mährischen Kreisen (Brünn, Iglau, Znaim, Olmütz, Prerau und Ungarisch Hradisch) sowie in den beiden schlesischen Kreisen (Teschen und Troppau) beibehalten.[271] Die Höhe der gesammelten Gelder unterschied sich wesentlich und war unter anderem von der Größe des Kreises und seinem Charakter (fruchtbarer oder karger Boden, Anzahl der Städte und der Bevölkerung usw.) abhängig; der Brünner Kreis vermochte im Jahre 1841 fast zweieinhalb Mal mehr Gesamtmittel einzusammeln als der Kreis Ungarisch Hradisch. Zu den regelmäßig spendenden Personen zählten vor allem die Obrigkeiten, im Untersuchungszeitraum meist der Adel, gefolgt von der katholischen Geistlichkeit, insbesondere Pfarrern, reichen Stadtbürgern, Industriellen, Beamten, Ärzten, Apothekern und Ortsvorständen. In Brünn spielte der Brünner wohltägige Männerverein eine wichtige Rolle. Jüdische Armeninstitute sammelten separat, unter den hier Beitragenden finden sich vor allem Rabbiner und Unternehmer.

[271] Die Kreise hießen nach den heutigen Städten: Brno/Brünn, Jihlava/Iglau, Olomouc/Olmütz, Přerov/Prerau, Uherské Hradiště/Hradisch, Těšín/Teschen und Opava/Troppau.

Tabelle 10: Jahresbilanzen der Armeninstitute in Mähren und Schlesien 1840–1844 in Gulden Wiener Währung.

Jahr	Vermögensstand am Jahresanfang	Empfang	Summe	Ausgaben	Vermögensstand am Jahresende	Zuwachs des Vermögens absolut	Zuwachs des Vermögens in Prozent	Unterstützte Personen
1840	1.850.163	669.772	2.519.935	547.018	1.972.917	122.754	6,22%	18.835
1841	1.972.917	671.108	2.644.025	574.235	2.069.790	96.873	4,68%	18.923
1842	2.069.789	689.631	2.759.420	569.577	2.189.843	120.054	5,48%	18.996
1843	2.189.843	720.270	2.910.113	611.818	2.298.295	108.452	4,72%	19.068
1844	2.298.294	678.429	2.976.723	620.762	2.355.961	57.667	2,45%	19.989

Quelle: Nachricht vom kaiserl. konigl. Mährisch schlesischen Landesgubernium. Über den Fortgang der Armenpflege in Mähren und Schlesien im Jahre 1843, mit Rückblick auf die Vorhergegangenen Jahre. Brünn 1845. Nachricht vom kaiserl. konigl. Mährisch schlesischen Landesgubernium. Über den Fortgang der Armenpflege in Mähren und Schlesien im Jahre 1844, mit Rückblick auf die Vorhergegangenen Jahre. Brünn 1846.

Zwischen den Jahren 1837 und 1944 wurden im mährisch-schlesischen Land zwischen 18.897 und 19.989 Personen von Armeninstituten beschenkt, im Durchschnitt 19.443 Personen. Pro Kopf und Jahr bewegte sich die Summe der Ausgaben zwischen 17,13 und 31,06 Gulden Wiener Währung, im Durchschnitt 24,09 Gulden Wiener Währung.

Tabelle 11: Ausgegebene Mittel der Armeninstitute in Gulden Wiener Währung im Verhältnis zur Anzahl der unterstützten Personen pro Jahr und Kopf in den Jahren 1837–1844.

Jahr	Ausgegebene Mittel	Unterstützte Personen	Pro Kopf und Jahr
1837	323.704	18.897	17,13
1838	352.637	19.359	18,22
1839	392.202	19.069	20,57
1840	547.018	18.835	29,04
1841	574.235	18.923	30,35
1842	569.577	18.996	29,98
1843	611.818	19.068	32,09
1844	620.762	19.989	31,06
Durchschnitt	**472.233**	**19.443**	**24,09**

Quelle: Nachricht vom kaiserl. konigl. Mährisch schlesischen Landesgubernium. Uiber den Fortgang der Armenpflege in Mähren und Schlesien im Jahre 1843, mit Rückblick auf die Vorhergegangenen Jahre. Brünn 1845. Nachricht vom kaiserl. konigl. Mährisch schlesischen Landesgubernium. Uiber den Fortgang der Armenpflege in Mähren und Schlesien im Jahre 1844, mit Rückblick auf die Vorhergegangenen Jahre. Brünn 1846.

In der ersten Hälfte des 19. Jahrhunderts gab es noch keine vollständige Volkszählung; diese begann auf dem Gebiet des späteren Zisleithaniens erst im Jahre 1857. Für den Untersuchungszeitraum finden sich jedoch verlässliche Angaben, die auf den regelmäßigen Konskriptionen der Bevölkerung basieren. Für die Länder Mähren und Schlesien stehen Angaben für das Jahr 1843 zur Verfügung, von denen hier ausgegangen wird. Für das Jahr 1843 zählte man 2.218.691 einheimische Personen in Mähren und Schlesien, davon waren 2.143.338 Personen anwesend.[272] Die Tabelle zeigt

[272] Landes Summarium und Landes Übersicht vom J. 1846. Von der k. k. Prov. Staatsbuchhaltung. Brünn 1846. Publiziert von Dvořáček, František: Soupisy obyvatelstva v Čechách, na Moravě a ve Slezsku v letech 1754–1921. Československý statistický

den prozentualen Anteil der unterstützten Personen im Verhältnis zur gesamten Bevölkerung Mährens und Schlesiens durch die Armeninstitute im Jahre 1843. Das Jahr 1843 wurde bewusst ausgewählt, da für dieses Jahr die notwendigen Fakten ermittelt werden konnten, was für andere Jahre nicht gilt. Der Prozentsatz von 0,89 der unterstützten Bevölkerung scheint sehr niedrig zu sein, jedoch muss man in Betracht ziehen, dass hier von der gesamten Bevölkerungszahl ausgegangen wurde, das heißt die bemittelten Personen eingeschlossen. Meine Forschung hat für die konkreten mährischen Gemeinden eine etwas höhere Zahl ermittelt, die jedoch zu keinem Zeitpunkt zwei Prozent der einheimischen Bevölkerung in der jeweiligen Gemeinde überstieg.

Tabelle 12: Prozentsatz der von Armeninstituten unterstützten Personen im Verhältnis zur Bevölkerungszahl Mährens und Schlesiens im Jahre 1843.

Jahr	Bevölkerung Mährens und Schlesiens	Unterstützte Personen	Unterstützte Personen in Prozent
1843	2.143.338	19.068	0,89%

Quelle: Nachricht vom kaiserl. konigl. Mährisch schlesischen Landesgubernium. Uiber den Fortgang der Armenpflege in Mähren und Schlesien im Jahre 1843, mit Rückblick auf die Vorhergegangenen Jahre. Brünn 1845; Dvořáček, František: Soupisy obyvatelstva v Čechách, na Moravě a ve Slezsku v letech 1754–1921. Československý statistický věstník, Jg. VII, 1926, S. 62–63.

Zusammenfassung: Die Armeninstitute als moderne Institution

Die Armeninstitute bestanden auch in der zweiten Hälfte des 19. Jahrhunderts bis zum Ende der Habsburgermonarchie fort, allerdings änderte sich die Form der Unterstützung. Es erfolgte ein vollständiger Übergang zu einer rein finanziellen Hilfe, während die Naturalspenden praktisch verschwanden. Bemerkenswert ist die moderne Form der Unterstützung, mit welcher wohl der Begründer der Armeninstitute Johann Graf Buquoy nicht gerechnet haben dürfte. Die Spenden wurden nicht nur vor Ort verteilt, sondern den zu unterstützenden Personen sogar per Post zugesandt.

věstník, Jg. VII, 1926, S. 62–63; Kárníková, Ludmila: Vývoj obyvatelstva v českých zemích 1754–1914. Praha: Nakladatelství Československé akademie věd, 1965, S. 342.

So erhielt im Jahre 1851 Katharina Joch, die Witwe des Lorenz Joch, die bei ihrem Schwiegersohn, dem „Kleinhausbesitzer“ Martin Nowak, in Fratres Nr. 12 lebte, auf diese Weise eine Spende von ihrem Armeninstitut in Althart (Staré Hobzí). Ihre Identität bestätigte dabei der Pfarrer Joseph Prochazka gegenüber der zuständigen Pfarrei in Waldkirchen.[273] Die regelmäßige Unterstützung aus dem Armenfonds in Althart erhielt spätestens seit dem Jahre 1879 die Tischlerwitwe Anna Müller, die bei ihrem Sohn, dem Schlossergehilfen Josef Müller, im Hause des Arztes Franz Haeber in Gaudenzdorf wohnte.[274] Ihr Wohnort und ihre Identität wurden sowohl vom Hausbesitzer als auch durch den zuständigen Meidlinger Pfarrer bestätigt. Die Zustellung des Armengelds erfolgte halbjährlich, nachdem die Bitte um die Spende oder eine Bestätigung, dass die zu unterstützende Person am Leben sei, bei dem Verwalter des Armenfonds eingegangen war. Die erwähnte Anna Müller, die an drei verschiedenen Orten im heutigen Wien gelebt hatte (in zwei quellenmäßig dokumentierten Fällen bei einem ihrer Kinder), erhielt die regelmäßige Unterstützung aus dem Armeninstitut in Althart in Höhe von drei Gulden halbjährlich bis mindestens Ende 1890, also bis zu ihrem siebzigsten Lebensjahr.[275]

Die Armeninstitute stellen einen sehr interessanten – mit vielen bemerkenswerten Ideen verbundenen – Versuch zur Lösung der sozialen Frage dar. Sie standen weder in Abhängigkeit des Staates noch des Landes, sondern basierten auf der Idee des menschlichen Mitleids und der Mildtätigkeit. Die Sammlung, Verwaltung und Bearbeitung von Naturalprodukten (das Backen von Brot, das Kochen einer Suppe, das Nähen von Kleidung, das Anfertigen von Schuhen oder das Spinnen von Garn) wurden ebenso als Spende betrachtet. Die Idee des Armeninstituts als rechtliches Subjekts, das unabhängig von der Herrschaft und den politischen Behörden fungierte, musste nicht allein als eine wohltätige Organisation, sondern zugleich als pädagogische Institution begriffen werden, zumal sich das Ergebnis – die

[273] DABB Rajhrad, Farní úřad Staré Hobzí, Inv.-Nr. 100. Der Ort erscheint in der Bestätigung des Pfarrers als Frattres (in Niederösterreich). Bei der genauen Identifizierung des Toponyms halfen der Name der Pfarre Waldkirchen und die Tatsache, dass der Ort Fratres lediglich einige Kilometer hinter der südmährisch-niederösterreichischen Grenze von Althart entfernt liegt.

[274] Gaudenzdorf gehört heute zum 12. Wiener Bezirk Meidling.

[275] DABB Rajhrad, Farní úřad Staré Hobzí, Inv.-Nr. 100.

Begrenzung oder die Abschaffung des Bettelns – für die arbeitende Bevölkerung als sehr wichtig erwies. Die Ideen der Systematisierung, Zentralisierung, Differenzierung sowie der Prophylaxe galten besonders in der Zeit der Entstehung der Armeninstitute, da es noch keine flächendeckende Übersicht und Statistik über die Bevölkerung gab, als besonders bemerkenswert und fortschrittlich.

Die Armenfürsorge in den Händen von Herrschaften. Das Beispiel der Herrschaft der Familie Schwarzenberg

Die Armenfürsorge lag spätestens seit der Josephinischen Zeit in den Händen der Herrschaften; in manchen Regionen lassen sich Spuren von Armenpflege bereits im Mittelalter finden, wobei die Städte mit ihren Spitälern, Siechenhäusern und Altershäusern als Vorreiter der Armenfürsorge gelten. Im Josephinismus wurden die Grundlagen für das heutige Sozialsystem geschaffen. Die Herrschaften waren gezwungen, die elementare Fürsorge zu leisten, was sie auch im eigenen Interesse taten, zumal die Prosperität ihrer Dominien nicht allein von der Anzahl der Bevölkerung, sondern auch vom Alter, Gesundheitszustand, der Ausbildung und dem Vermögen abhängig war. Fremde Bettler schmälerten den materiellen Status der Einwohner. Sie wurden festgehalten, abgewiesen oder abgeschoben.

Die Autorin stellte sich die Frage: Waren die Armeninstitute in allen Erbländern tätig? Falls ja, war dies im gleichen Ausmaß? Da sich die Forschung zum Thema der Armeninstitute am Anfang befindet, war die Autorin im Rahmen dieses Buches leider nicht in der Lage, auch andere Kronländer zu untersuchen; soweit bekannt, besteht mit Ausnahme der böhmischen Länder keine Forschung zum Thema der Armeninstitute. Die Tatsache, dass sich bisher keine Archivquellen finden lassen, die die Existenz der Armeninstitute beweisen würden, bedeutet nicht, dass diese nicht bestanden hätten. Eine Teilstudie für die Domäne des Adelsgeschlechts Schwarzenberg gewährt zumindest Einblicke in die traditionelle herrschaftliche Armenfürsorge. Anhand der Konskription der Herrschaft und der Pfarrei wurden jene Untertanen aufgelistet, die eine Armenunterstützung erhalten sollten. Die fragmentarisch überlieferten Quellen ermöglichen es allerdings nicht, die Art und Weise festzustellen, wie dieser Prozess verlief. Wurden die Personen anhand der herrschaftlichen Angaben, d. h. der Wirtschaftsämter, und der Pfarreien verzeichnet, und zwar ohne Beteiligung der betreffenden Personen? Oder wurden mit den Anwärtern für eine Armenpflege ähnliche Protokolle aufgesetzt, wie dies im Fall der Armeninstitute in Südböhmen die Norm darstellte? Leider vermag die Autorin auf diese Fragen lediglich eine hypothetische Antwort zu geben. Die Quellen erlauben die Hypothese, dass die Verzeichnisse der Kandidaten für die Armenfürsorge im Vorfeld zusammengestellt wurden, und zwar aufgrund der Kenntnisse über die materiellen Verhältnisse der jeweils armen Personen. Diese Hypothese unterstützt die Tatsache, dass einige aufgelistete Personen ihre Armenunterstützung nicht in Anspruch nahmen. Warum dies nicht geschah, verraten die Quellen nicht. Personen, die im Laufe der Unterstützung verstarben, wurden vermerkt.

Tabelle 13: Die Wirtschaftsführung der Bettlerkasse der Herrschaft Murau.

Wirtschaftsführung der Bettlerkasse der Herrschaft Murau					
1781	Zuständigkeit Murau	Ohne	Durchschnitts-alter	Verpflegung jährlich in Gulden	
Anzahl der Personen		Zuständigkeit		Summe	Durchschnitt
72	56	16	64	677	12

Quelle: Schwarzenbergische Archive Murau, Herrschaft Murau III. Land, IV f.

Die Wirtschaftsführung der Bettlerkasse (im Original: Bettlerkassa) ermöglicht einen Einblick in die Armenfürsorge der Schwarzenbergischen Herrschaft Murau in der Steiermark (vgl. die Tabelle „Die Wirtschaftsführung der Bettlerkasse der Herrschaft Murau“). Die 13 Wirtschaftsämter Murau, Althofen, St. Georgen, Stadl, Katsch, Oberwölz, Schröder, Hinterburg, Krakau, Ranten, Frojach, Predlitz und Spielberg unterstützten im Jahre 1781 72 Personen mit unterschiedlichen Beträgen: die höchste Zuwendung betrug 24 Gulden, die niedrigste 3 Gulden jährlich; der Durchschnitt lag bei 12 Gulden pro Person jährlich. Die entsprechenden Personen erhielten die Zuwendungen viertel- oder halbjährig, die Quartale wurden aber keineswegs genau eingehalten, lediglich die letzte Rate folgte spätestens im Dezember. Insgesamt wurden im Jahr 1781 für 72 Personen 677 Gulden ausgezahlt. Über materielle Gaben erfahren wir leider nichts, d. h., entweder gab es diese nicht oder sie wurden in die jährliche Taxe eingerechnet.[276]

Eine ähnliche Lage der Armenfürsorge zeigt das etwas später, im Jahre 1787 geführte Verzeichnis der armen Insassen. Insgesamt wurden 1375 Gulden für die Armenfürsorge ausgezahlt und dabei 94 Personen mit unterschiedlichen Beträgen unterstützt, wobei der höchste Jahresbetrag 24 Gulden betrug, der niedrigste lediglich 3 Gulden. 61 Gulden wurden für den Landesgerichtsdiener, seine Frau und sein Kind laut Weisung des Landesgerichts ausgezahlt, 10 Gulden gingen an acht Frauen, die Kleidungsstücke für Arme ausgebessert hatten. Der durchschnittliche Jahresbeitrag für arme Personen belief sich somit im Jahre 1787 auf 14 Gulden. Einige Personen wurden aus dem Verzeichnis gestrichen, andere waren inzwischen gestorben. Lorenz und Johann Tafernerisch, die im Jahre 1781 einen Jahresbeitrag von je 6 Gulden erhalten hatten (siehe Tabelle), wurden im Jahre 1787 unter Hinweis auf ihren sich inzwischen verbesserten Gesundheitszustand aus der Liste gestrichen. Die mittlerweile neun und dreizehn Jahre alten Knaben wohnten im Gebäude des Gemeindeamts, was in kleineren Ortschaften keine Ausnahme darstellte. Ob die Armenunterstützung, die sie jährlich bis zum Jahre 1786 erhalten hatten, mit der Tatsache zusammenhing, dass sie in der Zwischenzeit beide für den Militärdienst als untauglich befunden worden waren, lässt sich in den Quellen nicht belegen.[277]

Die Tabelle „Register der Personen und Leistungen der Bettlerkasse der Herrschaft Murau im Jahre 1781“ (die Sprache der Quelle wurde beibehalten) zeigt das Spektrum der unterstützten Personen. Das Durchschnittsalter der bedürftigen Personen lag im Jahre 1781 bei 64 Jahren. Der älteste war der 82-jährige Franz Saubacher aus Katsch, der ebenso wie der 81-jährige Johann Pfeifenberger seine Unterstützung nicht abgeholt hatte, obwohl er unter die Kategorie Bedürftige fiel. Johann Pfeifenberger stammte aus St. Michael in Lungau, wohnte aber in Murau und war einer der 15 fremden Personen in der Herrschaft Murau, die als Bedürftiger – in der Sprache der Quelle „untertäniger Bettler“ – geführt wurden. Die „Fremdheit“ richtete sich nach dem Geburtsort: Die meisten, nämlich 56 Personen, stammten aus der Herrschaft Murau, galten dort als Einheimische und wurden dementsprechend auch

276 Schwarzenbergische Archive Murau, Herrschaft Murau III. Land, IV f.
277 Ebenda.

unterstützt. 15 Personen führte man ohne Angabe des Geburtsortes. Ein Betrag von 17 Gulden wurde für „arme Untertanen“ ausgezahlt, wobei es sich um eine gelegentliche Hilfe handelte. Personen, bei denen der Geburtsort fehlte, mussten nicht zwangsläufig Fremde sein; sie mögen ihren Geburtsort nicht gekannt haben, bei einigen handelte es sich zudem um Kinder. Zwei Findlinge fielen unter die Kategorie „Einheimische“, da sie vermutlich in der Herrschaft Murau aufgefunden worden waren. Man kann voraussetzen, dass Personen, die an einem anderen Ort das Licht der Welt erblickten oder bei denen der Geburtsort unbekannt blieb, sich mindestens seit zehn Jahren in der Herrschaft Murau aufhielten und demgemäß entsprechend der damaligen Auffassung nach dem Ablauf des sog. *Decenniums* als Einheimische galten.

Den Grund für die Unterstützung durch die Herrschaft bildeten zumeist Armut und körperliche Behinderung, Blindheit erscheint konkret bei fünf Personen. Im Vergleich mit den analysierten Personen aus der südböhmischen Herrschaft Buquoy fällt Betroffenenzahl geringer aus. Vier Personen galten als stumm. Die Untersuchungsergebnisse basieren jedoch auf einer begrenzten Anzahl von Fällen. Eine körperliche Behinderung stellte den häufigsten Grund für eine soziale Unterstützung dar. Gesunde Empfänger von Gaben waren Kinder: Im Jahre 1781 handelte es sich um insgesamt dreizehn Kinder, darunter drei Findlinge im Alter von drei, sieben und acht Jahren; hinzu kamen ein Waisenkind im Alter von elf Jahren, sechs Kinder mit einem Elternteil, zwei Mütter mit zwei Kindern und ein Vater mit zwei Kindern. Drei Kinder, deren Alter unbekannt bleibt, galten als Selbstempfänger der Hilfe. Eine Altersangabe als Grund für die soziale Leistung findet sich nicht, jedoch befanden sich die meisten Personen für die damalige Zeit bereits in einem höheren Alter. 51 Personen waren älter als sechzig Jahre, das Durchschnittsalter betrug 64 Jahre.

Bei der Zusammenfassung der Ursachen von Armut in der Herrschaft Murau im Jahre 1781 müssen die Ergebnisse sehr vorsichtig interpretiert werden, da es sich um eine sehr schmale Teilstudie handelt, die eine begrenzte Aussagekraft besitzt. Eine konsequentere Untersuchung der Ursachen von Armut, beispielsweise in Bezug auf Alter und gesundheitlichen Zustand der betroffenen Personen sowie die Armutsfürsorge, erfordert eine breitere Forschungsbasis.

Tabelle 14: Register der Personen und Leistungen der Bettlerkasse der Herrschaft Murau im Jahre 1781.

Herrschaft Murau Register über Empfang und Ausgab Geld aus der Unterthänigen Bettler Cassa Anfangen an 1 January 1781							
Pro Anno 1781	**Geburths Orts und dessen Herschaft**	**Herrschaft**	**Alter**	**Leibes Beschafenheith**	**Dermahl Aufenthalt**		**Jährliche Verpflegung**
Nahmen deren Bettlern					**Ort**	**Haus Numero**	
Amt S: Georgen							
Lorentz Göpfried	S. Georgen Murau	Murau	63	mieheselig	S. Georgen	20	16
Hanss Luk	Planitzer Murau	Murau	81	krump	Keindorf	57	24
Elisabeth Tansihin	S. Georgen Murau	Murau	20	sehr krump	S. Georgen	14	0
Veith Dörflinger	S. Georgen Murau	Murau	63	miehesellig	S. Georgen	21	0
Michl Dörflinger	Göschen		57	kripl	Lorenz	10	0
Joseph Sailpuhler	Luznannsdorf Murau	Murau	37	kripl	Lorenz	35	8
Joseph Purgstaller	Murau	Murau		mieheselig	Lorenz	11	16
Elisabetha Puxbergerin	Murau	Murau			Lorenz	1	3
Soldaten Knaben Balthasar Bartollowitz			7		S. Georgen	49	6
Maria Pürkerin	S. Georgen Murau	Murau	78	armsellig	S. Georgen	16	12
Maria Anna Kreißlin	S. Georgen Murau	Murau	60	mieheselig			9
Amt Althofen							
Catharina Göglburgerin	Lorenz Murau Althofen	Murau	75	mieheselig	Althofen	22	9
Hanss Kerschbaumer	Althofen Murau	Murau		2 Kinder	Althofen	29	12
Frantz Kerschbauer	Althofen Murau	Murau	9	unmündig	Althofen	29	0
Andreas Kerschbauer	Althofen Murau	Murau	7	unmündig	Althofen	29	0
Apolonia Wieserin	Payerdorf Murau		70	mieheselig	Payerdorf	21	18
Johann Tafernerisch			Kind				6
Lorenz Tafernerisch			Kind				6

(Fortsetzung)

Tabelle 14: *(Fortsetzung)*

Herrschaft Murau Register über Empfang und Ausgab Geld aus der Unterthänigen Bettler Cassa Anfangen an 1 January 1781							
Pro Anno 1781	**Geburths Orts und dessen Herschaft**	**Herrschaft**	**Alter**	**Leibes Beschafenheith**	**Dermahl Aufenthalt**		**Jährliche Verpflegung**
Nahmen deren Bettlern					**Ort**	**Haus Numero**	
Mathias Blankl	Murau	Murau	24	krump und miehesellig	Althofen	1	8
Verschiedene Arme Unterthanen							17
Amt Stadl							
Marie Ensthallerin	in Salzburger Land		71	miehesellig 2 Kinder	Stadl	3	24
Georg Ferner	Stadl Murau	Murau	8	Transmigraten Findling	Oberwiesen	34	
Petter Läufer gewester Herschafts Zimmermeister	Murau	Murau	62	preßhaft	Stadl	7	12
Margaretha Reinerin	Predlitz Murau	Murau	74	kriplhaft	Stadl	33	9
Michl Seitlinger und dessen Eheweib Maria	Murau	Murau		preßhaft	Stadl	55	10
Magdalena Ensthallerin	Murau	Murau	68	blind	Lorenz	16	24
Maria Gfrererin							8
Amt Katsch							
Johann Holl †	Katsch Murau	Murau	65	blind	Katsch	52	24
Frantz Saubacher	Murau	Murau	82	mieheselig	Murau	48	0
Anna Pilgramin	Saurau Katsch	Murau	68	mieheselig	Saurau	46	0
Elisabetha Fernerin †	Katsch Murau	Murau	79	armselig	Katsch	55	12
Anna Schnedlin	Katsch Murau	Murau	73	armselig	Katsch	63	6
Gertraud Würthin	Katsch Murau	Murau	3	Findling gesund	Triebendorf	6	12

Tabelle 14: *(Fortsetzung)*

Herrschaft Murau Register über Empfang und Ausgab Geld aus der Unterthänigen Bettler Cassa Anfangen an 1 January 1781							
Pro Anno 1781	**Geburths Orts und dessen Herschaft**	**Herrschaft**	**Alter**	**Leibes Beschafenheith**	**Dermahl Aufenthalt**		**Jährliche Verpflegung**
Nahmen deren Bettlern					**Ort**	**Haus Numero**	
Amt Oberwölz							
Mathes Fueszy	Oberwölz hsht Murau	Murau	55	Stum	Oberwöltz	11	18
Hintterburg							
Johann Gladner	Hinterburg Murau	Murau	11	Waisenkind	Hintterburg	15	12
Amt Murau							
Joseph Schitter	Murau	Murau	71	miehesellig	Murau	71	12
Clara Prenerin †	Spilberg Murau	Murau	43	krump	Murau	50	3
Johann Pfeifenberger	S: Michal in Lungau		81	blind	Murau Vorstadt	15	0
Egidi Silbitzer †	Laßnitz Murau	Murau	65	mieheselig	Laßnitz	16	12
Georg Pruner	Schöder Murau	Murau	69	preßhaft	Tiebendorf	26	16
Michael Greiner	Murau	Murau		preßhaft	Payerdorf	8	12
Urban Rabensteiner	Murau	Murau	73	krump	Egidi	16	9
Johanna Dengin				zum Unterhalt			5
Simon König	Murau	Murau		mieheselig			0
Getraud Reitterin	Murau	Murau	20	armselig	S: Lambrecht Stift	3	12
Maria Köglerin			11				12
Clara Prennerin †							15
Amt Schöder							
Anna Haklin	Schöder Murau	Murau	31	stumm und taub	Schöder	41	12
Magdalena Moserin	Schöder Murau	Murau	74	armselig	Schöder	62	12
Ursula Sandlerin	Schöder Murau	Murau	78	armselig und preßhaft	Schöder	34	12

(Fortsetzung)

Tabelle 14: *(Fortsetzung)*

Herrschaft Murau Register über Empfang und Ausgab Geld aus der Unterthänigen Bettler Cassa Anfangen an 1 January 1781							
Pro Anno 1781	**Geburths Orts und dessen Herschaft**	**Herrschaft**	**Alter**	**Leibes Beschafenheith**	**Dermahl Aufenthalt**		**Jährliche Verpflegung**
Nahmen deren Bettlern					**Ort**	**Haus Numero**	
Ewa Scheuherin	Schöder Murau	Murau	52	armselig und preßhaft	Schöder	72	12
Georg Sendlhofer				baufällige Wohnung		49	15
Ursula Fohningerin							3
Susana Holzlin und ihre Tochter				beide armselig		18	18
Amt Krakau							
Martin Rupek	Krakau Murau	Murau	7	Findling	Krakau	4	12
Petter Perner	Krakau Murau	Murau	63	mieheselig und blind	Krakau	4	
Georg Reitter	Murau	Murau				31	12
Georg Ferner					S. Ruprecht	24	8
Amt Ranten							
Katarina Gruberin	Ranten Murau	Murau	63	mieheselig	Ranten	24	0
Katarina Stokerin		Murau		Verpflegung 3 Kinder	Ranten	18	18
Simon		Murau	19	stumm und kripelhaft			
Magdalena		Murau	17				
Max Gell		Murau	12				
Maria Gartlerin für ihren Sohn Aloisius Freiberger	Ranten Murau	Murau			Ranten	43	12
Ursula Fahingerin	Freiberg Murau	Murau			Freiberg	10	6
Maria Kolbin	Murau	Murau		mieselig	Payerdorf	34	12

Tabelle 14: *(Fortsetzung)*

Herrschaft Murau Register über Empfang und Ausgab Geld aus der Unterthänigen Bettler Cassa Anfangen an 1 January 1781							
Pro Anno 1781	**Geburths Orts und dessen Herschaft**	**Herrschaft**	**Alter**	**Leibes Beschafenheith**	**Dermahl Aufenthalt**		**Jährliche Verpflegung**
Nahmen deren Bettlern					**Ort**	**Haus Numero**	
Maria Stoltzin	Murau	Murau	28	mieheselig	in Rantner Pfarre	68	8
Maria Tobishin	Murau	Murau	6	stum	in Ranten Pfarr	43	8
Amt Frojach							
Georg Moser, samt dessen Weib Johanna	Frojach Murau	Murau	69	mieheselig blind	Frojach	3	24
Amt Predlitz							
Elisabetha Krenin	Stadl Murau	Murau	22	krippl und preßhaft	Predlitz	32	
Andreas Holtfeind	Murau	Murau			Predlitz		12
Amt Spielberg							
Agnes Großmanin	Schöder Murau	Murau	65	miehesellig	Spielberg	72	12
Summe			**64**				**677**

Quelle: Schwarzenbergische Archive Murau, Herrschaft Murau III. Land, IV f.

In den analysierten zusätzlichen Kosten für die Armenpflege finden sich lediglich kleine Summen für die Reparatur von Kleidung und Schuhen, was aber keineswegs bedeuten muss, dass Arme derartige Zuschüsse nicht erhielten. Einen Einblick hierin gewährt eine Rechnung, die die Herrschaft Murau an die zuständigen Gemeinden zwecks Begleichung weiterleiten ließ. Diese betraf die Armenjahresrechnung in Höhe von 153 Gulden für das Jahr 1817 für die Anfertigung von Schuhen und Kleidung, deren Reparatur (für blinde Arme) sowie für die Obhut und Verpflegung eines dreijährigen Knaben, dessen Eltern im Gefängnis saßen, die die Bezirksherrschaft Reifenstein an die Gemeinden zur Rückerstattung weiterleitete.[278] Die von der Bezirksherrschaft Reifenstein an die Gemeinden weitergeleitete Jahresrechnung 1816 fiel hingegen mit 64 Gulden, 16 Kreuzer wesentlich niedriger aus, da den Armen der Herrschaft Reifenstein eine Erbschaft in Höhe von 25,5 Gulden zugefallen war. Die Kosten umfassten die Anfertigung und Reparatur der Bekleidung, die Schuhe für einen blinden Mann, für dessen Versorgung eine nicht näher verifizierte Gemeinde die Verantwortung trug, sowie den Krankenhausaufenthalt einer Frau im badischen Offenburg.[279]

Diese archivalischen Quellen belegen die These, dass die Armenfürsorge nicht allein auf den Schultern der Herrschaften ruhte, sondern dass bestimmte Anteile davon an die Gemeinden übertragen wurden. Man kann davon ausgehen, dass keine klaren Richtlinien von Seiten des Staates existierten; es lag wohl im Ermessen jeder Herrschaft, bestimmte Kosten direkt zu begleichen. Die Autorin vertritt die These, dass in der ersten Hälfte des 19. Jahrhunderts der Prozess der Übertragung bestimmter Kompetenzen von Herrschaften an Gemeinden kontinuierlicher verlief als bisher angenommen wurde.

Nach der Aufhebung des Patrimonialsystems im Jahre 1848 gingen die übertragenen politischen Pflichten wie Verwaltung, Armenfürsorge, Gesundheitswesen usw. in die Hände der neu gewählten Gemeinden[280] und neu errichteten Bezirke über. Die karitative Tätigkeit der Großgrundbesitzer widmete sich in erster Linie den ehemaligen Untertanen und jetzigen Bewohnern

---

[278] Rechnung vom 31. Dezember 1817. Schwarzenbergische Archive Murau, Herrschaft Reifenstein III. Land, Fasc. 16.

[279] Ebenda.

[280] Die Wahl der Gemeindevertretung ermöglichte die Provisorische Gemeindeordnung vom 17. März 1849, RGBl., Nr. 170.

der Herrschaft. Hierzu gehörten die Veranstaltung von Benefizbällen oder die Gründung von Stiftungen mit verschiedenen Zwecken, vor allem für die eigenen Angestellten, zu denen einige Stiftungen und Stiftsplätze des Geschlechts Schwarzenberg zählten. Durch einen Stiftungsbrief vom 29. Mai 1860 wurde aus Anlass der Geburt Johann Nepomuks von Schwarzenberg eine Stiftung mit einem Kapital von 210 Gulden Österreichischer Währung gegründet, aus der am Jahrestag der Geburt des Prinzen die Zinsen an ein in diesem Jahr geborenes eheliches Kind des Schwarzenbergischen Beamten oder Dieners ausgezahlt wurden. Das Kapital wurde regelmäßig erhöht und ein bestimmter Betrag fiel dem Pensionsfond der Angestellten der steirischen Domäne zu.[281]

Die wichtigste Stiftung für eigene Beamte und Diener erfolgte jedoch lange vor der Aufhebung der Untertänigkeit (1848). Am 25. Januar 1766 wurde in Krumau (Krumlov) durch Josef Adam von Schwarzenberg auf der böhmischen Schwarzenbergischen Domäne ein Pensionsfond für alte oder kranke Beamte und Diener und deren unversorgte Familienmitglieder gegründet. Im Jahre 1851 nahm Adam von Schwarzenberg aus mehreren Gründen eine Modernisierung des Pensionsfonds vor. Die Renten fielen aufgrund der Devalvierung der Währung sehr niedrig aus, sodass sie direkt aus der Herrschaftskasse bezahlt werden mussten. Mitglieder des Fonds waren Ober- und Unterbeamte, das Jägerpersonal sowie alle Diener mit ihren Witwen und Waisen. Jeder neue Angestellte hatte seit seiner Indienststellung einen festgelegten Beitrag auf der Grundlage seiner klassifizierten Anstellung zu entrichten. Eine bestimmte Dienstzeit zur Erreichung der Pension war nicht vorgesehen, da diese ausschließlich aufgrund des Alters oder der Arbeitsunfähigkeit beantragt werden konnte. Die Auszahlung eines Teils der Pension erfolgte in Naturalien, was später geändert wurde. Waisen erhielten bis zu ihrem 18. (bei Mädchen) bzw. 20. Lebensjahr (bei Jungen) Unterstützung, Behinderte einen lebenslangen Unterhaltsbeitrag.

Die geplante Selbstständigkeit des Pensionsfonds konnte nicht erreicht werden. Später erfolgte eine Änderung der Statuten, durch welche die Dienstjahre von Angestellten angerechnet wurden (1870). Darüber hinaus kam es

281 Schwarzenbergische Archive Murau, Schiffer, Peter: Betriebliche Sozialeinrichtungen im Wandel der Geschichte – dargestellt am Beispiel Schwarzenberg. Diplomarbeit, Graz: Univ. 1979, S. 61.

zur Einführung der sog. Verehelichungsgebühr, die je nach Altersunterschied zwischen Ehemann und Ehefrau schwankte. Die Verhältnisse im böhmischen und steirischen Pensionsfonds glichen sich an. Mit dem Gesetz vom 16. Dezember 1906 trat die öffentlich-rechtliche Regelung der Versicherung an die Stelle der bisherigen, ihren Grundlagen nach noch auf der patriarchalischen Ordnung beruhenden privaten sozialen Einrichtungen.[282]

[282] Gesetz vom 16. Dezember 1906. RGBl., Bd. I, 1907, Nr. 1, S. 1–16.

Der Ehekonsens als Mittel zur Bekämpfung der Armut?

Die Festigung der Leibeigenschaft nach dem Dreißigjährigen Krieg manifestierte sich lediglich in der Wiederholung älterer Vorschriften, die die Wiederverheiratung von verwitweten Untertaninnen in andere Herrschaften ohne die Bewilligung der Herrschaftskanzlei untersagten. Es wurde zur Regel, dass das Heiraten aller Untertanen, unabhängig von deren Stellung, der herrschaftlichen Bewilligung unterlag. Allerdings lassen sich keine Beweise dafür finden, dass eine ohne den Konsens geschlossene Ehe für ungültig erklärt worden wäre; lediglich von finanziellen Sanktionen ist die Rede.[283]

Welche Gründe hatte der verpflichtende Heiratskonsens?[284] Entsprechende Abgaben (und die in diesem Kontext vermutete Korruption herrschaftlicher Beamter) stellten zweifellos eine regelmäßige Einnahmequelle dar. Ebenso sollte damit die personelle Abhängigkeit der Leibeigenen von ihrer Herrschaft und der Willkür ihrer Beamten gefestigt werden.[285] Eine wichtige Rolle spielte die Person des Leibeigenen als Arbeitskraft, die für die Herrschaft elementare

[283] Krofta, Karel: Dějiny selského stavu. Praha: Laichter, 1949, S. 208–209.

[284] In den Quellen werden synonyme Begriffe benutzt: Ehekonsens, Heiratskonsens, Ehebewilligung, Ehelizenz, Heiratslizenz, Traukonsens, Vermählungsschein und Copulierschein. Dagegen müssen die Termini Ehemeldzettel (Ehemeldungszettel), Ehelichungsmeldungszettel, Meldungsschein, Trauungsmeldzettel und Meldzettel (Meldungszettel) nicht mit dem Ehekonsens identisch sein, zumal sie auch die Tatsache des Umzugs der betreffenden Person mit beinhalten können.

[285] Klabouch, Jiří: Politický konsens k manželství v Čechách. Z novějších dějin manželství v našich zemích. Rozpravy Československé akademie věd – řada společenských věd, Jg. 70, Bd. 5. Praha: Academia, 1960, S. 5.

Bedeutung besaß, wobei eine Entlassung der eigenen Leibeigenen nach dem Prinzip der Reziprozität geschah. Die Willkür herrschaftlicher Beamter stellte häufig wohl ein Hindernis für eine Eheschließung dar.[286]

Dagegen sprechen die sog. Generalia des Fürsten Adam Schwarzenberg (1680–1732), der auf seinen südböhmischen Herrschaften seinen Beamten die Befugnis zur Erteilung von Heiratsbewilligungen entzog, um selbst bei „unpossionierten Leuten, die keine Nahrung haben und sich nicht anders, als mit Taglöhnerarbeit zu ernähren wissen", zu entscheiden. Die damit verbundene Absicht bestand darin, eine „grosse Ueberhäuffung der Inleute" zu verhindern, „da sie sich aus Mangel anderer Nahrung auf die Dieberei und andere böse Stück verlegen".[287] Witwen mit Kindern, die sich wieder verehelichen wollten, waren vom Gesuch um den Heiratskonsens ausgenommen. Ebenso sollte der Konsens erteilt werden (er konnte nicht verweigert werden), wenn die Braut bereits schwanger war.[288]

Maria Theresia als die Ehe fördernde Landesmutter

Weder die Verhinderung von Eheschließungen noch die Willkür herrschaftlicher Beamter lassen sich zumindest für die zweite Hälfte des 18. Jahrhunderts und für das 19. Jahrhundert belegen. Für die Regierungszeit Maria Theresias finden sich keine derart verhinderten Eheschließungen. Bereits im Jahre 1753 befahl die Herrscherin den Obrigkeiten:

> Den Untertanen soll zu ihrer Verehelichung der obrigkeitliche Konsens willig erteilet, denselben hierzu keine hauptsächliche Hinderung, ja vielmehr alle Beförderung gemachet, zur besseren Unterhaltung aber derley Neuverehelichten die besitzende, besonders erkaufte Gründe zertheilet, und nicht selbsten wider die Generalien an sich gezohen [...][289]

---

[286] Salaba, Josef: Bylo v českých zemích poddanství či nevolnictví? Časopis pro právní a státní vědu, Jg. 9, 1926, Nr. 3, S. 184–201, hier 187–188.

[287] Archiv Český čili staré písemné památky české i moravské. Sebrané z archivů domácích i cizích. Praha: Královská česká společnost nauk, 1908, Bd. XXIV, Nr. 384, S. 135–136.

[288] Ebenda.

[289] Reskript vom 17. Februar 1753. Jaksch, Peter Karl: Gesetzlexikon im Geistlichen, Religions- und Toleranzfache, wie auch in Güter-, Stiftungs-, Studien- und Zensursachen für das Königreich Böhmen von 1601 bis Ende 1800, Prag: Gubernialregistratur, 1828, Bd. 2, S. 45.

Zehn Jahre später ließ die Monarchin ein Dekret veröffentlichen, demzufolge die Ehekonsenstaxe dem jeweiligen Vermögensstand entsprechen sollte. Auf jeden Fall sollten die Ehekonsenstaxen keinen Hinderungsgrund für eine Eheschließung darstellen. Die Absicht des Dekrets bestand darin, den Stand der Population in der Monarchie zu halten, zumal man festgestellt hatte, Verlobte gingen eher ins Ausland, um zu heiraten, da sie so die Ehekonsenstaxe umgingen. Das in einigen nicht genannten Herrschaften verlangte sog. Schleiergeld in Höhe von drei Gulden, wurde von Maria Theresia als willkürlich bezeichnet und sollte abgeschafft werden.[290]

Im Jahre 1765 erfolgte die Einführung einer festen Ehekonsenstaxe. „Die Herrschaften sollen einem jeden ihrer Untertanen, so die Erlaubnis zur Verheirathung begehren, den Konsens unweigerlich ertheilen, und für diesen mehr nicht als 30 kr. für jede Person abgenommen werden."[291] Das Hofdekret untersagte nicht nur das Verweigern, sondern auch die Verzögerung des Ehekonsenses. Die Summe von 30 Kreuzern galt als nicht besonders hoch und entsprach etwa – abhängig von der Region, in der sie konsumiert wurde – einer sechstägigen Portion für Arme; die festgeschriebene Taxe bot zudem keinen Raum für Korruption. Die an die Kirche zu entrichtenden Stola-Abgaben für eine Eheschließung fielen hingegen unterschiedlich aus: In Böhmen betrugen sie 20 Kreuzer, in Galizien 15 Kreuzer, in den österreichischen Ländern jedoch einen Gulden.[292]

Kaum bekannt ist die Aufhebung der Ehelizenztaxe in Dominien, in denen das Robot-Abolitions-System eingeführt wurde, also in Herrschaften, in denen die Robotpflicht abgeschafft wurde.[293] Dies geschah auf der rechtlichen Grundlage eines freiwilligen Abkommens des Dominialherrn mit seinen Untertanen, wie es bei den meisten Reformen des Grafen Raab der Fall war. Untertanen in Galizien genossen in der Frage der Verehelichung größere

[290] Hofdekret vom 24. Juli 1773. Jaksch, P. K.: Gesetzlexikon im Geistlichen, Religions- und Toleranzfache, Bd. 2, S. 63.

[291] Ebenda, S. 62.

[292] Kopetz, Wenzel Gustav: Österreichische politische Gesetzkunde, oder systematische Darstellung der politischen Verwaltung in den deutschen, böhmischen und galizischen Provinzen des österreichischen Kaiserthumes. Wien: Verlag Kupffer und Wimmer, 1807, Bd. 1, § 122, S. 102.

[293] Patent vom 15. Mai 1779. Jaksch, P. K.: Gesetzlexikon im Geistlichen, Religions- und Toleranzfache, S. 61.

Freiheiten: Volljährige Personen konnten ungehindert die Ehe schließen, der Ehekonsens durfte nicht verweigert werden und musste im Unterschied zu anderen Ländern kostenlos ausgestellt werden.[294]

Die problembehaftete Verehelichung von Soldaten fand ebenfalls Unterstützung:

> Da es Ihre Majestät landesmütterliche Gesinnung ist, daß die Heirathen zwischen unterthänigen Weibspersonen und Soldaten nicht nur nicht erschweret, sondern im Gegentheile zu besten der Monarchie in alle Wege erleichtert werden sollen; so versehen sich Allerhöchstdieselbe gegen sämmtliche Obrigkeiten dieses Königreichs, daß sie beeifert seyn werden, diese Landesmütterliche das Wohl des Staates zum Gegenstande habende Absicht ihres Orts auf alle Art und Weise zu unterstützen.[295]

Die Eheschließung von Juden wiederum unterlag speziellen Vorschriften, die unter der Regierung des Kaisers Karl VI. erlassen wurden und die bis 1849 galten. Zur Eheschließung wurden in einigen Kronländern (u. a. Böhmen, Mähren und Österreichisch-Schlesien, wo die meisten Juden innerhalb der Habsburgermonarchie lebten) lediglich sog. Familianten zugelassen. Anderen Juden war eine Heirat offiziell untersagt. Die sog. Familianten-Nummer, die unter anderem die Erlaubnis zu heiraten enthielt, wurde innerhalb der Familie vom Vater an den Sohn vererbt; andere Söhne erhielten in der Regel keinen Heiratskonsens. Ausnahmen vom jüdischen Heiratskonsens waren sehr kostspielig und hingen vom Besitz des Bräutigams bzw. der Brautleute ab.[296] Jüdische Familianten entrichteten die übliche Heiratstaxe, mussten jedoch seit der Zeit des Josephinismus spezielle Bedingungen erfüllen. Hierzu zählten die vorgeschriebene Prüfung der Deutschkenntnisse bei beiden Verlobten, was wesentlich zur Hebung der Bildung jüdischer Frauen beitrug.

---

294 Kopetz, W. G.: Österreichische politische Gesetzkunde, Bd. 1, § 117, 118, S. 97–98.

295 Hofdekret vom 27. Dezember 1766. Jaksch, Peter Karl: Gesetzlexikon im Geistlichen, Religions- und Toleranzfache, S. 46.

296 Die Taxe der Ehebewilligung für jüdische Brautleute in Form der Dispensierung vom Familiantengesetz war vom Besitz des Bräutigams bzw. der Brautleute und vom Land abhängig. Sie bewegte sich zwischen zehn und 1.000 Gulden in Böhmen, in Mähren betrug sie ein Prozent vom Besitz der Brautleute, in Schlesien drei Prozent vom Besitz des Bräutigams. Graßl, Ignaz: Das besondere Eherecht der Juden in Österreich nach den §§ 123–126 des Allgemeinen Bürgerlichen Gesetzbuches. 2. Aufl., Wien: Wilhelm Braumüller, 1849; Klabouch, Jiří: Zvláštní manželské právo osob židovského vyznání v letech 1783–1945. Právněhistorické studie, Jg. 5, 1959, S. 175–210.

In Theresianischer Zeit unterlag das Eherecht noch – mit Ausnahme des Besitzrechts – der Jurisdiktion der Kirche. Der Codex Theresianus basierte noch auf dem kanonischen Recht, das um zivilrechtliche Bestimmungen ergänzt wurde. Die wichtigste Einschränkung stellte gerade der obrigkeitliche Konsens dar, der bei der Vorbereitung des Codex Theresianus den Gegenstand intensiver Diskussionen bildete.[297]

> Jene Personen, denen Wir wegen der gemeinen Wohlfahrt, wegen einer gewissen Eigenschaft, oder wegen anderer Umstände, worinnen sie sich befinden, keine Heirat einzugehen verstatten, sind zwar befugt, sich in ein giltiges Eheversprechen einzulassen, doch muß die Erfüllung desselben insolange aufgeschoben bleiben, als die besagte Eigenschaft oder Umstände fürdauern, und solle diesfalls Unseren ergangen politischen Anordnungen auf das Genaueste nachgelebet werden.[298]

Der Kreis derjenigen Personen, denen „wegen der gemeinsamen Wohlfahrt" kein Ehekonsens erteilt werden sollte, wurde nicht weiter spezifiziert, jedoch waren vermutlich Menschen gemeint, die ihre Ernährungsquelle nicht nachzuweisen vermochten.

Ob damit Personen jüdischen Glaubens, Invaliden und Soldaten gemeint waren, wie einige Autoren glauben,[299] ist nicht ganz eindeutig. Soldaten und Militärinvaliden unterlagen speziellen Gesetzen, ebenso Juden, die ohnehin nicht ohne die Familianten-Stelle (in den böhmischen Ländern) heiraten konnten, ausgenommen waren spezielle Fälle, etwa die Konversion von Juden zum Christentum oder der Eintritt von Juden in die Armee usw. Ausnahmen bei der Erteilung des Ehekonsenses für Juden oblagen der Befugnis des Landes und waren an die Zustimmung der Herrschaft gebunden.

---

[297] Harrasowsky von, Philipp Harras: Der Codex Theresianus und seine Umarbeitungen. Bd. IV. Wien: Verlag von Carl Gerold's Sohn, 1886, Drittes Kapitel: Von den Rechten zwischen Mann und Weib. § 1–99. Der ursprüngliche Text, verfasst von der Kompilationskommission in den Jahren 1753 bis 1756 in Brünn, veröffentlichten in einer zweisprachigen Edition Jaromír Tauchen und Drahoslav Sojka. Der Text befindet sich im Familienarchiv des Adelsgeschlechts Kálnoky im Mährischen Landesarchiv in Brünn. Sojka, Drahoslav – Tauchen, Jaromír (Hrsg.): Codex Theresianus. Multimediale elektronische Ausgabe. Brno: Masarykova univerzita, 2009. https://is.muni.cz/elportal/estud/praf/ps09/codex/web/index.html (1. April 2024).

[298] Harrasowsky von, P. H.: Der Codex Theresianus und seine Umarbeitungen. Bd. IV., § 13, S. 31.

[299] Klabouch, J.: Politický konsens k manželství v Čechách, S. 10.

Ein umstrittener Grund für die Verhinderung des Ehekonsenses blieb der angebliche Mangel an billigen Arbeitskräften auf dem Lande. Knechten mit Familien wurden möglicherweise höhere Löhne gezahlt als unverheirateten Knechten. Welche Rolle in diesem Kontext die Wohnungsnot spielte, lässt sich mit Blick auf den aktuellen Forschungsstand nur schwer beurteilen, zumal sich dieses Problem auch bei mäßig bemittelten, jedoch kinderreichen Bauernfamilien als exorbitant wichtig erwies. Jüngere Geschwister des Bauern sahen sich genötigt, andernorts eine Ernährungsquelle und ein Obdach zu suchen, was partiell das Raabsche System hätte lösen können. Die Einführung dieses Systems unterlag allerdings der Freiwilligkeit. Zwar hatte Maria Theresia die Einführung des Raabschen Systems empfohlen, doch besaß sie andererseits keine rechtliche Macht, um die Wirtschaftsführung der einzelnen Herrschaften auf deren eigenem Besitz zu steuern. Auf dem Familienbesitz der Familie Habsburg-Lothringen hingegen wurde das Raabsche System – ebenso wie auf den säkularisierten Gütern – eingeführt.

Aus der Arbeit der Kompilationskommission des Codex Theresianus wird klar ersichtlich, dass ein nicht vorhandenes Vermögen zu den wichtigen Kriterien für eine Verweigerung des Ehekonsenses zählte. „Die offenbare Unvermögenheit der künftigen Eheleute sich und ihre Kinder durch Dienstleistung, Handarbeit, Handel und Gewerb oder auf sonstige redliche Weise zu ernähren, woraus vorzusehen wäre, daß sie der Herrschaft, denen Mitunterthanen und selbst dem gemeinen Wesen zur Last gereichen würden."[300] Der Codex Theresianus bot in der Frage des Ehekonsenses den Kronländern und den hier üblichen Gewohnheiten. viel Spielraum.

> Desgleichen, wo es die Landesverfassung mit sich bringet, daß einem Unterthan sich ohne Einwilligung seiner Herrschaft zu verehelichen nicht erlaubet seie, da lassen Wir es noch ferners dabei bewenden, doch solle sothane Einwilligung denen Unterthanen von der Herrschaft ohne genugsamer Ursache nicht verweigeret, sondern vielmehr die Heirathen des gemeinen Volks, wann die zusammen Heirathende anderst sich zu nähren im Stande sind, und der Herrschaft kein Schaden und Nachtheil hieraus erwachset, nach Unseren anderweiten Verordnungen in Absicht auf den aus der mehreren Bevölkerung erzielenden gemeinsamen Nutzen auf alle thunliche Weise erleichteret werden.[301]

[300] Harrasowsky von, P. H.: Der Codex Theresianus und seine Umarbeitungen. Bd. I., Nr. 37, S. 93.

[301] Ebenda, Bd. I., Nr. 30, S. 93.

Bei den nicht näher spezifizierten Personen, denen der Ehekonsens verweigert oder nicht erteilt werden sollte, handelte es sich höchstwahrscheinlich um Personen, die nicht für ihren Lebensunterhalt sorgen konnten, wobei auf der Grundlage späterer Gesetze angenommen werden darf, dass die betreffenden Personen weder ihre Ernährungsquelle noch ihren Besitz nachweisen mussten, sondern sie lediglich ihren Willen zu artikulieren brauchten, sich auf eine bestimmte Art und Weise ernähren zu können.

Der Josephinische Pragmatismus

Eine große Änderung in der Frage des Ehekonsenses brachte der Josephinismus mit sich, unter dem drei wichtige Regelungen publiziert wurden: die Aufhebung der Leibeigenschaft (1781), das Ehepatent (1783) und das Allgemeine Bürgerliche Gesetzbuch (1786). Die Aufhebung der Leibeigenschaft am 1. November 1781 spielte eine wesentliche Rolle in der Frage der persönlichen Freiheit von Untertanen. Traditionell wird dieses Patent als die Aufhebung der Macht der Herrschaften interpretiert; der ehemalige Leibeigene konnte fortan persönlich frei sein. In der Praxis hingegen war die persönliche Freiheit weiterhin begrenzt.[302]

> Über die meisten österreichischen Provinzen ehemals verbreitetes, und auf die zahlreiche Volksclasse höchst schädlich wirkendes Hindernis der Ehe war die Leibeigenschaft. Dieses, aus einem rechtlosen Zeitalter abstammende Verhältnis hemmte nicht nur die Freyheit in der Schließung der Ehen, sondern auch, durch die aus diesem Zwange entstandenen ungleichen Bedingungen die Fruchtbarkeit derselben. In neueren Zeiten wurden die Folgen dieser Stiftung des Mittelalters theils durch die fortgeschrittene Cultur, theils durch landesherrliche Gesetze zum Vortheile der bedrückten Classen gemildert.[303]

Gustav Wenzel Kopetz (1782–1857), Professor für Rechtswissenschaften an der Karl-Ferdinands-Universität in Prag, unterzog die Leibeigenschaft und die Hinderung von Ehen einer scharfen Kritik. Die Aufhebung der Leibeigenschaft erweckte den Eindruck, dass auch die Ehehindernisse in der volljährigen Zivilbevölkerung beseitigt worden seien. „Ist jeder Untertan bloß vorhergehende Anzeige und unentgeltlichen Meldezettel sich zu ehelichen

[302] Siehe die Problematik des Ehekonsenses und der Entlassscheine unten.
[303] Kopetz, W. G.: Österreichische politische Gesetzkunde, Bd. 1, § 118, S. 98.

berechtiget."[304] Punkt 1 der Aufhebung der Leibeigenschaft bildete die Richtschnur hin zum zivilen Bürger und zur Säkularisation. Doch gerade die knapp gehaltene Formulierung wurde zum rechtlichen Ausgangspunkt für diverse spätere Auslegungen vonseiten der Obrigkeiten.

Der Ehekonsens erfuhr mit dem Patent vom 16. Januar 1783 eine wesentliche Erleichterung: Zum ersten Mal wurde auf dem Territorium der Monarchie das staatliche Eherecht eingeführt.[305] Nach außen hin schien in dieser Angelegenheit Klarheit zu herrschen, doch gingen die Meinungen im unmittelbaren Umfeld des Kaisers in dieser Frage auseinander. Der staatliche Charakter der Ehe erwies sich für die Kirche als inakzeptabel. Der Widerstand gegen das staatliche Eherecht vonseiten hoher katholischer Würdenträger mit dem Wiener Erzbischof Kardinal Migazzi[306] an der Spitze war derart massiv, dass der Staatsrat sogar die Einführung der Zivilehe in Erwägung zog, was angesichts der Zeitumstände revolutionär gewesen wäre.[307] Die Zivilehe wurde in der Habsburgermonarchie erst wesentlich später und unter anderen politischen Rahmenbedingungen im Jahre 1868 eingeführt.

Der staatliche Charakter der Ehe wurde wesentlich durch andere Gesetze des Jahres 1783 unterstützt:

---

[304] Handbuch aller unter der Regierung des Kaisers Joseph des II. für die K. K. Erbländer ergangenen Verordnungen und Gesetze in einer sistematischen Verbindung. 18 Bde. Wien: Johann Georg Moesle, 1785–1789, weiter siehe: Joseph II. – Gesetze, hier Bd. 1, 1785, S. 74.

[305] Joseph des Zweyten Römischen Kaisers Gesetze und Verfassungen im Justizfache. Für Böhmen, Mähren, Schlesien, Österreich ob und unter der Enns, Steyermark, Kärnten, Krain, Görz, Gradisca, Triest, Tyrol und die Vorlande. In den ersten vier Jahren seiner Regierung. Wien: Aus der kaiserlich-königlichen Hof- und Staats-Aerarial-Druckerey, 1817, Nr. 117, S. 192–203 (im Folgenden zitiert als: Justizgesetzsammlung).

[306] Christoph Anton von Migazzi (1714–1803), Erzbischof der Erzdiözese Wien, Kardinal und 1762–1785 Administrator in Waitzen (Vác in Ungarn).

[307] Interesse verdient, dass drei Mitglieder der geistlichen Hofkommission für die obligatorische Zivilehe stimmten (Präses Franz Karl Kressel von Qualtenberg, Abt Franz Stephan von Rautenstrauch und Hofrat von Haan); Karl von Martini hingegen verhielt sich ablehnend. Der Kaiser übergab die Angelegenheit der Kompilationskommission, die sich allerdings zu einer Zustimmung für die obligatorische Zivilehe durchringen konnte, da diese „nur Ärgernis errege und das gute Einvernehmen zwischen Kirche und Staat störe". Hock, Karl Ferdinand – Bidermann, Hermann Ignaz: Der österreichische Staatsrat (1760–1848). Wien: W. Braumüller, 1879, S. 248.

> Die Ehe als ein bürgerlicher Vertrag, die daraus fließenden, und den Vertrag errichtenden gegeneinander zu stehenden bürgerlichen Gerechtsame und Verbindlichkeiten erhalten ihre Wesenheit, Kraft und Bestimmung ganz und allein von den landesfürstlichen Gesetzen. Daher gehört die Entscheidung der hierüber stehenden Streitigkeiten für die landesfürstlichen Gerichtsstellen.[308]

Aus dem System des kanonischen Rechts wurden die religiösen Schranken für den Abschluss der Ehe beibehalten, unter den zivilen, d. h. staatlichen Ehehindernissen hingegen blieben lediglich zwei Hürden bestehen: die Unmündigkeit und der militärische Stand. Eine unmündige Person konnte lediglich mit Zustimmung des Vaters, des Großvaters oder eines Vormunds heiraten. Allerdings bestand die festgeschriebene Möglichkeit, dass sich die unmündige Person im Fall einer Verweigerung der Eheschließung an das Gericht wenden könne. Dafür war jedoch eine Einhaltung staatlicher Vorschriften bzw. des kanonischen Rechts Voraussetzung. Die Eheschließung von Militärangehörigen unterlag der Bewilligung des Regiments, Korps oder einer anderen, hierfür zuständigen militärischen Führungsebene. Ohne eine solche Erlaubnis besaß die geschlossene Ehe keine Gültigkeit; gleiches galt für die Eheschließung unmündiger Personen ohne zuvor eingeholte Bewilligung.

In diesem Zusammenhang ist die Feststellung äußerst wichtig, dass der Staat die Ehe nicht mehr aus materiellen Gründen verhinderte. Dabei besteht durchaus die Möglichkeit, dass Herrschaften noch die älteren Resolutionen vom 10. Juli 1765 und vom 5. März 1766 zur Geltung brachten, um Ehen von Vagabunden und älteren Personen zu verhindern, die der öffentlichen Armenfürsorge zur Last fielen. Ehen junger, arbeitender Untertanen wurden hingegen nicht unterbunden, obwohl die Großgrundbesitzer versuchten, die niedrige Ehekonsenstaxe wieder einzuführen.[309] Die Französische Revolution beeinflusste sämtliche Schichten der Bevölkerung, u. a. den Adel, der sich gespalten nur zum Teil zu einigen Zugeständnissen bereit zeigte, während sich die anderen umso konservativer verhielten.

In unserem Zusammenhang sind die Populationstheorien nicht zu unterschätzen, die den Ehekonsens von unbemittelten Personen beeinflussten.

---

[308] Verordnung vom 16. Januar 1783. Joseph II. – Gesetze, 1785, Bd. 2, § 1, S. 149.

[309] Klabouch, J: Politický konsens k manželství v Čechách, S. 13. Die Wiedereinführung der niedrigen Ehekonsenstaxe forderten im Jahre 1790 in den Desiderien der böhmischen Stände lediglich einige Obrigkeiten.

Ein typischer Vertreter dieser gesellschaftlichen Gruppe war der Geselle, der zwar in einem Handwerk seine höchste Ausbildung erhielt, dem jedoch aus finanziellen Gründen die Möglichkeit verwehrt blieb, selbst Meister zu werden. Viele Gesellen gelangten durch die Heirat mit einer Meisterwitwe oder Meistertochter an die Stelle eines Meisters, andere mussten ein entsprechendes Finanzkapital vorweisen, das ihnen als Gesellen jedoch kaum zur Verfügung stand. Wo blieb da Raum für eine Familie? Die Möglichkeit als Geselle eine Familie zu gründen, offenbart sich im pragmatischen Ansatz Maria Theresias, diese gebildete und für den Staat äußerst wichtige Berufsgruppe zu unterstützen. So war es verboten, einen Unterschied zwischen ledigen und verheirateten Gesellen zu machen, obwohl die Existenz eines verheirateten Gesellen seit dem Jahre 1731 zugelassen war. Ein verheirateter Geselle, der durch die Zunft aufgrund seines Standes abgelehnt wurde, durfte sein Gewerbe auch außerhalb der Zunft betreiben. Gemäß dem Patent vom 1. September 1770 durfte in Manufakturen, Fabriken und Gewerben kein Unterschied zwischen ledigen und verheirateten Gesellen gemacht werden. Sowohl die Theresianische als auch die Josephinische Gesindeordnung verbieten es den Arbeitgebern, eine Eheschließung innerhalb des Gesindes zu verhindern.[310] Die bevorstehende Heirat eines Dienstboten bildete keinen Bestandteil der Kündigungsfrist (§ 59c); letztere betrug drei Monate, womit in der Regel die letzten drei Monate des Jahres gemeint waren.

Im Josephinischen Gesetzbuch[311] wurde die rechtliche Linie des Ehepatents ungeachtet des Widerstands seitens der katholischen Kirche beibehalten, bestimmte Probleme wurden explizit erörtert. Hierzu gehörte beispielsweise die Eheschließung volljähriger Personen, die ohne die Zustimmung oder gegen die Einwilligung des Vaters, Großvaters oder des Vormunds geheiratet hatten. Eine solche Heirat war dem Gesetz nach gültig (§ 12). Die Grundprinzipien des Eherechts gingen auch in das Allgemeine Bürgerliche Gesetzbuch ein, sodass lediglich Unmündigkeit und militärischer Stand als Hinderungsgründe einer Eheschließung entgegenstanden. Hinzu kamen natürlich auch römisch-katholische Geistliche. Zwar erscholl im Josephinismus der Ruf

---

310 Gesindordnung für das Landgesind vom 30. September 1782 (für Böhmen vom 20. September 1782). Joseph II. – Gesetze, Bd. 1, Nr. VI, 1782, S. 84–99.

311 Allgemeines Bürgerliches Gesetzbuch, publiziert durch das Patent vom 1. November 1786. Justizgesetzsammlung, 2. Fortsetzung, Nr. 591, S. 71.

nach Aufhebung des Zölibats, doch sah sich Joseph II. aufgrund heftigen Widerstands gezwungen, das Weiterbestehen des katholischen Klerus als lediger Stand zu verkünden, auch wenn der Monarch selbst, wie die Quellen andeuten, als Anhänger der Aufhebung des erzwungenen Zölibats von Priestern galt.[312]

Die oben erwähnte Formulierung im Patent zur Aufhebung der Leibeigenschaft bot Anlass für eine spätere Einschränkung des Ehekonsenses. Auf die Zeit der Populationstheorien, die jeglichen Bevölkerungszuwachs unterstützten, folgte ein Populationspessimismus. Die Lebensmittelproduktivität stieg langsamer als die demographische Entwicklung, was ein Zeitgenosse, Johann Pezzl, scharf kritisierte.

> Ein allgemeiner Geist der Sparsamkeit und Oekonomie hat sich über die Paläste der Großen verbreitet. Sie opfern ihren Luxus, ihre Schmausereien, sogar ihre Mätressen auf, um einige Summe zu ersparen. Sie drücken sogar ihre Untertanen über gewisse Punkte weniger, damit sie sich schleuniger mehren, und richtiger bezahlen können. Tausend neue, ihren Vätern ganz unbekannte Kanäle haben sie geöffnet, durch die sie unversiegbare Ströme Goldes in ihre Schatzkammer leiten. [...] Gieng es nach ihrem Sinn, so könnte eine Nation nichts besseres thun, als so viele Kinder zu fabrizieren wie möglich. Sie scheinen nicht zu wissen, daß ein Garten nur eine gewisse Menge Pflanzen ich ihrer natürlichen Güte nähren kann, niemals aber mehr, wenn auch alle Projekteurs ihren Dünger auf denselben zusammentrügen. Unser Vaterland ist der Garten; wir sind die Pflanzen. Die physische Fruchtbarkeit des Landes hat unstreitig ihre Gränzen; wenn wir nun gedoppelt mehr Kinder machten, als gewöhnlich, so müßte auch die Erde gedoppelt mehr Lebensmittel hervorbringen, als gewöhnlich; wo nicht, so muß die Hälfte der Landespopulation zu Bettlern werden, oder sie muß auswandern oder sie muß die andre Hälfte auffressen.[313]

---

312 Kopetz, W. G.: Österreichische politische Gesetzkunde, Bd. 1, § 120, S. 101.

313 [Pezzl, J.]: Marokkanische Briefe, S. 17–18. Die Marokkanischen Briefe erschienen anonym; allerdings wurde später Johann Pezzl (1755–1823) als deren Verfasser identifiziert. Der Bäckersohn aus dem bayerischen Malersdorf machte eine steile Beamtenkarriere am österreichischen Hof, die er mit dem Posten eines Offizials des Geheimen Chiffrenkabinetts abschloss. Den Besuch einer marokkanischen Gesandtschaft am Wiener Hof im Jahre 1783 nahm er zum Anlass, die Fehler und Unzulänglichkeiten des österreichischen Staates mithilfe des in der Zeit der Aufklärung beliebten Topos eines Fremden in einer „zivilisierten" Gesellschaft genau vor Augen zu führen. Dies reflektiert bereits der fiktive Untertitel des Werkes „Aus dem Arabischen". Ob Pezzls Autorenschaft noch zu seinen Lebzeiten entdeckt wurde, bleibt unbekannt.

Die Reglementierung der Eheschließung

Innerhalb der regierenden Kreise versuchte man, den demographischen Pessimismus mit der Frage der Ernährung der Bevölkerung zu verknüpfen. Dabei dominierte die Furcht vor einer raschen Zunahme armer Personen und deren Radikalisierung, zumal das Bild der Französischen Revolution noch frisch vor Augen stand. Es galt folglich, ein Instrument zu finden, um die freie Heirat unbemittelter Personen zu reglementieren.

Einen ersten Versuch stellte in diesem Zusammenhang die Reglementierung von Eheschließungen in der Residenzstadt dar, die zu einem Schmelztiegel vieler Berufe und Nationen der Monarchie wurde. Zunächst waren die Gesellen an der Reihe, die zwar für die ökonomische Entwicklung eine wichtige, nicht zu vernachlässigende Rolle spielen, zugleich jedoch als eine sehr arme Schicht galten. Ihr Heiratskonsens sollte von der Sittlichkeit, der Praxis, dem Fleiß und der (eventuell notwendigen materiellen) Hilfe der künftigen Ehefrau abhängig sein.

> […] daß Handwerksgesellen nicht die Ehe-Bewilligung versagt werden darf, wenn sie eine empfehlende Sittlichkeit, Fleiß und Geschichtlichkeit, dann eine mehrjährige Verwendung in ihrem Berufsfache für sich haben, und sich hierüber legal ausweisen können. Besonders ist die Eheligung auch dann nicht zu versagen, wenn solche Gesellen auf einen Miterwerb ihrer künftigen Gattin rechnen können.[314]

Beachtung verdient hier einer der frühesten Hinweise auf den Beitrag, den Frauen bei der Ausübung des Berufs ihres Mannes leisteten. Darunter ist nicht nur die Mitgift zu fassen, sondern auch die Praxis, dass Frauen ihre Ehemänner bei körperlich weniger anstrengenden Aufgaben unterstützten bzw. im Falle von Meisterwitwen sogar vertreten konnten. In letzterem Fall durften sie lediglich keine neuen Lehrlinge aufnehmen, aber sie waren befugt den Beruf ihres Mannes (mit Hilfe der bereits angestellten Gesellen) nach dessen Ableben in Vertretung weiter ausüben.

Mit dem Dekret vom 22. Dezember 1796 wurden die Bedingungen des Ehekonsenses zunächst für Wien formuliert. Der Leitgedanke bestand darin,

---

314 Kopetz, Wenzel Gustav: Allgemeine österreichische Gewerbs-Gesetzkunde, oder systematische Darstellung der gesetzlichen Verfassung der Manufacturs- und Handelsgewerbe in den deutschen, böhmischen, galizischen, italienischen und ungarischen Provinzen des österreichischen Kaiserstaates. Wien: Verlag Friedrich Volke, 1829, Bd. 1, § 227, S. 399. Hier zitiert vom Dekret für die Steiermark vom 17. Juni 1818.

auf diese Weise die Niederlassung von Gesellen in Wien zu begrenzen. Wien kämpfte mit einem großen Zustrom von Menschen, die hygienische Lage erwies sich als sehr schlecht und die Versorgung mit Lebensmitteln unzureichend, wie die Vorschriften für die Lebensmittellieferanten zeigen. Personen, die Viktualien nach Wien brachten, waren von den Passvorschriften ausgenommen; sie erhielten Passierscheine, die sie an den Wiener Linien (d. h. zwei bewachten Grenzen der Stadt) vorzeigen mussten. Allerdings strömten mit diesen Lieferanten auch andere Arme in die Donaumetropole in der Hoffnung, sich in Wien besser durchschlagen zu können.[315]

Die Hindernisse für die Eheschließung der Handwerksburschen sollten eine bessere Vernetzung der Gewerbe auf dem Land unterstützen, dessen ungeachtet erklang der Ruf nach der Einführung eines allgemeinen Ehekonsenses. Die von der Kodifikationskommission geführten Debatten, mit denen das neue Allgemeine Bürgerliche Gesetzbuch vorbereitet wurde, brachten Bewegung in die Frage des Ehekonsenses. Der revidierte Vorschlag Martini's[316] aus Jahre 1792 fußte auf dem Josephinischen Konzept und betonte dezidiert die Hindernisse für Eheschließungen (Teil III, § 24).[317] Fünf Jahre später treffen wir auf eine veränderte Lage: Joseph von Sonnenfels[318] unterbreitete den Vorschlag, die Hinderungsgründe für Eheschließungen, die sich bislang lediglich auf Unmündige und Militärpersonen bezogen, auch auf andere Bevölkerungsschichten zu erweitern: „Handwerksgesellen und überhaupt Leute ohne bestimmten Nahrungsstand würden verpflichtet, die Erlaubnis zur Verehelichung bei der Obrigkeit anzusuchen."[319] Der Ehekonsens sollte Sonnenfels zufolge erst dann

---

[315] Stoklásková, Zdeňka: Cizincem na Moravě. Zákonodárství a praxe pro cizince na Moravě 1750–1867. Brno: Matice moravská, 2007, S. 61.

[316] Karl Anton von Martini (1726–1800), Jurist, zusammen mit Franz von Zeiller Schöpfer des Allgemeinen Bürgerlichen Gesetzbuches, vor allem in der Systematik, Gesetzgebungstechnik und Rechtssprache. Die Publizierung des ABGB im Jahre 1811 erlebte er nicht, jedoch wurde der vollständige Entwurf im Jahre 1797 als das sog. Westgalizische Gesetzbuch veröffentlicht.

[317] Klabouch, J.: Politický konsens k manželství v Čechách, S. 14.

[318] Joseph von Sonnenfels (1732/1733–1814), Jurist, Staatsmann und Gelehrter, der erste Lehrstuhlinhaber der Kameralistik, betätigte sich als sprachlicher Korrektor wichtiger gesetzlicher Normen.

[319] Ofner, Julius: Der Ur-Entwurf und die Berathungs-Protokolle des Österreichischen Allgemeinen Bürgerlichen Gesetzbuches. Glashütten im Taunus: Verlag Detlev Auvermann KG, 1976, Bd. 1, S. 97.

erteilt werden, wenn die Personen, die keinen bestimmten Beruf besaßen oder arbeitslose Gesellen, zwei Jahre ihrer Beschäftigung nachzuweisen vermochten; interessant und sehr modern erscheint der Nachweis der Arbeitstätigkeit auch für die zukünftige Braut. Sonnenfels sieht in der Einführung des Ehekonsenses die Bestätigung des Eherechts als eines „anerschaffenen Menschenrechts", welches das Recht nach sich zieht, für Kinder zu sorgen. Sonnenfels' Leitmotive bestanden nicht allein darin, Personen zu „ehrbarer Arbeitsamkeit" zu erziehen, sondern zugleich dafür Sorge zu tragen, eine Verbreitung der Armut zu verhindern und die Rechte der Kinder zu schützen.

> Kinder, welche zu erhalten die Aeltern außer Stande sind, entweder den öffentlichen Anstalten zur Last fallen, oder nur eine an Körper und Geiste verwahrloste Bevölkerung geben, gegen welche, als die Pflanzschule der verderblichsten Unordnungen, wohl keine Vorsichtigkeit für überflüssig angesehen werden könne.[320]

Sonnenfels Vorschlag mag mit Blick auf seine älteren Schriften, in denen er als begeisterter Aufklärer erscheint, überraschen. Seine Hinneigung zu konservativeren Positionen steht im Zusammenhang mit der gesellschaftlichen Entwicklung in Europa und Österreich, aber vermutlich auch mit seiner persönlichen Situation. Die Französische Revolution, ihre blutigen Folgen und der mehrjährige Krieg führten einige zeitgenössische Denker in das konservative Lager; darüber hinaus spielte in Österreich auch der wachsende Einfluss der katholischen Kirche eine wichtige Rolle. Das Engagement für die Rechte von Kindern mag zudem mit der persönlichen Lage von Sonnenfels zusammenhängen, da seine ansonsten harmonische Ehe mit Theresia Hay, der Schwester des Bischofs Johann Leopold Hay, kinderlos blieb. Diesen Umstand ertrug Sonnenfels nur sehr schwer, da er hierin keine vollständige Erfüllung der Ehe erblickte.

Die Mitglieder der Kompilationskommission waren nicht grundsätzlich Gegner der Vorschläge von Sonnenfels, jedoch stellten sie sich gegen die Bemühungen, den Ehekonsens in das vorbereitete Allgemeine Bürgerliche Gesetzbuch aufzunehmen, zumal eine solche Regelung ihrer Auffassung nach nicht in das Gesetzbuch gehöre und sich diese Frage durch spezifische Verordnungen regulieren ließe. Franz von Zeiller stimmte mit J. von Sonnefels

---

[320] Ebenda, S. 98.

darin überein, auch wenn er mit naturrechtlichen Argumenten operierte.[321] Zeiller verwies in seiner Interpretation auf das Menschenrecht: Jeder Mensch habe das Recht auf freie Handlung, solange er damit die Rechte anderer nicht verletze.

> Das Weib habe nach den Gesetzen Recht, von dem Manne den Unterhalt zu fordern. Ist sie großjährig, so soll sie freilich selbst für ihr Wohl bedacht sein. Aber bei Minderjährigen wende der Staat die größte Sorgfalt an; kaum ist die Frauensperson großjährig geworden, so gebe der Staat zu, daß sie durch Vorspiegelung und Liebe getäuscht, offenbar in das Verderben stürze. Bei Verschwendern sorgte man, den Rest für Weib und Kind zu retten; hier gebe man die Ehe zu, ohne zu wachen, ob eine Quelle des Unterhalts vorhanden sei. [...]

Minderjährige Personen sahen sich dem Gesetz nach im Ehekonsens benachteiligt.

> Niemand habe ein Recht, Kinder zu erzeugen, welche darben, unerzogen bleiben, sich selbst und anderen zur Last fallen sollen. Würden die Staaten wie vormal Sparta alle Kinder übernehmen, und für ihre öffentliche Erziehung zu guten Bürgern sorgen, so ist nichts gegen erwähnte Ehen einzuwenden. Was könne aber nach der bestehenden Einrichtung die Kinder für ein Schicksal treffen? Sie aussetzen, sei ein Verbrechen; Findelhäuser bestehen nicht überall, machen, wo sie bestehen, große Schwierigkeit wegen der unentgeltlichen Aufnahme, und ziehen große Sterblichkeit nach sich. Auch wollen selbst die ärmsten Eltern nicht einmal die Kinder von sich lassen. Die Folge sei, daß sie elend umkommen, oder selbst unter den Augen ihrer Eltern, durch Beispiele angelocket, zu Bettlern oder Verbrechen heranwachsen.[322]

Von Zeiller verwendet hier das Argument der ungleichen rechtlichen Behandlung unmündiger Personen, denen die Ehe erst nach einem Konsens zu gestatten sei. Dabei schlug er vor, den Ehekonsens entweder zugleich für minderjährige Personen aufzuheben oder ihn für alle Personen einzuführen, verbunden mit der Pflicht, den Unterhalt nachweisen zu müssen.

---

[321] Franz von Zeiller (1751–1828), Jurist, gilt zusammen mit seinem Lehrer Karl von Martini als der wichtigste Vertreter des Naturrechts in Österreich und Schöpfer des Allgemeinen Bürgerlichen Gesetzbuches. 1803–1807 bekleidete er das Amt des Rektors der Universität Wien.

[322] Beide Zitate: Ofner, J.: Der Ur-Entwurf und die Berathungs-Protokolle des Österreichischen Allgemeinen Bürgerlichen Gesetzbuches, S. 101.

Da die Minderjährigkeit der Braut keine Ausnahme war, stellte dieser Umstand, insofern die schriftliche Zustimmung des jeweiligen Vormunds vorlag, auch kein Hindernis bei der Eheschließung dar. Ein Beispiel hierfür ist Ludmila Hollubetz, die minderjährige Tochter des Viktorin Hlawačz, Häusler in Mikultschitz (Mikulčice), die Kaspar Fiala, Häusler in Luschitz (Lužice), zu heiraten beabsichtigte. Das Verwaltungsamt in Göding (Hodonín), die für Kaspar Fiala zuständige Obrigkeit, bat nicht allein um die Entlassung von Ludmila Hollubetz, sondern zugleich um die vormundschaftliche Zustimmung. Der nicht des Schreibens kundige Vormund Augustin Rottasek gab nicht allein seine Zustimmung zu Protokoll, sondern äußerte seine Freude angesichts der bevorstehenden Heirat:

> Indessen die Ludmila Hollubetz durch die Verehelichung mit dem Luschitzer Häusler Kaspar Fiala ihre Versorgung findt, da mir derselbe als ein ehrlicher Mann bekannt ist, so habe ich gegen die angesagte Entlassung zu ihrer Verehelichung nichts anzuwenden, sondern sie ist mir sehr wünschenswert.[323]

Die Frage des Ehekonsenses wurde – selbstredend mit den Ausnahmen für Militärangehörige, Juden und Mitglieder des römisch-katholischen Klerus – unterschiedlich gelöst: von der gänzlichen Aufhebung des Ehekonsenses bis hin zur Wiedereinführung des Ehekonsenses für alle Personen, verbunden mit der Bedingung der Ungültigkeit der Ehe, was allerdings eine noch verschärftere Regelung als im Falle der Existenz der Leibeigenschaft darstellte. Vor der Aufhebung der Leibeigenschaft fand eine fehlende Bewilligung seitens der Obrigkeit lediglich in einer Geldstrafe ihren Ausdruck, jedoch nicht in der Ungültigkeit der geschlossenen Ehe.

Die Beratungsprotokolle zum ABGB zeigen eine interessante Entwicklung der Problematik des Ehekonsenses. Im Februar 1802 stimmte die Mehrheit der Mitglieder der Hofkommission für die Formulierung, dass die fehlende Zustimmung der zuständigen Behörde die Ungültigkeit der Ehe bedeute,[324] was später durch ein „bloßes Verbothgesetz“ ersetzt wurde. In der Revision der Beratung wurde vorgeschlagen, den Ehekonsens „ganz der politischen Gesetzgebung zu

---

[323] MZA Brno, Herrschaft Lundenburg F 43, Karton 412, Fascikel Nr. 2 Registratur-Nr. 8.
[324] Ofner, J: Der Ur-Entwurf und die Berathungs-Protokolle des Österreichischen Allgemeinen Bürgerlichen Gesetzbuches, Wien: Alfred Hörder, 1889, Bd. 1, S. 103 (§ 79).

überlassen".[325] Der Ehekonsens fand keine Aufnahme in das ABGB von 1811; lediglich allgemeine Bestimmungen des Eherechts wurden hier behandelt. Der Weg ging jedoch in Richtung einer Aufhebung des Josephinischen Systems der Eheschließung. Im Jahre 1800 erfolgte auch für Beamte die Einführung des Ehekonsenses, die fortan die Zustimmung ihrer Vorgesetzten zur Heirat benötigten.[326] Der Anspruch auf den Heiratskonsens bei landesfürstlichen, städtischen und Stiftungsbeamten bestand ab einer bestimmten Höhe des Gehalts, abhängig vom Territorium, in dem der Empfänger lebte.

In Wien belief sich dieser auf 400, in anderen Städten auf 300 und auf dem Land auf 200 Gulden des Jahreseinkommens. Eine mögliche Ungültigkeit der Ehe ohne Ehekonsens war nicht vorgesehen. Gattin und Kinder hatten jedoch im Todesfall des Familienernährers keinen Anspruch auf eine Witwen- oder Waisenrente, was sich zweifellos als eine wirksame Maßnahme erwies. Ausgenommen von der Pflicht des Ehekonsenses waren „Salz-, Zoll-, Wegmauts- und Wirtschafsbeamten", die ihren Posten in abgelegenen Orten ausübten und „oft selbst zum Behufe ihrer aufhabenden Bedienstungen einer Gattin unumgänglich bedurften".[327]

Der Ehekonsens in den Händen der Herrschaften

Im 19. Jahrhundert setzte sich die Tendenz fort, den Ehekonsens auf weitere Bevölkerungsschichten zu erweitern. Im Jahre 1815 wurde für die Stadt Wien eine Vorschrift verkündet, die jene Bevölkerungsgruppen aufzählte, die ohne den Ehekonsens heiraten durften:

> Der Adel, landfürstliche, ständische, städtische, Fonds- und herrschaftliche Beamte, Doktoren, Magister, Professoren und Lehrer der öffentlichen Schul- und Erziehungsanstalten, Advokaten, Bürger, alle Haus- und Güterbesitzer, alle Personen, die mit einem Meisterrechte, Landes-Fabriks-, Fabriks- oder stadthauptmannschaftlichen Befugnis versehen waren.

---

[325] Ebenda, Bd. 2, Wien: Alfred Hörder, 1889, S. 343–344 (§§64 und 65).
[326] Dekret der Finanzhofstelle vom 29. Juli 1800. Franz II. – Gesetze, Bd. 15, Nr. 27, S. 101.
[327] Hofdekret vom 29. Juli 1800 an alle Länderstellen, kundgemacht durch das Tiroler Landesgubernium. Kropatschek, Josef (Hrsg.): Sammlung der Gesetze welche unter glorreichen Regierung Kaisers Franz des II. in den sämtlichen k. k. Erblanden erschienen sind, in einer chronologischen Ordnung. Weiter siehe Franz II. (I.) – Gesetze. Wien: Georg von Moesle, 1800, Bd. 10, Nr. 4365, S. 354–355.

Alle übrigen Personen sollten vor ihrer Verehelichung einen Ehekonsens einholen.[328]

In besagter Frage des Ehekonsenses lässt sich ein inkonsequentes Vorgehen der Beamten feststellen, die der älteren Vorschrift keine Beachtung schenkten. Das weiter oben zitierte Hofkanzleidekret hatte für die Stadt Wien die niederösterreichische Regierung publiziert. Doch wie gestaltete sich die Lage in den Kronländern und auf dem Lande? Unternahmen die Obrigkeiten den Versuch, der Aufhebung der Leibeigenschaft keinerlei Bedeutung beizumessen? Die Situation stellte sich in der Praxis zweifellos als ziemlich heterogen dar. Einen Einblick hierin gewährt die Korrespondenz der Hofkanzlei und des böhmischen Landesguberniums aus dem Jahre 1824, in der die Hofkanzlei zu sondieren suchte, für welche Gruppen der Bevölkerung der Ehekonsens notwendig sei.

Das böhmische Landesgubernium antwortete korrekt, dass nach Aufhebung der Leibeigenschaft, abgesehen von Fällen, in denen Dispensation von den Hindernissen des Staatsbürgerrechts gewährt wurde, lediglich Unmündige, Zwangsarbeiter, Militärangehörige, Juden und Ausländer verpflichtet waren, den Ehekonsens vorzulegen.[329] Gleichzeitig jedoch gab die Landesstelle zu, keine Kenntnis darüber zu besitzen, woher der Wind von den höchsten Stellen wehe, und dass diese Praxis noch nicht die Regel bilde. Weiterhin hieß es, in Böhmen fände die auf Traditionen und Gewohnheiten beruhende Praxis Anwendung, wobei die Landesstelle eine einheitliche Norm begrüßen würde.[330]

Die Formulierung im Patent zur Aufhebung der Leibeigenschaft: „Ist jeder Untertan bloß vorhergehende Anzeige und unentgeltlichen Meldzettel sich zu ehelichen berechtiget“[331], erweist sich als problematisch. Stellten die Meldezettel lediglich ein Relikt der Leibeigenschaft dar oder erfüllten sie einen praktischen Zweck – beispielsweise mit Blick auf die Evidenz des Familienstandes? Letzteres ergab für die Stellung gegenüber dem Militär einen

---

[328] Hofkanzleidekret an die niederösterreichische Regierung vom 26. Januar 1815. Franz II. (I.) – Gesetze, Bd. 43, Nr. 8, S. 108–109.

[329] Für Juden galten außer älteren Vorschriften (Familiantengesetz, 1726) darüber hinaus spezielle Vorschriften in der Frage von Heiraten unter Verwandten, die für die christliche Bevölkerung nicht galten, besonders in der Frage der Ehe unter verschwägerten Verwandten (erneute Heirat mit der Schwester der Verstorbenen bzw. dem Bruder des Verstorbenen), was bei Christen nicht üblich war, jedoch bei Juden empfohlen wurde.

[330] Klabouch, J.: Politický konsens k manželství v Čechách, S. 20.

[331] Joseph II. – Gesetze, 1785, Bd. 1, S. 74.

Sinn, jedoch fehlte ein Kontrollmechanismus, ob es tatsächlich zur Heirat gekommen war. Die Meldezettel interpretierte man als eine rein formale Anzeige der bevorstehenden Heirat, als eine parallel verlaufende ‚zivile Linie' (im ABGB § 70–82) neben dem katholischen und protestantischen Aufgebot; jüdische Ehen unterlagen speziellen Vorschiften.

In Böhmen und Oberösterreich war mit der Ausstellung der Ehelizenz die Pflicht für den Bräutigam verbunden, mehrere Obstbäume zu pflanzen.

> Mit der Verehelichung der Untertanen verknüpfet die Regierung die zum Behuf der Landeskultur abzweckende Anstalt, daß der Bräutigam sich immer bevor mit der Pflanzung einiger Obstbäume ausweisen müssen (wegen des richtigen Vollzugs hat der Beamte darüber ein Vormerkungsbuch zu halten).[332]

Diese Handlung verlieh dem Ehekonsens Sinn; sie mag dabei lediglich ein begleitendes Residuum älterer Bräuche gewesen sein.

Die Frage nach einer eventuellen Korruption vonseiten der Bürokratie (obrigkeitliche Ämter) lässt sich nur schwer beantworten, doch scheint es die Möglichkeit gegeben zu haben, insbesondere in Gebieten, in denen der Ehemeldezettel keine reine Formalität darstellte. Den Vorschriften gemäß sollte der Ehekonsens gebührenfrei sein,[333] jedoch setzte man die Mildtätigkeit der Brautleute voraus, zumal manche Ehekonsense die Mitteilung enthalten, wie viel für die Armen aufzuwenden sei, was als eine alte Tradition aufgefasst werden konnte. Trauungen als Quelle für die Sammlung von Almosen erscheinen bereits in den Statuten der Armeninstitute in den achtziger Jahren des 18. Jahrhundert.[334]

Die Brautleute sollten vor der Eheschließung über ihre religiösen Kenntnisse befragt werden, wobei die von den Seelsorgern ausgestellten Zeugnisse an die Patrimonialämter gingen. Ob dieser Vorgang das Ergebnis des

---

[332] Reichel, Franz: Das Dorf- und Bauernrecht im Königreiche Böhmen, mit Rücksicht auf die übrigen k. k. teutschen Erbländer im Grundrisse. Prag: Kaspar Widtmann, 1817, § 12, S. 12. Justiziar Reichel zitiert einige ältere Vorschriften für Böhmen und Oberösterreich (Jahre 1787, 1792, 1796).

[333] Hofdekret vom 24. Juli 1773. Jaksch, P. K.: Gesetzlexikon im Geistlichen, Religions- und Toleranzfache, Bd. 4, S. 159–160.

[334] [Spazierer, Bernhard]: Zuverlässige und ausführliche Nachricht von dem Armen-Institute, Brünn, S. 17.

wachsenden Einflusses der katholischen Kirche darstellt oder dies als eine gewisse Gleichschaltung mit anderen Religionen interpretiert werden muss, bleibt umstritten. Jüdische Brautleute mussten seit dem Josephinismus vor der Eheschließung eine auf Kenntnisse im Judaismus hinauslaufende Prüfung in deutscher Sprache vor einem fachkundigen Mann, meist einem Rabbiner, ablegen.

Die Erteilung von Ehekonsensen gestaltete sich in der ersten Hälfte des 19. Jahrhunderts in der Habsburgermonarchie sehr unterschiedlich. Das böhmische Landesgubernium teilte im Jahre 1825 der Hofkanzlei mit, in Böhmen würden „in der Regel" nach der Aufhebung der Leibeigenschaft keine Bewilligungen mehr von der Bevölkerung gefordert werden, jedoch gäbe es „in herkömmlicher Gewohnheit begründete besondere Verfahrensarten".[335] Die Hofkanzlei erkundigte sich, ob es nicht vorteilhafter wäre, die Praxis so zu belassen oder ob es nicht sinnvoller wäre, neue und genaue Richtlinien herauszugeben bzw. einfach die Vorschrift für Wien aus dem Jahre 1815 auf das ganze böhmische Land auszudehnen. Eventuell sollten notwendige Modifizierungen geprüft werden.[336]

Nachfolgend startete das böhmische Landesgubernium in der ersten Hälfte des Jahres 1827 eine Enquete, an der sich die Kreisämter und der Prager Magistrat beteiligten. Die Enquete spiegelte die Realität wider: Die Kreisämter zeigten sich uneinig: Einige waren mit der bestehenden Lage zufrieden, andere schlugen kleine Änderungen vor und wieder andere plädierten für die Einführung des Ehekonsenses für bestimmte Gruppen der Bevölkerung, vor allem für Personen ohne ständigen Unterhalt. Zur problematischen Gruppe von Ehekandidatinnen gehörten auch Prostituierte. Der Prager Magistrat weigerte sich im Jahre 1838, einem Prager Kaufmann den Ehekonsens zu erteilen, da dessen – vom Land stammende – Braut in der Landeshauptstadt einen zweifelhaften Ruf besaß. Der Bräutigam sandte daraufhin einen Rekurs an das Gubernium, das seinerseits den Magistrat um eine nähere Erläuterung bat. Der Magistrat teilte mit, er stelle lediglich die Konskriptionszettel aus, nicht die Ehekonsense. Allerdings sah sich der Magistrat gezwungen, im konkreten Fall die umstrittene Braut in seine Heimatzuständigkeit aufzunehmen, was er

---

[335] Klabouch, J.: Politický konsens k manželství v Čechách, S. 27.

[336] Dekret vom 5. November 1831. Provinzialgesetzsammlung des Königreiches Böhmen. 31 Bde., Prag: K. K. Hofbuchdruckerei, 1830–1849, hier Bd. 13, Nr. 241, S. 685–687.

allerdings nicht zu tun beabsichtigte, zumal der Bräutigam die Möglichkeit besaß, eine ‚ehrwürdige' (d. h. makellose) Pragerin zu heiraten.[337] Sollte der Magistrat der Heirat zustimmen, würde er die Möglichkeit einer Ausweisung der betreffenden Prostituierten aus der Stadt verlieren, zumal die Frau nach der Heirat, sollte sie auch weiterhin ihrem Gewerbe nachgehen, unter die Heimatgerichtsbarkeit ihres Mannes in Prag fallen würde. Das Heiratsverbot für Prostituierte bestand bereits seit dem 18. Jahrhundert und kann somit nicht als Neuerung der Vormärzzeit gewertet werden.

Innerhalb der Behörden diskutierte man zugleich die Einführung einer Ehelizenz für Männer, die der Militärpflicht unterlagen, was sich jedoch als ziemlich problematisch darstellte, da sich auf diese Weise die zeitige Eheabschließung kaum verhindern ließ, zu der manche junge Männer schritten, um so dem Militärdienst zu entgehen, da sie als Verheiratete nicht ohne Weiteres einberufen werden konnten. Die Enquete brachte keine konkreten Auswirkungen, die Situation bei der Erteilung von Ehekonsensen erwies sich auch weiterhin als sehr heterogen. Allerdings lässt sich bei höheren Ämtern die Tendenz beobachten, sich um eine Lockerung in der restriktiven Handhabung von Eheschließungen der Armen zu bemühten.

Die Erteilung des Ehekonsenses hing oft mit der Entlassung aus der Herrschaft zusammen. Nach der Aufhebung der Leibeigenschaft konnten sich die ehemaligen Leibeigenen zwar frei bewegen, also umziehen; der Umzug war jedoch mit der Pflicht einer Entlassung aus der Herrschaft verbunden. „Kein Diensthherr, oder Landwirth soll, unter unnachsichtlichem Erlage der Patentalstrafe, einen Dienstboten von einer fremden Herrschaft ohne vorgezeigten Entlassschein, oder Pass annehmen."[338] Diese Pflicht kam einer Kontrolle der Mobilität der Untertanen gleich, also – um mit Michel Foucault zu sprechen – einer „Ordnung der Dinge"; als bedeutsamer erwies sich freilich die Kontrolle bei Männern, die der Militärpflicht unterlagen.

Wie wurde dies von einer noch nicht vollständig alphabetisierten Bevölkerung rezipiert? Wenngleich zur Beantwortung dieser Frage eine breitere Analyse noch aussteht, darf vom Postulat der pragmatischen Anstellung der

[337] Klabouch, J.: Politický konsens k manželství v Čechách, S. 27. Das Verbot der Heirat der Prostituierten war seit der Zeit des Josephinismus angewendet.

[338] Ordnung für das Landgesind. Nr. VI. Hofentschließung vom 1. April 1806. Joseph II. – Gesetze, 1806, Bd. 10, S. 101–103.

Unterschichten ausgegangen werden. Letztere waren sich der materiellen Konsequenzen bewusst, die der Militärdienst und später die Alters- und Armenfürsorge nach sich zogen. Entlassungsscheine benötigten jene Personen nicht, die sich seit zehn Jahren im selben Land der Habsburgermonarchie (des späteren Zisleithaniens; die Länder der Ungarischen Krone galten hingegen als Ausland) aufhielten, also in einem anderen als ihrem Geburtsland, sofern sie „eine gute Nahrung haben und sonst ein standhaftes Gewerb treiben".[339] Zehn Jahre des Aufenthaltes galten sowohl für den Anspruch auf Heimatzuständigkeit als auch für den auf die österreichische Staatsbürgerschaft als Rechtsnorm. Personen, die im gleichen Ort bereits einmal verheiratet gewesen und solche, die älter als 40 Jahre waren, benötigten keinen Entlassungsschein. Die Vorschriften spiegeln ein hohes Maß an Pragmatismus des Staates in der Frage der Armenfürsorge wider.

Einen Einblick in die Mobilitätsverhältnisse von Personen gewährt die folgende Tabelle, die die in der Liechtensteinischen Herrschaft Lundenburg in Südmähren aufgenommenen und entlassenen Personen in den vierziger Jahren des 19. Jahrhunderts vor Augen führt. Die vierziger Jahre des 19. Jahrhunderts wurden bewusst ausgewählt, gilt es doch anhand der archivalischen Quellen die Frage nach der Existenz und der Anwendung von Mechanismen nach Aufhebung der Leibeigenschaft zu beantworten.

> Jedem Untertan [...] steht (es) frei, unter Beobachtung dessen, was das Werbbezirkssistem vorschreibt, auch von der Herrschaft wegzuziehen, und innerhalb des Landes sich niederzulassen, oder Dienste zu suchen. Nur haben iene Untertanen, die von ihren Herrschaften wegziehen, und sich anderswo häuslich oder inwohnungsweise niederlassen wollen, ebenfalls den unentgeltlichen Entlassschein, den sie auch der neuen Grundobrigkeit aufzuweisen, und dadurch, daß sie von der vorigen grundobrigkeitlichen Pflicht entlassen sind, zu bestätigen haben, zu begehren.[340]

Gemäß dem Patent über die Aufhebung der Leibeigenschaft konnte der ehemalige Leibeigene ungehindert seinen Wohnsitz wechseln, musste sich jedoch der Pflicht der Entlassung durch die Herrschaft unterwerfen. Dies haben die Forschungen bestätigt.

---

[339] Ebenda, S. 102-103.

[340] Joseph II. – Gesetze, 1785, Bd. 1, S. 75.

Tabelle 15: Die Mobilität von Untertanen in der Liechtensteinischen Herrschaft Lundenburg.

Liechtensteinische Herrschaft Lundenburg		
	Personen	
Jahr	Aufgenommen	Entlassen
1841	21	56
1842	33	56
1843	31	51
1844	32	25
1845	42	43
1846	50	42
1847	31	62
1848	31	61
1849	39	38
1841–1849	**310**	**434**

Quelle: Moravský zemský archiv Brno, Herrschaft Lundenburg, F 43, Karton 412, Faszikel Nr. 1–9.

Die Entlassungsscheine wurden laut der durchgeführten Teilstudie in der Regel innerhalb von drei Tagen ausgestellt, mitunter lagen sie auch bereits am darauffolgenden Tag vor. Die Untersuchung belegt auch, dass die Herrschaft der Entlassung nie ein Hindernis in den Weg legte. Den häufigsten Grund für die Entlassung stellten eine bevorstehende Heirat des Untertanen (beiderlei Geschlechts) oder die Ausübung eines Gewerbes als Ernährungsquelle dar, was in zahlreichen Fällen mit einem Umzug, der Ausübung des Gewerbes oder dem Ankauf einer Realität und der geplanten Heirat verbunden war, wie dies der Fall des Johann Mikosch bezeugt. Der ledige und volljährige „Inwohner" Johann Mikosch, Sohn eines Lundenburger Bürgers, der ein Haus in der Stadt Lundenburg besaß, erwarb das Haus Nr. 99 in Niederkreuzstetten in Niederösterreich mit der Absicht, sich dort niederzulassen und die minderjährige Katharina Leberwurst aus Wolkersdorf (Niederösterreich) zu heiraten. Die Herrschaft Kreuzstetten stellte ihm am 14. August 1843 eine Aufnahmeurkunde aus, nachdem er sich vorschriftsmäßig die vorläufige Bewilligung der Lundenburger Herrschaftskanzlei besorgt und nachfolgend den Entlassungsschein seiner Herrschaft vorgelegt hatte.[341]

[341] MLA Brno, Herrschaft Lundenburg F 43, Karton 412, Faszikel Nr. 3, Registratur-Materie 8.

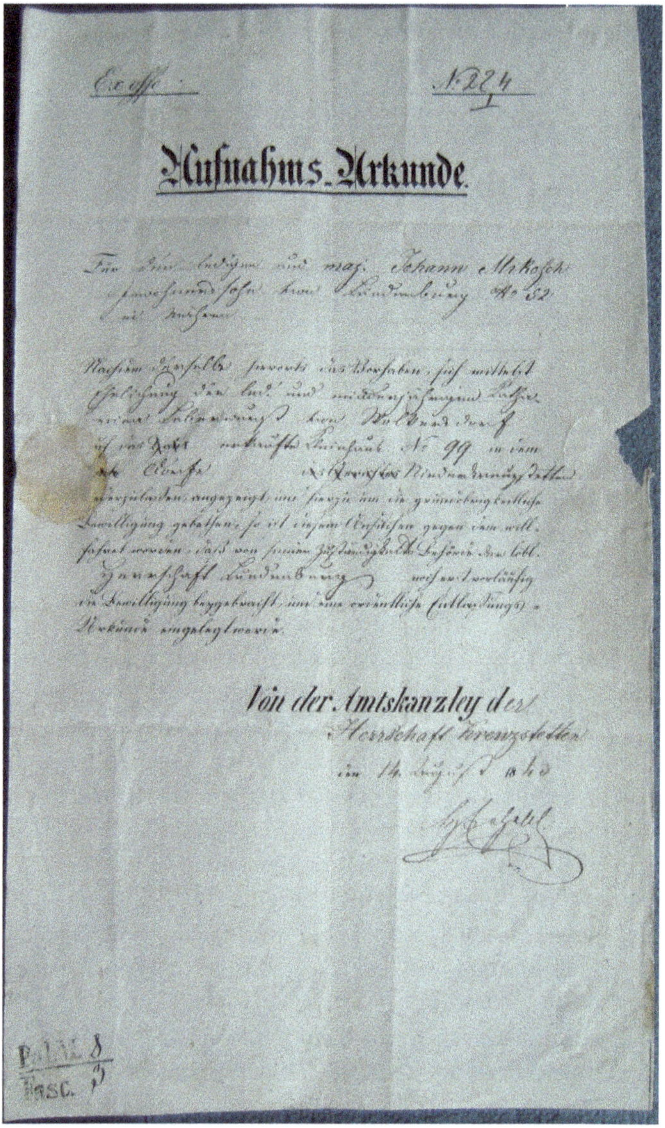
Aufnahms-Urkunde

Von der Amtskanzley der
Herrschaft Kreuzstetten

Abbildung 10: Aufnahmeurkunde von Johann Mikosch, ausgestellt durch die Herrschaft Kreuzstetten am 14. August 1843.
Quelle: Mährisches Landesarchiv Brno, Herrschaft Lundenburg F 43, Karton 412, Folio 7.

In diesem Kontext stellt sich der Autorin eine prinzipielle Frage: Was spiegeln die erhaltenen Quellen eigentlich wider? Bedeutet es, wenn nur jene Untertanen verzeichnet wurden, die vorschriftsmäßig mit Entlassungsscheinen umgezogen waren, dass die Übrigen erst durch intensivere Nachforschungen regelrecht aufgespürt werden müssen? Stellt dies den einzigen Weg dar? Bilden die erhaltenen Quellen lediglich die berühmte Spitze des Eisbergs? Vielleicht ist unsere These allzu optimistisch, doch schenken wir dem in den Archivquellen reflektierten Bild Glauben. Dies gilt zumindest für österreichische Staatsbürger männlichen Geschlechts. Der Entlassungsschein und die Aufnahmeurkunde reflektieren die Legalität des Inhabers in der neuen Herrschaft. Dieser wurde in der Folge weiter als einheimisch konskribiert und besaß dementsprechend das Recht auf Armenfürsorge im Falle von Alter, Krankheit, Tod des Ernährers oder einer zeitweilig angespannten materiellen Lage. Die Entlassungsscheine dienten vermutlich als Reisezeugnis und Identifikationsurkunde – eine Vorstufe des Personalausweises. Dies war in den Kreisen der armen Bevölkerung bekannt. Jeder Mann, der ohne Identifikationsurkunde durch Kontrollorgane angehalten wurde, konnte zum Militär eingezogen werden. Er besaß keine Möglichkeit, sich rechtlich zu wehren, ganz im Einklang mit den damals gültigen Gesetzen. Bei den Militärangehörigen handelte es sich häufig um fremde Männer, mit denen das Werbekontingent aufgefüllt wurde, sodass in der Folge die Werber weniger der „eigenen“ Männer (d. h. Männer aus dem eigenen Werbebezirk) rekrutieren mussten. Hier öffnete sich ein breites Feld für mögliche Korruption der zuständigen Werbesubjekte; folglich gab es für die Untertanen prinzipielle Gründe, nach Gesetzen und Vorschriften zu handeln. Doch wie sah es mit den Dominien aus? Würden Herrschaften fremde Untertanen aufnehmen und ihnen Ehekonsense erteilen? Lag es nicht eher in deren Sinn, über quantitativ mehr arbeitende Hände zu verfügen und damit wirtschaftliche Stärke zu demonstrieren? Im Prinzip ist dies richtig, doch ließ sich überprüfen, inwieweit sich die Herrschaft solidarisch verhielt, zumal die Untertanen bei der nächsten Revision der Konskription gesucht wurden. In diesem Zusammenhang darf die wachsende Macht des Staates nicht unterschätzt werden, zumal der staatliche Apparat ein solches Verhalten eines Dominiums nicht duldete. Darüber hinaus muss noch „die Standesehre“ adeliger Kavaliere in Betracht gezogen werden, die ein gegen andere adelige Besitzer gerichtetes Verhalten verhinderte.

Der Ehekonsens in der Zeit der Industrialisierung

In der Zeit des Vormärz beschleunigte sich das Tempo der Industrialisierung. Die ländliche Bevölkerung verließ in größerem Umfang ihre Dörfer und wanderte in die Städte ab, wo sie Arbeit in Manufakturen, Fabriken oder im Dienstleistungsbereich suchte. Mit der wachsenden Anzahl von Personen in den Städten, die sich Dienstpersonal leisten konnten, stieg auch die Nachfrage nach Dienstboten oder anderen Fachkräften (Handelsgehilfen, in Luxusgewerben wie Goldschmiedekunst, Modistinnen, Handschuhmacher, Tapezierer, Stuckateure usw.). Die Patrimonialämter gerieten immer öfter in die Situation, den Ehekonsens an zwei patrimonialfremde Brautleute erteilen zu müssen. In großen Städten wuchs damit die Befürchtung, mit dem bewilligten Ehekonsens beiläufig auch das politische Domizil zu erteilen, was wiederum mit der möglichen Armenfürsorge in Verbindung stand.

Dieses Problem entstand sehr rasch auch in Wien, das mit einer großen Zuwanderung zu kämpfen hatte, wobei die meisten Personen aus der näheren Umgebung kamen – aus Niederösterreich und Mähren. Per Hofdekret vom 19. Juli 1810 wurde daher verordnet, dass Untertanen fremder Herrschaften bei einer Vermählung in einer anderen als ihrer eigenen Herrschaft entweder den Ehekonsens oder die Entlassung aus der vormaligen Herrschaft vorlegen mussten. Die Ehelizenz allein bedeutete keineswegs automatisch die Aufnahme in die neue Jurisdiktion.[342] Die direkte Verhandlung zwischen den Kronländern Niederösterreich und Mähren führte zu dem folgenden, per Hofdekret vom 25. August 1831 publizierten Ergebnis: Der Wiener Magistrat erteilte die Ehekonsense an die in der Donaumetropole lebenden herrschaftsfremden Personen und eruierte deren Subsistenzmöglichkeiten sowie deren moralisches Profil.[343] Die erforderlichen Meldungszettel für die politischen Domizile der Brautleute besaßen die Kraft von Entlassungsscheinen und der Wiener Magistrat stellte die Brautleute mit dem Ehekonsens unter seine Jurisdiktion.

Das Abkommen zwischen Wien, Niederösterreich und Mähren sollte die Lage unbemittelter Brautleute erleichtern, deren Herrschaftsämter sich weigerten, ihnen den Ehekonsens zu erteilen, zumal man wusste, dass diese im Falle einer möglichen Verarmung an ihre Heimatorte geschickt würden. Die

---

342 Archiv český, Bd. XXV, Nr. 985, S. 477.

343 Unter das moralische Profil fielen vor allem Prostitution, Zuhälterei, Diebstähle und die kleine Kriminalität.

Wirtschaftsämter sahen sich genötigt, derart verarmte und in der Regel alte Menschen aufzunehmen und sich um deren Armenfürsorge zu kümmern.

> Da nun durch die Ertheilung des ortsobrigkeitlichen Ehekonsenses von Seite der Wiener Jurisdiktionen nicht auch die Aufnahme in die betreffende Jurisdiktion erfolgte, und deßhalb solche Individuen, wenn selbe in der Folge verarmten, den betreffenden Jurisdiktionsobrigkeiten und Gemeinden zur Erhaltung zugewiesen wurden; so geschah es häufig, daß die Grundobrigkeiten die Ertheilung des Ehemeldzettels verweigerten, wodurch zwischen diesen und den Wiener Jurisdiktionen stets Differenzen sich ergeben haben. Zur Beseitigung dieser Differenzen ist die k. k. niederösterreichische Landesregierung mit dem k. k. mährisch-schlesischen Landesgubernium aus Anlaß mehrerer Fälle dahin übereingekommen, daß: 1. Zwar jeder Unterthan fortan berechtigt seyn solle sich zu verehelichen, daß er jedoch vorher eine gesicherte Erwerbsfähigkeit und hiedurch das hinreichende Auskommen sich und seine Familie zu ernähren, ausweisen müßte. 2. Daß zur Ertheilung des ortsobrigkeitlichen Ehekonsenses von Seite der Wiener Jurisdiktion zwar noch ferner die Beibringung des sogenannten Ehemeldzettels oder grundobrigkeitlicher Heirathslizenz erforderlich bleibt, daß jedoch die grundobrigkeitliche Heirathslizenz in Hinkunft auch die Wirkung der obrigkeitlichen Entlassung aus der Jurisdiktion habe.[344]

Die zwischen beiden Ländern und der Stadt Wien vereinbarte Regelung sollte die Lage armer, arbeitender Brautleute erleichtern, die in Wien heiraten, leben und arbeiten wollten. Die formulierte Bedingung „gesicherter Erwerbsfähigkeit" der Brautleute ließe sich als eine bloße Deklaration ihres Willens zu arbeiten interpretieren. Diese bisher kaum bekannte Übereinkunft sollte zum wirtschaftlichen Aufstieg der Stadt Wien und ihrer arbeitenden Bewohner beitragen. Sie zeigt zugleich die äußerst progressive Haltung aller beteiligten Parteien.

Als eine Art „Musterehe" innerhalb dieses Abkommens mag die im Jahre 1845 zwischen einem niederösterreichischen Bräutigam und seiner aus Mähren stammenden Braut geschlossene Eheverbindung gelten. Der Bräutigam Andreas Marker, ein einundvierzigjähriger „Packfongarbeiter" aus Obersulz in Niederösterreich, bat im Oktober 1845 in Wien um die Erteilung des politischen Ehekonsenses.[345] Bei der Braut handelte es sich um die

---

[344] Provinzialgesetzsammlung Böhmen, Bd. XIII, Nr. 241, S. 685–687.

[345] Packfong ist eine alte Bezeichnung für Neusilber, also eine Kupfer-Nickel-Zink-Legierung, verwendet für die Produktion von Bestecken, Teilen von Blasinstrumenten, feinmechanische, elektrotechnische und medizinische Geräte usw.

zweiundvierzigjährige Catharina Piruschka aus Dalleschitz (Dalešice) in Mähren; die Brautleute, beide katholischer Religion und ledig, galten als „wegen ausgewiesener Erwerbsfähigkeit zur Ehebewilligung geeignet", bedurften jedoch der Meldezettel ihrer für sie zuständigen Behörden. Der Wiener Magistrat wies darauf hin, dass er lediglich „in den Fällen des angesuchten Bürgerrechtes eines Hausbesitzers, einer Handlung oder eines Gewerbes um die förmliche Entlassung einzuschreiten pflegt", in diesem Fall jedoch „kein Grund vorliegt, um (gegen) diese Entlassung einzuschreiten."[346] Der Wiener Magistratsbeamte Pelikan fügte am 14. Oktober 1845 hinzu, dass „diesem Schreiben ein legal gestandenes Gesuch zu Grund liege", wodurch er den Packfongarbeiter vor eventuellen Sanktionen seiner Obrigkeit und einer möglichen Ausweisung aus der Stadt schützen wollte. Auf diese Weise sollte die Legalität des Gesuches unterstrichen werden. Im Übrigen bestand für eine Ausweisung kein Grund, da Andreas Marker eine ordnungsgemäße Aufenthaltsbewilligung besaß, deren Gültigkeit vermutlich von einer Urkunde seiner Herrschaft abhing. Der Prozess stand ganz im Einklang mit den geltenden Gesetzen. Wir dürfen folglich davon ausgehen, dass die Brautleute nach ihrer Heirat in der neuen Wiener Jurisdiktion Aufnahme fanden.

In der Teilstudie über die Ehebewilligungen standen unter juristischen Aspekten interessante Fälle im Fokus, beispielsweise der von Franziska Lutzer, die in Wien heimatzuständig war und einen Mann heiraten wollte, der nicht aus der Donaumetropole stammte. Größere Städte verweigerten unbemittelten Fremden die Aufnahme, was auch den zukünftigen Ehemann betraf, selbst wenn dessen Gemahlin zu ihren Jurisdicentinnen gehörte. Dies traf auch auf Franziska Lutzer zu, eine sechsunddreißigjährige Handschuhmacherin aus Wien, die den siebenundzwanzigjährigen Goldarbeitergesellen Franz Kwasinger heiraten wollte. Über die bevorstehende Heirat sind wir durch das Gesuch des Bräutigams an den Wiener Magistrat unterrichtet, der sich pflichtgemäß mit der Bitte um Ausstellung des politischen Ehekonsenses an seine Obrigkeit – die Liechtensteinische Herrschaft Lundenburg (Mähren) – wandte. Beide Brautleute waren ledig, katholischer Religion und, was primäre Bedeutung besaß, „wegen ausgewiesener Erwerbsfähigkeit zur Erlangung dieser Ehebewilligung geeignet". Der Ehe

[346] Hausarchiv der regierenden Fürsten von Liechtenstein in Wien, Herrschaft Wilfersdorf, H 1837, nicht foliiert.

stand also kein Hindernis im Weg, zugleich wurde jedoch überprüft, ob die Trauung wirklich erfolgte. Hätte es das Abkommen zwischen Niederösterreich, Mähren und Wien nicht gegeben, wäre Franziska nach der Heirat plötzlich eine fremde Person in Wien gewesen, da sie laut § 92 des Allgemeinen Bürgerlichen Gesetzbuches als verheiratete Frau der Zuständigkeit ihres Gatten folgen musste. Im Falle von Verarmung, Krankheit, Tod des Ehegatten oder aufgrund eines anderen Schicksalsschlages hätte man sie nicht nur mit der Bitte um Unterstützung abgewiesen, sondern zugleich aus der Stadt Wien nach Lundenburg, also „nach Hause“, abgeschoben, wo sie vermutlich niemanden kannte, ungeachtet der Tatsache, dass die entsprechende Gemeinde per Gesetz dort für sie zuständig war. Hierzu kam es jedoch nicht, da ihr Ehemann als Mährer aufgrund des oben genannten Abkommens nach der Heirat die Wiener Zuständigkeit erhalten konnte.[347]

Eine solche Möglichkeit bot sich einer armen jungen Witwe in Wien nicht. Die in Niederösterreich geborene Eva Maria Krause arbeitete als Tuchmacherin in einer Seidenfabrik in Wien, wo sie sich seit ihrem zwölften Lebensjahr aufhielt. Im Mai 1847 suchte sie bei der Wiener Stiftsherrschaft Schotten um eine finanzielle Unterstützung nach, da eines ihrer drei Kinder erkrankt war, sodass sie ihrem Gewerbe nicht nachgehen konnte. Die Herrschaft prüfte ihren Anspruch und stellte fest, dass nicht Wien für die Antragstellerin zuständig war, sondern Altenbuch (Staré Buky) in Böhmen. Eva Marias Mann, ein Schlossergeselle aus Altenbuch, war im Jahr zuvor an Typhus verstorben und hinterließ seine 24-jährige Frau mit drei Kindern im Alter von vier und zwei Jahren sowie sechs Monaten. Die Herrschaft Schottenstift ihrerseits entschied, Eva Maria Krause solle nicht nur keine Unterstützung erhalten, sondern nach Altenbuch abgeschoben werden. Die Witwe brachte gegen den Bescheid ein Gnadengesuch ein, zumal sie in Altenbuch niemand kannte und sie sich dort nur äußerst schwierig hätte ernähren können; außerdem befürchtete sie, dass ihr sechs Monate altes Kind den Schubtransport nicht überleben würde. Die Landesregierung ließ die Situation prüfen: der Verdienst der Frau als Seidenspulerin betrug 3 Florinen und 30 Kreruzer wöchentlich, wobei sie 7 Fl. pro Monat Miete bezahlen musste. Selbst die Beamten vertraten die Auffassung,

[347] MLA Brünn, Herrschaft Lundenburg F 43, Karton 412, Faszikel Nr. 3, Registratur-Nr. 8.

dass die Antragstellerin in Altenbuch bei ihrer spezialisierten beruflichen Tätigkeit keine entsprechende Beschäftigung finden könne und dass ihr für eine schwere Feldarbeit die notwendige Kraft fehle. Die Gemeinde Altenbuch erkannte förmlich Eva Marias Anspruch auf die Heimatzuständigkeit an, teilte jedoch zugleich mit, dass sie E. M. Krause angesichts unzureichender Mittel im Armenfonds nicht unterstützen könne. Aufgrund der kalten Jahreszeit durfte die Witwe mit ihren Kindern, von denen das jüngste bereits verstorben war, in Wien bleiben. Da sie sich auch weiterhin nicht imstande sah, sich selbst und ihre Kinder zu ernähren, wurde gegen sie eine Abschiebung verfügt. Das Grundproblem bestand in der ablehnenden Haltung der großen Agglomerationen, zugezogenen Arbeitern die Heimatzuständigkeit zu verleihen. Der verstorbene Ehemann von E. M. Krause hatte zwar 17 Jahre lang sein Schlossergewerbe in Wien betrieben, doch hatte der Magistrat bei der Erteilung eines Konsenses ausdrücklich festgehalten, dass dies den Erwerb der Heimatzuständigkeit ausdrücklich ausschließe.[348]

Aus der Ehebewilligung für Michael Hauser folgte keine Aufnahme in die Zuständigkeit der Stadtgemeinde Wien. „Der Seidenzeugmachergeselle" Michael Hauser, der am Schottenfeld Nr. 474 bei Heinrich Manner tätig war, ersuchte im Juli 1843 die Ehebewilligung mit Barbara Pleyl, die ebenfalls in Wien am Schottenfeld (Nr. 249) vermutlich als Bedienstete arbeitete. Michael war zur Zeit des Eheantrags bereits Witwer, Barbara hingegen noch unmündig, sodass sie für die Heirat die väterliche oder vormundschaftliche Einwilligung einholen musste. Interesse verdient die Reaktion des Wiener Magistratsbeamten, nach dessen Äußerung der Bräutigam Michael Hauser „durch diese Verehelichung allein noch keineswegs nach Wien zuständig werde, sondern zufolge das k. k. Hofkanzleidekrets vom 8ten Sept. 1820, z. 26106 die vorgeschriebene Reise und Aufenthaltsbewilligung auch in Zukunft bey seiner bisherigen Zuständigkeits-Obrigkeit anzusuchen habe."[349] Bei besagter Ortsobrigkeit handelte es sich um die niederösterreichische Herrschaft Wilfersdorf in der Liechtensteinischen Domäne. Im August 1843

[348] Heindl, Waltraud – Saurer, Edith (Hrsg.): Grenze und Staat. Passwesen, Heimatrecht und Fremdengesetzgebung in der österreichischen Monarchie 1750–1867. Wien – Köln – Weimar: Böhlau, 2000; hier das Kapitel von Harald Wendelin, S. 219–220.

[349] Hausarchiv der regierenden Fürsten von Liechtenstein in Wien, Herrschaft Wilfersdorf, H 1837, nicht foliiert.

überprüfte die Herrschaft Stift Schotten die Ehescheine, die Heirat konnte stattfinden. Die Verweigerung der Aufnahme in die Wiener Zuständigkeit hatte militärische Gründe, zumal verheiratete Männer nicht an ihrem Aufenthaltsort, sondern durch die für sie zuständige Obrigkeit konskribiert werden sollten.[350] Diese Vorschrift widersprach dem Abkommen zwischen Wien, Niederösterreich und Mähren aus dem Jahre 1831; den Grund hierfür bildete zum einen wohl der wachsende Einfluss der militärischen Kreise oder aber die Tatsache, dass die Braut keinem der drei am Vertrag beteiligten Länder angehörte.[351]

Im Verlaufe der Zeit verflüchtigte sich in den politischen Behörden[352] die Unterscheidung zwischen der Bewilligung der Heirat und der bloßen Meldung der Ehe, was die nachfolgenden Formulierungen zeigen: „Die Heirat wird anmit bewilliget“ und „Gegen die Heirat wird kein Anstand genommen“. Die Unsicherheit der Behörden in der Frage des Ehekonsenses bringt die am 15. Juli 1844 von Erzherzog Stephan von Habsburg-Lothringen initiierte Umfrage zum Vorschein, unter welchen Umständen die Ehekonsense zu erteilen oder abzulehnen seien.[353] Das böhmische Landesgubernium wandte sich an die Kreisämter, die Nachforschungen in den ihnen unterstellten Territorien durchführten. Die Kreisämter kamen zu unterschiedlichen Ergebnissen, waren sich allerdings darin einig, dass der Pauperismus wesentlich zugenommen habe und dass dies in der Folge katastrophale Auswirkungen auf das Familienleben hätte. Einige Kreisämter verwiesen bei den hierfür ausschlaggebenden Gründen auf eine vermeintliche Arbeitsscheue sowie negative moralische Eigenschaften. In armen Gebieten, namentlich im Riesengebirge, läge die Ursache der Armut in der Übervölkerung, deren Ursache

350 Hofkanzleidekret vom 8. September 1820. Franz II. (I.) – Gesetze, Bd. 48, Nr. 103, S. 215.

351 Hausarchiv der regierenden Fürsten von Liechtenstein in Wien, Herrschaft Wilfersdorf, H 1837, nicht foliiert.

352 Das Adjektiv „politisch“ wird hier in zeitgenössischer Bedeutung benutzt, da es besser den Inhalt abdeckt. Es ist nicht möglich, das Wort „politisch“ lediglich durch das Wort „staatlich“ zu ersetzen, als politische Behörden galten sämtliche Behörden, die eine durch den Staat übertragene Verwaltungskompetenz besaßen, also Staats- und Landesbehörden, vor dem Jahre 1849 auch herrschaftliche Ämter. Dies betraf sowohl die bürgerliche (zivile) wie auch die Strafjurisdiktion.

353 Erzherzog Stephan Franz von Habsburg-Lothringen (1817–1867), der Enkelsohn Kaiser Leopolds II., wirkte im Untersuchungszeitraum als böhmischer Landesgouverneur.

als ein Nebenprodukt der Befreiung von Ehekonsensen zu betrachten sei. Zusammenfassend kam die Umfrage zu dem Ergebnis, dass die Ursachen der Armut tiefere Gründe hätten und vornehmlich in den begrenzten Möglichkeiten zur Ernährung unqualifizierter Personen gesucht werden müssten.[354]

Zwei interessante Tatsachen kommen in der Umfrage quasi zwischen den Zeilen zum Ausdruck: Dabei handelt es sich zum einen um die wachsenden Machtansprüche der Gemeinden und den Bedingungen der weiterhin bestehenden Untertänigkeit und zum anderen um den zunehmenden „bürokratischen Mut" der Untertanen, die vermehrt den Rekurs gegen die Ehekonsensverweigerung wagten. Die meisten Herrschaftsämter zeigten sich darin einig, dass in der Frage der Erteilung von Ehekonsensen eine Zusammenarbeit mit den Gemeinden erforderlich sei, zumal die Kräfte der zur Beibehaltung berufenen Gemeinden erschöpft sein könnten. Die Übertragung der obrigkeitlichen Kompetenz in der Frage der Armenfürsorge an die Gemeinden ist eines der wichtigsten Kennzeichen des sich kurz vor der Aufhebung befindenden Patrimonialsystems.

Die mögliche Verweigerung des Ehekonsenses muss allerdings als eine schwache Waffe der Obrigkeiten und Gemeinden angesehen werden. Es ging nicht darum zu verhindern, dass arme Personen im Eheverband lebten, sondern die rasche Zunahme von Kindern armer Eltern sollte gebremst werden. Führte die Verweigerung des Ehekonsenses zum Zusammenleben von ledigen Personen, zu einer erhöhten Sterblichkeitsrate bei Neugeborenen und zu mehr Fehlgeburten? Das Konkubinat von Personen, denen der Ehekonsens verweigert wurde, ließ sich nicht per Gesetz verhindern, wie die Entwicklung bei Juden zeigte, deren Familienleben noch immer dem äußerst strengen Familiantengesetz unterworfen war.

Die Zahlen der ehelich und außerehelich geborenen Kinder in Prag, wo der Ehekonsens seit 1838 eine reine Formalität darstellte, veränderten sich im Laufe der vierziger Jahre des 19. Jahrhunderts kaum. Der hohe Prozentsatz der außerehelich geborenen Kinder – fast die Hälfte aller Lebendgeborenen – zeigt, dass der Ehekonsens nur einen geringen Einfluss auf die Geburtenrate hatte. Natürlich gilt es, für Prag eine wichtige Tatsache zu beachten: Im Unterschied zu anderen Städten und zum Land, gab es in der böhmischen Landeshauptstadt ein Findelhaus und ein allgemeines Krankenhaus mit einer Geburtsabteilung,

[354] Klabouch, J.: Politický konsens k manželství v Čechách, S. 37.

in der arme Frauen kostenlos entbinden konnten. Sie waren jedoch verpflichtet, die Kosten für ihre Entbindung „abzuarbeiten" – durch das Stillen ihres eigenen Kindes und eines der sich im Findelhaus befindlichen Säuglinge. Sie erhielten Unterkunft und Kost; die so verbrachte Zeit gestattete ihnen, die schwierige Entscheidung, ob sie ihr Kind im Findelhaus belassen oder den schwierigen Weg einer ledigen Mutter wählen sollten, zeitlich hinauszuschieben.

Tabelle 16: Die Zahl der ehelich und außerehelich geborenen Kinder in Prag in den Jahren 1842–1844.

Geborene Kinder in Prag				
Jahr	**Eheliche**	**Außereheliche**	**Absolut**	**Außereheliche in Prozent**
1842	3.031	2.821	5.852	**48,21%**
1843	3.104	2.920	6.024	**48,47%**
1844	3.125	2.672	5.797	**46,09%**
1845	3.330	3.171	6.501	**48,78%**
1842–1845	**3.148**	**2.896**	**6.044**	**47,89%**

Quelle: Klabouch, Jiří: Politický konsens k manželství v Čechách. Z novějších dějin manželství v našich zemích. Rozpravy Československé akademie věd - řada společenských věd, Jg. 70, Bd. 5. Praha: Academia, 1960, S. 40.

Einige hohe Bürokraten erblickten, im Unterschied zu klerikalen Kreisen, in den Geburten außerehelicher Kinder keine für den Staat diskriminierende Angelegenheit. Sie nährten sich in ihren Vorstellungen den großen Aufklärern, die das Wachstum der Bevölkerung im Sinne Justis unterstützten und ähnlich wie Johann Peter Frank in unehelichen Kindern lediglich eine Frucht der Natur sahen: „Die Natur verursacht keine Sünde".[355] Graf Thun, Mitglied der Kommission für die Armenpflege in der Region Riesengebirge, sah in den außerehelich geborenen Kindern kein Unglück, sondern vielmehr eine Möglichkeit für den Staat: Die Kinder, die das Findel- und Waisenhaus überlebt hatten, könnten als willkommener Nachwuchs für die Armee und

[355] Johann Peter Frank (1745–1841) war ein deutscher Mediziner, der in mehreren europäischen Städten tätig war. Er gilt heute als ein Pionier des öffentlichen Gesundheitswesens, der Hygiene als Fach sowie als Wegbereiter der systematischen Ausbildung von Ärzten und Krankenschwestern. Aufgrund seiner modernen Methoden und seines Rufs nach einem öffentlichen Gesundheitssystem war er damals jedoch unbeliebt.

die Wirtschaft betrachtet werden. Zudem könnten Militärschulen für verwaiste Kinder errichtet werden.[356]

Tabelle 17: Die Zahl der ehelich und außerehelich geborenen Kindern in Zisleithanien im Jahre 1881 je 1.000 geborene Kinder.

Von 1.000 Geborenen Kindern im Jahre 1881				
	Eheliche Kinder		**Außereheliche Kinder**	
	Lebend	**Tot geboren**	**Lebend**	**Tot geboren**
Böhmen	973,14	26,86	963,64	36,36
Bukowina	982,71	17,29	972,37	27,63
Dalmatien	991,51	8,49	963,35	36,35
Galizien	976,78	23,22	973,05	36,95
Görz und Gradisca	980,52	19,48	942,20	57,80
Istrien	978,77	21,23	955,62	44,38
Kärnten	979,96	20,04	972,05	27,95
Krain	984,09	15,91	974,14	25,86
Mähren	979,04	20,96	964,55	35,45
Niederösterreich	966,03	33,97	954,78	45,22
Oberösterreich	970,21	29,79	963,69	36,31
Salzburg	974,91	25,09	959,83	40,17
Schlesien	975,77	24,23	966,96	33,04
Steiermark	969,15	30,85	958,50	41,50
Tirol	987,74	12,26	979,83	20,17
Triest und Gebiet	962,5	37,50	938,69	61,31
Vorarlberg	988,71	11,29	953,13	46,87
Zisleithanien	**975,75**	**24,25**	**962,05**	**37,95**

Quelle: Österreichische Statistik, Band V, Heft 1, Kaiserlich-königliche Staatsdruckerei: Wien, 1884, S. XI.

[356] Franz Anton Graf von Thun-Hohenstein (1786–1873), Großgrundbesitzer und Abgeordneter im böhmischen Landtag, widmete sich als Industrieller auch der sozialen Frage und der Verbesserung der Lebensbedingungen von Armen.

Tabelle 18: Die Zahl der ehelich und außerehelich geborenen Kinder in Zisleithanien im Jahre 1881 in Prozent.

Von 1.000 Geborenen Kindern im Jahre 1881 in Prozent				
	Eheliche Kinder		**Außereheliche Kinder**	
	Lebend	**Tot geboren**	**Lebend**	**Tot geboren**
Böhmen	50,25%	42,49%	49,75%	57,51%
Bukowina	50,26%	38,49%	49,74%	61,51%
Dalmatien	50,72%	18,93%	49,28%	81,07%
Galizien	50,10%	38,59%	49,90%	61,41%
Görz und Gradisca	51,00%	25,21%	49,00%	74,79%
Istrien	50,60%	32,36%	49,40%	67,64%
Kärnten	50,20%	41,76%	49,80%	58,24%
Krain	50,25%	38,09%	49,75%	61,91%
Mähren	50,37%	37,16%	49,63%	62,84%
Niederösterreich	50,29%	42,90%	49,71%	57,10%
Oberösterreich	50,17%	45,07%	49,83%	54,93%
Salzburg	50,39%	38,45%	49,61%	61,55%
Schlesien	50,23%	42,31%	49,77%	57,69%
Steiermark	50,28%	42,64%	49,72%	57,36%
Tirol	50,20%	37,80%	49,80%	62,20%
Triest und Gebiet	50,63%	37,95%	49,37%	62,05%
Vorarlberg	50,92%	19,41%	49,08%	80,59%
Zisleithanien	**50,35%**	**38,99%**	**49,65%**	**61,01%**

Quelle: Österreichische Statistik, Band V, Heft 1,
Kaiserlich-königliche Staatsdruckerei: Wien, 1884, S. XI.

Im Zeitalter der Statistik veränderte sich das Verhältnis zwischen ehelichen und außerehelich geborenen Kindern kaum. Die Tabelle der im Jahre 1881 geborenen Kinder zeigt für Böhmen einen Anteil von 49,75 % außerehelich lebend geborener Kinder. In Prag lag seit dem Bestehen des Ehekonsenses die Zahl der außerehelich geborenen Kinder in den Jahren 1842–1845 bei 47,89 %. Die Statistik zeigt, dass es mit Blick auf das Bestehen des Ehekonsenses keinen großen Unterschied bei den außerehelich geborenen Kindern im Vergleich zur späteren Zeit gab, als die Ehekonsense nicht mehr erforderlich waren. Die Daten für einzelne Länder und das gesamte Zisleithanien zeigen nur geringe Unterschiede in der Prozentzahl der außerehelich geborenen Kinder. Der Anteil der lebenden außerehelich geborenen Kinder betrug für Gesamt-Zisleithanien 49,65 %.

Drastisch fällt hingegen der Vergleich totgeborener außerehelicher Kinder mit der Zahl der totgeborenen Kinder ehelicher Abstammung aus. In den südländischen und bergigen Provinzen belief sich die Zahl der totgeborenen außerehelichen Neugeborenen im Vergleich zu den totgeborenen ehelichen Kindern (Dalmatien, Görz und Gradisca) sogar auf das Vierfache. In Vorarlberg stehen 19,41 % totgeborene, eheliche Kinder 80,59 % totgeborenen, unehelichen Kinder gegenüber!

Die mögliche Verhinderung von Eheschließung bewerteten die Zeitgenossen unterschiedlich. Gleichzeitig zur Bejahung von Ehekonsensen finden sich Ansichten, dass sich die Armut nicht durch die Verhinderung von Ehen, sondern durch eine Verbesserung der Arbeitsbedingungen in Industrie und Landwirtschaft wirksamer bekämpfen ließe. Somit standen sich zwei diametral entgegenstehende Auffassungen über die Eheschließung von Vaganten, Bettlern und Personen ohne die ständige Arbeit gegenüber. Die Ehe, so hieß es, sei das beste Mittel, um einander bei schweren Schicksalsschlägen beistehen zu können.

Die Debatte auf böhmischer Landesebene nahm einen interessanten Verlauf, da sie sowohl die Haltung der Landes- und Kreisbeamten als auch diejenige der Großgrundbesitzer offenbarte, die vor einer Radikalisierung der armen Bevölkerung warnten, welche sich möglicherweise aus der Verhinderung von Eheschließungen ergeben könnte. In vielerlei Hinsicht verdient die Umfrage des böhmischen Landesguberniums aus dem Jahre 1846 Aufmerksamkeit, handelt es sich doch um die Initiative der mittleren Verwaltungsebene, d. h. der Landesbehörde, die sich eine Situation zu klären bemühte, welche sich in vielen Ländern und Länderteilen der Monarchie als heterogen erwies. Dies geschah mittels demokratischer Mittel in Form einer Meinungsumfrage, die die unterschiedlichen Ansichten widerspiegelte. Zahlreiche Großgrundbesitzer, also die damals noch bestehenden Herrschaften, zeigten mehr Verständnis für die Abschaffung des Ehekonsenses als viele Landes- und Kreisbeamte. Die Enquete fand kurz vor der Revolution von 1848 und vor der Aufhebung der Untertänigkeit statt.

Welche Bestimmungen aber enthält das Allgemeine Bürgerliche Gesetzbuch (ABGB) zum Eherecht? Die Artikel 16 („Jeder Mensch hat angeborne, schon durch die Vernunft einleuchtende Rechte, und ist daher als eine Person zu betrachten“, wozu auch das Recht „sich zu verehelichen“ zählt) und

Artikel 47 („Einen Ehevertrag kann jedermann schließen, sofern ihm kein gesetzliches Hindernis im Wege steht") sind sehr allgemein gehalten und stellen die Bemühungen der böhmischen Landesbehörde in kein gutes Licht, insbesondere wenn man die Kommentare des Zeitgenossen Franz von Zeiller liest, der eine mögliche Verhinderung der Ehe als nicht dem ABGB widersprechend interpretiert.

> Diejenigen Gesetze, welche eine Ehe aus politischen Gründen untersagen, wären eigentlich ein Gegenstand der politischen Gesetzgebung. Da aber mehrere dieser politischen Verbothsgesetze zugleich auf Rechtsgründen beruhen, und alles, was einen Vertrag ungültig macht, auch in dem bürgerlichen Gesetzbuche bemerkt werden soll; so überläßt man nun jene Verbothe, welche eine Ehe (unter Verantwortung und Strafe) unerlaubt (aber nicht ungültig) machen, der politischen Gesetzgebung.[357]

Gegen eine automatische Erteilung von Ehekonsensen wendet sich der Artikel 53: „Mangel an dem nöthigen Einkommen; erwiesene oder gemeinbekannte schlechte Sitten; ansteckende Krankheiten oder dem Zwecke der Ehe hinderliche Gebrechen desjenigen, mit dem die Ehe eingegangen werden will, sind rechtmäßige Gründe, die Einwilligung zur Ehe zu versagen."[358] Der Artikel 53 fand nach Aufhebung der Untertänigkeit im Bereich der Erteilung von Ehekonsensen weiterhin Anwendung.

Das Patrimonialsystem erlebte am 7. September 1848 seinen Zusammenbruch „von oben", womit das seit Jahrhunderten bestehende System endete.[359] Die Zeit hierfür war bereits seit Langem reif, denn die Akten der einzelnen Herrschaften beweisen, dass die Patrimonialverwaltung mit einer Flut von Regeln, gegen die die herrschaftlichen Beamten anzukämpfen versuchten, regelrecht überschüttet worden war. Der Staat verlangte die praktische Umsetzung zahlreicher Regelungen und machte dabei sein Recht geltend,

---

[357] Zeiller von, Franz: Commentar über das allgemeine Bürgerliche Gesetzbuch für die gesammten deutschen Erbländer der Oesterreichischen Monarchie. Wien und Triest: Geistingers Verlagshandlung, 1811, Bd. 1, S. 176–177.

[358] ABGB 1811, Patent vom 1. Juni, Nr. 946, § 16, § 47, § 53.

[359] Patent vom 7. September 1848. Sr. K. K. Majestät Ferdinand des Ersten politische Gesetze und Verordnungen für sämmtliche Provinzen des österreichischen Kaiserstaates, mit Ausnahme von Ungarn und Siebenbürgen. Wien: K. K. Hof- und Staats-Aerarial-Druckerey, 1851, Bd. 76, Nr. 112, S. 285–288.

die Herrschaftsbeamten zu kontrollieren, ohne dabei den herrschaftlichen Ämtern eine entsprechende Entlohnung anzubieten.

Die Frage des Ehekonsenses blieb jedoch ungeklärt. Die Praxis der Ausstellung von Entlassungsscheinen der jeweiligen Herrschaften fiel weg, ebenso jene für die Ausgabe von Aufnahmezetteln für die neue Herrschaft. Ungeachtet dieser Regelungen handelten einige Herrschaftsbeamte sozusagen in den eingefahrenen Gleisen, wie der Fall von Amalia Fischer beweist. Das Oberamt in Kanitz (Dolní Kounice, Südmähren) bat am 31. März 1848 die Lundenburger Herrschaft um die Entlassung von Amalia Fischer, der Tochter von David Fischer aus Lundenburg. Abraham Klein, Uhrmacher und Judenfamiliant aus Kanitz, artikulierte gegenüber dem Oberamt in Kanitz seinen Willen, Amalia Fischer zu ehelichen und wandte sich deshalb an die für ihn zuständige Obrigkeit. Das Gesuch traf am 4. April 1848 in Lundenburg ein und bereits am darauffolgenden Tag wurde Amalia Fischer aus der Lundenburger Jurisdiktion entlassen.

Die Ehe kam allerdings aus nicht näher bekannten Gründen nicht zustande. Amalia Fischer kehrte zu ihrer Familie zurück und ihr Entlassungsschein wurde tatsächlich an die herrschaftliche Kanzlei in Lundenburg zurückgeschickt. Die ehemalige Braut fiel also wieder in den Zuständigkeitsbereich ihrer alten Jurisdiktion.[360] Dieser Fall ist in mehrfacher Hinsicht bedeutend: Er belegt das vorschriftmäßige Handeln der herrschaftlichen Verwaltung. Was jedoch viel interessanter erscheint, ist die Tatsache, dass der Entlassungsschein am 15. Februar 1849 retourniert wurde, obwohl die Untertänigkeit bereits am 7. September 1848 aufgehoben worden war. Die alten bürokratischen Wege scheinen also nicht umgehend verlassen worden zu sein. Da es sich um eine jüdische Ehe handelte, findet sich natürlich der Hinweis, dass es sich bei dem Bräutigam um einen Familiant handelte. Die religiösen Konsequenzen der nicht vollzogenen Eheschließung erwiesen sich für die herrschaftliche Verwaltung jedoch als nicht maßgeblich.

---

[360] MLA Brünn, Herrschaft Lundenburg F 43, Karton 412, Faszikel Nr. 2, Registratur-Materie 8.

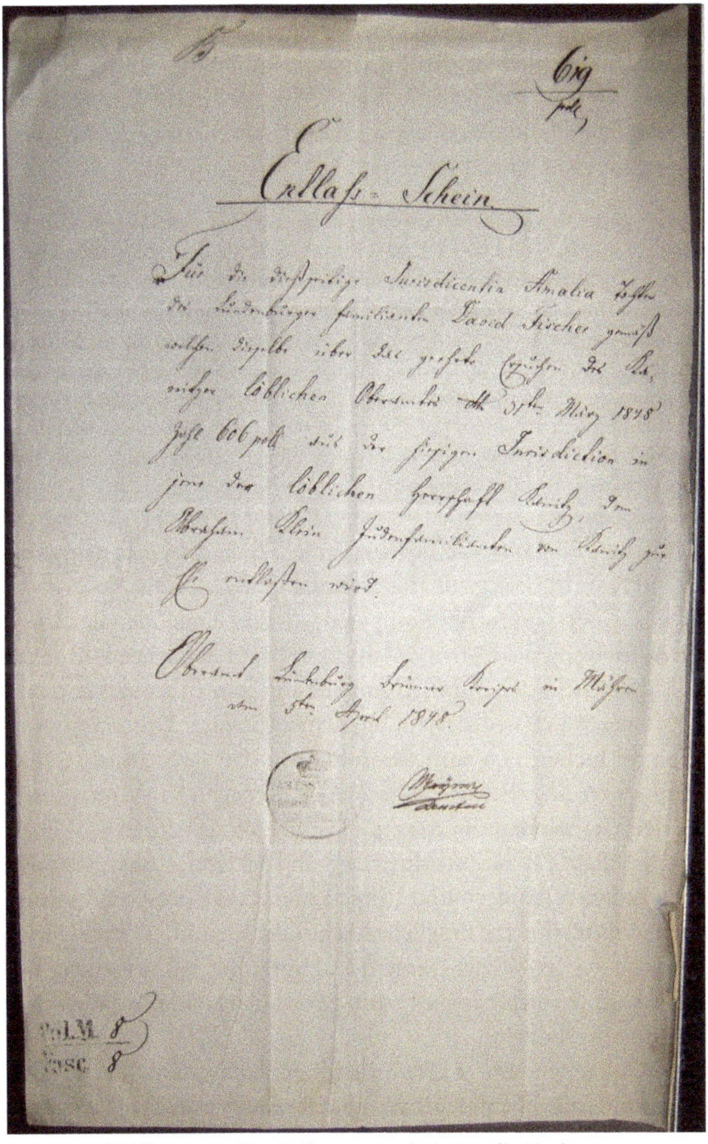
Entlaß-Schein

Für die [illegible] Amalia [illegible] des Lundenburger Familianten David Fischer [illegible] löblichen Oberamts [illegible] März 1848 [illegible] 606 pol [illegible] Jurisdiction in jene der löblichen Herrschaft [illegible] entlassen wird.

Oberamt Lundenburg [illegible] in Mähren den 5ten April 1848

Abbildung 11: Der Entlassungsschein Amalia Fischers.
Quelle: Mährisches Landesarchiv Brno, Herrschaft Lundenburg F 43, Karton 412, Faszikel Nr. 2, Registratur-Materie 8.

Die Ehekonsense wurden nach der Aufhebung der Untertänigkeit beibehalten, im Unterschied zu den Entlassungs- und Aufnahmescheinen. Die zuständigen Ämter waren sich offensichtlich unsicher, wie sie unter den neuen Verhältnissen handeln sollten, wie auch die Formulierung des Ministeriums des Innern aus dem Jahre 1849 zeigt:

> Ueber die gestellte Anfrage, ob zur Eingehung von Ehen noch, wie bisher, Meldscheine erforderlich sind, wird E. M. eröffnet, daß die diesfälligen Vorschriften zwar ihre Geltung verloren haben, in soferne sie lediglich in dem Untertänigkeits-Verhältnisse ihren Grund hatten. Die politischen Eheconsense können jedoch nicht als aufgehoben betrachtet werden, und es ist darüber feste Hand zu halten und anzuordnen, daß für alle Fälle, wo nach den bisherigen Vorschriften die Erklärung einer politischen Behörde erforderlich war, das betreffende Brautpaar vor seiner Verehelichung sich mi einem Certifikate der politischen Behörde ausweise; es sei die bevorstehende Verehelichung ordnungsgemäß gemeldet worden, und es walte kein gesetzlicher Anstand dagegen ob.[361]

Die politischen Ehekonsense bedeuteten lediglich die Fortsetzung der eingeführten Praxis in Bezug auf Heiratsbewilligungen. Eine Neuerung stellte lediglich die Übertragung der Kompetenz an die Gemeinden dar, die bereits vor der Aufhebung des Patrimonialsystems die Ehelizenzen zu regulieren beabsichtigten und dabei das Argument ins Feld führten, sie trügen die größte Last der Verantwortung für die Armenfürsorge. Die neu gegründeten Bezirksämter hielten sich zumeist an die von den Gemeinden getroffenen Entscheidungen; über Rekurse entschieden hingegen Kreis- und Landesämter. Die den Gemeinden übertragene Entscheidungsbefugnis in Ehefragen führte in der Realität zu Zersplitterung und fehlender Ausgewogenheit in den verschiedenen Ländern und Länderteilen. Auf diese Weise gelangte ein potentielles Mittel für eine mögliche Rache oder Meinungsverschiedenheiten in die Hände der jeweiligen Gemeinde. Hinter der Verweigerung des Ehekonsenses konnten sich beispielsweise persönliche Animositäten innerhalb der Gemeinde verbergen.

Weiterhin spielten bei der Erteilung von Ehekonsensen folgende drei Faktoren eine Rolle: die (Nicht-)Existenz einer Ernährungsquelle, die moralischen

---

[361] Erlass des Ministeriums des Innern vom 21. Juni 1849, publiziert für Oberösterreich. Allgemeines Reichs-, Gesetz- und Regierungsblatt für das Kaiserthum Oesterreich. Jg. 1849, Wien: Kaiserlich-königliche Hof- und Staatsdruckerei, 1850, Nr. 285, S. 358.

Eigenschaften und der Militärdienst. Körperliche (d. h. sexuell übertragbare) oder geistige Krankheiten, die Unmöglichkeit des Ehevollzugs, Unmündigkeit und Geschäftsunfähigkeit waren bereits im Allgemeinen Bürgerlichen Gesetzbuch verankert und wurden in der zweiten Hälfte des 19. Jahrhunderts als selbstverständliche Hindernisse für die Erteilung von Ehebewilligungen verstanden. Die Existenz der Ernährungsquelle bedeutete bei armen Brautleuten keineswegs den Nachweis eines Besitzes, sondern eines bestehenden Arbeitsverhältnisses oder sogar lediglich die erklärte Bereitschaft, eine Beschäftigung aufzunehmen.

Die moralischen Eigenschaften wurden besonders bei Personen überprüft, die mit der Heirat automatisch unter die Heimatzuständigkeit gelangten. Große Agglomerationen wehrten sich dabei, prostituierten Frauen vom Land die Ehe mit in ihren Zuständigkeitsbereich fallenden Männern zu bewilligen, da sie mit der Heirat zu Einheimischen wurden und nicht mehr in ihre Heimatgemeinden ausgewiesen werden konnten. Hindernisse für eine Verweigerung des Ehekonsenses konnten das Vagieren, der Alkoholismus sowie wiederholte kleinkriminelle Taten (Diebstahl) darstellen.

Der Militärdienst bildete einen wichtigen Faktor bei der Erteilung der Ehekonsense. Die Verpflichtungen gegenüber der Ehegattin und den Kindern schlossen in der Regel die Pflicht zum Militärdienst aus, weshalb die Heirat junger Männer keine Ausnahme darstellte. Seit dem Jahre 1858 sollte, sofern keinerlei außerordentliche Umstände dagegensprachen, der Bräutigam ein Alter von 22 Jahren erreicht haben. Da sich die Heirat junger Brautleute nicht verhindern ließ (auf ziviler Ebene beabsichtigte man dies auch nicht), war die Altersgrenze der einzige Faktor, bei dem die Stimmen einflussreicher militärischer Kreise berücksichtigt wurden. Nach der Einführung der allgemeinen Wehrpflicht in Österreich-Ungarn im Jahre 1868 mussten Erben bäuerlicher Grundstücke und Gewerbetreibende lediglich einen achtwöchigen Militärdienst leisten; die meisten anderen Männer (mit einigen Ausnahmen wie einjährigen Freiwilligen u.a.) leisteten eine dreijährige direkte Dienstpflicht.[362]

---

[362] Hochedlinger, Michael: Militarisierung und Staatenverdichtung. Das Beispiel der Habsburgermonarchie in der frühen Neuzeit. In: Kolnberger, Thomas – Steffelbauer, Ilja – Weigl, Gerald (Hrsg.): Krieg und Akkulturation. Wien: Mandelbaum Verlag, 2004, S. 107–129; Fialová, Ludmila und Kollektiv: Dějiny obyvatelstva českých zemí, Praha: Mladá fronta, 1996, S. 161.

Der materielle Status der Brautleute, insbesondere der Männer, übte einen Einfluss auf das Alter der Eheschließung aus. Mehrere historisch-demographische Studien konnten eine vermutete spätere Eheschließung innerhalb der ärmeren Bevölkerung bestätigen. Am Beispiel der Gemeinde Staňkov im Böhmerwald (Šumava) lässt sich das Heiratsalter innerhalb eines Jahrhunderts von Eheschließungen 1800–1900 verfolgen.[363] Das niedrigste Heiratsalter fand sich bei Bauern; wesentlich später heirateten Arbeiter in der Landwirtschaft (Landknechte, Tagelöhner in der Landwirtschaft u.a.), also die ärmste Bevölkerungsschicht. Das höchste Heiratsalter wiesen demgegenüber „andere" aus, zumeist Männer mit einer höheren Ausbildung, die mehr Vorbereitungszeit für ihren Beruf benötigten. Darüber hinaus mussten Beamte bei ihren Vorgesetzten um den Heiratskonsens bitten, sodass das hohe Heiratsalter in dieser Kategorie keineswegs überrascht.

Tabelle 19: Das Heiratsalter von Männern in den Jahren 1800–1900 in Staňkov nach Besitz und Beruf.

	Beruf des Bräutigams						
	Bauer	Gewerbe	Landarbeiter	Arbeiter	Andere	Unbekannt	Zusammen
Anzahl absolut	47	283	122	134	51	72	709
Durchschnittsalter	25,20	27,10	28,00	25,70	28,70	27,90	27,10

Quelle: Bozděch, Lukáš: Vliv majetkových poměrů a povolání na sňatkový věk ve Staňkově v 19. století. Historická demografie, Jg. 44, 2020, Nr. 2, S. 168.

Der Weg zur Aufhebung des Ehekonsenses

Die Aufhebung des Ehekonsenses gelangte bereits im Jahre 1863 auf Antrag der Stadt Wien durch den deutschliberalen Politiker J. N. Berger auf die Agenda des Reichsrats.[364] Die Lage stellte sich in den einzelnen Kronländern

[363] Bozděch, Lukáš: Vliv majetkových poměrů a povolání na sňatkový věk ve Staňkově v 19. století. Historická demografie, Jg. 44, Nr. 2, 2020, S. 145–178.

[364] Johann Nepomuk Berger (1816–1870), war Jurist und ein deutschliberaler Politiker, der stark von der Idee des Föderalismus der Habsburgermonarchie geprägt war; im

in Bezug auf den Ehekonsens sehr heterogen dar. In Böhmen, Mähren, Niederösterreich, Oberösterreich, der Steiermark, Tirol und Vorarlberg fand der politische Ehekonsens in den einzelnen Territorien auf unterschiedliche Weise Anwendung. In Tirol und Vorarlberg bedeutete der im Jahre 1820 eingeführte Ehekonsens (Gesetz für Tirol vom 12. Mai 1820) keineswegs die Fortsetzung der Untertanenverhältnisse, die zu keinem Zeitpunkt so wie beispielsweise in Böhmen bestanden hatten. In Ungarn, einschließlich Siebenbürgen, gab es nie einen Ehekonsens; in Dalmatien, Lombardo-Venetien, im Küstenland, Krain, Kärnten, Galizien und der Bukowina fand dieser ebenfalls keine Anwendung.

Die Länder der Böhmischen Krone behielten nach der Revolution im Jahre 1848 die Ehemeldescheine bei, deren Ausstellung jedoch zumeist formal erfolgte. Minister Lasser[365] berichtete über sechs Rekurse in zehn Jahren (1853–1863), die alle im Staatsministerium positiv entschieden wurden.[366] Die Gemeinden in Nieder- und Oberösterreich beklagten sich wiederholt beim Staatsministerium über die allzu liberalen Regelungen des Ehekonsenses, was für die Stadtgemeinde Wien zu keinem Zeitpunkt galt. Wien drängte vielmehr auf die Aufhebung des Ehekonsenses, da dieser in der Residenzstadt keinen Einfluss auf die Anzahl armer Personen ausübte. Die niederösterreichische Landesvertretung im Reichstag unterstützte jedoch die Aufhebung des politischen Ehekonsenses, da es dem Abgeordneten von Mende zufolge „jedem Eigenberechtigten freistehen sollte, ohne weitere Rückfrage eine Ehe zu schließen", die Institution des Ehekonsenses sei ein Relikt „aus der Zeit der Hörigkeit".[367]

Untersuchungszeitraum wirkte er als Abgeordneter des niederösterreichischen Landtags, der ihn auch in den österreichischen Reichsrat delegierte.

[365] Joseph Lasser von Zollheim (1815–1879) gilt als verfassungstreuer und liberaler österreichischer Staatsmann, er war Innenminister 1871–1878 und Mitschöpfer der Februarverfassung (1861).

[366] Stenographische Protokolle über die Sitzungen des Hauses der Abgeordneten. Wien: Kaiserlich-königliche Hof- und Staatsdruckerei, 1864, 16. Sitzung der 2. Session am 24. September 1863, Bd. 1, S. 242.

[367] Der Jurist Leopold von Mende (1816–1893) gehörte von 1861 bis zum 1873 dem niederösterreichischen Landtag an und war zudem Reichsratsabgeordneter. Zitat ebenda, S. 243.

Als drängendes Problem erwies sich der politische Ehekonsens, insbesondere in Vorarlberg und Tirol, wo die Gemeinden sehr unter der Last der Armenfürsorge litten. Manche Tiroler Gemeinden waren dem Innenminister Lasser zufolge mit Umlagen belastet, deren Umfang sich auf 100 bis 400 % der direkten Steuer belief. Je ärmer das Land war, desto restriktiver handelten die Gemeinden in der Frage des politischen Ehekonsenses. Einige Politiker, darunter Innenminister Joseph Lasser, sprachen sich für die Aufhebung des Ehekonsenses aus, da die Behörden damit nicht mehr verpflichtet wären, „gegen engherzige Auffassungen der Gemeinden das Individuum in Schutz zu nehmen".[368] Tirol und Vorarlberg optierten jedoch für die Beibehaltung des Ehekonsenses, da dieser eine Zunahme der Zahl armer Kinder bremsen sollte. Die beiden Länder sahen sich darüber hinaus mit einem Mangel an fruchtbarem Boden konfrontiert, die Parzellen fielen klein und ärmlich aus und vermochten es nicht, große Familien zu ernähren. „Bei der nicht verdorbenen Berg- und Landbevölkerung Tirols und Vorarlbergs", so die Worte des Tiroler Abgeordneten Sartori, „sind die natürliche Schamhaftigkeit und Redlichkeit, der religiöse Sinn und die Frömmigkeit ein sehr mäßiger Hemmschuh gegen die Ausgelassenheit, und die Verweigerung des politischen Ehekonsenses hat doch in der Regel nicht die schlimme Folge in moralischer Beziehung, die sie anderswo haben mag."[369] Ein Konsens in der Frage der Ehebewilligungen konnte innerhalb Zisleithaniens nicht erreicht werden. Die Stadtgemeinde Wien sprach sich für die Aufhebung aus, während die Länder Tirol und Vorarlberg nicht allein für die Beibehaltung, sondern sogar für eine Verschärfung des Ehekonsenses votierten, da „die unverdorbene kräftige Landbevölkerung in Tirol und Vorarlberg" sich zu früh „dem Joche der Ehe unterzieht [...] mit den bedauerlichen Folgen der nun entstehenden Bettlerfamilien und der verkümmerten und schlecht erzogenen verdorbenen Kinder, [...] welche mit der unbeschränkten Freiheit der Verehelichung verbunden sind."[370]

---

[368] Stenographische Protokolle über die Sitzungen des Hauses der Abgeordneten. Wien: Kaiserlich-königliche Hof- und Staatsdruckerei, 1864, 16. Sitzung der 2. Session am 24. September 1863, Bd. 1, S. 243.

[369] Stenographische Protokolle über die Sitzungen des Hauses der Abgeordneten. Wien: Kaiserlich-königliche Hof- und Staatsdruckerei, 1864, 16. Sitzung der 2. Session am 24. September 1863, Bd. 1, S. 244.

[370] So die Worte des Tiroler Abgeordneten Sartori. Stenographische Protokolle über die Sitzungen des Hauses der Abgeordneten. Wien: Kaiserlich-königliche Hof- und Staatsdruckerei, 1864, 16. Sitzung der 2. Session am 24. September 1863, Bd. 1, S. 244.

Der Staat selbst verhielt sich in der Frage des Ehekonsenses gleichgültig, da er sich weder zur Lösung der sozialen noch der kirchenrechtlichen Konsequenzen verpflichtet sah, wie dies Innenminister Lasser formulierte: „Ich muß vor allem bemerken, daß die ganze Frage für die Regierung unmittelbar von ganz untergeordneter Bedeutung ist. Ob irgend eine Behörde auf die Ertheilung oder die Verweigerung des Eheconsenses Einfluß nimmt, ist, offen gesagt, für die Regierung werthlos."[371] Der Ehekonsens zog vor allem soziale Konsequenzen nach sich, die von einer Gemeinde zur anderen übertragen wurden. Dies erwies sich zwar für die Gemeinden selbst als sehr bedeutsam, jedoch spielte es für den Staat keine Rolle, welche Gemeinde die Kosten für die Armenfürsorge zu tragen hatte; auf der gesamtstaatlichen Ebene änderte sich dabei sehr wenig.

Das „lange Leben" des politischen Ehekonsenses fand durch das Gesetz von 1868 sein Ende. Mit dem Gesetz vom 25. Mai 1868 kehrte man in der Frage des österreichischen Eherechts zu den Bestimmungen des Allgemeinen Bürgerlichen Gesetzbuches zurück.[372] Der Einfluss der katholischen Kirche, der sich vor allem im Konkordat mit dem päpstlichen Stuhl aus dem Jahre 1855 manifestierte, wurde wesentlich verringert.[373] Eine interkonfessionelle Ehe zwischen unterschiedlichen christlichen Religionen angehörenden Verlobten konnte „in Gegenwart zweier Zeugen vor dem ordentlichen Seelsorger eines der beiden Brautleute oder vor dessen Stellvertreter" geschlossen werden. „Den Brautleuten steht es in allen Fällen frei, die kirchliche Einsegnung ihrer vor dem Seelsorger des einen der Brautleute geschlossenen Ehe bei dem Seelsorger des anderen Teiles zu erwirken."[374] Zum ersten Mal wurde es auf dem Gebiet der Habsburgermonarchie möglich, eine sog. zivile Ehe zu schließen, d. h. nicht vor einem kirchlichen Würdenträger, sondern vor

Giovanni von Sartori und Montecroce (1808–1878) war Tiroler Beamter, 1861–1866 und 1868–1869 Abgeordneter des Tiroler Landtags und der Abgeordnetenkammer des österreichischen Reichrats.

[371] Ebenda S. 243.

[372] Reichs-Gesetz-Blatt für das Kaiserthum Oesterreich. 1868, Bd. XIX, Nr. 47, S. 93–97.

[373] Das Konkordat des Kaisertums Österreich mit dem Päpstlichen Stuhl wurde im Patent vom 5. November 1855 veröffentlicht. Reichs-Gesetz-Blatt für das Kaiserthum Oesterreich, 1855, Bd. XLII, Nr. 195, S. 635–652.

[374] Gesetz vom 31. Dezember 1868. Reichs-Gesetz-Blatt für das Kaiserthum Oesterreich. 1869, Bd. III, Nr. 3, S. 55–58.

einem Vertreter des Staates.[375] Das Institut des politischen Ehekonsenses wurde zwar beibehalten (§ 4), aber ein solcher Ehekonsens erwies sich unter den Verhältnissen des sog. Bürgerministeriums, d. h. der Macht der liberalen Kreise, als nicht mehr dauerhaft haltbar.

Mit der Entscheidung vom 8. April 1868 wurde an einige Landesbehörden der Gesetzentwurf gesendet, dessen Inhalt mehr oder weniger mit den Gesetzen identisch war, die die einzelnen Länder dann publizierten. Politische Ehekonsense und die Ehemeldezettel fielen weg.

> Eine Heiratsbewilligung von Seite der politischen Behörde oder der Gemeinde ist fernerhin nicht erforderlich. Die in Böhmen bisher bestehenden politischen Ehemeldescheine (Ehemeldezettel), sie mögen unter was immer für eine Benennung ertheilt werden, sind abgeschafft und die darauf bezüglichen Verordnungen aufgehoben.[376]

Die wortgleiche Fassung des Gesetzes wurde im Mährischen Landtag von allen 51 anwesenden Landtagsabgeordneten einstimmig angenommen.[377]

Die Abschaffung des Ehekonsenses in der Habsburgermonarchie erfolgte in den meisten Kronländern in den Jahren 1867–1871.[378] In den Ländern, in

---

375 Mit der Übertragung der Kompetenz von Eheschließungen wurden später Bezirkshauptmannschaften und Gemeindebehörden (bei sog. Statutarstädten) betraut, Eheregister (Ehematrikel) zu führen. Gesetz vom 9. April 1870. Reichsgesetzblatt für die im Reichsrathe vertretenen Königreiche und Länder. 1870, Bd. XVII, Nr. 51, S. 83–84; Verordnung der Minister des Innern, des Cultus und der Justiz vom 20. Oktober 1870. Ebenda, Nr. 128, S. 277.

376 Gesetz vom 1. Dezember 1868. Landes-Gesetzblatt für das Königreich Böhmen (weiter LGBl.), 1868, Bd. XX, Nr. 51, § 1, S. 107. Die Debatte über die Aufhebung des politischen Ehekonsenses war im böhmischen Landtag sehr kurz. Sitzung vom 24. September 1868. Stenographische Berichte des böhmischen Landtags. XVIII. Sitzung der 2. Jahressession, S. 64–66.

377 „Die in Mähren bisher bestehenden politischen Ehemeldescheine (Ehemeldzettel), sie mögen unter was immer für eine Benennung ertheilt werden, sind abgeschafft und die darauf bezüglichen Verordnungen aufgehoben." 7. Sitzung der 3. Session am 4. September 1868. Landtags-Blatt über die Sitzungen des mährischen Landtags, 1868, S. 86–88.

378 Die Aufhebung des Ehekonsenses in einzelnen Ländern, publiziert in den Landesgesetzgebungen: Küstenland: 25.12.1867, Nr. 24; Kärnten: 29.2.1868, Nr. 1207; Niederösterreich: 20.9.1868, Steiermark: 20.9.1868, Nr. 16, Nr. 9; Mähren: 22.9.1868, Nr. 16; Schlesien 16.10.1868, Nr. 13; Oberösterreich: 31.10.1868, Nr. 20; Böhmen: 1.12.1868,

denen es den Konsens gab, wurde dessen Aufhebung in Gestalt der Landesgesetzgebung veröffentlicht, in Kärnten und im Küstenland, wo er keine Anwendung fand, jedoch formal bestanden hatte, erfolgte die administrative Aufhebung. Die speziellen Bewilligungen für die Eheschließung von Juden wurden bereits im Jahre 1859 aufgehoben, wodurch sie den anderen Staatsbürgern gleichgestellt wurden. Sie mussten sich nunmehr in Ländern, wo der politische Ehekonsens fortbestand, diesem unterwerfen.[379] Die Aufhebung des Ehekonsenses betraf folglich auch die Juden. Der politische Ehekonsens stand bereits nach der Publizierung der Dezemberverfassung am 21. Dezember 1867 im Widerspruch zu den allgemeinen bürgerlichen Rechten. Mehr als achtzig Jahre nach Aufhebung der Leibeigenschaft konnte die freie Eheabschließung erreicht werden, die eigentlich bereits im Jahre 1781 zur Anwendung gelangen sollte, allerdings auf Landesebene eine unterschiedliche Interpretation erfuhr.

Nr. 51; Tirol und Vorarlberg 16.07.1870, Nr. 9976. In Krain wurde der Ehekonsens nicht angewendet, in Salzburg, Dalmatien, Galizien und der Bukowina und dem Königreich Ungarn hatte der Ehekonsens nie bestanden. Mischler, Ernst – Ulbrich, Josef (Hrsg.) Österreichisches Staatswörterbuch. Handbuch des gesamten österreichischen öffentlichen Rechts. Umgearbeitete Ausgabe, Wien: Alfred Hölder, 1905, Bd. 1. S. 705–706.

379 Reichs-Gesetz-Blatt für das Kaiserthum Oesterreich. 1859, Bd. LXI, Nr. 217, S. 605–606.

Die Naturalverpflegungsstationen: die Suche nach einer Lösung der Armenfürsorge

Die lang erwartete Novelle der Gewerbeordnung von 1859 im Jahre 1883 hob die freie Gewerbeausübung auf. Nunmehr ging es um die Schaffung von Fundamenten für die Gründung gewerblicher Genossenschaften, obwohl diese bereits gemäß der Gewerbeordnung von 1859 gegründet werden durften, was in der Praxis jedoch kaum oder nur sehr selten geschah.[380] Die vormaligen, durch die Zünfte hergerichteten Herbergen dienten ihrerseits wiederum als Übernachtungsstätten für arme Arbeiter.

In den Landtagen rangen die Abgeordneten um einen Weg, die Armut und darüber hinaus Bettelei und Vagabundieren zu beschränken. Im Jahre 1883 stand die Frage der sog. Naturalverpflegungsstationen auf der Agenda des mährischen und wenig später auch des niederösterreichischen Landtages.[381] Über diese Institutionen verhandelte im Jahre 1883 der mährische sowie kurze Zeit später der niederösterreichische Landtag.[382] Am 9. Oktober 1883 unterbreitete im mährischen Landtag der Abgeordnete Emanuel Proskowetz den Vorschlag, sich in der Frage der Verringerung von Betteln und Landstreicherei vom deutschen Vorbild inspirieren zu lassen.[383] Der Landtag bewilligte

[380] Gesetz vom 15. März 1883. RGBl., Bd. XII, 1883, Nr. 39, § 14 und 15, S. 131–133.

[381] Janák, Jan: Z počátků moravského sociálního zákonodárství. Vznik instituce stravovacích stanic a jejich frekvence na jižní Moravě. Časopis Matice Moravské, Jg. 88, 1969, S. 50–72, hier S. 59.

[382] Gesetz vom 15. März 1883. RGBl., Bd. XII., 1883, Nr. 39, § 61, S. 130.

[383] Emanuel Ritter von Proskowetz (1818–1909) war ein österreichischer Industrieller und Agronom, langjähriger mährischer Landtags- und später auch Reichsratsabgeordneter.

anschließend die Summe von 600 Gulden für einen Spezialisten, der die Arbeiterkolonien in Wilhelmsdorf bei Bielefeld in Preußen und ähnliche Einrichtungen in Holland sowie die Naturalverpflegungsstationen inspizieren sollte, um derartige Einrichtungen auch in Mähren errichten zu lassen.[384] Die Handels- und Gewerbekammer sowie die mährische Wirtschaftsgesellschaft unterstützten diesen Vorschlag und entsandten ihre Experten nach Wilhelmsdorf.[385] Die Wirtschaftsabteilung beim Landtag betonte neben der Errichtung der Arbeiterkolonien darüber hinaus die Notwendigkeit einer Novelle des Heimatrechts, zu der es bekanntlich nie kommen sollte. Die Abteilung sprach sich für die Bildung von Arbeiterkolonien in Ostmähren und auf dem Gebiet der mährischen Walachei aus, da diese zu einer schnelleren Bewaldung beitragen könnten.

Über den Besuch in der Arbeiterkolonie in Wilhelmsdorf berichtete Adolf Stránský, der sich über die Organisation positiv überrascht zeigte.[386] Die Mitgliedschaft in der Arbeiterkolonie war im Unterschied zum Zwangsarbeitshaus freiwillig; die Männer erhielten Unterkunft, Essen, Kleidung, Schuhe und die nötigen Geräte zur Arbeit. Wachleute gab es nur sehr wenige. Um die Männer für die Arbeit zu motivieren, nutzte man die Zuteilung von Speck: Männer, die regelmäßig auch in der kalten Jahreszeit draußen arbeiteten, erhielten eine Speckration.[387] Adolf Stránský erkannte allerdings ein in der spezifischen Landschaft Mährens verankertes Problem: Es bestanden hier nämlich – im Unterschied zu Norddeutschland, wo Arbeiter in den Kolonien zur Kultivierung der Moorlandschaft beitrugen, – nur in eingeschränktem Umfang Möglichkeiten für eine unqualifizierte Arbeit. Stránský sah in den Arbeiterkolonien die Chance, jedem die Möglichkeit für ein würdiges Leben

---

Seine im Landtag unterbreiteten Vorschläge betrafen vor allem die Landwirtschaft, also quasi den eigenen Unternehmerbereich, zumal von Proskowetz Inhaber eines modernen Produktionskomplexes zur Herstellung und Verarbeitung von Zucker, Malz usw. war, zu dem auch eine Landwirtschaftliche Fachschule gehörte.

[384] Landtags-Blatt über die Sitzungen des mährischen Landtags, 10. Sitzung der 5. Session, 1883, S. 94–95.

[385] Mehr zur ersten deutschen Arbeiterkolonie in Wilhelmsdorf in: 50 Jahre Wilhelmsdorf. Bilder aus der ersten Arbeiterkolonie in Deutschland. Bielefeld: Bethel, 1932.

[386] Adolf Stránský (1855–1931), Jurist, langjähriger Langtags- und Reichsratsabgeordneter, in der Ersten Tschechoslowakischen Republik Handelsminister.

[387] Stránský, Adolf: O dělnických osadách. Česko-moravský národní hospodář a samosprávný věstník, Jg. 4, 1884, S. 21–33.

zu ermöglichen und zugleich die Armut zu bekämpfen. Damit näherte er sich den Vorstellungen Emanuel Proskowetz' an, der die Arbeiterkolonien eher als Hilfe für jene Bauern begrüßte, die so weniger unter Bettelei und Diebstahl leiden würden. Nicht ohne Bedeutung war auch die Tatsache, dass sich der Betrieb der Arbeiterkolonien kostengünstiger war als die Unterhaltung von Zwangsarbeitsanstalten.

Den Gedanken einer Arbeiterkolonie begrüßten alle Beobachter unisono.[388] Für deren Leitung wurde ein Verein gegründet, der geeignete Verwalter, Beamte und Wachmänner beschäftigte. Jeder neu aufgenommene Arbeiter musste sich an die festgelegte Hausordnung halten und erhielt bei Bedarf Kleidung, Schuhe, die nötigen Werkzeuge sowie Unterkunft und Verpflegung. Der Genuss von Alkohol war streng verboten, ebenso das Rauchen in den Zimmern. Die Zimmer und Häuser, in denen die Arbeiter wohnten, wurden durch diese selbst sauber gehalten. Der gezahlte – im Sommer und Winter unterschiedliche und meist in Akkordarbeit erzielte – Lohn wurde im Dienstbuch verzeichnet. Nach etwa vier Monaten hatten die Arbeiter Kleidung, Schuhe und Werkzeug ‚abgearbeitet' und konnten den Lohn in ihre eigene Tasche stecken. Die Arbeiterkolonie diente auch als eine Art Arbeitsvermittlung: Der ausscheidende Arbeiter konnte dann als ausgebildeter Arbeiter eine bessere Stelle finden. Die Arbeiter erhielten kein Bargeld, da viele von ihnen zum Alkoholismus neigten. Ihr Lohn wurde bei einer Sparkasse deponiert.

Nicht nur die Beauftragten des mährischen Landtags schenkten dem preußischen Vorbild Aufmerksamkeit, sondern auch jene in Niederösterreich. Der Direktor der niederösterreichischen Zwangsarbeitsanstalt in Weinhaus bei Wien, von Rosenbaum, zeigte sich, ähnlich wie Adolf Stránský und der Beisitzer des mährischen Landesausschusses, Heinrich Belrupt, eher kritisch. Im Einvernehmen mit dem Direktor von Rosenbaum erachteten Stránský und Belrupt Arbeiterkolonien als sehr nützlich, verwiesen jedoch zugleich auf die mährischen Besonderheiten. Der Boden in Mähren sei, so das Argument, sehr teuer, die Arbeiterkolonien würden dann de facto eine Parallele zu den

---

[388] Den Bericht des Landesauschusses Nr. 116, 1885, und den Bericht des Direktors der Zwangsarbeitsanstalt in Weinhaus, Alois von Rosenbaum, veröffentlichte in einem Auszug das Periodikum Česko-moravský národní hospodář a samosprávný věstník, unter dem Titel „Die Errichtung von Arbeiterkolonien und Naturalverpflegsstationen in Deutschland", Jg. 5, 1885, S. 119–128.

Zwangsarbeitsanstalten darstellen. Im Unterschied zu diesen beruhten sie auf dem Prinzip der Freiwilligkeit. Damit fände das Argument mancher Vaganten Verwendung, sie seien nur deshalb Landstreicher, weil sie keine Arbeit finden könnten. Der Ankauf von Boden für die Arbeiterkolonie müsse als für den Bauern problematische Konkurrenz angesehen werden, zumal letzterer sich auch sonst nur schwer durchzuschlagen vermöge. Sowohl Belrupt als auch Rosenbaum zeigten sich überzeugt, dass die Errichtung von Arbeiterkolonien erst an dritter Stelle zu erwägen sei – nach Zwangsarbeitshäusern und Naturalverpflegungsstationen.

Der mährische Landtag orientierte sich an der Meinung der Experten Belrupt und Rosenbaum. Bereits am 27. Juni 1884, stimmte der mährische Landtag über den Bau von vier Zwangsarbeitsanstalten ab, die in Znaim (Znojmo), Neutitschein (Nový Jičín), Iglau (Jihlava) und in Mährisch Schönberg (Šumperk) entstehen sollten.[389] Die ursprünglich ebenfalls geplante Stadt Prerau (Přerov) fand aus nicht näher bekannten Gründen in den Verhandlungen keine Berücksichtigung. Die Städte mussten kostenlos Grundstücke für den Bau des Zwangsarbeitshauses zur Verfügung stellen. Die geplante Kapazität lag bei jeweils bis zu 250 Personen pro Anstalt, also bei maximal 1.000 Personen für das gesamte Land Mähren. Im Landtag gingen zahlreiche Beschwerden von Gewerbetreibenden aus den ausgewählten Städten ein, die die Konkurrenz der Zwangsarbeitshäuser befürchteten.[390] Allerdings teilte man den Städten mit, dass man im Zusammenhang mit dem Bau der Zwangsarbeitshäuser die Infrastruktur verbessern werde, was Straßen, Wasserversorgung und Kanalisation betraf.

Das Land nahm Kredite bei Sparkassen und Gemeinden auf, wobei der stabile Zinssatz von fünf Prozent eine sichere Planung ermöglichte. 40 % der Kosten des Landes übernahm der Staat, allerdings unter der Bedingung, dass es jeweils eine gesonderte Abteilung für jugendliche Insassen errichtet wird. Die Regierung reagierte damit auf die steigende Anzahl jugendlicher Delinquenten. In Mähren betraf dies im Jahre 1886 laut dem Bericht des Landesausschusses 683 Jugendliche, darunter 526 Jungen und 157 Mädchen.

---

[389] Beilagen-Band zu den stenographisch aufgenommenen Sitzungs-Protokollen des mährischen Landtages, 1. Session, 7. Landtagsperiode, 1884, Nr. 162, S. 215–219.

[390] Landtags-Blatt über die Sitzungen des mährischen Landtags, 16. Sitzung der 1. Session, 1884, S. 407–409.

Sie sollten möglicherweise in einer Arbeitsanstalt Aufnahme finden, was bei einer Gesamtzahl von 6.337 Vaganten etwa 10,8 % ausmachte. Die steigende Anzahl und das wachsende Interesse an der Frage der problematischen Jugend bezeugen sowohl die Verhandlungen des Landtags als auch die Werke zeitgenössischer Experten, die die Errichtung spezieller Anstalten vorschlugen.[391]

Das Vorbild für die neu errichteten Zwangsarbeitshäuser bildete die entsprechende Brünner Einrichtung, die in der Zeit des Josephinismus gegründet worden war. Deren Insassen waren nicht nur in der Einrichtung selbst tätig, sondern arbeiteten zugleich auch bei anderen Arbeitgebern – überwiegend in der Textilindustrie, bei Handwerkern sowie in holzverarbeitenden Bereichen. Hinzu kamen Arbeiten für andere Landesanstalten (Kleidung, Wäsche) und schließlich auch Tagelohnarbeit. Der Lohn variierte im letztgenannten Bereich zwischen 20 Kreuzern und einem Gulden. Die Betriebskosten der Zwangsarbeitsanstalt und wohl auch die Qualität der Verpflegung wurden durch eine Verordnung zur Beköstigung in Eigenregie bestimmt. Neue Kosten entstanden durch den Einkauf von Kücheneinrichtung oder gegenständen und vor allem durch den festen Lohn für eine ständige Köchin; die übrigen Arbeiten wurden von den Insassen des Hauses verrichtet.[392] Das Zwangsarbeitshaus in Brünn war von seiner Kapazität voll ausgelastet. Zu Beginn des Jahres 1886 hielten sich dort 218 Personen auf, 304 wurden im Laufe des Jahres aufgenommen, 261 entlassen und zwölf starben. Ende 1886 zählte man 249 Insassen, 205 Männer und 44 Frauen. Die jährlichen Kosten pro Person beliefen sich auf 101 Florin und 34 Kreuzer, die das Land trug. Für Personen, die im österreichischen Teil Schlesiens beheimatet waren, wurden die Kosten in der Regel zurückerstattet. Der Anteil der Kosten für Schlesien betrug 20,9 %.[393]

Der Bau der vier neu errichteten Zwangsarbeitsanstalten in Znaim, Iglau, Neutitschein und Mährisch Schönberg begann im Jahre 1887. Zwei Jahre später nahmen die genannten Einrichtungen bereits ihre Tätigkeit auf, wie

---

391 Moravec, František: Otázka o útulnách pro zpustlou mládež. Česko-moravský národní hospodář a samosprávný věstník, Jg. 5, 1885, S. 321–323; Popelka, František, Ladislav: Donucovací pracovny a polepšovací ústavy. Česko-moravský národní hospodář a samosprávný věstník, Jg. 4, 1884, S. 30–37.

392 Beilagen-Band zu den stenographisch aufgenommenen Sitzungs-Protokollen des mährischen Landtages, 4. Session, 7. Landtagsperiode, 1887, Nr. 24, S. 39.

393 Ebenda, 4. Session, 7. Landtagsperiode, 1887, Nr. 3, S. 3–4.

der Bericht des Finanzausschusses des mährischen Landtags belegt. In Neutitschein wurde eine Anstalt für jugendliche Zwänglinge (so der zeitgenössische Terminus für Zwangsarbeiter) gegründet. Der finanzielle Aufwand für die vier Anstalten betrug im Jahr 1890 134.376, die Einkünfte lagen bei 56.500 und das Land gewährte eine Unterstützung in Höhe von 77.876 Florinen.[394]

Nachfolgend kamen die Naturalverpflegungsstationen an die Reihe. Bereits seit einiger Zeit hatte die mährische Statthalterei mithilfe der Bezirkshauptmannschaften die Stellungnahmen der Gemeinden zur Frage der Errichtung der Verpflegungsstationen hinterfragt. Die von den Gemeindevorstehern geäußerte Meinung deutete auf eine positive Antwort hin. Die Mehrheit der Befragten plädierte jedoch für den offiziellen Weg, d. h. die Errichtung von Verpflegungsstationen nicht auf der Grundlage einer Privatinitiative, sondern per Gesetz.[395] Der Landtag beauftragte daraufhin den Landesausschuss, probeweise Naturalverpflegungsstationen in einigen Bezirken einzurichten. In Niederösterreich trat am 15. Mai 1887 das Gesetz Nr. 29 vom 30. März 1886 über die Errichtung von Naturalverpflegungsstationen in Kraft. In der Frage der Aufsicht und der öffentlichen Sicherheit wurden die Naturalverpflegungsstationen dabei den Herbergen gleichgestellt.

Den Grund für die Einrichtung von Verpflegungsstationen in unmittelbarer Nähe der niederösterreichischen Grenze bildete die Furcht, die Errichtung derartiger Stationen in Niederösterreich könnte einen verstärkten Zustrom von Vaganten nach Südmähren zur Folge haben. Als Beispiele wurden die Gerichtsbezirke Nikolsburg (Mikulov) und Göding (Hodonín) ausgewählt, die an Niederösterreich und Oberungarn grenzten. Die Gespräche der Bezirkshauptmannschaften in Nikolsburg und Göding am 20. und 21. Juni 1887 mit den Bürgermeistern führten zur Errichtung von Naturalverpflegungsstationen ab dem 1. Juli 1887. Im Gerichtsbezirk Nikolsburg erfolgte die Einrichtung derartiger Stationen in Nikolsburg, Eisgrub (Lednice), Dürnholz (Drnholec), Unter Wisternitz (Dolní Věstonice) und Wostitz (Vlasatice); im Gerichtsbezirk Göding wiederum in Göding, Lundenburg (Břeclav), Strassnitz (Strážnice) und Czejtsch (Čejč). Die erforderlichen Räumlichkeiten

---

394 Landtags-Blatt über die Sitzungen des mährischen Landtags, 11. Sitzung der 6. Session, 1889, S. 174–175.

395 Janák, J.: Z počátků moravského sociálního zákonodárství, S. 64.

stellten Gemeinden oder Privatpersonen gegen eine geringe Miete oder sogar kostenlos zur Verfügung.[396]

Mit dem Erlass vom 31. Mai 1887 informierte der Landesausschuss alle Gemeinden in beiden Gerichtsbezirken über die Errichtung der Naturalverpflegungsstationen. Er verpflichtete sämtliche Gemeinden, sowohl am Ein- als auch am Ausgang der jeweiligen Gemeinde bis zum 15. Juni desselben Jahres eine Tafel anzubringen, die auf das Verbot des Bettelns hinweisen und zugleich den Ort der nächsten Verpflegungsstation mitteilen sollte. Hinzu kam die Information, dass in der Station Verpflegung und Übernachtung angeboten würden, wobei die Tafel zugleich über mögliche Arbeits- oder Dienstangebote aufklärte. Die Bevölkerung beider Gerichtsbezirke wurde darüber belehrt, keine Almosen zu verteilen.[397]

Der Landesausschuss informierte die Bevölkerung darüber, dass die Verpflegungsstationen denjenigen Personen Hilfe in Aussicht stellen würden, die in eine schwierige Lage geraten seien und die nun Arbeit suchten. Die Arbeitgeber aus der Umgebung offerierten eine Beschäftigung, sodass die Stationen auch als Arbeitsvermittlungsstellen dienten.[398] Die verpflegten Personen mussten ihren Willen zur Arbeit bekunden, die man ihnen anbot; mitunter handelte es sich tatsächlich lediglich um die Bekundung des guten Willens, sodass die Bittsteller Verpflegung erhielten oder möglicherweise Obdach bis zum nächsten Morgen. Die Verpflegungsstationen akzeptierten ausschließlich Personen mit gültigen Identifikationszeugnissen, die eine Beschäftigung in den letzten drei Monaten nachweisen konnten. Diese Frist von maximal drei – in der Regel zwei – Monaten eines Beschäftigungsnachweises war eine längst praktizierte Tatsache bei den Zeugnissen von Handwerksburschen seit der pflichtigen Einführung der Wanderbücher im Jahre 1829.[399]

---

396 MZA Brno, Zemský výbor (Landesausschuss) R 7, Faszikel 7243, Nr. 15 909/1886.

397 Zpráva o činnosti moravského zemského výboru za rok 1887. Brno: Nákladem zemského výboru, 1888, S. 215–226.

398 Ebenda.

399 Stoklásková, Zdeňka: Wandernde Handwerksgesellen als privilegierte Gruppe. Ein Beitrag zur Geschichte des Handwerks in den böhmischen Ländern. In: Roth, Klaus (Hrsg.): Vom Handwerksgesellen zum „Green-Card"-Spezialisten. Interkulturelle Aspekte der Arbeitsmigration im östlichen Mitteleuropa. Münster – New York – München – Berlin: Waxmann, 2003, S. 29–44.

Ein derartiges Wanderbuch ohne Arbeitsnachweis besaß keine Gültigkeit. Beispielhaft beschrieb dies der Wagnergeselle František Kebrdle.

> Als ich nach Budweis kam, ging ich zum Rathaus, um die Bestätigung in mein Buch zu bekommen. Ich reichte das Buch einem Beamten, der machte es auf und sah, dass ich keine Arbeitsbestätigung habe, seitdem das Buch ausgestellt war. Ich teilte ihm mit, dass ich bei meinem Vater gearbeitet hatte. Er warf mir das Buch vor meine Füße und sagte, dass ich zu meinem Vater für die Unterschrift zurückgehen soll. Da ich mir keinen Rat wusste, ging ich ins Gasthaus, wo der Gewerbeverein war, und beklagte ich mich bei Herrn Wirt. Er hat mich aufgemuntert und sagte: Falls sie nach Linz gehen, so kommen sie bis zu Velešín (Weleschin), etwa zwei Stunden entfernt. Machen sie beim Wagnermeister halt und bitten sie ihn, damit er ihnen einen Schein gibt, dass sie bei ihm gearbeitet hatten, und dann gingen sie zum Rathaus, dort trägt dies ihnen Herr Syndicus, beide sind nette Leute. So ist es auch geschehen und ich bin dann weiter gegangen.[400]

Als gültige Dokumente wurden Arbeits-, Dienst- oder Wanderbuch anerkannt, darüber hinaus Reisepass, Pass- oder Legitimationskarte sowie für inländische Personen zudem der Heimatschein. Einige der genannten Dokumente waren jedoch nur in Verbindung mit einer behördlichen Reisebewilligung gültig. Die Reisenden erhielten in der Station einen Begleitschein, der ihre Aufnahme und Verpflegung bestätigte. Manche Länder verlangten darüber hinaus den Nachweis einer mindestens vierzehntägigen Arbeit in den letzten drei Monaten. Seit 1897 wurde diese Frist mit der Begründung, zwei Monate seien für Personen, die wirklich arbeiten wollten, ausreichend, auf zwei Monate verkürzt.

Die Arbeit in der Naturalverpflegungsstation sollte nicht übermäßig anstrengend sein. Man dachte dabei beispielsweise an Holzhacken, Straßenreinigung, das Schleppen von Wasser, das Aufräumen der Zimmer in der Station, kleinere Näharbeiten an Kleidungsstücken und Ähnliches. Dabei konnte die Tätigkeit entsprechend der Jahreszeit und der Region angepasst werden, wie das Sortieren von Kohle in der Station des Schwarzkohlebeckens von Rossitz (Rosice) demonstriert. In der kalten Jahreszeit wurde die Arbeit im Freien eingeschränkt. Die Handwerker sollten ihr Handwerk ausüben, sobald

---

400 Kebrdle, František: Meine Lebensgeschichte. In: Vošahlíková, Pavla (Hrsg.): Auf der Walz. Erinnerungen böhmischer Handwerksgesellen. (Damit es nicht verloren geht, Bd. 30), Wien: Böhlau, 1994, S. 34.

sich die Gelegenheit dazu bot. Für den Fall, dass eine Person die – als ‚Gegenleistung' für die Gewährung von Obdach oder Essen angebotene – Arbeit verweigerte (in der Regel handelte es sich lediglich um eine mehrstündige Tätigkeit), erhielt sie keinerlei Verpflegung. Letzteres galt auch für Personen, die binnen dreier Monate in derselben Station Verpflegung erhielten sowie für Personen, die über ausreichende Mittel verfügten. Keine Aufnahme fanden Personen aus der näheren Umgebung oder Personen, die in derselben Station in den zurückliegenden zwei Monaten verpflegt wurden und nun in den Schub gesetzt werden sollten. Die Verwalter der Verpflegungsstationen führten Verzeichnisse von Fabrikinhabern, Baumeistern, Gewerbetreibenden, Bauern und anderen Personen, die Arbeitskräfte suchten. Die Neuankömmlinge warfen einen Blick in die Verzeichnisse, um sicherzustellen, ob sich auch für sie eine Arbeit finden ließe. Die Bevölkerung im Umkreis der Stationen wurde ersucht, jede Arbeitsmöglichkeit zu melden, auch wenn sich diese nur kurzfristig bot.[401]

Vier Monate nachdem die Verpflegungsstationen ihre Arbeit aufgenommen hatten, informierte sich der mährische Landesausschuss bei den Gemeinden, den Bezirken und der Gendarmerie über die Tätigkeit der neuen Einrichtungen. Nach erfolgter Prüfung wurden sie als geeignet und empfehlenswert betrachtet und Ende 1887 wurde das entsprechende Gesetz verabschiedet, das ihre Einrichtung im gesamten Land Mähren vorsah. Der Bericht des Nikolsburger Bezirkshauptmanns vom 16. November 1887 weist allerdings auch auf die Nachteile dieser sozialen Einrichtung hin. Im Gerichtsbezirk Nikolsburg boten die Stationen 1.092 Personen Aufnahme, von denen jedoch lediglich 46 Personen im Handwerk und 111 Personen in anderen Bereichen Arbeit erhielten. Ohne eine Arbeit zu erhalten wanderten 935 Personen weiter. In Dürnholz und Wostitz stellte man darüber hinaus fest, dass zahlreiche Personen, nachdem sie feststellen mussten, dass sie erst nach getaner Arbeit einen Anspruch auf Essen geltend machen konnten, einfach wieder fortgingen. Sie brachten vor, diese Arbeit aufgrund ihres großen Hungers und der Müdigkeit nicht ausüben zu können. Alle Berichte stimmten jedoch darin überein, dass durch die neuen Verpflegungsstationen das Betteln wesentlich beschränkt werden konnte.[402]

---

401 Zpráva o činnosti moravského zemského výboru za rok 1887. Brno: Moravský zemský výbor, 1888, S. 215–226.

402 Janák, J.: Z počátků moravského sociálního zákonodárství, S. 68.

Der mährische Landtag befasste sich mit dem Bericht des volkswirtschaftlichen Ausschusses bereits am 13. Dezember 1887. Nach kurzer Debatte stimmten die Abgeordneten der Empfehlung des Ausschusses zu, Naturalverpflegungsstationen in ganz Mähren zu errichten. Ein zusätzlicher Antrag des Abgeordneten Srbecký, der ein Verbot solcher Arbeiten forderte, die nicht „im Einklang mit der Heiligung der Sonn- und Feiertage" stehe, fand keine Zustimmung.[403] Die Naturalverpflegungsstationen arbeiteten folglich täglich. Die „Grundzüge für die Organisation der Natural-Verpflegungsstationen in der Markgrafschaft Mähren" spiegeln sehr wohl die Bemühungen des Landes, bzw. des Staates wider, Armut und Betteln einzuschränken und Armen sowie Landstreichern die Möglichkeit zu bieten, in das „normale" Arbeitsleben zurückzukehren.

Speisung und Obdach sollten erst nach verrichteter Arbeit gewährt werden, was besonders in der Winterzeit so nicht immer zu realisieren war. Das Frühstück und das Abendbrot sollte aus einem Liter Suppe und 28 Gramm Brot bestehen, während für das Mittagessen ein Liter Suppe mit 28 Gramm Brot, ein Liter gekochte Hülsenfrüchte, gekochtes Gemüse oder gekochte Mehlspeise vorgesehen waren.[404] Personen, die vor zwölf Uhr ankamen, erhielten ein Mittagessen und vor achtzehn Uhr das Abendessen sowie eine Übernachtungsmöglichkeit. Später ankommenden Personen gewährte man eine Übernachtungsmöglichkeit und Frühstück. Hungrige Reisende konnten, auch wenn sie die Uhrzeit überschritten hatten, auf ein Essen hoffen.

Die Schlafräume sollten gelüftet und sauber gehalten werden. In der kalten Jahreszeit war für ausreichende Beheizung zu sorgen. Sämtliche Räume der Stationen wurden regelmäßig desinfiziert. Die Forderung, die Naturalverpflegungsstationen nicht in den Räumen der Schubstationen einzurichten, erwies sich wohl besonders in kleinen Gemeinden als sehr problematisch. Ebenso problematisch war das Verbot der Zurverfügungstellung der Räume

---

[403] Landtags-Blatt über die Sitzungen des mährischen Landtags, 15. Sitzung der 14. Session, 1887, S. 274. František Srbecký (1840–1909) war Pfarrer und Dekan in Valašské Meziříčí. Die Debatte im Landtag führte in interessante Themenbereiche, ob z. B. auch das Kochen an Sonntagen nicht zu verbieten sei, da es sich auch um eine Form der Arbeit handele.

[404] Beilagen-Band zu den stenographisch aufgenommenen Sitzungs-Protokollen des mährischen Landtages, 4. Session, 7. Landtagsperiode, 1887, Nr. 102, S. 182.

in Gaststätten oder Schenken, was vermutlich mit dem Verbot zusammenhing, Spirituosen (Schnaps) an Verpflegende zu reichen. Das Rauchen in der Station selbst war ebenso streng untersagt. Der maximale Aufenthalt wurde auf 18 Stunden begrenzt – gemäß dem Leitspruch: „am Vormittag arbeiten, am Nachmittag weitergehen". Dementsprechend betrug die Entfernung zwischen den einzelnen Stationen 15 Kilometer, also zwei Postmeilen; Letztere nutzte man auch bei Schubstationen als Maß. Da zahlreiche Verpflegungsstationen an einer Kaiser- oder Staatstraße lagen, wo sich auch Schubstationen befanden, darf angenommen werden, dass es in der Tat zu einer Vermischung beider Stationstypen gekommen sein könnte. Die festgeschriebene Aufenthaltsfrist von 18 Stunden konnte bei stürmischem Wetter, Schneeverwehungen, extrem tiefen Temperaturen etc. verlängert werden, dies musste jedoch im Protokoll begründet werden. Die entsprechenden Personen sollten die Weiterreise ohne Gefahr für ihre Gesundheit, ihren Leib und ihr Leben antreten.

Kranke oder in der Station erkrankte Personen sollten in das nächste Krankenhaus transportiert werden. Die Verwalter der einzelnen Verpflegungsstationen führten Protokoll über diese Personen, sodass sich die Frequenz bestimmter Stationen erkennen ließ. Die Art und Weise der angebotenen Arbeit sowie die Verpflegung konnten je nach Jahreszeit und Region unterschiedlich ausfallen. Die Gemeinden waren verpflichtet, Haus- und Straßenbettel durch fest angebrachte Tafeln zu verbieten und mittellose Reisende an die nächste Verpflegungsstation zu verweisen. Die Aufsicht und die Bewachung der Verpflegungsstationen wurde den Gemeinden und deren Vorständen übertragen, was die Gemeindeverwaltungen zunehmend belastete, da viele der Gemeindeangestellten zugleich den Schub bewachen mussten.

Die Naturalverpflegungsstationen wurden im gesamten Land Mähren und Schlesien errichtet, mit Ausnahme der Städte Brünn und Olmütz. In der Begründung hieß es, dass in den größten Städten Mährens nicht genug Arbeit für mittellose Reisende gäbe. Der Kaiser sanktionierte das Gesetz am 19. Februar 1888.[405] In Mähren und seinen schlesischen Enklaven

[405] Gesetz vom 19. Februar 1888, wirksam für die Markgrafschaft Mähren, betreffend die Errichtung der Natural-Verpflegsstationen. Landes-Gesetz- und Verordnungsblatt für die Markgrafschaft Mähren. Brünn: Verlag von Rudolf M. Rohrer, 1888, Bd. VIII, Nr. 45, S. 56–58.

wurden 111 Naturalverpflegungsstationen errichtet, deren Anzahl bis zum Jahre 1900 auf 120 stieg. Die Kontrolle und die Aufsicht unterstanden dem Bürgermeister der jeweiligen Gemeinde, in der sich die Station befand, und der zugleich das Recht auf Protokolleinsicht besaß. Die Frequenz der betreffenden Personen fiel in einzelnen Stationen unterschiedlich aus. Die am häufigsten besuchten Verpflegungsstationen lagen an der Achse Wien–Brünn; es handelte sich um die Stationen in Pohrlitz (Pohořelice), Auspitz (Hustopeče), Groß Seelowitz (Židlochovice), Nikolsburg (Mikulov). Stark frequentiert wurden auch die Stationen Znaim (Znojmo) und Budwitz (Moravské Budějovice), was mit der Strecke Wien–Prag zusammenhängen könnte. Interesse verdient in diesem Zusammenhang, dass diese Strecken mit den Schubtrassen übereinstimmten. Mit der Zeit wuchs die Bedeutung der Station Göding in Ostmähren, also an der Grenze zu Oberungarn, die im Jahre 1897 die absolut höchste Zahl von verpflegten Personen im Untersuchungseitraum 1889–1900 erreichte: 5.440. Die Statistik lässt darauf schließen, dass die Reisenden sich an den wichtigen Staats- und Kaiserstraßen orientierten, sodass die Frequenz von Verpflegungsstationen nicht nach Bezirken, sondern nach wichtigen Trassen zu bewerten ist. Am unteren Ende der Statistik stehen die Stationen in Klobuk (Klobouky, heute Valašské Klobouky) in Ostmähren mit ihren 108 Personen im Jahre 1889 und 377 im Jahre 1900, die Station in Luhatschowitz (Luhačovice), die im Jahre 1889 59 Personen, im Jahre 1893 98 Personen verpflegte und im nächsten Jahr ihren Betrieb einstellte. Im gleichen Jahr wurde die Station in Mödritz (Modřice) errichtet, einer unmittelbar am Stadtrand der Landeshauptstadt Brünn gelegenen Gemeinde, in der es keine Verpflegungsstation gab.

Tabelle 20: Naturalverpflegungsstationen in Mähren in den Jahren 1890–1897, Anzahl der Personen und Kosten in Gulden.

		Naturalverpflegungsstationen in Mähren 1890–1897, Personen und Kosten in Gulden							
Jahr	**Personen**	**Verpflegung**	**Miete**	**Einrichtung**	**Verwaltung**	**Betrieb**	**Kommission**	**Büro**	**Summe**
1890	93.336	14.548,90	8.250,50	135,43	2.835,54	1.020,23	367,83	261,86	27.420,29
1891	109.058	17.476,40	8.377,52	194,15	3.298,50	1.419,18	329,06	602,85	31.697,66
1892	145.193	23.678,50	8.481,00	168,11	3.655,99	1.707,22	477,13	352,87	38.520,82
1893	139.330	22.857,12	8.788,94	1.295,13	3.958,08	1.974,13	468,49	470,87	39.812,76
1894	142.281	23.644,09	9.397,48	205,38	4.209,49	2.041,58	198,86	377,75	40.074,63
1895	148.522	25.063,74	9.517,50	444,20	4.344,49	2.108,00	224,07	581,32	42.283,32
1896	182.829	30.530,61	9.573,75	529,94	4.400,58	2.411,40	105,23	1.074,01	48.625,52
1897	237.458	39.582,16	9.690,00	1.115,98	4.547,24	2.520,75	74,24	277,90	57.808,27

Quelle: Zpráva o činnosti moravského zemského výboru aus den Jahren 1890–1897. Brno: Nákladem výboru zemského, Jg. 1890–1897.

Die Anzahl der zu verpflegenden Personen stieg, und erreichte ihren Höhepunkt im Jahre 1898, als in ganz Mähren 249.229 Personen in den Naturalverpflegungsstationen Nahrung erhielten. Die größten Kosten verursachte – wie die Tabelle zeigt – die Verpflegung, während die Miete nur gering zu Buche schlug und im Durchschnitt bei 50 bis 60 Gulden jährlich lag. Ausnahmen waren Göding mit 250 Gulden und Znaim mit 125 Gulden, was wohl auf die große Zahl von Personen zurückzuführen ist. Nicht selten betrug die Miete 20 bis 30 Gulden oder wurde sogar kostenlos von der Gemeinde angeboten. Hohe Kosten verursachten im Jahre 1888 die Errichtung der Naturalverpflegungsstationen sowie deren Ausstattung (Möbel, Kücheneinrichtung, Küchen- und Essgeschirr usw.): Diese lagen bei der Eröffnung bei rund 15.249 Gulden, hinzu kamen jährliche Beträge für Bettwäsche, Strohsäcke, Decken, kleine Küchengeräte usw.

Während in der Gründungsphase der Naturalverpflegungsstationen in der Regel ein Verwalter genügte, wuchs der Personalbedarf mit der steigenden Zahl an aufgenommenen Personen. Die Kosten für den Betrieb gestalteten sich moderat und betrafen vor allem Heizung, Licht, Wasser, Kosten für Hygiene sowie Reinigungsarbeiten. Die Gesamtkosten für die Naturalverpflegungsstationen in Mähren sind – nach Abzug der Löhne für die geleistete Arbeit der Verpflegten – absolute Kosten, die aus dem Landesbudget bestritten wurden.

Die Naturalverpflegungsstationen konnten die Funktion der Armeninstitute oder Armenhäuser keineswegs ersetzen, jedoch bestand in Ausnahmefällen die Möglichkeit, ganze Familien unterzubringen, sofern die Erwachsenen nachzuweisen vermochten, in eine konkrete Gemeinde zu reisen, um dort arbeiten zu wollen. Alte und nicht arbeitsfähige Personen konnten im Notfall untergebracht werden, allerdings sollten diese an andere Institute verwiesen werden, beispielsweise an Krankenhäuser oder soziale Einrichtungen in ihrem Heimatort.

Mit den gestiegenen Ansprüchen an Kontrolle und Dokumentation stiegen zugleich die Kosten für Beamten (in der Tabelle als Verwaltung ausgewiesen), den Papierverbrauch und das Porto (in der Tabelle als Büro ausgewiesen). Der mährische Landesausschuss verweigerte allerdings die Freigabe weiterer Finanzmittel für die Ausstellung spezieller Begleitscheine für Reisende, die zwar den Umgang mit diesen Personen zu vereinfachen versprachen (und von einigen Ländern auch in der Praxis Anwendung fanden), allerdings bestand die Gefahr, dass damit die Ausgaben für bürokratische Kräfte in die Höhe getrieben würden. Man behielt folglich das übliche – sehr ausführliche – Protokoll bei und notierte Namen, Alter, Gewerbe oder die Beschäftigung der jeweiligen Person, Ort, Bezirk und Land der Zuständigkeit, Tag und Stunde der Ankunft und des Fortgangs sowie die gewährte Verpflegung und eventuelle Übernachtungen. Darüber hinaus wurden die Art und Dauer der Arbeit festgehalten sowie die Frage, ob die Person für diese Arbeit einen Lohn erhielt.

Besondere Bedeutung mit Blick auf den pädagogischen Zweck besaß der Eintrag, ob die jeweilige Person eine ständige Arbeit antrat, und wie der Name des potentiellen Arbeitgebers lautete. Der extra angeschnittene Teil des Formulars (siehe im Bild unten rechts) wurde für Personen verwendet, die bei einem Arbeitgeber tätig waren. Die jeweils verrichtete Arbeit wurde vermerkt und diente als Verpflegungsanweisung sowie als Nachweis für einen möglichen Übernachtungsanspruch gegenüber dem Verwalter der Station. Dieses System ermöglichte eine umfangreichere Kontrolle der Arbeitsleistung der Personen und ihrer eventuellen Rückkehr zu einer ständigen Arbeit.

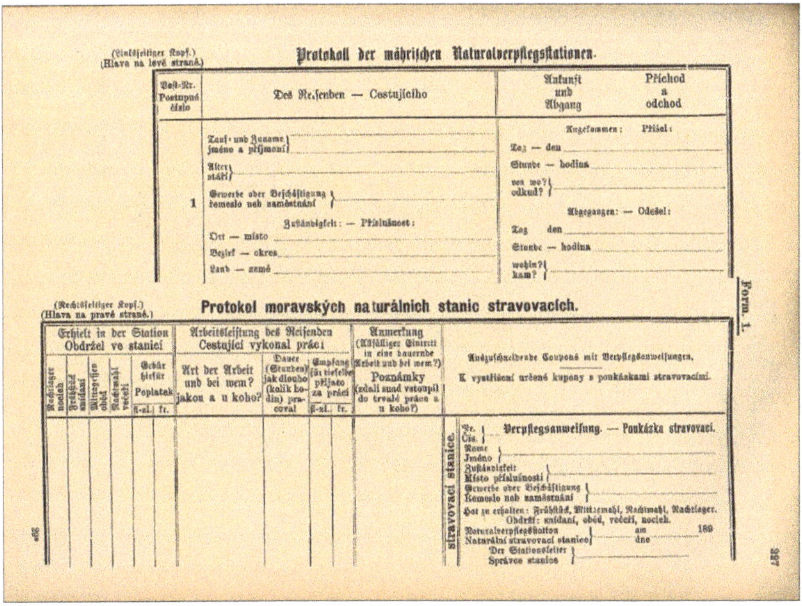

(Linksseitiger Kopf.)
(Hlava na levé straně.)

Protokoll der mährischen Naturalverpflegsstationen.

Post-Nr. Postupné číslo	Des Reisenden — Cestujícího	Ankunft und Abgang — Příchod a odchod
1	Tauf- und Zuname / jméno a příjmení ___ Alter / stáří ___ Gewerbe oder Beschäftigung / řemeslo neb zaměstnání ___ Zuständigkeit: — Příslušnost: Ort — místo ___ Bezirk — okres ___ Land — země ___	Angekommen: Přišel: Tag — den ___ Stunde — hodina ___ von wo? / odkud? ___ Abgegangen: — Odešel: Tag den ___ Stunde — hodina ___ wohin? / kam? ___

Form. 1.

(Rechtsseitiger Kopf.)
(Hlava na pravé straně.)

Protokol moravských naturálních stanic stravovacích.

Erhielt in der Station / Obdržel ve stanici: Nachtlager / nocleh	Frühstück / snídani	Mittagessen / oběd	Nachtmahl / večeři	Gebühr hiefür / Poplatek: fl.-zl.	kr.	Arbeitsleistung des Reisenden / Cestující vykonal práci: Art der Arbeit und bei wem? / jakou a u koho?	Dauer (Stunden) / jak dlouho (kolik hodin) pracoval	Empfang für dieselbe / přijato za práci: fl.-zl.	kr.	Anmerkung (Allfälliger Eintritt in eine dauernde Arbeit und bei wem?) / Poznámky (zdali snad vstoupil do trvalé práce a u koho?)	Auszuschneidende Coupons mit Verpflegsanweisungen. / K vystřihnutí určené kupony s poukázkami stravovacími.
											stravovací stanice. Nr. / Čís. ___ Verpflegsanweisung. — Poukázka stravovací. Name / Jméno ___ Zuständigkeit / Místo příslušnosti ___ Gewerbe oder Beschäftigung / Řemeslo neb zaměstnání ___ Hat zu erhalten: Frühstück, Mittagmahl, Nachtmahl, Nachtlager. Obdrží: snídaní, oběd, večeři, nocleh. Naturalverpflegsstation / Naturální stravovací stanice ___ am / dne ___ 189 Der Stationsleiter / Správce stanice ___

Abbildung 12: Protokoll der mährischen Naturalverpflegungsstationen im Jahre 1897.
Quelle: Zpráva o činnosti moravského zemského výboru. Brno: Nákladem výboru zemského, Jg. 1897, S. 227.

Die Errichtung von Naturalverpflegungsstationen stellte einen Versuch zur Lösung der schwierigen Lage der öffentlichen Sicherheit und der sozialen Frage dar. Laut der zeitgenössischen Berichte gingen Landstreicherei und Betteln spürbar zurück, sodass die Summe von 0,4 Kreuzern als Steuerzulage (im Land Mähren) keineswegs zu hoch angesetzt schien. Dem zeitgenössischen Volkswirtschaftler und Staatskundler Jan Sovadina zufolge hätte die Einwohner des Landes Mähren andernfalls eine höhere Summe an die Armen zur Verfügung gestellt.[406]

Tabelle 21: Anzahl der Verpflegten in den Verpflegungsstationen in Mähren nach Kronländern, Kosten in Gulden absolut und in Prozent.

	1.7.1888–30.6.1889		
Länder	**Personen**	**Kosten absolut**	**Kosten in Prozent**
Böhmen	24.861	3.697,09	32,88%
Bukowina	32	5,22	0,05%
Galizien	989	152,15	1,35%
Istrien	30	4,36	0,04%
Kärnten	63	9,35	0,08%
Krain	106	15,35	0,14%
Mähren	38.129	5.884,68	52,33%
Niederösterreich	858	131,34	1,17%
Oberösterreich	76	11,34	0,10%
Schlesien	5.608	866,23	7,70%
Steiermark	151	24,48	0,22%
Triest	4	0,63	0,01%
Tirol	30	4,37	0,04%
Ungarn	1.465	222,42	1,98%
Ausland	1.436	215,36	1,92%
Summe	**73.838**	**11.244,37**	**100,00%**

Quelle: Naturální stravovací stanice v markrabství moravském. Česko-moravský národní hospodář a samosprávný věstník, Jg. 9, 1889, S. 644–645

[406] [Sovadina, Jan]: Zřízení naturálních stravovacích stanic na Moravě. Česko-moravský národní hospodář a samosprávný věstník, Jg. 7, 1887, S. 736–741.

Tabelle 22: Anzahl der Verpflegten in den Verpflegungsstationen in Mähren entsprechend ihrer Profession.

1.7.1888–30.6.1889		
Profession	**Anzahl absolut**	**Anzahl in Prozent**
Handwerker	60.256	81,61%
Industriearbeiter	778	1,05%
Tagelöhner	9.347	12,66%
Dienstboten	1.448	1,96%
Andere	2.009	2,72%
Summe	**73.838**	**100,00%**

Quelle: Naturální stravovací stanice v markrabství moravském. Česko-moravský národní hospodář a samosprávný věstník, Jg. 9, 1889, S. 645.

Tabelle 23: Anzahl der Verpflegten in den Verpflegungsstationen in Mähren: Männer und Frauen.

1.7.1888–30.6.1889		
Personen	**Anzahl**	**Prozent**
Männer	72.802	98,60%
Frauen	1.036	1,40%
Summe	**73.838**	**100,00%**

Quelle: Naturální stravovací stanice v markrabství moravském. Česko-moravský národní hospodář a samosprávný věstník, Jg. 9, 1889, S. 645.

Auch in anderen Kronländern kam es zur Einrichtung von Naturalverpflegungsstationen: nach Niederösterreich und Mähren in der Steiermark (Gesetz vom 30. Oktober 1888, Nr. 50), in Oberösterreich (Gesetz vom 7. November 1888, Nr. 23), in Vorarlberg (Gesetz vom 17. November 1891, Nr. 13), in Schlesien (Gesetz vom 11. April 1892, Nr. 32) und in Böhmen (Gesetz vom 29. April 1895, Nr. 15).[407] Die damit verbundenen Aufgaben konnten allerdings nicht gleichmäßig erfüllt werden. Die Rolle als Arbeitsvermittlungsstelle nahmen diese Einrichtungen nur sehr bedingt wahr, was ursächlich auf die unzureichende Zusammenarbeit zwischen den lokalen Arbeitgebern und die lediglich eingeschränkt zur Verfügung stehenden Arbeitsmöglichkeiten

[407] Veselý, František Xaver: Všeobecný slovník právní. Praha: Selbstverlag, 1896, Bd. 4, S. 848–849.

zurückzuführen sein dürfte. Die von den verpflegten Personen geleistete Arbeit wurde für den Betrieb der Station genutzt: Heizen, Licht, frische Strohsäcke, Decken, Raummieten und vor allem das dargereichte Essen; die verbliebenen Kosten übernahm das Land.

Der Ertrag der geleisteten Arbeit fiel je nach Station unterschiedlich aus, doch auch ein noch so kleiner Beitrag war willkommen. Die Arbeit erfüllte nämlich neben dem ökonomischen auch einen sozialpädagogischen Zweck: Die Arbeitsgewohnheiten sollten erhalten bleiben und die Anzahl der Landstreicher sollte nicht steigen. Die hohe Anzahl an Handwerkern und Industriearbeitern zeigt, dass es sich bei den meisten Reisenden um qualifizierte Personen handelte, die arbeitslos geworden waren. Ihr Hauptziel – die Gewährung von Sozialhilfe an bedürftige Personen – erfüllten die Naturalverpflegungsstationen im Wesentlichen.

Einige zeitgenössischen Denker betrachteten die Naturalverpflegungsstationen vor allem als Instrument gegen Landstreicherei und Kleinkriminalität.[408] Dieses Ziel konnte teilweise auch erreicht werden. Die Verhältnisse in der öffentlichen Sicherheit verbesserten sich erheblich, wie die Berichte von Gendarmeriestationen bezeugen. Die Zahl der Diebstähle ging zurück, ebenso sank die Zahl von Personen, gegen die ein Schub und eine Strafe wegen der Landstreicherei verhängt wurden.[409] Darüber hinaus nahm der öffentliche Bettel wesentlich ab, da die Bevölkerung belehrt wurde, Bettlern keine Almosen zu schenken, sondern sie an die nächste Verpflegungsstation zu verweisen. Die zeitgenössische Kritik betrachtete die vermutlich in einigen Kronländern praktizierte Verbindung zwischen Naturalverpflegungs- und Schubstationen.

Die Naturalverpflegungsstationen befanden sich, wie mit Blick auf die entsprechenden Strecken indirekt erkennbar, besonders in den kleineren Gemeinden, denen keine ausreichende Zahl an geeigneten und preiswerten Räumen zur Verfügung stand. Die Anforderungen an die vor der Verpflegung zu erbringende Arbeit mögen als unwürdig empfunden worden sein. Die Beantwortung der Frage, inwieweit sie Anwendung fanden, muss die weitere Forschung aufzeigen. Allerdings berichteten einige mährische Stationen, die

---

[408] Vgl. den Artikel „Naturalverpflegsstationen". In: Mischler, Ernst – Ulbrich, Josef (Hrsg.): Österreichisches Staatswörterbuch. Bd. 3,2, S. 702–707.

[409] Janák, J.: Z počátků moravského sociálního zákonodárství, S. 72.

zugeteilte Arbeit habe angesichts des großen Hungers nicht geleistet werden können.[410] Seit 1897 bestand die Möglichkeit, die Arbeit aufgrund von Erschöpfung, des langen Fußmarsches oder des ungünstigen Wetters (bei dem viele Personen bis auf die Haut durchnässt wurden) erlassen zu bekommen, wie die Dienstinstruktionen für die Verwaltung zeigen; allerdings ist davon auszugehen, dass diese Praxis bereits seit längerer Zeit Anwendung fand.

Die Naturalverpflegungsstationen umfassten sämtliche Probleme, die mit der sozialen Frage jener Zeit zusammenhingen: Arbeit, Arbeitsmöglichkeit, Arbeitsvermittlung, Arbeitslosigkeit und soziale Hilfe. Naturalverpflegungsstationen gehören im 21. Jahrhundert bereits der Vergangenheit an, jedoch ist der Gedanke der Hilfe für Bedürftige, ‚verpackt' in den Gesetzen der damaligen Zeit, als eine Möglichkeit zur Lösung der sozialen Frage zu betrachten.

---

410 Ebenda, S. 68.

Die Rumfordsuppe: Sättigung von Armen oder Symbol der Armut?

Nachdem am 29. Dezember 1779 in Gratzen die erste Beratung zur Gründung des Armeninstituts stattgefunden hatte, ging Benjamin Thomson, Graf von Rumford (Count Rumford) einige Jahre danach, am Neujahrstag 1790, in Begleitung des Bürgermeisters, eines Magistratsratsangehörigen und eines Armeeoffiziers durch die Stadt München. „Dem ersten Bettler, der Rumford um ein Almosen ansprach, legte er die Hand auf die Schulter und sagte ihm, dass von jetzt ab, der Bettel in München nicht mehr gestattet sei.“[411]

Abbildung 13: Benjamin Thomson, Reichsgraf von Rumford. Portrait von Thomas Gainsborough, 1783. *Quelle: https://commons.wikimedia.org/w/index.php?curid=19977181 (23. August 2023).*

[411] Bauernfeind von, Karl Maximilian: Benjamin Thomson Graf von Rumford. In: Allgemeine deutsche Biographie, Leipzig: Dunkler & Humblot, 1889, Bd. 28, S. 643–655, hier S. 648.

So schildert Karl Maximilian von Bauernfeld die Reform der Armenfürsorge in München durch den genannten Count Rumford. Benjamin Thomson, ein im Jahre 1753 in Woburn in der Nähe von Boston (heute US-Bundesstaat Massachusetts) geborener Militärangehöriger, konnte im Jahre 1790 bereits auf ein ereignisreiches Leben zurückblicken. Er hatte in der amerikanischen und britischen Armee gedient und war vom britischen König Georg III. als Count Rumford in den Adelsstand erhoben worden. Im Jahre 1784 folgte er im Rang eines britischen Obersts (Colonel) auf der Einladung des bayerischen Kurfürsten Karl Theodor einer Berufung an dessen Münchner Hof. Dort wurde Rumford mit der Reform des Militärs beauftragt und ging im Anschluss zur Reform der Armenfürsorge über. Die bayerische Hauptstadt sowie andere Städte suchten ganze Scharen von Bettlern heim, sodass sich die Bevölkerung über das Betteln und wiederholte Diebstähle beklagte.

Die über einen Zeitraum von vier Jahren von Benjamin Thomson vorbereitete Reform sollte nicht allein die Ausgaben für die Armee verringern, sondern zugleich die Disziplin und Würde des militärischen Standes heben sowie Bürger zu Soldaten und Soldaten zu Bürger erziehen. Am Anfang stand die Erziehung: Es kam zur Gründung von Militärschulen, die nicht nur von Soldaten und deren Kindern, sondern zugleich von Bauernkindern aus der Umgebung besucht wurden. Diese lernten hier lesen, schreiben und rechnen, um eventuell Soldat zu werden oder um sich einfach zu kräftigen und gesunden Bauern zu entwickeln, die für die Armee Pferde züchteten und Lebensmittel produzierten.

Der Militärgarten in den sumpfigen Isarauen bei München bildete den Ort der Erprobung der Reform. Die sumpfige Au wurde kultiviert und in einen großen Park umgestaltet; ein verfallenes Manufakturhaus diente nach seinem Umbau als Werkstatt, in der arbeitslose Handwerker Arbeit fanden. Die Aufschrift über dem weiterhin als Militärisches Arbeitshaus bezeichneten Gebäude – „Hier wird kein Almosen gegeben“ – wurde gleichsam zum Motto der Reform, die für ihre Durchführung die Mitarbeit mehrerer Behörden benötigte. Die Stadt München teilte man zu diesem Zwecke in sechzehn Bezirke (Distrikte) auf, die jeweils von einer Wohltätigkeitskommission geleitet wurden, der ein ehrsamer Bürger vorstand, während andere Mitglieder wie Ärzte, Chirurgen, Apotheker und Geistliche gesundheitliche, soziale und geistliche Aufgaben erfüllen sollten. Das Militärarbeitshaus produzierte für die Armee und bot Arbeit in warmen Räumen, warmes Essen und Lohn für Männer, die arbeiten wollten.[412]

Der 1791 zum Reichsgrafen von Rumford erhobene Benjamin Thompson hatte sich bereits seit längerer Zeit als Experimentalphysiker mit der Wärmetheorie beschäftigt. Der nach seinen Plänen entwickelte, verbesserte und energieeffiziente Kamin verbrauchte für Heizung und Kochen weniger Holz. Seine Experimente auf dem Gebiet der Wärmetheorie betrafen auch die Wärmeeigenschaften von Kleidung, was sich sowohl für die Armee als auch für arme Personen als wichtig erwies. Benjamin Thomson untersuchte die Isolationseigenschaften von Schafswolle, Pelz und Flaum und entwarf eine wärmedämmende Unterwäsche für das Militär.

Abbildung 14: Rumford-Kamin in New England. Der sogenannte Rumford-Herd oder Rumford-Kamin fand rasch große Verbreitung.
Quelle: https://en.wikipedia.org/wiki/Rumford_fireplace#/media/File:RumfordFireplaceAlc1.jpg (23. August 2023).

Sowohl das Militär als auch die Armen benötigten nahrhaftes, warmes und günstiges Essen, das möglichst sparsam zubereitet werden musste. Im Militärarbeitshaus in der Münchner Au wurde nach dem Rezept des Reichsgrafen Rumford eine nahrhafte Suppe zubereitet, die sich binnen kurzer Zeit auch

[412] Bauernfeind von, Karl Maximilian: Benjamin Thomson Graf von Rumford. In: Allgemeine deutsche Biographie, Leipzig: Dunkler & Humblot, 1889, Bd. 28, S. 649–650.

in anderen Ländern verbreitete. Ein Beispiel ist die Herrschaft Gratzen verwiesen, wo 1802 im Rahmen der Armeninstitute eine solche Suppe gekocht wurde. Das ursprünglich bayerische Rezept bestand aus Perlgraupen (feine Graupen aus Gerste), getrockneten Erbsen, Bieressig, Salz und Wasser.[413] Der hohe Nährwert wurde durch die große Menge an Erbsen erreicht. Erbsen machten mengenmäßig bis zu 92 % der Graupen aus. Durch eine solche eiweißhaltige Nahrung ließen sich viele arme Personen versorgen. Unter Bieressig ist wohl eher sauer gewordenes Bier zu verstehen, das wahrscheinlich sehr preiswert oder sogar kostenlos zu haben war.

Je nach Region und Jahreszeit variierte die Konsistenz der Suppe. Einzelne Zutaten wurden durch andere ersetzt, z. B. Graupen teilweise durch Kartoffeln (Südböhmen) oder partiell durch Kleie, was die Suppe nicht nur köstlicher und in letzterem Fall breiiger werden ließ, sondern auch preiswerter machte.

In Südböhmen kochte man mitunter auch Speck, Fleisch, Schweineschmalz oder Knochen mit, was den Geschmack der Suppe entscheidend verbesserte; gleiches gilt für die Verwendung von Gewürzen wie Majoran, Petersilie usw. Es wurde auch empfohlen, altes und trockenes Brot in Stücken über die Suppe zu streuen.

Eine Suppenportion umfasste zwei (niederösterreichische) Seidel, also zweimal 0,35 Liter, d. h. insgesamt 0,7 Liter. Die zeitgenössischen Autoren lobten den Nährwert der Suppe, fügten jedoch gleich hinzu, dass sie keineswegs 24 Stunden sättigen würde, wie angenommen wurde. Sie empfahlen die Suppe daher eher für städtische Verhältnisse, während der gemeine Mann auf dem Land lieber ein Stück Brot mit Sauermilch aß, das er mit Sauerkraut, Kartoffel, Rüben usw. ergänzte, da er dies gewöhnt war.[414]

Die zeitgenössischen Quellen lassen erkennen, dass die Suppe in großen Mengen zubereitet wurde – nach dem ursprünglichen Rezept des Grafen

[413] Benj. Grafen von Rumford: Kleine Schriften politischen, ökonomischen und philosophischen Inhalts. Nach der zweyten vermehrten Ausgabe aus dem Englischen übersetzt, und mit neuen Beysatzen bereichert. Weimar: Verlag des Industrie-Comptoirs, 1797, Bd. 1, S. 250–267.

[414] SOA Třeboň, Herrschaft Gratzen, Armeninstitut AJ III, Fasc. IX, Karton 9, Fol. 22. Die Quelle beruft sich auf die im Jahre 1795 publizierte „Kleine Schrift" des Grafen von Rumford. Die zeitgenössischen Maßeinheiten (Seidel, Pfund, Lot, usw.) werden hier in metrische Maßeinheiten umgerechnet.

Rumford mit 70,5 Kilogramm Graupen, 66 Kilogramm Erbsen, 35 Kilogramm Brot sowie 24 Liter sauer gewordenem Bier. Diese Menge sollte für 1.200 Portionen reichen. Die Rezepte aus Südböhmen gehen hingegen von kleineren Mengen aus und enthalten in der Regel auch Kartoffeln. In den Gesamtkosten sind der Preis für Küchengeschirr und andere Notwendigkeiten nicht enthalten, wohl aber die Kosten für Brennholz, Löhne für Küchenpersonal und die Amortisation der Küchenausstattung. Der Preis für eine Portion im Jahre 1802 lässt sich auf zwei Kreuzer der Konventionsmünze schätzen, was die Suppe in der Tat preiswert machte.[415]

In Prag lagen zwischen dem 12. Januar und dem 11. April 1801 die Kosten für die Rumfordsuppe bei 162 Florinen und 50 Kreuzern, wobei 4.203 Portionen verabreicht wurden. Eine Portion kostete somit etwa 9 Pfennige, also mehr als zwei Kreuzer. Im darauffolgenden Jahr 1802 wurden in den Wintermonaten des Militärjahres bereits in fünf Küchen 61.926 Portionen verteilt.[416] Der Preis sank auf 7 Pfennige und fiel somit unter zwei Kreuzer. Einen Einfluss mag hierbei die Tatsache gespielt haben, dass die Küchen mietfrei betrieben wurden. In einem Fall war eine solche Küche sogar mit gespendetem Geschirr ausgestattet. Die Küchen wurden zum Teil von privaten Wohltätern in ihren Häusern betrieben: So befand sich eine Küche auf dem Hradschin beispielsweise im Haus des Grafen Clam-Martinitz, eine weitere auf der Kleinseite im Haus des Grafen Sternberg, eine dritte in der Altstadt bei Dr. Wolf, eine vierte in der Altstädter Pfarre und eine fünfte im Neustädter Rathaus. Die Kosten für die Viktualien, Holz, Kücheneinrichtung und Löhne des Personals wurden aus privaten Spenden beglichen. Bemerkenswert hierbei ist, dass im Jahr 1802 4.668 Florin und 33 Kreuzer zusammenkamen, wobei diese Summe die Kosten der Verspeisung in Höhe von 2.287 Florinen und 48 Kreuzern (die Kreuzer werden hier gerundet) überstieg.[417] Die Spender erhielten Quittungen für ihre Spenden und die übrigen Kosten fanden in der Regel für den gleichen Zweck Verwendung.

---

415 SOATřeboň, Herrschaft Gratzen, Armeninstitut A III, Fasc. IX, Karton 9, Fol. 17.

416 Das Militärjahr begann jeweils Anfang November eines Jahres und dauerte bis Ende Oktober des Folgejahres, also in unserem Fall vom 1. November 1801 bis zum 30. Oktober 1802.

417 SOATřeboň, Herrschaft Gratzen, Armeninstitut A III, Fasc. IX, Karon 9, Fol. 1–40.

Abbildung 15: „Nachricht von der Zubereitung der Rumfordischen Suppe, nach den damit bei einem Pfarrbezirk auf dem Lande durch mehrere Wochen angestellten Versuchen.“ Budweis 1802.
Quelle: Státní oblastní archiv Třeboň (Staatliches Regionalarchiv Wittingau), Herrschaft Gratzen, Armeninstitut AJ III, Fasc. IX, Karton 9, Fol. 15.

Die Rumfordsuppe zählte zu den Konstanten der Armenfürsorge, wie die Quellen für das Jahr 1847 belegen, und es darf angenommen werden, dass die Zubereitung regelmäßig erfolgte. In Wittingau bereitete man die

Rumfordsuppe vom 12. April bis zum 25. Juli 1847 zu. Im Unterschied zum ursprünglichen Rezept wurden für die Suppe weniger Graupen und Erbsen verwendet, stattdessen kamen Kartoffeln zum Einsatz. Hinzu kamen Knochen, Schmalz, Fleisch und Knoblauch. Eine Portion, d. h. zwei Seidel, kostete 4,5 (gerundet) Kreuzer Wiener Währung[418] – umgerechnet in die Konventionsmünze folglich nicht ganz zwei Kreuzer (1,97 Kreuzer), was mit Blick auf die Erhöhung der Lebensmittelpreise, die Inflation und vor allem die Zugabe vom Fleisch erstaunlich erscheint.[419] Ebenso fand die Verteilung von Rumfordsuppe in Prag ihre Fortsetzung, wie eine Quelle aus dem Jahre 1846 belegt; die Suppe wurde im Rahmen eines privaten Vereins zur Unterstützung der Armen in sechs Küchen ausgegeben.[420]

Die Verteilung der Rumfordsuppe lässt sich auch für die zweite Hälfte des 19. Jahrhunderts belegen. In Brünn ließ am 19. Dezember 1854 der Bürgermeister der Stadt eine Mitteilung mit der Absicht veröffentlichen, eine Ausgabe der Rumfordsuppe ins Leben zu rufen.

> Der Gemeinderath hat nach gründlicher Erwägung der Localzustände im Interesse des Gesundheitswohles der Bewohner dieser Landeshauptstadt und in Anbetracht der Noth, welche bei der Stockung vieler Erwerbszweige und der Theuerung aller Lebensbedürfnisse schwer auf der bedrängten Armuth lastete, und dieselbe bei oft wochenlanger Entbehrung einer warmen Nahrung den verschiedenen Krankheiten zur sicheren Beute werden läßt, in der sicheren Voraussetzung einer ergiebigen Widmung freiwilliger Beiträger von Seite der oft bewährten Mildthätigkeit der

418 Bei der im Jahre 1811 eingeführten Wiener Währung handelte es sich um eine devalvierte Währung, die infolge des wirtschaftlichen Zusammenbruchs des Staates aufgrund der gewaltigen Kriegsausgaben eingeführt wurde. Ihr Verhältnis zur parallel kursierenden Währung der sog. Konventionsmünze war veränderlich. Man kann jedoch für unsere Zeit mit einem Verhältnis von 2,5 Münzen Wiener Währung zu 1 Konventionsmünze rechnen. Seit der Gründung der Privilegierten Wiener Stadt-Banco (der späteren Österreichischen Nationalbank) im Jahre 1816 gab es Bemühungen, die devalvierte Wiener Währung aus dem Umlauf zurückzuziehen, was jedoch bis zum Jahre 1848 dauerte. Durch die Währungsreform im Jahre 1857 wurde die sog. österreichische Währung (Gulden, Kreuzer) eingeführt, die im Unterschied zur Konventionsmünze und Wiener Währung dezimal war.

419 Státní oblastní archiv Třeboň (Staatliches Regionalarchiv Wittingau), Pobočka Český Krumlov (Zweigstelle Böhmisch Krumau), Velkostatek Český Krumlov (Herrschaft Böhmisch Krumau), A 3KAalfa 12, Karton 1126.

420 Gerle, Wolfgang Adolf: Prag und seine Merkwürdigkeiten – Ein Wegweiser für Fremde. Prag: Borosch & André 1846, S. 139–140.

> hiesigen Einwohner, sich zu dem Beschluße veranlaßt gefunden, die Vertheilung von Rumforder-Suppe an besonders Hilfsbedürftige während der ungünstigen Jahreszeit ins Leben zu rufen.[421]

Seit dem 28. Dezember 1854 erfolgte die Ausgabe der Rumfordsuppe täglich in 800 und ab Februar 1855 in 900 Portionen.[422] Im Vergleich zum ursprünglichen Rezept der Rumfordsuppe erwies sich diese als wesentlich inhaltsreicher, wie die erwähnten Zutaten vermuten lassen: Kartoffeln, Graupen, Erbsen, Linsen, Mehl, Rindfleisch, Rinderfett, Rinderknochen, Schweineschmalz, Pfeffer, Piment, Majoran. Im Gegensatz zu anderen Fällen flossen hier keine Gelder aus der Staats- oder Landeskasse; lediglich die Stadt beteiligte sich finanziell. Die größte Summe spendete die Öffentlichkeit in Gestalt einer Sammlung für Arme und durch die Sammlung im Rahmen des „Suppen-Komitees". Der Beitrag der Kaiser-Ferdinand-Nordbahn lässt sich als Privatspende bezeichnen, zumal dies vor der Verstaatlichung der Nordbahn geschah. Die Nordbahn agierte als ein wichtiger Investor und Arbeitgeber in der Stadt Brünn.[423]

Tabelle 24: Spender der Rumfordsuppe in Brünn.

	28.12.1854–26.5.1855	
Spendende Subjekte	**Summe absolut in Gulden**	**Summe in Prozent**
Öffentliche Sammlung	2.489	40,50%
Magistrat der Stadt Brünn	2.000	32,54%
Komitee für die Rumfordsuppe	1.000	16,27%
Nordbahndirektion	950	15,46%
Übrig gebliebene Kartoffeln	–293	–4,77%
Summe	**6.146**	**100,00%**

Quelle: Archiv města Brna (Archiv der Stadt Brünn, weiter AMB Brno), Spisovna in publicis sine signo (Registratur in publicis sine signo) A1/33, Karton 449, Inv.-Nr. 1300.

421 Kundmachung, datiert am 19. Dezember 1854. Brünner Zeitung, 28. Dezember 1854, Nr. 297, S. 2138.

422 Archiv města Brna (Archiv der Stadt Brünn, weiter AMB Brno), Spisovna in publicis sine signo (Registratur in publicis sine signo) A1/33, Karton 449, Inv.-Nr. 1300.

423 Die Kaiser-Ferdinand-Nordbahn war die älteste Lokomotiveisenbahn Österreichs, als Privatbahn erbaut und betrieben, 1906 verstaatlicht. Sie führte vom Wiener Nordbahnhof über Mähren nach Galizien zu den Salzwerken in Bochnia (heute Polen).

Die als Hilfe für Arme besonders in der kalten Jahreszeit verteilte Rumfordsuppe, die überwiegend private Wohltäter finanzierten, avancierte mit der Zeit zum Symbol der Armut. Karl Marx weist in seinem Werk „Das Kapital“ darauf hin, dass die kostenlose Rumfordsuppe den Arbeitgebern den Anlass bot, die Löhne möglichst niedrig zu halten. Anfang des 20. Jahrhunderts belegte man die Verteilung von Armensuppen als billige Mildtätigkeit mit Hohn und Spott, wie das von der tschecho-slawischen sozialdemokratischen Partei herausgegebene Periodikum Rudé květy (Rote Blüten) zeigt. Eine korpulente Frau bringt zwei mageren Kindern einen Suppentopf, assistiert von einem wohlgekleideten Herrn, einem uniformierten Wachmann und einem gebildeten Mann (Arzt oder Apotheker).

Abbildung 16: Wohltätigkeit. Karikatur der Suppe für Arme.
Quelle: Rudé květy. Jg. 1, Nr. 10, 1.3.1902, S. 157.

Arme Kinder als billige Arbeitskraft

Zur Arbeit, nicht zum Müßiggang,
bin ich bestimmt auf Erden.
Drumm will ich, Herr, mein Leben lang,
durch Arbeit nützlich werden.[424]

Arme Kinder wurden seit der Zeit Kaiserin Maria Theresias als billige Arbeitskraft in den Manufakturen eingesetzt, wobei der Anteil von Kindern an der Gesamtzahl der Arbeiter zwischen 25 und 30 % betragen haben dürfte.[425] Für bestimmte Tätigkeiten in der Manufaktur benötigte man nicht unbedingt kräftige Arbeiter, sondern eher Geschick und Ausdauer, zwei Eigenschaften, die Kinderarbeit wichtig erscheinen ließen.[426]

Eine Kindermanufaktur, initiiert durch den Herrschaftsbesitzer Vinzenz von Wallenstein unter Mitarbeit von Johann Joseph von Kinsky, wurde im Jahre 1765 auf Schloss in Weißwasser (Bělá pod Bezdězem) gegründet. Bei den meisten Arbeitern handelte es sich um Kinder. Vor der eigentlichen Gründung

---

[424] Kindergebet aus dem ausgehenden 18. Jahrhundert. Kaser, Julia: Das Kapital des armen Mannes. Kinderarbeit im Tirol des 19. Jahrhunderts. Innsbruck – Wien – Bozen: Studien Verlag, 2008, S. 11.

[425] Matis, Herbert: Manufaktur und frühe Fabrik im Viertel unter dem Wienerwald. Eine Untersuchung der großbetrieblichen Anfänge vom Zeitalter des Merkantilismus bis 1848. Dissertation der Universität Wien. Wien: Univ., 1964, S. 164.

[426] Eine kurze Übersicht der Gesetzgebung der Kinderarbeit bietet der Kurzartikel *Kinderarbeit* (Práce dětská, Autor Jiří Pokorný) in der Encyklopedie českých právních dějin, hrsg. von Karel Schelle und Jaromír Tauchen. Ostrava: Key publishing, 2016, Bd. V. S. 767–770.

ging man von einem Bedarf von achtzig Kindern und Jugendlichen aus, doch woher sollten diese kommen? De facto fungierten Waisenhäuser als „Lieferanten“; außerdem baten die Inhaber der Manufaktur darum, vagierende Kinder und Jugendliche in Städten, namentlich in Prag, ‚einsammeln‘ und sie per Wagen zum Arbeitsort transportieren zu dürfen. Die schwere Arbeit sollten Vaganten ausüben, wozu die Landesstelle bereitwillig ihre Zustimmung erteilte, zumal sie sich hiervon eine Stärkung der Ordnung im öffentlichen Raum versprach. Interesse verdient in diesem Zusammenhang ein Gesuch der Manufakturgesellschafter, das Abhängigkeitsverhältnis der Kinder von ihren Herrschaften (Hörigkeit) abschaffen zu wollen.[427] Die Kinder arbeiteten mit Pausen elf Stunden, zwei Stunden lernten sie. Zum Transport der Kinder und vor allem zur Bewachung der Vaganten wurden ausgediente Soldaten herangezogen. Die Hofkammer bewilligte die Zuteilung eines Zuschlags für Zucker und Kakao als Beitrag für die Ernährung von fünfzig Kindern, wobei dieser zunächst bei 3.000 Gulden jährlich lag und nach 5 Jahren auf 2.000 Gulden gesenkt wurde. Dies sollte allerdings unter der Bedingung erfolgen, dass die Gesellschaftsinhaber jährlich einen Bericht über die aus diesem Budget ernährten Kinder vorlegen mussten.[428]

Die Bewohner der Stadt Weißwasser beklagten sich über das ständige Weinen und Klagen der Kinder in den Räumen des Schlosses, was die Entsendung eines gewissen Inspekteurs Eberle nach sich zog, der grundsätzliche Mängel konstatierte. Die Kinder waren unzureichend bekleidet, kümmerlich ernährt und wurden für ungenügende Arbeitsleistungen häufig bestraft. Die meisten Kinder und Jugendlichen (im Alter zwischen acht und zwanzig Jahren) entwichen. Sie arbeiteten vor allem in verschiedenen Branchen der Textilindustrie, sie woben, spannen Garn, erzeugten Strümpfe, Mützen usw. Nach der Kontrolle durch die Staatsbeamten, die zugleich Lücken in der Buchhaltung entdeckten und die Entlassung von Mitarbeitern veranlassten, die die staatliche Subvention defraudiert hatten, verbesserten sich die Verhältnisse für die Kinder in der Manufaktur erheblich. Allerdings erwiesen sich die Kosten für den Betrieb als ziemlich hoch. Die Kinder erhielten beim Ausscheiden aus der Manufaktur, in der Regel nach sieben Jahren, etwas

---

[427] Klíma, Arnošt: Manufakturní období v Čechách. Praha: Československá akademie věd, 1955, S. 398.

[428] Ebenda.

Geld, um sich in ihrem Gewerbe selbstständig machen zu können. Im Jahre 1788 wurde die Manufaktur geschlossen.[429]

Abbildung 17: Webstuhl der Kindermanufaktur in Weißwasser.
Quelle: Schloss Weißwasser (Bělá pod Bezdězem), Kindermanufaktur, Ausstellung.

Die Anfänge einer die Kinderarbeit schützenden Gesetzgebung fallen in die Zeit des Josephinismus. Das Hofdekret vom 20. Dezember 1786 führte die hygienische und gesundheitliche Kontrolle für Fabrikkinder ein (regelmäßiges Waschen, Wechsel der Wäsche und Bettwäsche, zweimalige Kontrolle durch den Kreisphysikus pro Jahr etc.).[430] Im Zusammenhang mit dem Schulkodex von 1805 fiel die Kinderarbeit unter die Aufsicht der zuständigen Schulbehörden und der Schulbesuch wurde für alle Kinder zwischen sechs und zwölf Jahren Pflicht; allerdings wurde dies angesichts der zu verrichtenden Arbeit nicht bei allen Kindern eingehalten. Im Jahre 1808 gab es in Böhmen

429 https://kulturabela.cz/zamek/expozice/ (9. September 2023).

430 Das ältere Josephinische Hofdekret vom 20. Dezember 1786 wurde als Beilage der Verordnung für die niederösterreichische Regierung vom 20. März 1816 redupliziert. Franz II. (I.) – Gesetze, 1816, Bd. 44, Nr. 25, S. 124–125.

360.552 schulpflichtige Kinder, die Schule besuchten jedoch lediglich 251.491 von ihnen. Ähnlich gestaltete sich die Situation in Mähren, wo ein Viertel der Kinder nicht die Schule besuchte, während sich die Lage in Städten wie Prag und Brünn etwas besser darstellte.[431]

Wie im Hofdekret vom 11. Juni 1842 festgelegt, betrug das Mindestalter für arbeitsfähige Kinder zwölf Jahre, konnte in Ausnahmefällen aber auf neun Jahre abgesenkt werden, wenn das betreffende Kind für mindestens drei Jahre bereits die Schule besucht hatte. Die maximale Arbeitszeit für Kinder zwischen neun und zwölf Jahren betrug zehn Stunden täglich. Kinder im Alter zwischen zwölf und sechzehn Jahren durften maximal zwölf Stunden täglich arbeiten; bei allen Alterskategorien waren Pausen in die Arbeitszeit mit eingerechnet – maximal eine Stunde täglich. Bei Nichteinhaltung konnten Geldstrafen in einer Höhe von zwei bis einhundert Gulden auferlegt werden.[432]

In der Praxis erwies es sich als schwierig, die Regelungen zur Kinderarbeit einzuhalten. In Kattunmanufakturen beispielsweise arbeiteten sieben- und achtjährige Kinder.[433] Die ärarischen Fabriken lieferten kein gutes Beispiel: Die Tabakfabrik in Sedletz (Sedlec) in Böhmen beschäftigte im Jahre 1842 430 Arbeiter, davon 67 Kinder unter 14 Jahren und 96 Kinder zwischen 14 und 16 Jahren, was bedeutet, dass insgesamt 163 Personen (fast 38 %) noch minderjährig waren.[434] In der Papier- und Textilproduktion wurden häufig Kinder beschäftigt. Die nachfolgende Tabelle zeigt die absoluten Zahlen und den Prozentanteil der Kinderarbeit in Papierfabriken und Spinnwerken im Jahre 1846. Der Anteil der Kinderarbeit bewegte sich zwischen 26,59 % in Oberösterreich und 10,74 % in der

---

431 Houser, Jaroslav: Dětská práce a její právní úprava v našich zemích za kapitalismu. Rozpravy Československé akademie věd, řada společenských věd, Jg. 72, Heft 6. Praha: Nakladatelství Československé akademie věd, 1962, S. 16.

432 Herz, Hugo: Der gegenwärtige Stand und die Wirksamkeit der Arbeiterschutzgesetzgebung in Oesterreich. Leipzig: Deuticke, 1898, S. 6.

433 Kattunmanufakturen und später Kattunfabriken waren Textilbetriebe, die bedruckte Baumwoll oder Leinenstoffe produzierten. Die Stoffe wurden per Hand und später mithilfe von Maschinen bedruckt, was eine Neuerung in der Textilproduktion bedeutete. Die bunten Stoffe waren preiswert, sodass sie auch von ärmeren Personen gekauft werden konnten, was eine große Verbreitung zur Folge hatte.

434 Zenker, Ernst Viktor: Die Wiener Revolution von 1848 in ihren Voraussetzungen und Beziehungen. Wien – Pest – Leipzig: A. Hartleben's Verlag, 1897, S. 65.

Steiermark; der Durchschnitt für den westlichen Teil der Habsburgermonarchie lag bei 14,66 %. Die Tabelle zeigt auch die industriellen Zentren in der Textil- und Papierproduktion, die Mitte des 19. Jahrhunderts den Großteil der Industrie ausmachten; der Aufbau von Stahlwerken sowie Kohle- und Eisengruben wuchs in dieser Zeit rapide, wozu der Bau der Eisenbahn wesentlich beitrug, sodass der Anteil der Kinderarbeit wahrscheinlich sank.

Tabelle 25: Anteil der Kinderarbeit in Papierfabriken und Spinnereien im Jahre 1846.

Land	Anzahl der Fabriken	Männer absolut	Frauen absolut	Kinder absolut	Kinder Prozent	Summe absolut
Böhmen	211	5.306	4.863	1.522	13,02%	11.691
Galizien	24	235	88	40	11,02%	363
Kärnten und Krain	8	107	203	85	21,52%	395
Küstenland	2	185	136	87	21,32%	408
Lombardei	152	3.024	2.335	1.037	16,21%	6.396
Mähren und Schlesien	36	201	132	61	15,48%	394
Niederösterreich	70	4.274	4.809	1.640	15,29%	10.723
Oberösterreich	26	446	421	314	26,59%	1.181
Steiermark	13	373	475	102	10,74%	950
Tirol	36	1.296	1.768	469	13,27%	3.533
Venedig	69	1.086	771	233	11,15%	2.090
Summe	**647**	**16.533**	**16.001**	**5.590**	**14,66%**	**38.124**

Quelle: Zenker, Ernst Viktor: Die Wiener Revolution von 1848 in ihren Voraussetzungen und Beziehungen. Wien – Pest – Leipzig: A. Hartleben's Verlag, 1897, S. 261.

Die widersprüchliche Haltung der Behörden zur Kinderarbeit zeigte sich in zwei Dekreten aus dem Jahr 1846 für die sich in den Ländern Oberösterreich und Salzburg befindenden Betriebe. Das Dekret vom 16. Januar 1846 verschärfte die Bedingungen für die Kinderarbeit, die im Hofkanzleidekret vom 11. Juni 1842 publiziert wurden. Demnach durften Kinder unter zwölf Jahren nicht beschäftigt werden. Vor der Anstellung mussten sie sich einer ärztlichen Untersuchung unterziehen. Den Kindern standen neben der einstündigen Mittagspause auch zwei halbstündige Pausen, sogenannte „Intestitia", für Frühstück und Abendbrot zu, die möglichst an der frischen Luft verbracht werden sollten. Die Arbeit an Sonn- und Feiertagen war untersagt. Dreimal im Jahr hatte ein Sanitätsbeamter den Betrieb zu visitieren; der Betrieb sollte auf Lüftung und Entstauben achten.[435]

Nach einigen Monaten wurden diese für die Kinderarbeit günstigeren Bedingungen jedoch wieder gelockert. In einem Dekret der oberösterreichischen Regierung vom 29. Juli 1846 wurde die Arbeit der Kinder von neun Jahren erneut bewilligt. Die jährliche dreimalige sanitäre Untersuchung der Fabrik entfiel und es genügte eine einmaligen Überprüfung, bei der auf Reinheit, Lüftung, Gesundheitszustand und Behandlung der Kinder zu achten war. Darüber hinaus wurde stillschweigend die Auffassung fallengelassen, die Pausen seien in die zehnstündige Arbeit der Kinder einzurechnen.[436] Der Einfluss liberaler Kreise kam hier offensichtlich zum Tragen.

Der Ministerialerlass vom 31. August 1851 bedeutete folglich eine erneute Abschwächung der zumindest formell bestehenden Regelungen. Die Arbeit von Kindern unter neun Jahren wurde wieder zugelassen, wenngleich unter besonderen Umständen, indem die Eltern ein Gesuch stellten und das Kind zumindest ein Jahr die Schule besucht hatte. Somit wurde die Arbeit von sieben- und achtjährigen Kindern legalisiert.[437]

Eine grundsätzliche Norm für die Beziehung zwischen Arbeitgeber und Arbeitnehmer stellte die Gewerbeordnung aus dem Jahr 1859 dar, die auch Bestimmungen über die Kinderarbeit beinhaltete. Kindern unter zehn Jahren war eine Arbeit untersagt. Kinder zwischen zehn und zwölf Jahren durften ausschließlich unter Vorlage einer schriftlichen Erlaubnis ihres Vaters oder eines Vormunds aus den Reihen des Gemeindevorstands einer Arbeit nachgehen, konnten in diesem Fall jedoch lediglich zu Arbeiten herangezogen werden, die nicht der Gesundheit schadeten und die sich nicht nachteilig auf die körperliche Entwicklung auswirkten.[438]

Die Einhaltung der Gewerbeordnung wurde in der Praxis wohl nicht selten umgangen, wie das Beispiel von Jan Petrlík zeigt, der bereits als Achtjähriger

---

[435] Kraus, Siegmund: Kinderarbeit und gesetzlicher Kinderschutz in Österreich. Wiener Staatswissenschaftliche Studien, Wien – Leipzig: Franz Deuticke, 1904, Bd. 5, S. 28.

[436] Ebenda, S. 29.

[437] Houser, J: Dětská práce a její právní úprava v našich zemích za kapitalismu, S. 18; Pokorný, Jiří: Dětská práce. In: Hojda, Zdeněk – Ottlová, Marta – Prahl, Roman (Hrsg): Útisk – charita – vyloučení. Sociální 19. století. Praha: Academia, 2015, S. 90–96, hier S. 94.

[438] Patent vom 20. Dezember 1859. RGBl., Bd. LXV, 1859, Nr. 227, § 86, S. 636.

begonnen hatte zu arbeiten. Der 1860 geborene Jan Petrlík war eines von 16 Kindern, von denen jedoch sieben bereits im Kindesalter starben. Mit acht Jahren begann er in der Glashütte der Familie Reich in Neu Hrosenkau (Nový Hrozenkov) in Ostmähren als Gehilfe beim Glasformen zu arbeiten und ein Jahr später in gleicher Stellung als Gehilfe beim Transport der Fertigprodukte aus der Glashütte in einen spezialisierten Kühlraum.

> Wir wohnten in Marečkov, es war zur Glashütte ziemlich weit. Da ich keine Schuhe besaß, trug mich meine Mutter zur Hütte in einer Kiepe, besonders im Winter. Am meisten tat mir leid, dass die Mutter, manchmal auch sehr streng, in der Nacht rief: Hansi, steh auf, Du musst in die Hütte, und ich sehnte mich nach einem längeren Schlaf. In einer dunklen Nacht trug mich meine Mutter in der Kiepe, rutsche jedoch auf dem Glatteis aus, und wir waren alle beide ziemlich verletzt, aber wir mussten in die Glashütte weitergehen. Für meine Arbeit erhielt ich 30 Kreuzer täglich, dies musste mein Meister, der Glasmacher, zahlen, wie es damals in allen Glashütten üblich war. Das Geld habe ich nie gesehen, da es mein Vater kassierte. Dafür hatte ich eine große Freude, als er mir auf dem Jahrmarkt in Wsetin (Vsetín) Schuhe und Mantel kaufte, so dass mich meine Mutter am nächsten Winter nicht mehr in der Kiepe tragen musste.[439]

Die Erinnerungen des späteren Glasmachermeisters Jan Petrlík zeugen von der schweren Kindheit armer Familien. Die Arbeit, die der neunjährige Knabe verrichtete, war stark gesundheitsschädigend; ältere Arbeiter weigerten sich, diese auszuführen, sodass sie meist von Knaben ausgeführt wurde; in der Glashütte selbst entwickelten sich nämlich toxische Gase, die die dort tätigen Personen zwangsläufig einatmeten. Die Jungen bekamen dann eine weißliche bis leicht grünliche Gesichtsfarbe, da sie ständig geradezu betäubt wurden. Über einen Schulbesuch erfahren wir im Falle von Jan Petrlík nichts – vermutlich besuchte er diese nur vorübergehend oder gar nicht.

Für Kinder unter vierzehn Jahren durfte laut Gewerbeordnung die Arbeitszeit täglich zehn Stunden, für die unter sechzehn Jahren täglich 12 Stunden nicht übersteigen. Nachtarbeit, das heißt eine Tätigkeit zwischen 21 und 5 Uhr, war für Personen unter sechzehn Jahren verboten. Eine mögliche Nachtschicht für Jugendliche zwischen vierzehn und sechzehn Jahren war

---

439 Hozák, Jan: Tovární práce ve světle dobových svědectví tzn. Kleplovy sbírky vzpomínek a rukopisů, In: Hojda, Zdeněk – Ottlová, Marta – Prahl, Roman (Hrsg): Útisk – charita – vyloučení. Sociální 19. století. Praha: Academia, 2015, S. 82–89, hier S.86.

lediglich nach vorausgehender Arbeitserlaubnis durch die Behörde möglich, ebenso eine Verlängerung der Arbeitszeit um zwei Stunden täglich.[440]

Die Pflicht zum Schulbesuch sollte die Kinderarbeit einschränken bzw. verhindern, was in armen Familien jedoch dazu führte, dass die Kinder nach dem Schulbesuch arbeiten mussten. Einen Einblick in den Alltag eines Gürtlerlehrlings gewähren die Erinnerungen des zwölfjährigen Emil:

> Ich kam zum Gürtler Karl Johann Staffen in Smržovka (Morchenstern). Da ich die Bürgerschule in Tanvald (Tannwald in Nordböhmen) besuchte, konnte ich erst um vier Uhr Nachmittag mit der Arbeit beginnen, ich arbeitete bis zum 10 Uhr am Abend. Die Geschwister oder Eltern brachten mir um acht Uhr Abend das Abendessen, das aus einer Semmel mit einer kleinen Kanne Roggenkaffee bestand. Da ältere Geschwister und der Vater mit ihrer Arbeit um sechs Uhr in der Früh in den Fabriken Priebsch und Meyer beginnen mussten, stand ich mit ihnen auf und machte meine Schulaufgaben. So verbrachte ich die letzten zwei Schuljahre.[441]

Der Tagesablauf des armen Knaben lässt sich also wie folgt zusammenfassen: Er stand um sechs Uhr auf, machte Schulaufgaben und begab sich danach in die Schule, wo er von acht bis drei am Unterricht teilnahm. Eine Stunde später war er bereits bei Meister Passer, wo er bis 22 Uhr arbeitete. Danach ging er nach Hause und legte sich gegen 23 Uhr schlafen. Dies alles geschah bei mangelnder Ernährung, wie sein Abendessen erahnen lässt.

Die Aufnahme einer Arbeit mit Erreichen des 14. Lebensjahres stellte die Normalität dar. In den Fabrik- und Dienstarbeiterprotokollen des Brünner Polizeipräsidiums finden sich zahlreiche Beispiele vor allem für Mädchen, die ihr Arbeitsleben mit vierzehn Jahren begannen, wie die oben erwähnte Maria Amalia Kowarzik, die mit ihrem vierzehnten Lebensjahr in Brünn in der Textilfabrik zu arbeiten begonnen hatte.[442] Kinder unter vierzehn Jahren durften offiziell nicht angestellt werden, da sie selbstständig keinen Heimatschein, keinen Reisepass oder ein Dienstbuch erhalten konnten. In

---

440 Patent vom 20. Dezember 1859. RGBl., Bd. LXV, 1859, Nr. 227, § 87, S. 637.

441 Hozák, J.: Tovární práce ve světle dobových svědectví tzv. Kleplovy sbírky vzpomínek a rukopisů, hier S. 86. Gürtler (Passer) produzierten im 19. Jahrhundert weniger Gurte, sondern eher Gegenstände aus Metall – also ein Gewerbe zwischen Kupferschmied, Schmied und Goldschmied.

442 MZA Brno, Policejní ředitelství B 26, Protokollbücher Nr. 568, 569, 570.

der Praxis wurden diese Bestimmungen jedoch häufig umgangen, wie Marie Pretlová (geboren 1873) schildert:

> Ich war noch nicht zwölf Jahre alt, als ich in der Scheinost-Fabrik zu arbeiten begann. Es waren dort mehrere Mädchen in meinem Alter. Es herrschte damals ein großer Mangel an Arbeitskräften, und auch wenn die Behörden eine Arbeitsaufnahme von Jugendlichen unter vierzehn Jahre verboten, stellte die Fabrik diese ein, da junge Mädchen oft geschickter waren als eine ältere Arbeiterin. Sobald die Gewerbeinspektion in der Fabrik erschien, gingen entweder der Verwalter Martinek oder der Buchhalter Šimera durch alle Werkstätten und die jungen Mädchen, die noch kein Dienstbuch besaßen, mussten sich verbergen.[443]

In ähnlicher Weise erinnert sich die 1865 geborene Barbora Titlová:

> Fabrikarbeiterin war ich seit meinem zwölften Lebensjahr, als ich zur Firma Scheinost in Schüttenhofen (Sušice) kam. Als ich zum ersten Mal in die Werkstatt trat, sagte der Meister: „Was willst du hier, mein Kind?" Ich war klein und sah für mein Alter jünger aus. [...] Ich konnte die Maschine nicht erreichen und musste deshalb bei der Arbeit auf einer Kiste stehen. Es gab damals in der Fabrik mehrere Mädchen in meinem Alter.[444]

Der Heimatschein stellte eine wichtige Voraussetzung für ein legales Arbeitsverhältnis dar. Die Ausstellung konnte offiziell erst mit Erreichen des vierzehnten Lebensjahres erfolgen, doch es gab auch Möglichkeiten, diese Bestimmung zu umgehen. Der spätere Glasmeister Karl Viktora (geboren 1882), schildert einen der Wege, wie Kinder ihre Heimatscheine erlangten:

> Ich ging in meine Heimatgemeinde Srutsch an der Sassau (Zruč nad Sázavou), von uns drei Stunden (des Fußweges) entfernt, für meinen Heimatschein. Der Herr Lehrer gab mir ein Empfehlungsschreiben, das auch der Bürgermeister Kovanda unterschrieb, in dem er angab, ich werde vorzeitig aus der Schule entlassen, da ich der beste Schüler sei und in die Fabrik gehen müsse, damit ich meine arme Mutter ernähren könne. Ohne diese Empfehlung hätte mir der Bürgermeister den Heimatschein nicht ausgestellt, da ich noch nicht dreizehn Jahre alt war und solche Dokumente lediglich an Vierzehnjährige ausgehändigt wurden.[445]

---

443 Branald, Adolf – Klepl, Jan (Hrsg.): Život a dílo. Ze vzpomínek pracujících. Národní technické muzeum: Praha, 1953, S. 35. Die Firma Scheinost in Sušice (Schüttenhofen) in Südwestböhmen war ein bedeutender Produzent von Phosphorstreichhölzern.

444 Branald, Adolf – Klepl, Jan (Hrsg.): Život a dílo. Ze vzpomínek pracujících, S. 37.

445 Viktora, Karel: Cesta životem. [Der Lebensweg] Archiv Národního technického muzea v Praze (weiter Archiv NTM Prag), Sbírka vzpomínek a rukopisů, inv. č. 494, S. 18.

Vierzehnjährige arme Personen galten als selbstständig, da sie ihren eigenen Heimatschein erhalten konnten, auch wenn sie formal noch lange als unmündig galten. Dagegen zählte ein vierzehnjähriger Adeliger oder eine vierzehnjährige Bürgertochter als Kind, da sie nicht arbeiten mussten. Dieser lediglich auf dem Vermögensstand gegründete Widerspruch wurde als „wirtschaftliche Vernunft" bezeichnet. Unmündige Personen über vierzehn Jahre konnten zwar im Einklang mit den Gesetzen ihren Heimatschein und ihr Arbeits- oder Dienstbuch erhalten, jedoch hatten sie aufgrund ihres Alters keinerlei Berechtigung, ihre neue Heimatzuständigkeit in der Gemeinde, in der sie tätig waren, zu bekommen. Auch wenn sie wie mündige Personen arbeiteten, stellte ihr Alter ein Hindernis für eine eventuelle Armenpflege im Bedarfsfall dar.

Arme Kinder mussten ihre Familie verlassen und sich in anderen Regionen Arbeit suchen, was besonders für arme Gegenden galt, wie die Erinnerung des oben erwähnten Karl Viktora zeigen:

> Eines Samstags fuhren wir mit einer Fuhr zur Eisenbahn. Die Schmiedin hatte ihre Tochter Mariechen mit. Es war ein unangenehmer Herbsttag, nebelig, es regnete ein wenig, die Kälte fühlte man in allen Knochen. Meine Mutter fuhr mit uns bis nach Bochdanetsch (Bohdaneč), weinte ständig und ich auch. Als wir uns verabschiedeten, segnete sie mich mit dem Kreuz auf der Stirn, umarmte mich und weinte bitter. Ich, obwohl ich bereits zu Hause beim Abschied von meiner guten Großmutter und auch während des Weges geweint hatte, weinte wieder. Fahre, mein Junge, und vergiss uns zu Hause nicht. Viele Mütter begleiteten ihre Söhne in den Norden zu den Glashütten, oder Töchter zum Dienst nach Prag oder Wien. [...] In dieser armen bergigen Region gab es keine andere Lösung, wir mussten deswegen in die Welt für unseren Lebensunterhalt gehen, denn unsere Heimat, unsere teure Heimat, konnte uns nicht alle ernähren.[446]

Die in der Gewerbeordnung von 1859 verankerten Regelungen zur Kinderarbeit wurden häufig missachtet. Der langjährige Landtags- und Reichsratsabgeordnete Franz Moritz Roser (1818–1906) stellte am 19. Dezember 1868 im Abgeordnetenhaus einen Antrag zur Beschränkung der Kinderarbeit.[447]

---

[446] Viktora, K.: Cesta životem, S. 19.

[447] Stenographische Protokolle über die Sitzungen des Hauses der Abgeordneten des österreichischen Reichsrathes (weiter Stenographische Protokolle des Abgeordnetenhauses). 154. Sitzung der ersten Session am 18. Dezember 1868, S. 4732, 4782–4785.

Kindern unter vierzehn Jahren sollte die Arbeit verboten, die tägliche Arbeitszeit für ältere Kinder auf maximal zehn Stunden beschränkt werden. F. M. Roser argumentierte mit dem schädlichen Einfluss der langen Arbeitszeit auf die körperliche Entwicklung der Kinder und Jugendlichen, die er als Arzt aus seiner Praxis kannte. Schuld sei der Staat, der die Kinderarbeit zulasse, nicht die richtige Entwicklung und Erziehung ermögliche und Kinder ihrer Kindheit beraube.[448] Die vom Ausschuss gewählte Kommission untersuchte lange und sorgfältig die vorgeschlagene Änderung. Eine staatliche Regulierung der Arbeitszeit lehnte sie ab, da dies eine Verletzung der individuellen Freiheit bedeuten würde, also der Freiheit, Arbeitsverträge abzuschließen und über die eigene Arbeitskraft zu verfügen. Unter den herrschenden Rahmenbedingungen der Marktwirtschaft sowie der Nachfrage und des Angebots auf dem Arbeitsmarkt ließe sich eine staatliche Regelung nicht verwirklichen. Der Staat sollte als Beschützer für diejenigen in Erscheinung treten, die sich angesichts ihrer Unmündigkeit nicht selbst schützen konnten und empfahl deshalb, insbesondere mit Blick auf die allgemeine Schulpflicht, bestimmte Regelungen für die Kinderarbeit in Betrieben.[449] Obwohl Doktor Roser in der nächsten Session erneut den Antrag stellte,[450] gelangte dieser bis zum Ende der nächsten Session nicht auf die Agenda und wanderte schließlich, wie Ludwig Brügel bemerkte, ins Archiv des Parlaments.[451]

Der Schutz der Arbeit von Kindern und Jugendlichen bildete den Gegenstand langer Verhandlungen im Abgeordnetenhaus in den siebziger und achtziger Jahren des 19. Jahrhunderts. Die Vorschläge deckten sich zum Großteil mit dem Antrag von F. M. Roser. Die am meisten diskutierten Fragen betrafen die Kinderarbeit zwischen zwölf und vierzehn Jahren und deren mögliche

---

Franz Moritz Roser (1818–1906), ein deutschböhmischer Arzt, widmete sich in seiner langjährigen Tätigkeit im böhmischen Landtag und österreichischen Reichsrat vor allem der gesundheitlichen und sozialen Problematik.

448 Brügel, Ludwig: Soziale Gesetzgebung in Österreich von 1848–1818. Eine geschichtliche Darstellung. Wien – Leipzig: Franz Deuticke, 1919, S. 55. Ludwig Brügel (1866–1942) war ein deutschmährischer Journalist und Historiker der Arbeiterbewegung, in der Ersten Österreichischen Republik bekleidete er in der ersten Regierung Renner das Amt des Pressechefs des Bundeskanzleramtes.

449 Pokorný, J.: Dětská práce, S. 95.

450 Stenographische Protokolle des Abgeordnetenhauses 154. Sitzung der I. Session am 18. Dezember 1868, S. 4732.

451 Brügel, L.: Soziale Gesetzgebung in Österreich von 1848–1818, S. 58.

Arbeitszeitlänge, wobei die Bereiche Schulpflicht, Gewerbe, Industrie und Landwirtschaft berührt wurden. Aus der parlamentarischen Diskussion geht hervor, dass die Regierung den Gedanken einer direkten Kürzung der Schulpflicht fallengelassen und sich zu einer indirekten Kürzung zugewandt hatte.

> Die Regierung hat nämlich schon anlässlich des ursprünglichen Antrages des Herrn Abgeordneten Lienbacher den Standpunkt eingenommen, dass sie gegen eine Verkürzung der Schulpflicht auftreten würde, dass sie hingegen von der Nothwendigkeit einer Verkürzung der Schulzeit in Folge der allseitig anerkannten wirtschaftlichen Erwerbsrücksichten insbesondere bei der Landbevölkerung überzeugt sei. An diesen Standpunkt hält die Regierung noch jetzt fest, und daher hat sich dieselbe wiederholt dahin ausgesprochen, dass sie einem solchen Gesetzantrage, welcher lediglich dahin zielen würde, die Unterrichtszeit im siebenten und achten Schuljahre abzukürzen, nicht entgegentreten würde.[452]

Durch das Gesetz Nr. 53/1882 (die Novelle des Gesetzes Nr. 62/1869) wurden die (zeitlichen oder saisonalen) Kürzungen in den letzten beiden Schuljahren ermöglicht. Die Berechtigung, ein Gesuch um ein zeitweiliges Fernbleiben von der Schule zu stellen, besaßen neben den Eltern auch die politischen Gemeinden des zuständigen Schulbezirks.[453]

Einige arme Gemeinden gingen sogar noch weiter und verlangten die reguläre Kürzung des Schulbesuchs auf sechs Jahre, da sie auf die Kinderarbeit nur schwer verzichten konnten, wie das Gesuch der Pustertaler Gemeinde Percha im Jahr 1885 an den Tiroler Landtag beweist. „Welch große Last die sieben- und achtjährige Schulpflicht ist. [...] Wenn nun auch die Kinder im 13. und 14. Jahre noch die Schule besuchen müssen, so bleibt an vielen Orten die Arbeit zurück, wodurch den einzelnen Besitzern großer Schaden erwächst."[454] Die Gemeinde Percha bat um eine Kürzung des Schulbesuchs mit der Begründung, auf dem Feld und in den Wäldern gäbe es viel Arbeit, die ohne die Jugendlichen nicht zu bewältigen sei, da die Knechte lieber zu den öffentlichen Regulierungsarbeiten gingen.[455]

---

452 Stenographische Protokolle des Abgeordnetenhauses. 159. Sitzung der IX. Session am 23. Mai 1881, S. 5774.

453 RGBl., Bd. XIX, 1883, Nr. 53, § 22, S. 202.

454 Kaser, J.: Das Kapital des armen Mannes, S. 83.

455 Ebenda.

Die „Erleichterung" des achtjährigen Schulpflichtbesuchs war offenkundig weit verbreitet: Noch im Jahre 1900 erhielten annähernd 200.000 Kinder zwischen zwölf und vierzehn Jahren eine partielle Befreiung vom Schulbesuch und ein Drittel der Schulen handhabte einen halbtägigen Unterricht.[456] Die Pädagogen jener Zeit reagierten sehr kritisch:

> Durch die Absenz der armen Kinder wird die finanzielle Lage von großen Gemeinden durch die verminderte Zahl von Schulklassen erleichtert, aber die Gemeindevaganten werden zunehmen. Wer armen Familien helfen will, würde es besser machen, die Löhne von Arbeitern zu erhöhen, als den Schulbesuch von armen Kindern zu kürzen.[457]

Nach langen Verhandlungen wurde am 8. März 1885 eine Novelle der Gewerbeordnung aus dem Jahr 1859 publiziert, die die Kinderarbeit einschränkte und an die Vorschläge von F. M. Roser erinnerte.

> Kinder vor dem vollendeten zwölften Jahr durften zu regelmäßigen gewerblichen Beschäftigungen nicht verwendet werden. Jugendliche Hilfsarbeiter zwischen dem vollendeten 12 und dem vollendeten 14 Jahre dürften zu regelmäßigen gewerblichen Beschäftigungen verwendet werden, sofern ihre Arbeit der Gesundheit nicht nachtheilig ist und die körperliche Entwicklung nicht hindert, dann der Erfüllung der gesetzlichen Schulpflicht nicht im Wege steht.[458]

Die maximale Arbeitszeit von Jugendlichen wurde auf acht Stunden täglich beschränkt und die Nachtarbeit von Kindern und Jugendlichen verboten. Die Arbeitgeber waren dazu verpflichtet, die Anwesenheit jugendlicher Arbeiter zu dokumentieren.[459] Die Meinungen im Abgeordnetenhaus gingen zur Frage der Kinderarbeit weit auseinander; einige Abgeordnete argumentierten, die Novelle der Gewerbeordnung würde die Not armer Familien, die ohne die Kinderarbeit nicht auskamen, noch vertiefen.[460] Der Anteil der Kinderarbeit an der Lohnarbeit sank, was darauf zurückzuführen ist, dass einerseits Vorschriften eingehalten werden mussten und andererseits die Arbeitgeber

[456] Kádner, Otokar: Vývoj a dnešní soustava školství. Praha: B. Janda, 1929, S. 124.
[457] Učitelské noviny vom 2. April 1884, S. 3.
[458] RGBl., Bd. VIII, 1885, Nr. 22, § 93–97, S. 45.
[459] Als jugendliche Arbeiter galten Personen unter sechzehn Jahren.
[460] Houser, J.: Dětská práce, S. 40–41.

infolge der Mechanisierung der Produktion an der Kinderarbeit kein so großes Interesse mehr zeigten. Dennoch wirkte sich auch die kurzzeitige Beschäftigung von Kindern in Glaswerken und Berggruben sehr gesundheitsschädigend aus.[461]

Die gesetzliche Lage in Bezug auf die Regulierung der Arbeit von Kindern und Jugendlichen blieb bis zum Ende der Habsburgermonarchie unverändert und die Kinderarbeit blieb ein wichtiger Bestandteil der Lohnarbeit. Den Anteil der Kinderarbeit in untersuchten Schulen in Ländern Zisleithaniens im Jahre 1908 zeigt die folgende Tabelle. Ein Vergleich der einzelnen Kronländern zeigt große Unterschiede: Den höchsten Anteil an Kinderarbeit wiesen Kärnten mit 52,89 % und Schlesien mit 52,11 % auf, den niedrigsten Anteil Istrien mit 23,18 %, gefolgt von Niederösterreich mit 26,14 %. Weit über dem österreichischen Durchschnitt von 34,75 % lagen Krain mit 48 % und Bukowina mit 47,66 %. In den industrialisierten Ländern wie Böhmen, Niederösterreich, Mähren und der Steiermark finden sich unterschiedliche Anteile an Kinderarbeit; die These eines hohen Anteils der Fabrikkindern lässt sich jedenfalls nicht bestätigen. Einen hohen Prozentsatz an Kinderarbeit wiesen ländliche Gebiete auf, was auf eine hohe Arbeitsbeteiligung von Kindern in der Land und Forstwirtschaft hindeutet.

---

[461] In den Stollen arbeiteten Kinder als sog. Beleuchtungsbuben, in den Glaswerken mussten sie Fertigprodukte vom Glasofen wegtransportieren, wobei sie toxischen Gasen ausgesetzt waren.

Tabelle 26: Tabelle: Anteil der arbeitenden Kinder in untersuchten Schulen in Ländern Zisleithaniens.

Anteil der arbeitenden Kinder in untersuchten Schulen in Zisleithanien im Jahre 1908					
Länder	Schulen Gesamtzahl	Untersuchte Schulen	Untersuchte Kinder	Arbeitende Kinder	Arbeitende Kinder in Prozent
Böhmen	6.228	416	107.056	32.631	30,48%
Bukowina	28	490	10.265	4.892	47,66%
Dalmatien	447	41	6.117	1.867	30,52%
Galizien	5.085	389	97.288	32.030	32,92%
Görz und Gradiska	246	19	4.274	1.378	32,24%
Istrien	258	21	4.383	1.016	23,18%
Kärnten	396	46	6.381	3.375	52,89%
Krain	415	35	10.255	4.922	48,00%
Mähren	2.801	239	48.429	19.850	40,99%
Niederösterreich	1.965	197	48.342	12.637	26,14%
Oberösterreich	590	88	18.229	6.167	33,83%
Salzburg	197	19	3.318	1.106	33,33%
Schlesien	630	64	12.519	6.524	52,11%
Steiermark	944	9	21.486	9.815	45,68%
Triest	66	6	3.204	981	30,62%
Tirol	1.314	104	13.582	5.051	37,19%
Voralberg	15	204	3.203	1.229	38,37%
Summe	**21.610**	**2.387**	**415.128**	**144.242**	**34,75%**

Quelle: Erhebung über die Kinderarbeit in Österreich. Wien: Alfred Hölder, 1910, S. 47.

Der konservative Wind

Die Wirtschaftskrise im Jahre 1873 offenbarte die Schwächen des liberalen Systems der Wirtschaftsführung, das die Beziehungen zwischen Arbeitgeber und Arbeitnehmer kaum regulierte. Die Instabilität der Staatsführung spiegelte sich in der kurzen Zeit der jeweiligen Regierungen in der österreichischen Reichshälfte wider: Zwischen 1867 und 1879 wechselten zehn Regierungen – häufig nur mit wenigen Monaten Amtszeit –, wobei lediglich jene von Adolf Fürst Auersperg mehr als acht Jahre im Amt war.[462] Die Ursachen des Scheiterns vieler Kabinette lagen neben den auftretenden ethnisch-nationalen Problemen vor allem in der prekären wirtschaftlichen Lage des Staates begründet, die sich auch in der wachsenden Not der ohnehin ärmsten Schichten widerspiegelte.

Eine Änderung trat in der Person des neuen im August 1879 ernannten Ministerpräsidenten Eduard Graf Taafe ein, der immerhin mehr als vierzehn Jahre in seinem Amt verblieb.[463] Seine lange Regierungszeit wird mit Blick

---

[462] Adolf Fürst Auersperg (1821–1885) bekleidete von 1871 bis 1879 das Amt des liberal und antiklerikal orientierten Ministerpräsidenten von Zisleithanien. Seine Regierung setzte eine Wahlreform durch, die es allen volljährigen männlichen Wählern erlaubte, den Reichsrat zu wählen, sofern sie den Mindeststeuersatz von 10 Gulden pro Jahr zahlten. Auersperg trat mit seinem Kabinett nach der Okkupation Bosnien-Herzegowinas im Jahre 1879 zurück.

[463] Eduard Graf Taafe (1833–1895) war ein österreichischer Staatsmann und konservativer Sozialreformer; in den Jahren 1868–1870 und 1879–1893 übte er das Amt des Ministerpräsidenten Zisleithaniens aus. Seine konservative Regierung, die Reformen auf sozialem Gebiet durchsetzte, war das am längsten amtierende Kabinett in der

auf die zahlreichen Kompromisse und Zugeständnisse als „beidhändig" beschrieben. Ungeachtet der über ihn überlieferten Devise „Was man morgen machen kann, wird auf übermorgen verschoben", die als „durch den Schlendrian gemilderten Despotismus" interpretiert wird, lässt sich erst in den 1880er Jahren von Versuchen zur Lösung der sozialen Frage sprechen. Während der Amtszeit der Regierung des *Eisernen Rings* wurden wichtige Gesetze verabschiedet, die die Beziehungen zwischen Arbeitgeber und Arbeitnehmer regelten.

Druck auf die Regierung übte eine durch die Depression von 1873 ausgelöste Massenarbeitslosigkeit aus, die zur Intensivierung einer zunehmend politisierten Arbeiterbewegung führte. Die drohende Vereinigung der Arbeiter ohne Rücksicht auf die Nationalitäteninteressen zwang nicht nur die konservativen, sondern auch die liberalen Parteien zu einer Kursänderung. Den Hintergrund des Beginns der „Blütezeit der Sozialreform" bildete die ideologische Neuausrichtung der Arbeiterbewegung.[464] Dies tangierte auch die soziale Frage.[465]

Die Armenfürsorge auf Landesebene. Das böhmische Armengesetz als Vorbild

Die von der österreichischen Sozialdemokratie „bloß als Paliativmittel" bezeichnete Sozialreform[466] wurde jedoch auf der Landesebene bereits länger diskutiert. Bereits im Jahre 1868 reichte der Abgeordnete Franz Esinger im mährischen Landtag den Antrag ein, dass der Landesausschuss nach voriger Untersuchung in der nächsten Sitzung die Vorschläge zur Reform der

---

Geschichte Zisleithaniens, das im Rahmen des sog. *Eisernen Rings* deutschösterreichische Konservative, Tschechen und Polen vereinigte.

464 Brügel, L.: Soziale Gesetzgebung in Österreich von 1848–1818, S. 142.

465 Drobesch, Werner: Ideologische Konzepte zur Lösung der „sozialen Frage". Die Habsburgermonarchie 1848–1948. Bd. IX Soziale Strukturen, 1. Teil, 2. Teilband. Wien: Verlag der Österreichischen Akademie der Wissenschaften, Wien 2010, S. 1460.

466 Gradner, Margarete: Sozialpolitik und Gewerkschaften. Aspekte der Entwicklung der österreichischen Gewerkschaften. In: Konrad, Helmut (Hrsg.): „Dass unsre Greise nicht mehr betteln gehn!" Sozialdemokratie und Sozialpolitik im Deutschen Reich und in Österreich-Ungarn von 1880 bis 1914 (= Veröffentlichungen des Ludwig Boltzmann Instituts für Geschichte der Arbeiterbewegung). Wien – Zürich: Europa-Verl., 1991, S. 30.

Armenfürsorge in Mähren vorbereiten möge, wobei er gleichzeitig die Auflösung der Armeninstitute empfahl. Der Antrag fand Annahme.[467] Nach langen Verhandlungen, bei denen der Zankapfel die Auflösung der Armeninstitute bildete, die sowohl tschechische als auch deutsche Abgeordnete ablehnten, wurde vom Landtag das Armengesetz verabschiedet. Der Kaiser lehnte eine Sanktionierung des Gesetzes jedoch ab. Während Mähren über kein Armengesetz verfügte, besaß das Königreich Böhmen bereits ein solches Gesetz.

Die Hierarchie der für die Armenfürsorge aufkommenden Subjekte wurde klar und eindeutig festgelegt:

> Insofern Arme die unentbehrliche Unterstützung weder von ihrer Familie, noch aus einem andern Titel, noch auch von solchen Vereinen, Stiftungen oder Versorgungskassen, an die sie privatrechtliche Ansprüche haben, erlangen können, hat dieselbe zunächst die Gemeinde, dann erst der Bezirk und endlich das Land zu leisten. In der Regel hat jede Gemeinde nur für die in ihr heimatberechtigten Armen zu sorgen.[468]

Das wichtigste Problem der Armenfürsorge, das Betteln, wurde im böhmischen Armengesetz durch Legalisierung und Kontrolle gelöst. Das Betteln sollte eingeschränkt werden; die Instrumente zur Durchführung wurden den einzelnen Gemeinden überlassen, was zwar eine logische, zumindest aus der Perspektive der Landesebene bequeme Lösung darstellte. Armutszeugnisse durften lediglich zu bestimmten Zwecken ausgestellt und zu keinem Zeitpunkt als Bettelpässe benutzt werden. Da Armutszeugnisse als Legitimationsurkunde dienten, durften sie dem Inhaber nicht abgenommen werden. Die festgelegte Strafe von bis zu 20 Florinen zugunsten der Armenkasse der Gemeinde, in der dem Bettler das Armenzeugnis abgenommen wurde, zeigt die gesetzliche Linie zum Schutz der Person des Armen. Fremde Bettler durften nicht geduldet werden, sondern mussten aus der Gemeinde ausgewiesen oder abgeschoben werden.

---

467 Beschlüsse des Landtages der Markgrafschaft Mähren 1861–1868. Brünn: Druck von Březa, Winiker & Co., 1869, S. 16. Franz Esinger war Bauer und Bürgermeister in Parsdorf (Bavory).

468 Gesetz vom 3. Dezember 1868. LGBl. für das Königreich Böhmen, Prag 1869, Bd. 24, S. 145–152, hier § 2, 3, S. 145.

Einheimische Bettler galt es zu ihrem Vermögensstand und ihrer Erwerbsfähigkeit zu befragen und im Bedarfsfall war ihnen Hilfe anzubieten. Erwerbsfähige, arme Personen erhielten – unter Androhung einer Geldbuße von zehn Florinen oder einer 48-stündigen Haft – eine Aufforderung zur Arbeit. Mit Blick auf die Arbeit erwerbsfähiger, armer und zu unterstützender Personen sollte wiederum das Prinzip der Angemessenheit entsprechend ihren physischen Kräften zur Geltung kommen. Bei einer Weigerung konnte gegenüber Armen die Anwendung gesetzlicher Zwangsmittel erlaubt werden.[469] Die Gemeinden übernahmen die volle Verantwortung für arme oder verwaiste Kinder. Sie trugen nicht nur die materiellen Kosten, sondern sie hafteten auch für ihre Erziehung und Bildung im Sinne von § 221 des ABGB aus dem Jahr 1811. Die Gemeinde war zum Ersatzanspruch verpflichtet, falls ihr unmündiges Mitglied in einer anderen Gemeinde beziehungsweise in Krankenhäusern, Waisenhäusern oder anderen öffentlichen oder privaten Instituten eine Behandlung erhielt. Unter bestimmten Bedingungen sahen sich die Gemeinden darüber hinaus gezwungen, die Kosten für volljährige Personen anderen Gemeinden und Institutionen zu erstatten.[470]

Doch wer finanzierte die Armenfürsorge in Böhmen? Die Versorgung eigener armer Mitglieder finanzierten die Gemeinden ausschließlich aus Einkünften des der Armenversorgung in der Gemeinde gewidmeten Stammvermögens, aus gesetzlichen Zuschüssen, aus freiwilligen Beiträgen und subsidiär aus Gemeindemitteln. Das der öffentlichen Armenversorgung vorbehaltene Stammvermögen in Gestalt von Immobilien oder Kapitalanlagen war dabei mit dem Besitz des Armeninstituts (Armenfonds, Armenanstalt) und dessen daraus fließenden Erträgen verbunden.[471] Sofern bei Hinterlassenschaften lediglich die vage Bestimmung „für Arme“ festgehalten wurde, war es der Gemeinde überlassen, diese dem Stammvermögen zuzuschlagen oder für laufende Ausgaben zu verwenden.[472]

---

[469] Ebenda, S. 145–152, hier § 4, 11, S. 146–147.

[470] Ausführlicher hierzu im Kapitel „Wer bezahlt für Arme? Die Kosten für Armenfürsorge beim Verwaltungsgerichtshof.“

[471] Gesetz vom 3. Dezember 1868. LGBl. für das Königreich Böhmen, Prag 1869, Bd. 24, S. 145–152, hier § 17, S. 148.

[472] Hinterlassenschaften, bei denen Erblasser weder selbst Verfügungen trafen noch es dem Erben oder einer dritten Person überließen, entsprechenden Festlegungen zu treffen, fielen laut Hofdekret vom 3. Juni 1846 dem lokalen Armenfond zu. Gesetze

Die gesetzlichen Zuschüsse zum Stammvermögen des Armenfonds stammten aus verschiedenen regelmäßigen und unregelmäßigen Quellen. Zu ersteren zählten eine einprozentige Abgabe in Gestalt der bei einer freiwilligen öffentlichen Versteigerung erzielten Gewinne aus der Veräußerung beweglicher und unbeweglicher Güter sowie auf Grundlage von Straf- und anderen Gesetzen von den Behörden dem Armenfonds zuerkannte Geldbeträge und Feilschaften. Unregelmäßige gesetzliche Zuschüsse bildeten vor allem die festgeschriebenen Gebühren bei Erbteilen (ein Drittel der Erbschaft) im Falle von Hinterlassenschaften weltlicher Pfarrer, Gebühren für Bürgerrechts- und Heimatrechtserteilungen sowie Abgaben bei Gemeindefeierlichkeiten zugunsten des Armenfonds.[473] Freiwillige Beiträge waren selbstverständlich willkommen und unterstützten die Armenfonds zusätzlich zu anderen Sammlungen, wie z. B. den Opferstöcken und Sammelbüchsen oder die durch die Gemeinde initiierten privaten Wohltätigkeitsveranstaltungen in Form von Lotterien, karitativen Bällen usw. Die Annahme von Geschenken und Sammlungen in Form von Naturalien bildeten einen Bestandteil der Armenpflege, wenngleich die Bedeutung von Naturalien immer mehr abnahm.

Das böhmische Armengesetz setzte die finanzielle Selbstständigkeit der einzelnen Gemeinden in der Frage der Armenfürsorge aus dem Stammvermögen voraus. Für den Fall, dass die entsprechenden Einkünfte des Armenfonds nicht ausreichten, musste die Gemeinde die Armenfürsorge aus eigenen Mitteln bestreiten. Sofern auch diese Unterstützung der Gemeinde sich als nicht ausreichend erwies, bestand die Möglichkeit sich an die Bezirksvertretung zu wenden, um den Fehlbetrag auszugleichen. Das böhmische Armengesetz ermöglichte „in Gegenden und Zeiten, wo die Armutsbedürfnisse eines Bezirkes durch besondere Verhältnisse eine Höhe erreichen, welche deren Bestreitung selbst aus den Mitteln des Bezirkes unthunlich macht, kann sich dieser um die Deckung des Abganges an die Landesvertretung wenden".[474] Die

und Verordnungen im Justiz-Fache vom Jahre 1846 für die deutschen Staaten der österreichischen Monarchie. Wien: Aus der Kaiserlich-königlichen Hof- und Staats-Aerarial-Druckerey, 1846, Nr. 964.

473 Gesetz vom 3. Dezember 1868. LGBl. für das Königreich Böhmen, Prag 1869, Bd. 24, S. 145–152, hier §§ 20, 21, S. 149.

474 Ebenda, S. 145–152, hier §§ 24, 25, 26, S. 150.

Bezirksvertretung trug für die Wohltätigkeits-, Versorgungs- und Armenanstalten Verantwortung. Die gesamte Last der Armenfürsorge ruhte allerdings auf den Schultern der Gemeinden. Die Pflichten der Bezirks- und Landesvertretung waren nicht spezifiziert, vielmehr lag es in deren Ermessen, ob und wie viel sie beitragen wollten. Das Gesetz blieb, den Worten Karel Engliš zufolge, eine tote Vorschrift.[475]

Die Agenda der Armenfürsorge lag vollständig in den Händen der Gemeinden, welche die direkte Verwaltung an den Gemeindeausschuss oder die von diesem gewählte Armenkommission übergeben konnte. Letztere bestimmte eine ausreichende Zahl von Armenvätern.[476] Ortspfarrer spielten eine wichtige Rolle: Häufig übten sie den Posten des Armenvaters aus oder waren Mitglieder von Armenkommissionen. Die Armepflege wurde im Vergleich zum Modell des Armeninstituts des Grafen Buquoy in hohem Maße säkularisiert.[477]

Das böhmische Armengesetz fußte auf dem Heimatgesetz des Jahres 1863, systematisierte die Armenfürsorge auf Landesebene, verankerte das Recht auf Armenfürsorge für einheimische Personen, führte die Evidenz der Bedürftigen und gewährte den Gemeinden das Recht, Zwangsmaßnahmen (Schub, Arbeitszwang) anwenden zu können. Die böhmischen Gemeinden stellten nicht nur Mittel für die Unterstützung von bedürftigen Personen zur Verfügung, sondern mussten zugleich die Gemeindepolizei oder andere Wachorgane finanzieren, die die Bevölkerung angesichts der

---

475 Engliš, Karel: Chudinství v království Českém na počátku XX. století (Zprávy zemského statistického úřadu království Českého, Bd. 13). Praha: Zemský statistický úřad, 1908, S. 30. Karel Engliš (1880–1961) war Jurist, Ökonom, wirkte als Finanzminister in sechs Regierungen der Ersten Tschechoslowakischen Republik; 1919–1920 war er der erste Rektor der Masaryk-Universität in Brünn, 1947–1948 Rektor der Karls-Universität in Prag, 1934–1939 Gouverneur der Tschechoslowakischen Nationalbank. Engliš machte sich um die Stabilisierung der Währung, die Schaffung eines modernen Steuersystems und die Überwindung der Folgen der großen Wirtschaftskrise in den dreißiger Jahren des 20. Jahrhunderts verdient. Nach der sozialistischen Machtübernahme wurde er seines Postens enthoben und seine Pension drastisch gekürzt.

476 Zum Begriff *Armenvater* eingehender: Cibulka, Pavel: Žebráci, otcové chudých. Počátky etatizace a sekularizace sociálního systému. In: Hlavačka, Milan – Raška, Jakub (Hg,): Symboly doby. Historické eseje. (Práce historického ústavu AV ČR, Bd. 89). Praha: Historický ústav, 2019, S. 235–244.

477 Malý, Tomáš: Smrt a spása mezi Tridentem a sekularizací. Brněnští měšťané a proměny laické zbožnosti v 17. a 18. století. Brno: Matice moravská, 2009, S. 218–221.

Tatsache, dass Repressionen zum Arsenal der Armenfürsorge gehörten, vor Vaganten und Bettlern schützten. Die nachfolgende Tabelle verdeutlicht die Anzahl der von den Gemeinden unterstützten Personen in Böhmen für die Jahre 1901 und 1902. In Böhmen spielten Armeninstitute keine so große Rolle mehr, weil in vielen Gemeinden der Besitz der Armeninstitute mit dem für Arme bestimmten Stammvermögen zusammengeführt wurde. Daher erweist sich also die Anzahl der unterstützten Armen für Böhmen als aussagekräftig. Die Tabelle basiert auf der gesamtstaatlichen Volkszählung von 1900 und zeigt den aktuellen Stand der Bevölkerung in Böhmen für die Jahre 1901 und 1902. Fünfzig Gemeinden hatten die Daten über ihre unterstützten Armen nicht übermittelt, aus diesem Grunde wurden die Zahlen der Personen (auf Basis der Volkszählung 1900) von der Bevölkerung des entsprechenden Jahres abgezogen: 6.344.564 im Jahr 1901 und 6.401.511 Personen im Jahr 1902. Die Prozentzahl der von den Gemeinden unterstützten Personen betrug für das Jahr 1901 2,41 % und für das Jahr 1902 2,49 %. Diese Zahl repräsentiert tatsächlich die Ärmsten der Armen, die eine Armenunterstützung erhielten.

Tabelle 27: Anzahl der von Gemeinden unterstützten Personen in Böhmen in den Jahren 1901 und 1902.

Jahr	Von Gemeinden unterstützte Personen	Anzahl politischer Gemeinden	Volkszählung 1900	Erfasste Bevölkerung pro Jahr	Fehlen Angaben 50 Gemeinden	Erfasste Bevölkerung	Unterstützte Personen
1901	152.705	7.426	6.318.697	6.372.811	28.247	6.344.564	2,41%
1902	156.938	7.449	6.318.697	6.429.758	28.247	6.401.511	2,45%

Quelle: Engliš, Karel: Chudinství v království Českém na počátku XX. století (Zprávy zemského statistického úřadu království Českého, Bd. 13). Praha: Zemský statistický úřad, 1908, S. 38.

Wenn man die Prozentzahl der unterstützten Armen in Böhmen (2,43 % im Durchschnitt) mit der Zahl der in Mähren durch die Armeninstitute Unterstützten vergleicht (0,89 %) (siehe Kapitel „Armeninstitute als Versuch zur Lösung der Armut, Tabelle Prozentzahl der von Armeninstituten unterstützten Personen im Verhältnis zur Bevölkerungszahl Mährens und Schlesiens im Jahre 1843"), scheint die Armenfürsorge in Mähren wesentlich niedriger gelegen zu haben. Die Zahlen für ganz Mähren betreffen lediglich die Armenpflege durch die sog. Armeninstitute, deren finanzielle Lage unterschiedlich ausfiel, jedoch nie über zwei Prozent stieg.

Mährische Arme erhielten noch zusätzlich direkt von der Gemeinde entsprechend dem Prinzip des Heimatrechts Unterstützung. Das Land Mähren besaß kein Armengesetz wie Böhmen, zumal der Kaiser das mährische Armengesetz nicht sanktionierte. Die Gründe hierfür sind nicht bekannt, jedoch kann an dieser Stelle folgende Mutmaßung geäußert werden: In Mähren erfolgte keine Auflassung der Armeninstitute (Armenfonds), die bis zum Ende der Monarchie fortbestanden. Gegen die Aufhebung der Armeninstitute sprachen sich sowohl tschechische als auch deutsche Abgeordnete im mährischen Landtag aus. Mähren besaß im Unterschied zu Böhmen keine Selbstverwaltung auf Bezirksebene, die im Bereich der Armenpflege eine Rolle zu spielen vermocht hätte. Auf jeden Fall war es die „zweite Instanz", die eventuell Mittel für die Armenpflege hätte verteilen können. Beide Tatsachen mögen eine Rolle für die Nicht-Sanktionierung des mährischen Armengesetzes gespielt haben. Insbesondere der Widerstand gegen die Auflösung der Armeninstitute mag von Beratern am Wiener Hof als unsystematisch wahrgenommen worden sein, da somit keine einheitliche Armenfürsorge entstehen konnte und die ohnehin existierende soziale Frage weiterhin zersplittert blieb. In der Armenpflege spielte die karitative private Wohltätigkeit eine wichtige Rolle. Die Ablehnung der Sanktionierung durch Kaiser Franz Joseph I. erscheint umso unbegreiflicher, wenn man die Tatsache bedenkt, dass sich der Staat aus der Armenfürsorge heraushielt und die gesamte finanzielle Last den Gemeinden übertrug. Besonders ländliche Gemeinden litten unter den Folgen der gesetzlich verankerten und unflexiblen Änderung der Heimatzuständigkeit.

Die Armenfürsorge auf Landesebene. Die Suche nach einer Lösung in Mähren

Die Armenfürsorge in Mähren blieb lange Zeit unverändert. Erst im Jahre 1880 interpellierte der Abgeordnete Karl Mikulaschek[478] an den Landeshauptmann in seiner Funktion als Vorsitzender des Landesausschusses: „Was hat

[478] Karl Mikulaschek (1820–1907) war Bürgermeister von Sternberg und Inhaber einer Leinenfabrik.

der Landesausschuss vorgekehrt oder gedenkt er vorzukehren, um endlich eine gesetzliche Regelung der Armenversorgung – wohin auch die Frage der Errichtung von Armen- und Arbeitshäusern gehört – anzustreben?"[479] Die Versuche des mährischen Landesausschusses verwiesen auf den problematischen Punkt, nämlich die Versorgung der nach § 19 zu versorgenden Personen, die der Gemeinde bei ihrem Aufenthalt durch das sog. zugewiesene Heimatrecht zu Last fielen. Der Erlass des Ministeriums des Innern vom 17. April 1874, den Aufwand für die Armenversorgung nach § 19 Absatz 4 des Heimatgesetzes einer Gemeinde zugewiesenen Personen an den Landesfonds zu übertragen, wurde zum neuralgischen Punkt im Landtag. Der Schlesische Landesausschuss schlug die Möglichkeit der Einführung des sogenannten Unterstützungswohnsitzes vor.

Die lange Debatte im mährischen Landtag über die vom mährischen Landesausschuss vorgelegte Gesetznovelle des Armengesetzes machte die realen Probleme in der Armenfürsorge deutlich.[480] Der problematischste Punkt, nämliche die Auflösung der Armeninstitute, fand sich in der Gesetzvorlage jedoch nicht wieder. Die Vorlage unterschied die öffentliche Versorgung von Armen, d. h. deren Unterhalt und Unterstützung. Jede Gemeinde mit über tausend Einwohnern sollte eine angemessene Versorgungsanstalt einrichten und unterhalten. Gerade diese Tatsache wurde zum Hindernis für den weiteren Prozess. Es wurde darauf hingewiesen, dass die Gemeinden es noch nicht einmal geschafft hatten, die Schulgebäude zu rekonstruieren und dass die Ausgaben für die Armenfürsorge deren Möglichkeiten überschreiten würden.

Im mährischen Landtag entsprach die Stellungnahme der Abgeordneten zur Frage der Armenfürsorge nicht der tradierten Vorstellung einer konservativen bzw. liberalen politischen Vertretung. Sowohl Franz Esinger als auch Karl Mikulaschek sowie Eduard Sturm, der sich für die Annahme des neuen Armengesetzes aussprachen, galten als Vertreter der deutschliberalen Partei. Konservative Abgeordnete wie František Skopalík[481] zeigten wenig Interesse

---

[479] Landtags-Blatt über die Sitzungen des mährischen Landtags, 9. Sitzung der 2. Session, 1880, S. 109.

[480] Landtags-Blatt über die Sitzungen des mährischen Landtags, 14. Sitzung der 4. Session, 1882, S. 216–226.

[481] František Skopalík (1822–1891) war ein Bauer und Heimatforscher und langjähriger Bürgermeister von Záhlinice (Sahlinitz). Er wurde mehrmals in den mährischen Landtag gewählt, durch diesen zudem in das Abgeordnetenhaus des Reichsrats. Als

an einer Lösung der sozialen Frage. Ähnlich verhielt sich der Abgeordnete František Weber:

> Es wurde gesagt, es sei der Brauch, dass Arme Haus zu Haus gehen und dass Verpflegungsgeber denen statt der Verpflegung Geld geben sollten. Die Armen wären dann große Herren, größer als Lähner, Halblähner oder Viertellähner. Denn so ein Armer muss gut verpflegt sein, er muss ein gutes Mittagessen haben, er sage, es gehöre ihm als einem Soldaten eine Hälfte vom Pfund Fleisches, dass ihm, wenn er schwach und krank sei, Wein angehöre, damit der sich stärken könne. Nehmen wir so einen Armen, wenn er im Hause übernachten habe, ob er nicht der Herr und sein Unterkunftsgeber der Arme sei? Der Bauer arbeitet, beim Stück Brot den ganzen Tag verbringt und erst zu Abend etwas genießt, warum sollte er eine Geldstrafe verrichten, wenn er einem Armen nicht das Mittagessen gegeben hatte?[482]

Egbert Belcredi[483] hielt die Gesetzesvorlage für viel zu theoretisch formuliert: „bei dem grünen Tische außerordentlich leicht ausgesprochen", die auferlegte Pflicht der Errichtung von Armenhäusern für Gemeinden über tausend Einwohner für schwer realisierbar. Da man arme Ehepaare nicht trennen dürfe, galt es in der Tat, vier Kategorien von Wohnraum zu schaffen: für Männer, für Frauen, für Ehepaare und für Kranke.

Die Debatte im mährischen Landtag über die Armenfürsorge verdeutlichte die realen Probleme, die mit dem bestehenden Heimatgesetz verbunden waren. Für das Land Mähren wurde die Gemeindeordnung im Jahre 1864 erlassen, die in der Frage der Heimatverhältnisse mit dem Heimatgesetz 1863

---

konservativer Politiker beschäftigte er sich mit den ökonomischen Problemen des Landes. Seinen Patriotismus äußerte er ausschließlich in tschechischer Sprache vorgetragenen Reden im Landtag, gekleidet in mährischer Volkstracht. Malíř, Jiří et al.: Biografický slovník poslanců moravského zemského sněmu. Brno: Centrum pro studium demokracie a kultury, 2012, S. 624–625.

482 Landtags-Blatt über die Sitzungen des mährischen Landtags, 14. Sitzung der 4. Session, 1882, S. 221. Die Debatten im mährischen Landtag wurden in der Regel übersetzt, allerdings nicht ausnahmslos, wie in diesem Fall. Sofern es eine zeitgenössische deutsche Übersetzung gibt, wird auf diese zurückgegriffen, falls nicht, präsentiert die Autorin eine eigene Übersetzung.

483 Egbert Graf Belcredi (1816–1894) war ein konservativer mährischer Politiker sowie langjähriger Landtags- und Reichsratsabgeordneter. Als Mitglied des historischen Adels lehnte er den Zentralismus der Habsburgermonarchie ab und betonte die historische Autonomie der Kronländer. Malíř, Jiří et al.: Biografický slovník poslanců moravského zemského sněmu, S. 82–86.

identisch war.[484] Das im Interesse großer Städte formulierte Heimatgesetz entsprach nicht den Bedürfnissen der ländlichen Gemeinden. Die das flache Land vertretenden Abgeordneten forderten eine neue Regelung der Heimatverhältnisse, also eine faktische Rückkehr des Standes der Provisorischen Heimatordnung des Jahres 1849, in der das stillschweigende Erlangen eines anderen Heimatrechts für arme Personen als Möglichkeit verankert war.

Der von allen tschechischen Abgeordneten unterstützte Antrag František Skopalíks hätte die Verschiebung einer Lösung der Armenfürsorge de facto in die ferne Zukunft bedeutet. Der Antrag wurde mit 43 zu 40 Stimmen abgelehnt. Annahme fand hingegen der Antrag des liberalen Abgeordneten Böhm, der eine Überarbeitung der Gesetzesvorlage durch den Landesausschuss vorsah. Damit wurde die Frage der Armenfürsorge wiederum hinausgeschoben.

Die Lösung der Armenfürsorge wurde nachfolgend mit der damit zusammenhängenden Problematik vagierender Personen verbunden. Die sogenannte Gründerzeit in der Habsburgermonarchie, also die Zeit des ökonomischen Wachstums in den späten fünfziger und vor allem in den sechziger Jahren des 19. Jahrhunderts, sowie die sich anschließende Wirtschaftskrise führten zu einer Zunahme armer und vagierender Personen. Leute übersiedelten in die Städte, an deren Rändern Armensiedlungen entstanden. Ein Teil der armen Bevölkerung geriet in Arbeitslosigkeit und versuchte, durch Vagieren zu überleben. Die Vaganten kehrten wieder auf das flache Land zurück, wo sie – den Worten des Landtagsabgeordneten Arnošt Šírek zur Folge – eine Bedrohung der öffentlichen Sicherheit darstellten.[485]

> Die Fabrikstadt mit einer militärischen Garnison, vielen Gendarmen und Polizeibeamten kann leicht die gefährlichen Individuen beherrschen; die meist Gefährlichen schließt sie im Zwangsarbeitshaus ein und die Anderen kann sie, jede Zeit aus der Stadt ausweisen. Kein Wunder, dass diese wie Wolken auf das flache Land ziehen, um dort die Landleute zu quälen, sein Besitz unsicher zu machen? Der Diebstahl mehr sich auf dem Lande so dermaßen, dass die Bauer bald gezwungen

---

[484] Gesetz vom 15. März 1864, Landes-Gesetz- und Verordnungsblatt für die Markgrafschaft Mähren, 1964, Bd. II., Nr. 4. S. 3 ff. Heimatverhältnisse § 8.

[485] Arnošt Šírek (1822–1868) war katholischer Ordensgeistlicher, seit 1860 Abt des Prämonstratenserklosters in Neureisch (Nová Říše) und konservativer Landtagsabgeordneter, der sich der Problematik des Bettels und der öffentlichen Sicherheit widmete.

> sein werden, nach der amerikanischen Art durch Tag und Nacht bewaffnet ihr Besitz gegen den Schaden gefährlicher Vagabunden zu schützen.[486]

Der Appell zur Lösung der sozialen Frage stand nicht im Zusammenhang mit der Armenfürsorge, sondern richtete sein Augenmerk auf die Zwangsarbeitsanstalt in Brünn. Diese einzige Institution ihrer Art in Mähren sollte nach dem Vorschlag vor allem liberaler deutscher Abgeordneter geschlossen werden. Nach der Interpretation liberaler Abgeordneter ließe sich die unfreiwillige Einweisung in die Zwangsarbeiteranstalt nur schwer mit dem Gesetz zum Schutz der persönlichen Freiheit in Einklang bringen. Als Gegenargument wurde § 26 des Heimatgesetzes aus dem Jahr 1863 angeführt, demzufolge arbeitsfähige Personen, die der Armenversorgung zur Last fielen, zur Leistung geeigneter Arbeit unter Umständen auch zwangsweise verpflichtet werden konnten. Die Zwangsarbeitsanstalt, die im Untersuchungszeitraum über eine Kapazität für 240 Personen verfügte, war etwa zur Hälfte belegt.[487] Der Einfluss der liberalen Abgeordneten überwog, als der Landtag in der Sitzung am 22. Oktober 1869 beschloss, das einzige Zwangsarbeitshaus in Mähren im Verlaufe des Jahres 1870 aufzulösen. Dazu kam es jedoch nicht, da der Kaiser verfügte, diese Einrichtung weiterzuführen, „weil der Bestand dieser Anstalt mit den bestehenden Gesetzen vereinbar (sei), weil dieselbe nothwendig und die Verpflichtung zu Ihrer Erhaltung vom Lande übernommen worden."[488] Gleichzeitig wurden aber, um die Ausgaben für die Zwangsarbeitsanstalt zu verringern, die rechtlichen Maßnahmen gestärkt, „damit die Heimatgemeinden der Corrigenden zu einem entsprechenden Ersatze der Erhaltungskosten der Zwänglinge herangezogen werden",[489] was die ländlichen Gemeinden, die bereits mit der Armenfürsorge ihrer Armen zu kämpfen hatten, noch stärker belastete.

---

[486] Landtags-Blatt über die Sitzungen des mährischen Landtags, 12. Sitzung der 4. Session, 1865, S. 295.

[487] Das Zwangsarbeitshaus wurde auf der Grundlage des Dekrets vom 4. August 1770 als einzige Straf- und Zwangsarbeitsanstalt für das Land Mähren errichtet. Bis zum Jahre 1784 diente der Komplex jedoch als Waisenhaus; die Waisen wurden in Pflege gegeben, erst danach führte man das Gebäude seiner wahren Bestimmung zu.

[488] Beschlüsse des Landtages der Markgrafschaft Mähren in den Sessionen der Jahre 1869–1872. Brünn: Druck von Březa, Winiker & Co., 1873, S. 506–510, hier 507.

[489] Ebenda, S. 508.

Abbildung 18: Das Objekt der Straf- und Zwangsarbeitsanstalt in Brünn heute. *Quelle: https://www.kudyznudy.cz/aktivity/byvala-kaznice-na-cejlu-v-brne (14. September 2023)*

Anti-Vaganten-Gesetze als Bestandteil der Armenfürsorge

> Wir können lediglich einzelne Wurzeln verfolgen und durch die vernünftige Prävention den Sprösslingen, die aus diesen wachsen, eine gesunde Richtung geben.[490]

Die ersten genau formulierten Gesetze gegen das Vagieren sind ein Produkt der Regierungszeit Maria Theresias. Im Bemühen um eine genaue Identifizierung der Personen im Laufe des 19. Jahrhunderts begann man nebenbei auch vagierende Personen per Gesetz zu erfassen. Noch vor dem bekannten Gesetz gegen das Vagantentum vom 10. Mai 1873 wurde am 22. Juli 1871 das Gesetz über den Schub erlassen. Dieses Gesetz steht im Zentrum des nachfolgenden Kapitels. Mit Blick auf den hier untersuchten Zusammenhang lässt sich jedoch konstatieren, dass es keinen neuen Zugang bedeutete. Vielmehr stand eher eine Klärung der problematischen Bereiche im Fokus, nämlich eine Abrechnung der Schubkosten. Bemerkenswert erscheint, dass

[490] Bráf, Albín: Dvě nutné opravy. Pracovny donucovací. Praha: Selbstverlag, 1884, S. 71.

das Gesetz auch nach mehr als hundert Jahren die Finanzbelastung noch immer nicht klar festlegte. Die einzelnen Länder der Monarchie erhielten in dieser Hinsicht viel Spielraum. „Der Landesgesetzgebung bleibt vorbehalten zu bestimmen, ob und inwieweit für diese Auslagen ein Rückersatz aus Concurrenz-, Bezirks- oder Landesmitteln geleistet wird."[491] Dieser Ansatz lässt sich unterschiedlich interpretieren: Zum einen als eine gewisse Freiheit in den Finanzangelegenheiten der Länder, das heißt eine gewisse Art ‚finanzieller Föderalismus', zum anderen als Stellungnahme regierender Kreise, die diffizile und problematische Gesetzeslage an die Länder zu delegieren, ohne sie auf dieser (zumindest auf zisleithanischer) Ebene gesetzlich festlegen zu müssen. Gerade hier lag die Achillesferse der Habsburgermonarchie.

Die Suche nach einer optimalen Lösung für die Armenfürsorge und die stetig wachsende Zahl an Landstreichern zeichnete sich durch eine interessante Entwicklung aus. Indem in Mähren die einzige Zwangsarbeitsanstalt durch einen Landtagsbeschluss im Jahr 1870 aufgelöst werden sollte, wurde drei Jahre später ein Gesetz erlassen, das in den Zwangsarbeitshäusern wiederum eine wichtige Anstalt zur Pädagogisierung vagierender Personen sah. Zudem wurde die Errichtung mehrerer Zwangsarbeitsanstalten empfohlen.

Das Gesetz gegen Vaganten entstand im Jahr der großen Wirtschaftskrise, doch es erweist sich als problematisch, dieses als adäquate Reaktion zu interpretieren. Das Vagantengesetz bildete eine Reaktion auf die sich ständig verschlechternde Lage der armen Bevölkerung und die Zunahme der Zahl vagierender Personen. Das Gesetz bemühte sich um eine Definition des Begriffes Landstreicher:

> Wer ohne bestimmten Wohnort oder mit Verlassung seines Wohnortes geschäfts- und arbeitslos umherzieht und sich nicht auszuweisen vermag, daß er die Mittel zu seinem Unterhalte besitze oder redlich zu erwerben suche, ist als Landstreicher mit Arrest von acht Tagen bis zu einem Monate zu bestrafen.

Das klar erkennbare Bemühen, vagierende und arbeitsfähige Personen in Arbeit zu bringen, verdeutlicht das Hauptziel des Gesetzes:

> Arbeitsfähige Personen, welche wegen Verfälschung öffentlicher Creditspapiere, Münzverfälschung, Brandlegung, Raub oder wegen des Verbrechens der öffentlichen Gewaltstätigkeit durch gefährliche Drohung, des Diebstahles oder Betruges,

[491] Gesetz vom 27. Juli 1871, § 14. RGBl., Bd. XXXV, 1871, Nr. 88, S. 229–233.

oder wiederholt wegen der Übertretung des Diebstahles, Betruges oder Bettels oder welche als Landstreicher bestraft worden sind, können, wenn seit der Abbüßung ihrer Strafe noch nicht drei Jahre verflossen sind, von der Sicherheitsbehörde angewiesen werden, sich innerhalb einer ihnen bestimmten Frist darüber auszuweisen, daß sie sich auf erlaubte Weise ernähren. Kommen sie diesem Auftrage aus Arbeitsscheu nicht nach, so sind sie mit Arrest von 3 bis 14 Tagen zu bestrafen.[492]

Das Vagantengesetz füllte die bisher problematische Gesetzeslücke bezüglich des (unfreiwilligen) Aufenthaltes in der Zwangsarbeitsanstalt, die gemäß §§ 1, 2 und 10 des Gesetzes verhängt werden konnte, also in erster Linie gegen Personen die sich des Diebstahls, des Bettelns, der Prostitution oder der Landstreicherei schuldig machten sowie diejenigen, die für diese Taten wiederholt bestraft worden waren (§ 13). Den politischen Behörden wurde ein großer Spielraum eingeräumt. „Den politischen Landesbehörden kommt es zu, die vom Strafgerichte für zulässig erkannte Anhaltung in der Zwangsarbeitsanstalt zu verhängen und in den Vollzug setzten zu lassen." Der gerichtliche Anspruch auf Zulässigkeit der Einweisung in eine Zwangsarbeitsanstalt begründete zugleich die Zulässigkeit der Stellung unter Polizeiaufsicht. Der Aufenthalt im Zwangsarbeitshaus durfte nicht länger als drei Jahre dauern; die politische Landesbehörde entschied über die Entlassung aus der Einrichtung.

Die Jugendlichen sollten mögliche Tätigkeiten in einer Zwangsarbeitsanstalt nur dann verrichten, sofern es eine solche Institution für jugendliche Korrigende gab. Interesse verdient in diesem Kontext das 18. Lebensjahr, das sonst als Altersgrenze kaum in Erscheinung trat. Die Volljährigkeit wurde damals erst mit dem 24. Lebensjahr erreicht. Welches Alter besaß aus der Perspektive des Gesetzes darüber hinaus Bedeutung? Zum einen das 14. Lebensjahr, ab dem ein eigener Heimatschein ausgestellt wurde, der zu den wichtigen Dokumenten des gesamten Lebens zählte. Mit dem 14. Lebensjahr endete für arme Personen, die in die Städte abwanderten, um dort in der Fabrik oder in der Manufaktur zu arbeiten, faktisch in der Regel die Kindheit. Im Falle des Dienstpersonals lag das entsprechende

[492] Beide Zitate: Gesetz vom 10. Mai 1873, § 1 und 2. RGBl., Bd. XXXVIII, 1873, Nr. 108, S. 385.

Arbeitseintrittsalter ein oder zwei Jahre später, also mit dem Erreichen des 15. oder 16. Lebensjahres.[493]

Das 15. Jahr spielte zugleich bei der Wahl der Konfession eine Rolle, konnte die entsprechende Person doch nunmehr frei ihre Konfession wählen. In Österreich war dies erst seit 1869 möglich, denn erst zu diesem Zeitpunkt konnte man sich auch als „konfessionslos" registrieren lassen. Davor besaß die Konfession der Eltern auch für unmündige Kinder verpflichtende Gültigkeit.

Das 18. Lebensjahr spielte bis dahin als gesetzlich festgelegte Schwelle kaum eine Rolle, obwohl damit die Altersgrenze für Jugendliche erreicht war. Personen unter achtzehn Jahren durften nicht in eine Zwangsarbeitsanstalt aufgenommen werden, sofern diese über keine besondere Abteilung für Jugendliche verfügte. Jugendliche durften maximal bis zu ihrem 20. Lebensjahr in Besserungsanstalten für ihre Altersgenossen festgehalten werden.

Das Gesetz gegen Vaganten nimmt für die Armenfürsorge eine fundamentale Stellung ein: Die Ausstellung von Zeugnissen über Unglücksfälle oder festgestellte Armut, die zum Betteln und Vagieren von Ort zu Ort berechtigten, war unter Androhung einer Geldstrafe von 10 bis 100 Gulden verboten.[494] Das Gesetz gegen Landstreicher und arbeitsscheue Personen fand in der Praxis Anwendung, wie die nachfolgende Tafel zeigt. Die Anzahl der Personen, die wegen Übertreten nach dem „Vagantengesetz" verurteilt wurden, nahm im Untersuchungszeitraum in Zisleithanien rapide zu – mit der Ausnahme des Küstenlandes. Bei der geringen Zahl für die Bukowina dürfte es sich angesichts früherer Zahlen eher um einen statistischen Fehler handeln.

---

493 Dementsprechend wurden Kinder aus dem Waisenhaus mit fünfzehn Jahren entlassen. Stoklásková, Zdeňka: Stát namísto rodiny. Státní sirotčí péče a dobročinnost. Historická demografie, Jg. 43, 2019, Nr. 1, S. 101–123. Praha, Etnologický ústav AV ČR, 2019, 0323–0937.

494 Gesetz vom 10. Mai 1873, § 3. RGBl., Bd. XXXVIII, 1873, Nr. 108, S. 385.

Tabelle 28: Die von den Gerichten in den Jahren 1874–1880 wegen Übertretungen nach dem Gesetz vom 10. Mai 1873 verurteilten Personen.

Länder	1874	1875	1876	1877	1878	1879	1880	Durchschnitt	Summe
Böhmen	11.732	12.684	14.516	15.815	15.673	17.782	18.238	15.206	106.440
Bukowina	7	6	20	15	25	63	6	20	142
Dalmatien	15	16	31	38	35	52	55	35	242
Galizien	3.729	4.966	5422	6378	6341	5.684	8601	5.874	41.121
Kärnten	607	664	697	761	667	480	681	651	4.557
Krain	831	637	749	958	954	754	836	817	5.719
Küstenland	526	389	320	369	444	371	381	400	2.800
Mähren	6.328	6.688	6.509	7.453	6.291	6.750	8.144	6.880	48.163
Niederösterreich	4.125	5.018	7.358	8.074	8.082	9.473	9.226	7.337	51.356
Oberösterreich	1.208	1.386	1.627	2.605	2.712	3.016	3.372	2.275	15.926
Salzburg	286	626	564	977	801	665	784	672	4.703
Schlesien	1.188	1.172	1.345	1.468	1.390	1.376	2.113	1.436	10.052
Steiermark	3.749	2.961	2.854	3.866	3.841	4.623	5.004	3.843	26.898
Tirol	919	1.112	1.220	1.610	1.795	2.072	2.904	1.662	11.632
Vorarlberg	104	120	184	189	275	280	306	208	1.458
Zisleithanien	**35.354**	**38.445**	**43.416**	**50.576**	**49.326**	**53.441**	**60.651**	**47.316**	**331.209**

Quelle: Statistisches Jahrbuch. Herausgegeben von der k. k. statistischen Centralkommission, Jg. 1874–1880, in jedem Jahrgang Bd. VI.

Die Tabelle über die Zahl derjenigen Personen, die nach dem Vagantengesetz verurteilt wurden, zeigt große Unterschiede in einzelnen Ländern, wenn man sie mit der Zahl der anwesenden Personen entsprechend der Volkszählung im Jahr 1880 vergleicht. Eine niedrige Zahl weist Dalmatien aus, die Zahl für Bukowina basiert auf einem statistischen Fehler, denn berechnet für das Jahr 1879 läge sie bei 1,1, was jedoch sehr niedrig erscheint. Oberhalb des zisleithanischen Durchschnitts lagen die industriereichen Kronländer, die mehr vagierende und arbeitssuchende Personen anzogen. Die agrarischen Länder hingegen wiesen weniger Vaganten auf. Diese Zahlen muss man jedoch mit Vorsicht betrachten, da nicht alle festgenommenen Personen auch verurteilt wurden. In Prag wurden in den Jahren 1874 bis 1881 im Polizeirevier 65.637 Personen wegen Vagierens verhaftet, jedoch lediglich 18.137 Personen, also 27,6 %, auch gerichtlich verurteilt.[495]

Tabelle 29: Anzahl der für Übertretungen nach dem Gesetz vom 10. Mai 1873 verurteilten Personen im Jahre 1880 je 10.000 anwesende Personen.

Länder	**1880**
Böhmen	32,9
Bukowina	0,1
Dalmatien	1,1
Galizien	14,4
Kärnten	19,5
Krain	17,3
Mähren	37,8
Niederösterreich	39,5
Oberösterreich	44,3
Salzburg	49,7
Schlesien	37,3
Steiermark	41,2
Tirol	36,0
Vorarlberg	28,5
Zisleithanien	**28,5**

Quelle: Bráf, Albín: Dvě nutné opravy. Pracovny donucovací. Publiziert auf Kosten des Autors. Praha 1884, S. 46.

In die Zwangsarbeitsanstalten kamen jedoch zugleich Personen, die außer Landstreicherei auch wegen anderer Taten verurteilt worden waren. Das einzige böhmische Zwangsarbeitshaus in Prag beherbergte im Jahre 1883 152 Männer (74 Frauen befanden sich in einem separaten Gebäude im heutigen Stadtteil Řepy), von denen 119 wegen Diebstahls und Vagierens verurteilt wurden. 152 Männer wurden bereits für 1.147 Taten verurteilt, wobei es sich

[495] Bráf, A.: Dvě nutné opravy, S. 49.

zumeist um Vergehen wie Diebstahl oder Übertretungen des Diebstahls handelte. Der am höchsten Bestrafte Mann war 81-mal verurteilt worden. Albin Bráf[496] schlug die Gründung mehrerer Zwangsarbeitsanstalten vor, die jedoch Vaganten vorbehalten sein sollten, „der (gefährlichen und verbrecherischen) Elite möge man die Unterbringung in der Prager Anstalt gewährleisten."[497] Die anderen ins Spiel gebrachten Zwangsarbeitsanstalten waren für vagierende und arbeitsscheue Personen bestimmt, wobei der sozialisierende und pädagogisierende Zweck im Vordergrund stand. Es handelte sich auch um einfache Arbeitshäuser, die ausschließlich Arbeit boten oder vermitteln sollten. Das Zwangsarbeitshaus in Prag wies im Jahre 1883 ein Defizit von 60.000 Gulden aus.[498]

Die Anzahl jener Personen, die nach §§ 1, 2, und 10 verurteilt wurden und dann auch wirklich in das Zwangsarbeitshaus eingeliefert wurden, war sehr gering, wie die Statistik für die Jahre 1873–1885 für das mährische Land zeigt. Den höchsten Anteil – 3,58 % – wies der Zeitraum vom 1. Juli 1876 bis zum 30. Juni 1877 auf, den niedrigsten das Jahr 1881 mit 1,51 %, während der Durchschnitt für die untersuchten Jahre 2,33 % betrug. Die Kapazität des Zwangsarbeitshauses in Brünn wurde also nicht voll ausgeschöpft.

---

[496] Albin Bráf (1851–1912) war Jurist, Abgeordneter im böhmischen Landtag und später Mitglied des Herrenhauses des österreichischen Reichsrates. Er war ein bedeutender Wirtschaftswissenschaftler und vertrat zweimal kurz den Posten des Ackerbauministers der österreichischen Regierung.

[497] Bráf, A.: Dvě nutné opravy, S. 66.

[498] Ebenda, S. 51.

Tabelle 30: Verurteilte Personen nach dem Gesetz vom 10. Mai 1873 in Mähren in den Jahren 1873–1885.

Vagantengesetz 1873	1.7.1873–30.6.1874	1.7.1874–30.6.1875	1.7.1875–30.6.1876	1.7.1876–30.6.1877	1.7.1877–30.6.1878	1.7.1878–30.6.1879	1.7.–31.12.1879	1880	1881	1882	1883	1884	1885	Summe
Verurteilt nach § 1	3.894	7.037	6.041	6.993	7.304	6.279	3.200	8.392	9.039	8.027	8.392	8.645	9.814	93.057
Verurteilt nach § 2	268	524	622	478	533	487	314	695	699	570	777	738	933	7.638
Verurteilt nach § 10	47	140	216	275	313	241	175	216	241	246	287	270	273	2.940
Zwangs-arbeitshaus	135	218	214	277	218	200	64	166	151	160	192	178	237	2.410
Summe	4.209	7.701	6.879	7.746	8.150	7.007	3.689	9.303	9.979	8.843	9.456	9.653	11.020	103.635
Anteil Zwangs-arbeitshaus	3,21%	2,83%	3,11%	3,58%	2,67%	2,85%	1,73%	1,78%	1,51%	1,81%	2,03%	1,84%	2,15%	2,33%

Quelle: Janák Jan: Rakouský protitulácký zákon z roku 1873 jako pokus o řešení společenských důsledků průmyslové revoluce. Sborník prací Filozofické fakulty brněnské univerzity. Jg. C 16, 1969, S. 97.

Die Ausgaben für Zwangsarbeitsanstalten stellten eine besondere Last dar, die im Idealfall vom Staat getragen werden sollte, was die Landtage in Böhmen, Mähren und Niederösterreich forderten. Die Landtage betrachteten die Errichtung und Erhaltung von Zwangsarbeitsanstalten als einen Bestandteil der staatlichen Gesetzgebung, die nach dem Gesetz von 1873 ausgestaltet werden sollte. Der andauernde Papierkrieg zwischen den Landtagen und der Regierung endete jedoch mit der regierungsamtlichen Feststellung, dass es „die finanziellen Verhältnisse dem Staat nicht erlauben, sich in diese Aufgabe zu binden". Daraufhin entgegnete der Abgeordnete des niederösterreichischen Landtags Georg Granitsch,[499] es seien genug Worte gesprochen worden, jetzt seien Taten notwendig.[500] Der niederösterreichische Landtag reformierte im Jahre 1881 die Zwangsarbeitsanstalt, die fortan vollständig in die Trägerschaft des Landes fiel. Diese Änderung trat nach dem Gesetz im Jahre 1885 in Kraft. Der Staat genehmigte einen hohen Zuschuss für das Zwangsarbeitshaus in Niederösterreich mit der Begründung, dass sich in diesem Kronland Vaganten aus dem ganzen Staat aufhielten. Die finanzielle Beteiligung des Staates an den Kosten der Zwangsarbeitshäuser, die sonst vollständig von den einzelnen Ländern getragen wurden, war im Gesetz festgeschrieben, jedoch „nach Maßgabe ihrer Nothwendigkeit und Zweckmäßigkeit".[501]

Die Aufnahme von Personen in Zwangsarbeitsanstalten erfolgte ohne Rücksicht auf deren Heimatzuständigkeit, weil das Gesetz das Recht einräumte, die Kosten für ‚Zwänglinge' vom Heimatland zurückzufordern. Wie im Falle der Armenfürsorge bestand darüber hinaus die Möglichkeit, die entsprechende Person in die eigene Landesanstalt zu übernehmen. Die Kosten für die Zwangsarbeitsanstalten trugen die Länder, die sie von den Heimatgemeinden der Zwänglinge zurückverlangten, also von den Kommunen, die die gesamte Last der Armenfürsorge zu tragen hatten. Viele Gemeinden wehrten sich, derartige Aufwände zu erstatten und suchten nach rechtlichen Wegen, um die Kosten nicht tragen zu müssen, was

---

499 Georg Granitsch (1833–1903) Jurist, der langjährige Landtags- und Reichsratsabgeordnete, machte sich um die Gründung der Landeshypothekenbank in Wien und der Sparkassen (Raiffeisensparkassen) in Niederösterreich verdient.

500 Bráf, A.: Dvě nutné opravy, S. 68.

501 Gesetz vom 24. Mai 1885, betreffend die Zwangsarbeits- und Besserungsanstalten. RGBl., Bd. XXVIII, 1885, Nr. 90, § 2, S. 210.

sowohl die politischen Behörden als auch den Verwaltungsgerichtshof zeitlich belastete.

Zeitgleich mit dem „Zwangsarbeitshäusergesetz“ wurde das neue Gesetz gegen die Landstreicherei veröffentlicht. Die Definition des Landstreichertums zielte, ähnlich wie das vorige Gesetz auf die Arbeits- und Ausweislosigkeit, wenn es hieß: „Wer Geschäfts- oder arbeitslos umherzieht und nicht nachzuweisen vermag, daß er die Mittel zu seinem Unterhalte besitzt oder redlich zu erwerben suche, ist als Landstreicher zu bestrafen. Die Strafe ist strenger Arrest von ein bis zu drei Monaten.“ Bei der Definition des Bettlers und der Bestrafung für den Bettel hatte man vornehmlich Jugendliche im Blick. „Wegen Bettelns ist zu bestrafen: Wer an öffentlichen Orten oder von Haus zu Haus bettelt oder aus Arbeitsscheu die öffentliche Mildthätigkeit in Anspruch nimmt. Wer Unmündige zum Betteln verleitet, ausschickt oder Anderen überläßt. Die Strafe ist strenger Arrest von acht Tagen bis zu drei Monaten.“[502]

Das Gesetz gab den Gemeinden entsprechende Mittel an die Hand, um erwerbsfähige Personen zur Arbeit anzuhalten. Personen, die in der Gemeinde als arbeitsfähig galten, wurde Arbeit angeboten oder sie wurden an die nächste Verpflegungsstation verwiesen. Das Vagieren stellte innerhalb der Kriminalitätsskala ein keineswegs seltenes Delikt dar. Mehr als ein Sechstel aller Urteile von Strafgerichten und fast ein Viertel der verhängten Strafen gingen auf Übertretungen des Vagantengesetzes zurück.[503] Davon fielen mehr als die Hälfte auf das Vagieren und mehr als ein Viertel auf den Bettel. Die Berufe der Bestraften sind nicht bekannt, jedoch kann von einer hohen Zahl von Arbeitern und Handwerkern ausgegangen werden, wie das Beispiel Schleswig und Holstein zeigt. August Lammers zufolge machten im Jahr 1879 Vagabondage und Bettel 67 % aller Bestrafungen in den Provinzen Schleswig und Holstein aus. Die Erwerbsverhältnisse deuten dabei eher auf den Verlust der Arbeitsmöglichkeit hin: Bei den meisten Personen handelte

---

502 Beide Zitate: Gesetz vom 24. Mai 1885, betreffend die Zwangsarbeits- und Besserungsanstalten. RGBl., Bd. XXVIII, 1885, Nr. 89, §§ 1, 2, S. 208.

503 Fürstl, Carl: Die Strafrechtlichen Nebengesetze des österreichischen Rechtes. Wien – Prag: Verlag von F. Tempsky, 1894, S. 1.

es sich um Industriearbeiter, Handwerker, Landarbeiter oder Arbeiter ohne Spezialisierung (Tagelöhner).[504]

Das Betteln blieb auch weiterhin bis zu Ende der Habsburgermonarchie eine strafbare Übertretung (§§ 517–521 des Strafgesetzes von 1852), jedoch wurde der Ruf nach einer Differenzierung laut. Alois Zucker, Professor für Strafrecht an der tschechischen Karl-Ferdinands-Universität in Prag wies auf die Notwendigkeit einer Differenzierung der Vagabondage hin. Er verlangte die Aufhebung der Strafe für Betteln aus Not und eine Verschärfung der Strafe für gefährliche Vaganten. Er argumentierte, dass das durch die Not hervorgerufene Betteln keine strafbare Tat sei, wenn der Beweggrund die Armut darstelle. Zucker führte das Beispiel einer armen Witwe an, die ihre Kinder ernähren musste. Sie verdiente ihren Unterhalt mit Wäschewaschen. Leider ging ihr dabei das Bleichmittel aus; konnte sie die Wäsche nicht rechtzeitig abgeben, würde sie die Arbeit verlieren. Sie bat daher eine vor ihr gehende Dame um zwei Kreuzer, wurde daraufhin verhaftet und mit einem 24-Stunden-Arrest bestraft. Im Winter 1890–1891 ging bei den Prager Gerichten die Zahl der Übertretungen gegen die Sicherheit des Besitzes (Diebstähle) zurück. Die Ursachen hierfür lagen nach Alois Zucker in der seinerzeitigen Überschwemmung und der böhmischen Landesausstellung, die mehr Arbeitsgelegenheiten boten. Nach A. Zucker sollten nicht die Opfer der Armutsverhältnisse bestraft werden, sondern vielmehr jene Gemeinden, die keine ausreichende Armenfürsorge leisteten.[505]

Die Zwangsarbeitsanstalten und Naturalverpflegungsstationen stellten einen Versuch dar, die Armee der Vaganten nicht weiter anschwellen zu lassen und die Zahl bestimmter Übertretungen zu senken. Letzteres ist partiell

---

504 Der deutsche volkswirtschaftliche Schriftsteller, Politiker und Journalist August Lammers (1831–1892) war sozialen Problemen zugewandt, veröffentlichte Artikel und Broschüren zu diesem Thema und war auch im Rahmen der evangelischen Kirche in Fragen der Armenpflege aktiv. Lammers, August: Die Bettel-Plage. Berlin: Verlag Leonhard Simion, 1879, S. 4–6.

505 Zucker, Alois: Einige dringende Reformen der Strafrechtspflege. Leipzig – Wien: Franz Deuticke, 1896, S. 46–47; ders.: Kriminalistické črty zejména se zřetelem k zločinné a zpustlé mládeži. Praha: Bursík & Kohout, 1894, S. 13–15; Herz, Hugo: Arbeitsscheu und Recht auf Arbeit: kritische Beiträge zur österreichischen Straf- und Sozialgesetzgebung. Leipzig – Wien: Deuticke Verlag, 1902, S. 76–81; Janák, Jan: Příčiny vzniku předlitavské sociální správy (Opera Universitatis Purkyniae Brunensis Facultas Philosophica, Bd. 162). Brno: Univerzita J. E. Purkyně, 1979, S. 165.

gelungen. In den Kronländern Niederösterreich, Oberösterreich, Mähren und der Steiermark, wo Naturalverpflegungsstationen errichtet worden waren, sank die Zahl bestimmter Übertretungen (Diebstahl) um nahezu 50 %.[506] Das Ziel bestand darin, vagierende Personen dauerhaft zu verpflegen um sie für die nächste Arbeitsgelegenheit motiviert und einsatzbereit zu halten, damit die Bedrohung der Sicherheit im öffentlichen Raum gemindert werden konnte, wie Marie Červinková-Riegrová feststellte.

> Wer einige Zeit auf einem böhmischen Dorf im Winter lebte und sah, wie an einem Tag an die dreißig in Lumpen gehüllte Personen, Männer und Frauen, an der Tür desselben Hauses klopften, der musste folglich erschrecken und denken: Wohin gelangen wir in kurzer Zeit, wenn dieser Zustand weiter andauert? Die Zahl dieser Menschen nimmt nicht ab, sie wächst im Gegenteil mit jedem Tag, und aus ihren Kindern wächst für die Gesellschaft eine Garnison von gefährlichen Feinden.[507]

Die Art und Weise der Finanzierung der Zwangsarbeitsanstalten auf Kosten der zuständigen Gemeinden war für den Staat eine sehr bequeme Lösung, da sie die staatlichen Behörden keineswegs belastete, denn die wirtschaftliche Handhabe wurde von den Ländern ausgeübt. Die Kronländer waren mit dem Zustand unzufrieden, denn sie betrachteten derartige Anstalten als einen Bestandteil der öffentlichen Sicherheit, für die der Staat die Verantwortung trug.

Die problematische Lage der Armenversorgung versuchte das Land Niederösterreich im Jahr 1885 mit der Schaffung des Armenversorgungsverbandes zu lösen.[508] Da vor allem kleinen Gemeinden die Finanzkraft zur Durchführung

---

[506] Zucker, Alois: Die Polizeiaufsicht nach dem österreichischen Rechte mit besonderer Rücksicht auf die Bestimmungen der neusten Strafgesetzentwürfe. Prag: Verlag Fr. Řivnáč, 1894, S. 93.

[507] Přehled československých dějin. Praha: ČSAV, 1960, Bd. II, S. 574. Marie Červinková-Riegrová (1854–1895) war die Tochter von František Ladislav Rieger (1818–1903), einem bedeutenden tschechischen Politiker; sie wirkte aufklärerisch mit Blick auf die problematische Jugend und hob die Bedeutung der Vorschulerziehung hervor. Als Ergebnis ihres Engagements wurde eines der ersten Kindergärten in der Habsburgermonarchie gegründet.

[508] Scheutz, Martin: Armut und institutionelle Armenfürsorge. Vom Elend der Zuständigkeit. In: Kühschelm, Oliver – Loinig, Elisabeth – Eminger, Stefan – Rosner, Willibald (Hrsg.): Niederösterreich im 19. Jahrhundert. St. Pölten: NÖ Institut für Landeskunde, 2021, Bd. 1, S. 809–834, hier S. 813.

der Armenversorgung fehlte, wurden größere Armenbezirke mit einer eigenständigen Armenbehörde geschaffen. Diese sollte sich vor allem um jene Armen unterstützend kümmern, für die zwar eine niederösterreichische Gemeinde zuständig war, die in jener Gemeinde aber seit über 10 Jahren nicht mehr wohnhaft gewesen waren. Damit reichte die Armenversorgung über den kommunalen Bereich hinaus. Die Landesstelle beteiligte sich finanziell, doch die Kosten stiegen rasch an: von 15.163 Gulden im Jahr 1886, auf 239.222 Gulden im Jahr 1891. Das kurze Bestehen des Armenversorgungsverbandes bis 1893 zeigte Probleme des Heimatrechts und des Schubsystems auf.

Die Landtage erhielten Petitionen von ländlichen Gemeinden, verbunden mit der Bitte, das Heimatgesetz zu novellieren und auch im Reichsrat gingen entsprechende Schreiben ein. Am 17. Oktober 1877 forderte Karl von Hammer-Purgstall eine Reform des Heimatrechts, Ende des Jahres 1882 tat dies Johann von Chlumecky.[509] Im Jahre 1888 folgten Interpellationen von Emanuel Engel und Wenzel Graf von Kaunitz,[510] sowie ein Antrag von August Kaiser am 18. Dezember 1888.[511] Als Antwort auf die Interpellation des Abgeordnetenhauses vom 2. März 1888 teilte die Regierung am 25. April 1888 mit, „dass die Frage einer Revision des Heimatgesetzes von der Regierung mit Aufmerksamkeit studiert wurde, und dass die Regierung nicht verfehlen werde, den richtigen Zeitpunkt wahrzunehmen, in welchem die verfassungsmäßige

509 Stenographische Protokolle über die Sitzungen des Hauses der Abgeordneten des österreichischen Reichsrathes, 8. Session, 294. Sitzung am 17. Oktober 1877. Wien: Kaiserlich-königliche Hof- und Staatsdruckerei, 1874, S. 9794–9795. Karl von Hammer-Purgstall (1817–1879) war Offizier, Gutsbesitzer, steierischer Landtags- und Reichsratsabgeordneter; er stand dem liberalen Flügel des Parlaments nahe. Johann von Chlumecky (1834–1924) war mährischer Landtags- und Reichsratsabgeordnete, später auch Mitglied des Herrenhauses sowie in den siebziger Jahren des 19. Jahrhunderts Ackerbau- und Handelsminister von Zisleithanien.

510 Stenographische Protokolle über die Sitzungen des Hauses der Abgeordneten des österreichischen Reichsrathes, 10. Session, 197. Sitzung am 2. März 1888. Wien: Kaiserlich-königliche Hof- und Staatsdruckerei, 1889, S. 7191–7193. Emanuel Engel (1844–1907) war Arzt und langjähriger böhmischer Landtags- und Reichsratsabgeordneter, zugleich eine führende Persönlichkeit der Jungtschechischen Partei. Wenzel Robert von Kaunitz (1848–1913), genannt der Rote Graf, war Abgeordneter des böhmischen Landtags und des Reichsrats sowie Mäzen des mährischen Hochschulwesens.

511 Beilagen zu den stenografischen Protokollen des Abgeordnetenhauses, 10. Session, 1888, Beilage Nr. 724. August Kaiser (1850–1908) war Jurist, Landwirtschaftspädagoge sowie schlesischer Reichsratsabgeordneter.

Behandlung dieser Frage wird geschritten werden können."[512] Daraufhin erfolgten schließlich vier Anträge zur Reform des Heimatrechts: am 25. April 1890 von Heinrich Reicher, am 11. Mai 1891 von August Kaiser, am 15. Juli 1891 von Bedřich Pacák und am 25. November 1891 von Franc Robič.[513] Die daraus resultierende Interpellation des Abgeordnetenhauses an die Regierung im Jahre 1891 blieb jedoch ohne Antwort.

Zur Beschleunigung der Novellierung des Heimatgesetzes trug auch der zeitgenössische Kenner Heinrich Rauchberg bei, der in seiner *Kritik des österreichischen Heimatgesetzes* auf die Ergebnisse der letzten Volkszählung (1890) hinwies, nach der in manchen Agglomerationen mehr als die Hälfte der Ortsanwesenden nicht heimatberechtigt gewesen war. Wien zählte damals eine ortsanwesende Bevölkerung von 1.364.548 Personen, wovon lediglich 34,8 % (476.418 Personen) als heimatberechtigt galten. Von den 888.130 (65,2 %) heimatfremden Personen stammten 32,15 % aus Böhmen, 18,86 % aus Mähren und 3,30 % aus Schlesien (zusammen 54,31 % aller Nicht-Wiener). Noch gravierender fiel dieses Verhältnis im politischen Bezirk Königliche Weinberge (Královské Vinohrady) aus, einem vom gewerblichen Aufblühen wachsenden Stadtteil Prags, in dem lediglich 13,5 % Personen in ihrer Gemeinde als heimatberechtigt galten, während die übrigen 86,5 % ortsfremd waren.[514]

---

512 Rauchberg, Heinrich: Zur Kritik des österreichischen Heimatrechts. Zeitschrift für Volkswirtschaft, Sozialpolitik und Verwaltung, Jg. 2, 1893, S. 59–99, hier S. 59–60. Heinrich Rauchberg (1860–1938) war österreichischer Rechtswissenschaftler und Statistiker, Professor an der Deutschen Karl-Ferdinands-Universität in Prag.

513 Stenographische Protokolle über die Sitzungen des Hauses der Abgeordneten des österreichischen Reichsrathes, 10. Session, 392. Sitzung am 25. April 1890, S. 14603–14605; Beilagen zu den stenografischen Protokollen des Abgeordnetenhauses, 11. Session, 1891, Beilage Nr. 108, Nr. 242, Nr. 318. Heinrich Reicher (1854–1910) war Jurist und Politiker, im Reichsrat repräsentierte er die Steiermark. Bedřich Pacák (1846–1914) war böhmischer Jurist, 1906–1907 sog. Minister-Landsmann. Franc Robič (1841–1913) war Lehrer und Landwirt (Weinbau), langjähriges Mitglied im steiermärkischen Landtag und Abgeordneter im Reichsrat.

514 Rauchberg, Heinrich: Zur Kritik des österreichischen Heimatrechts. Zeitschrift für Volkswirtschaft, Sozialpolitik und Verwaltung, Jg. 2, 1893, S. 72; Janák, Jan: Příčiny vzniku předlitavské sociální správy (Opera Universitatis Purkyniae Brunensis Facultas Philosophica, Bd. 162). Brno: Univerzita J. E. Purkyně, 1979, S. 117.

Am 5. Dezember 1896 wurde endlich ein Gesetz veröffentlicht, das die Bestimmungen des Gesetzes vom 3. Dezember 1863 änderte und auf das seit langer Zeit gewartet wurde. Die wichtigste und für mittellose Personen grundsätzliche Änderung kam im Recht zum Ausdruck, nach einem zehnjährigen, freiwilligen und ununterbrochenen Aufenthalt, in der Gemeinde Aufnahme zu finden.

> Die ausdrückliche Aufnahme in den Heimatverband kann von der Aufenthaltsgemeinde demjenigen österreichischen Staatsbürger nicht versagt werden, welcher nach erlangter Eigenberechtigung durch zehn Jahre der Bewerbung um das Heimatrecht vorausgehende Jahre sich freiwillig und ununterbrochen in der Gemeinde aufgehalten hat.[515]

Durch die Ableistung der gesetzlichen Wehrpflicht wurde die zehnjährige Wartefrist weder gehemmt noch unterbrochen. Der Bewerber für eine Aufnahme in den Gemeindeverband durfte während seines Aufenthalts nicht der öffentlichen Armenfürsorge zur Last fallen, was ein gesetzliches Druckmittel gegen die Aufnahme notdürftiger Personen darstellte. Die Befreiung der Eltern von den Schulgebühren stand der zehnjährigen Wartezeit nicht entgegen, da sie nicht als Beschränkung der bürgerlichen Rechte galt. Mit dem „Armengesetz" vom 5. Dezember 1896 hatte sich der Kreis des Erwerbs einer anderen Heimatzuständigkeit geschlossen und man kehrte damit zur alten – bereits im 18. Jahrhundert bestehenden – Praxis des Dezenniums zurück.

---

515 RGBl., Bd. LXXXVI, 1896, Nr. 222, § 2, S. 743.

Vater Staat? Die Armenfürsorge in der Habsburgermonarchie: Zusammenfassung

Die Grundlagen der Armenfürsorge in der Habsburgermonarchie wurden in der Zeit des Josephinismus geschaffen, wobei im 19. Jahrhundert die Strukturen der heutigen sozialen Fürsorge entstanden. Den Schwerpunkt der Armenfürsorge bildete das Prinzip des Heimatrechts, das in der Provisorischen Gemeindeordnung im Jahre 1849 definiert wurde; seine rechtlichen Vorläufer entstanden jedoch bereits in der Zeit der Kaiserin Maria Theresia. Den gesetzlichen „Vor-Terminus" des Heimatrechts bezeichnete man seit 1777 als politisches Domizil. In der Spätzeit der Regierung Maria Theresias wurden die Grundlagen für die Sozialfürsorge des 19. und 20. Jahrhunderts gelegt.

Die „geordnete Bevölkerung", die sich ausschließlich aus Personen eines bestimmten Ortes rekrutierte, verkörperte für den sich ausbildenden und zentralisierenden Staat eine logische Lösung, um Personen aufzufinden, einzuordnen und zu kontrollieren sowie soziale Unterstützung zu leisten. Die an sich gute Idee der aufgeklärten Denker, dass jeder Mensch einen Ort in seiner Heimat habe, von dem er nicht vertrieben werden könne, muss man als sehr human und modern beurteilen, jedoch zeigten sich im Laufe des 19. Jahrhunderts auch die Schwächen dieses Systems.

Das Problem bestand darin, dass viele Personen im Zuge der fortschreitenden Industrialisierung – in einigen Kronländern mehr als die Hälfte – nicht in ihrem Heimatort lebten. Viele Arme vom Land wanderten in die Städte ab, um dort Arbeit in Fabriken, Manufakturen sowie im Dienstleistungsbereich zu finden. Der Weggang vom Heimatort erfolgte häufig sehr früh, das heißt bereits mit vierzehn oder fünfzehn Jahren. Diese Personen verbrachten dann ihr gesamtes Arbeitsleben außerhalb ihres Heimatortes.

Sie lernten an ihrem neuen Aufenthaltsort ihren Lebensgefährten oder ihre Lebensgefährtin kennen und gründeten eine Familie. Allerdings blieb formal rechtlich ihr Heimatort für sie zuständig, wobei die Frauen pflichtgemäß das Heimatrecht ihres Mannes übernahmen. Für ihre in der Stadt geborenen Kinder galt nicht das Heimatrecht des Geburtsortes, sondern das der Heimatgemeinde des Vaters (bei außerehelich geborenen Kindern das der Mutter). Wenngleich nach der Aufhebung der Leibeigenschaft im Jahre 1781 die Schließung von Ehen nicht mehr verhindert werden sollte, bestand der politische Ehekonsens auch im 19. Jahrhundert fort. Mit der Auflösung des Patrimonialsystems im Jahre 1848 verloren die Herrschaften die Kontrolle über die Eheschließungen, die dann weiter an andere rechtliche Subjekte überging. Die Herrschaften empfanden dies wohl als eine Erleichterung, da sie nicht mehr für die Armenfürsorge zuständig waren. Die eventuelle Armenpflege, die sie auf ihrem Großgrundbesitz gewährten, behielt im Rahmen der vom Adel traditionell ausgeübten karitativen Tätigkeit ihre Bedeutung, da sie der Verbesserung der sozialen Verhältnisse in der eigenen Herrschaft diente.

Für den politischen Ehekonsens waren sodann in erster Linie die Gemeinden, die Bezirke und die Länder zuständig. Große Agglomerationen erlaubten auswärtigen Personen die Eheschließung, die Heimatzuständigkeit des Ehemannes veränderte sich durch die Heirat jedoch nicht. Die Gemeinden wehrten sich gegen die Zunahme von Armen durch die verpflichtende Erteilung des politischen Ehekonsenses. Die Regierung scheute davor zurück, in die Verhältnisse der Länder einzugreifen, da der Wohlstand des Staates auf der Produktivität von Landwirtschaft und Industrie beruhte. Die Lage des politischen Ehekonsenses gestaltete sich in den einzelnen Kronländern sehr unterschiedlich. So forderte beispielsweise im Fall der Ablehnung eines Bräutigams die Landesstelle den Prager Magistrat auf, die Ablehnung zu begründen. Der Magistrat teilte daraufhin mit, er stelle lediglich Konskriptionszettel aus, jedoch keine Ehekonsense. Im besagten Fall sah sich der Prager Magistrat allerdings gezwungen einzugreifen, da die künftige – vom Lande stammende – Braut einen zweifelhaften Ruf besaß. Nach einer Heirat und der verpflichtenden Übernahme der Prager Zuständigkeit fiele die Möglichkeit weg, sie wegen ihres *liederlichen Lebenswandel*s aus der Stadt zu weisen. Manche Gemeinden sahen im politischen Ehekonsens eher eine Formalität, andere erblickten darin ein Mittel zur Kontrolle der öffentlichen Sicherheit oder ein Hindernis zur Vermehrung der Armut.

Als drängendes Problem erwies sich der politische Ehekonsens in armen Kronländern wie in Tirol, wo die Gemeinden stark unter der Last der Armenfürsorge stöhnten. Auf so manchen Tiroler Gemeinden lasteten dem Innenminister Lasser zufolge Umlagen, deren Umfang sich auf 100 bis 400 % der direkten Steuer belief. Ein Konsens innerhalb Zisleithaniens konnte jedoch nicht gefunden werden. Die Stadtgemeinde Wien sprach sich für die Aufhebung aus, Tirol und Vorarlberg hingegen votierten nicht allein für eine Beibehaltung, sondern vielmehr für die Verschärfung des Ehekonsenses. Der Staat verhielt sich zur Frage des Ehekonsenses neutral, da er sowohl für die sozialen als auch die kirchenrechtlichen Konsequenzen eine Lösung finden musste. Die Übertragung der Pflicht der Armenfürsorge von Gemeinde zu Gemeinde besaß für den Staat keinerlei Bedeutung, zumal keine staatlichen Gelder flossen.

Nach der Veröffentlichung der Dezemberverfassung am 21. Dezember 1867 stand der politische Ehekonsens im Widerspruch zu den allgemeinen bürgerlichen Rechten. Das „lange Leben“ des politischen Ehekonsenses fand durch das Gesetz vom 25. Mai 1868 sein Ende, da es in der Frage des österreichischen Eherechts wieder die Bestimmungen des Allgemeinen Bürgerlichen Gesetzbuches galten.[516] Der Einfluss der katholischen Kirche, der sich vor allem im Konkordat mit dem Heiligen Stuhl aus dem Jahre 1855 manifestierte, verringerte sich wesentlich, da nun die interkonfessionelle Ehe eingeführt wurde.[517] Die Abschaffung des Ehekonsenses in der Habsburgermonarchie erfolgte in den meisten Kronländern in den Jahren 1867–1871. In jenen Ländern, in denen ein Konsens galt, wurde er in Gestalt der Landesgesetzgebung veröffentlicht; in Kärnten und im Küstenland, wo er keine Anwendung fand, jedoch formal bestanden hatte, erfolgte die administrative Aufhebung. Mehr als achtzig Jahre nach Aufhebung der Leibeigenschaft kam es nunmehr zur freien Eheschließung, die eigentlich bereits im Jahre 1781 verkündet worden war.

Damit verschwand für arme Personen das Hindernis für eine Eheschließung, wohingegen die Frage der Armut selbst ungelöst blieb. Die Achillesferse

---

516 Reichs-Gesetz-Blatt für das Kaiserthum Oesterreich. 1868, Bd. XIX, Nr. 47, S. 93–97.

517 Das Konkordat des Kaisertums Österreich mit dem Päpstlichen Stuhl wurde im Patent vom 5. November 1855 veröffentlicht. Reichs-Gesetz-Blatt für das Kaiserthum Oesterreich, 1855, Bd. XLII, Nr. 195, S. 635–652.

der Armenfürsorge bildete der schwierige Erwerb des Heimatrechts für besitzlose Personen. Für wohlhabende Leute stellte der Erwerb einer anderen Heimatzuständigkeit kein Problem dar, da mit dem Kauf der Immobilien oder mit dem Erwerb des Bürger- oder Meisterrechts das Recht auf das Heimatrecht verbunden war. Dieser Personenkreis stellte für die Armenfürsorge kein Problem dar, da die Betreffenden in der Regel durch ihren Besitz im Alter oder bei einer Erkrankung eine Ernährungsquelle besaßen. Das Problem für die Gemeinden lag in den mittellosen Personen, die von ihrer Hände Arbeit lebten und im Alter oft besitzlos und nicht erwerbsfähig wurden. Sie fielen dann der Heimatgemeinde zur Last, auch wenn sie ihr produktives Leben in einer anderen Gemeinde, oft einer Stadt, verbracht hatten. Dort erhielten sie keinerlei Unterstützung, sondern wurden aus der Gemeinde ausgewiesen oder sogar abgeschoben. Die ländlichen Gemeinden besaßen kaum Mittel, um diese Personen zu unterstützen, zumal in ihren Kassen die Abgaben der produktiven Gemeindeglieder fehlten.

Die Verhältnisse für eine Änderung der Heimatzuständigkeit gestalteten sich im Zeitraum zwischen 1849 und 1859 am günstigsten: Nach vier Jahren des ununterbrochenen freiwilligen Aufenthaltes, der sog. *Quadrinierung*, bestand der Anspruch, keineswegs jedoch das Recht, auf eine Aufnahme in den neuen Heimatverband. Der Aufenthalt durfte dabei nicht unterbrochen werden, sodass die Bedingung der Freiwilligkeit in Haft befindliche, zu Zwangsarbeiten verurteilte Personen usw. von diesem Anspruch kategorisch ausschloss. Militärangehörige unterlagen speziellen Vorschriften. Die soziale *Quadrinierung* war eine Errungenschaft der Revolution von 1848.

Mit dem Gemeindegesetz von 1859 wurde die Möglichkeit der stillschweigenden Aufnahme in den Gemeindeverband wesentlich erschwert. Insbesondere der Nachweis eines den Unterhalt der Person und seiner Familie sichernden Vermögens erwies sich für unbemittelte Personen als unerfüllbar. Ein reines Aussitzen durch Duldung, also die stillschweigende Aufnahme nach vier Jahren des ununterbrochenen Aufenthaltes, kam nicht mehr infrage.

Das Gesetz des Jahres 1863 als eine wichtige Regulierung des Heimatrechts ermöglichte keine stillschweigende Ersitzung des Heimatrechts, was den Interessen der liberalen Regierungen vollumfänglich entsprach. Das Heimatgesetz von 1863 war das erste, das sich um die prekäre Lage der Personen mit unbekannter Heimatzuständigkeit bemühte. In der festgelegten Hierarchie der heimatlosen Personen nahmen Militärveteranen die erste Stufe ein, was auf die Ursache der Heimatlosigkeit dieser Männer verweist, wobei diese im Rahmen aller Personen mit unbekannter Heimat lediglich eine Gruppe bilden. Die Institution des zugewiesenen Heimatrechts versuchte, die Zeit zu überbrücken, während das zutreffende Heimatrecht ermittelt wurde, was bei vielen Personen nie zu einem Abschluss führte. Das zugewiesene Heimatrecht verstärkte zudem die Tendenz, Vaganten aus dem Kataster der Gemeinde auszuweisen, da sie sonst von der Gemeinde verpflegt werden mussten und die Gemeinde des letzten Aufenthaltes auch die Begräbniskosten zu übernehmen hatte.

Die Regelung des Heimatrechts gestaltete sich in Zisleithanien weniger flexibel als beispielsweise in einem Teil Deutschlands. Im Jahre 1870 wurde in den Ländern des Norddeutschen Bundes das Gesetz über den Unterstützungswohnsitz verabschiedet, welches die Armenfürsorge grundsätzlich veränderte. Der Anspruch auf eine Armenfürsorge war an die Zugehörigkeit zum Ortsarmenverband des unterstützenden Wohnsitzes gebunden. Mündige Personen (24 Jahre) konnten diese nach zwei Jahren des freiwilligen Aufenthaltes erwerben.[518] Das alte System blieb lediglich in Österreich bestehen, während in Bayern, Baden und Württemberg eine Art ‚Zwischensystem' zum Tragen kam.[519]

Seit den siebziger Jahren des 19. Jahrhunderts erscholl in Zisleithanien der Ruf nach einer Reform des Heimatrechts, doch ließ sich dies unter den liberalen Regierungen nicht verwirklichen. Die Anzahl der in einem anderen als ihrem Heimatort lebenden Personen wuchs beständig, wie auch Zeitgenossen bemerkten:

> Welche Bedeutung hat unter den Umständen das Heimatrecht, was heißt dem armen Gemeindeglied die Heimatgemeinde, wenn er sie erst kennenlernen wird, als er als Bettler in sie abgeschoben wird? Wie stöhnten Gemeinden unter der Last der Unterstützung von armen Mitgliedern, die über dem Grab stehend, in Not

---

[518] Bundesgesetzblatt des Norddeutschen Bundes, Bd. 1870, Nr. 20, S. 360–373. In der späteren Novelle vom 12. März 1894 wurde das Alter auf 18 Jahre herabgesetzt, in der Novelle vom 30. Mai 1908 sogar auf 16 Jahre mit einer lediglich einjährigen Frist.

[519] Im Rahmen dieser Monographie ist es leider nicht möglich, die Systeme zu vergleichen. Zu Armenwesen und Armenpflege in Deutschland findet sich eine breite Palette zeitgenössischer und aktueller Literatur (ausführlicher hierzu im Kapitel Forschungsstand und Problemstellung).

ihre Schwelle erst überschreiten, oft die Sprache ihrer Landsleute nicht richtig gekannt zu haben.[520]

Der böhmische Landtag schlug im Jahre 1883 vor, das Heimatrecht nach achtjährigem Aufenthalt automatisch zu erteilen; die Regierung ihrerseits unterbreitete den Vorschlag, dass Steuerzahler einen Anspruch nach fünfjährigem und Nichtsteuerzahler nach zehnjährigem Aufenthalt in der Gemeinde bekommen sollten. Keiner der genannten Vorschläge wurde jedoch ausgeführt.

Der Reichsrat wurde mit Petitionen durch die Landtage regelrecht bombardiert, die 1877, 1882 und 1888 auf eine Novellierung des Heimatgesetzes zielten. Die Antwort der Regierung im April 1888 auf die Interpellation des Abgeordnetenhauses des Reichsrats offenbarte das Desinteresse und die Tendenz, die Lösung der Frage des Heimatrechts weiter hinauszuschieben. Die Regierung verwies in diesem Kontext auf die kurz erlassenen Gesetze über die Unfall- und Krankenversicherung, die die Armenfürsorge erleichtern sollten. Drei Anträge von Abgeordneten, Repräsentanten Schlesiens, der Steiermark (1890) und Böhmens sowie die daraus resultierende Interpellation des Abgeordnetenhauses an die Regierung im Jahre 1891 blieben ohne Antwort.

Die Ergebnisse der Volkszählung von 1890 bestätigten den Prozess der Verminderung der Anzahl heimatberechtigter Personen in den Industriegebieten. Die ortsansässige Bevölkerung Wiens lag zu diesem Zeitpunkt bei 1.364.548 Personen, wobei die Heimatberechtigen lediglich 34,8 % aus (476.418 Personen) ausmachten. Von den 888.130 (65,2 %) heimatsfremden Personen stammten 32,15 % aus Böhmen, 18,86 % aus Mähren und 3,30 % aus Schlesien, was zusammen 54,31 % aller Nicht-Wiener entspricht.[521] Noch verheerender gestaltete sich die Situation im politischen Bezirk Königliche Weinberge (Královské Vinohrady), einem durch das gewerbliche Aufblühen wachsenden Stadtteil Prags, in dem lediglich 13,5 % Personen in der

520 Adámek, Karel: Příspěvky k upravení chudinství. (Sbírka drobných spisů hospodářských, Bd. 26). Chrudim: S. Pospíšila zeť, 1896, S. 97–98.

521 Rauchberg, Heinrich: Zur Kritik des österreichischen Heimatrechts. Zeitschrift für Volkswirtschaft, Sozialpolitik und Verwaltung, Jg. 2, 1893, S. 72; Janák, Jan: Příčiny vzniku předlitavské sociální správy (Opera Universitatis Purkyniae Brunensis Facultas Philosophica, Bd. 162). Brno: Univerzita J. E. Purkyně, 1979, S. 117.

Gemeinde eine Heimatberechtigung besaßen. Ortsfremde Personen wurden im Bedarfsfall in ihre Gemeinden ausgewiesen, die nur über geringe Mittel in ihren Gemeindekassen verfügten, da in diesen die Abgaben von Mitgliedern im aktiven Arbeitsalter fehlten. Die Gemeinden suchten deshalb nach Finanzmitteln für die Armenpflege in den Gemeindeumlagen, die vom Landtag bewilligt werden mussten. In Tirol wuchsen in einigen Gemeinden die Umlagen bis auf 400 % der direkten Steuer an.

Dieser Zustand mündete schließlich am 5. Dezember 1896 in die Veröffentlichung eines neuen Heimatgesetzes, nach dem bereits seit mehr als zwanzig Jahren verlangt wurde. Durch das Recht, nach zehnjährigem, ununterbrochenem und freiwilligem Aufenthalt das Heimatrecht in der Aufenthaltsgemeinde zu erhalten, verbesserte sich die soziale Lage armer Personen wesentlich, da sie im Falle von Bedürftigkeit, Alter, Krankheit, Arbeitsunvermögenheit usw. Hilfe in der Aufenthaltsgemeinde erhalten konnten. Die alt-neue Regelung verankerte dieses Recht, zumal vor dem Jahr 1863 lediglich der Anspruch formuliert worden war. Die finanzielle Lage ländlicher Gemeinden verbesserte sich durch dieses Gesetz, da sie nunmehr ihre ehemaligen Mitglieder, die inzwischen in Industriegebieten ihr Heimatrecht erworben hatten, nicht mehr versorgen mussten.

Die Armenfürsorge oblag bis zum Ende der Habsburgermonarchie den Gemeinden.[522] In einzelnen Ländern erwies sich allerdings die Situation als heterogen, da neben der Pflicht der Gemeinden, für ihre Armen zu sorgen, noch Armeninstitute als eigenständige Einrichtungen bestanden. In einigen Ländern wurden diese jedoch aufgehoben, da sie als reine Pfarrarmeninstitute betrachtet wurden. Dies betraf Schlesien im Jahre 1869,[523] Niederösterreich[524]

---

522 Macenauer, Josef: Samospráva obecní, příruční kniha pro starosty a zastupitel obecní na Moravě. Brno: K. Winkler, 1899, S. 150–154.

523 Gesetz- und Verordnungsblatt für das Kronland Herzogthum Ober- und Niederschlesien. Troppau: Druck von Anton Pawlitschek, 1870, Bd. IV, Nr. 5, S. 69–72.

524 Landes-Gesetz- und Verordnungsblatt für das Erzherzogthum Oesterreich unter der Enns. Wien: Aus der kaiserlich-königlichen Hof- und Staatsdruckerei. 1870, Bd. XIII, Nr. 21, S. 63–66; Die Übergabe des Besitzes von Armeninstituten regelte die Durchführungsvorschrift vom 7. August 1870. Ebenda, 1870, Bd. XXXI, S. 171–178.

und Kärnten im Jahre 1870,[525] Krain sodann 1883.[526] Die Pfarrarmeninstitute auf dem Gebiet der Stadtgemeinde Wien wurden im Jahre 1873 aufgehoben.[527] In Mähren, der Steiermark und Galizien bestanden die Armeninstitute bis ins 20. Jahrhundert fort, jedoch erfüllten sie eine unterschiedliche Rolle. Die steirischen Pfarrarmeninstitute (Armenfonds) verfügten im Jahre 1888 über einen Besitz im Wert von 1,3 Millionen Gulden, was deutlich denjenigen der Gemeindearmenfonds übertraf.[528] In Mähren wurden im Jahre 1880 26.232 Gemeindearme gezählt, die durch Armeninstitute die Jahresunterstützung in Höhe von 70.351,65 Gulden erhielten, während die Gemeindekassen eine jährliche Unterstützung in Höhe von 128.578,03 Gulden gewährten, sodass 35,36 % der Armen in Mähren durch Armeninstitute unterstützt wurden.[529] In Böhmen erfolgte keine Auflassung der Armeninstitute, allerdings spielten diese in der Armenfürsorge in vielen Pfarrsprengeln wohl keine bedeutende Rolle. In der im Jahre 1902 durchgeführten Enquete in Böhmen, ob in der Gemeinde ein Armeninstitut bestehe, antworteten 111 Gemeinden mit einem Ja, einige reagierten nicht oder verneinten die Frage. Die Form des Armeninstituts in Böhmen reduzierte sich auf bloßes Opferstocksammeln, milde Gaben bei Hochzeiten usw. In einigen Pfarreien bestanden in Kirchen die Kassen „Brot des heiligen Antonius", wo Almosen für Arme gesammelt wurden. Dagegen gab es in Hohenelbe (Vrchlabí) einen Kirchsprengel-Fonds, der unmittelbar an das Josephinische Armeninstitut anknüpfte.[530] Die gesammelten Almosen wurden direkt von den Pfarrämtern oder in Zusammenarbeit mit dem Gemeindeamt an die Armen verteilt,

[525] Landesgesetz- und Verordnungsblatt für das Herzogthum Kärnten, 1870, Bd. IX, Nr. 17, S. 35–37; 1870, Bd. XXIV, Nr. 38, S. 79–82.

[526] Landesgesetzblatt für das Herzogthum Krain. Doželni zakonik za vojvodino Kranjske. Bd. V, 1883. Laibach – Ljubljana: Klein & Kovač, 1884., Nr. 16, S. 19–21. Für Krain erschien am gleichen Tag das wichtige Gesetz über die öffentliche Armenpflege in Gemeinden. Ebenda, Nr. 17, S. 21–32.

[527] Landes-Gesetz- und Verordnungsblatt für das Erzherzogthum Oesterreich unter der Enns. 1873, Bd. XX, Nr. 56, S. 129–130.

[528] Mischler, Ernst: Enquete und Statistik der Armenverhältnisse in Steiermark. Statistische Monatsschrift 1896, S. 82–112; Janák, Jan: Příčiny vzniku předlitavské sociální správy, S. 131.

[529] Beck, Emil: Armenwesen. Brünn: Emil Beck, S. 23–28.

[530] Engliš, Karel: Chudinství v království Českém na počátku XX. století. Praha: Zemský statistický úřad, 1908, S. CCLXXIX.

jedoch nicht direkt der Gemeinde übergeben. Insofern wirkte hier also die Kontinuität der Armeninstitute fort. In Tirol und in der Bukowina kam es hingegen nicht zur Gründung von Armeninstituten.

Das Vermögen der aufgehobenen Armeninstitute ging auf die politischen Gemeinden über und sollte allerdings vom Gemeindevermögen getrennt verwaltet werden.[531] Die Gesetze der einzelnen Länder setzten sich mit Problemen bei der Übergabe des Vermögens der Armeninstitute auseinander, insbesondere angesichts komplizierter Besitzumstände wie der Vereinigung oder Teilung von Gemeinden, mehreren zu einem Armeninstitut gehörenden Gemeinden usw. Armeninstitute, die mehrere Gemeinden versorgten, fielen unter die Administration jener Gemeinde, die mit Blick auf die Einwohnerzahl den größten Anteil am gemeinschaftlichen Vermögen besaß. Diese Gemeinde legte dann jährlich den anderen Gemeinden Rechnungen zur Kontrolle vor. Rechtliche Probleme bereiteten spezielle Vermächtnisse und Stiftungen, in denen die Wohltäter Zweck, Territorium oder Personen bestimmten. Sofern dies dem ausdrücklich erklärten Willen des Stifters oder dem Wesen der Stiftung widersprach, durfte eine solche Stiftung nicht in den Gemeindebesitz übergeben werden.

Die Analyse der gesetzlichen Lage zeigt identische Regelungen im Falle der nun aufgehobenen Armeninstitute. Die gesetzlichen Zuschüsse blieben bestehen. Dies betraf verschiedene Arten von Strafgeldern, Erträge aus Sammlungen für die Armen, Almosen und Opferstöcke außerhalb der Kirchen, Schaustellungen und Musiklizenzen, Lizitationsprozente (in der Regel ein Prozent), das Armendrittel aus Intestatverlassenschaften der Säkulargeistlichkeit sowie Bezüge aus Vermächtnissen, die die Erblasser ohne nähere Bezeichnung den Armen widmeten. Neu war die Trennung von kirchlichen Sammlungen, Almosen und Opferstöcken, die im Unterschied zur Vergangenheit nicht mehr an die Kirche gingen.

Die Armenpflege in der Habsburgermonarchie zeichnete sich weiterhin durch zwei Formen aus: die geschlossene und die offene Armefürsorge. Welche Form zum Einsatz kam, hing von den finanziellen Möglichkeiten der Gemeinden ab.

---

531 Bei einer Vereinigung von Gemeinden, unabhängig davon, ob dies freiwillig oder durch ein Landesgesetz geschah, musste das Vermögen der aufgehobenen Pfarrarmeninstitute der Verwendung der ganzen Ortsgemeinde zufallen. Gesetz- und Verordnungsblatt für das Erzherzogthum Oesterreich unter der Enns. 1873, Bd. XXXVII, Nr. 33, S. 93.

Zusammenfassend können folgende Arten der Armenpflege genannt werden: Unterbringung im Armenhaus, direkte finanzielle Zuwendung, Begleichung der erforderlichen Unterhaltskosten in Form von Naturalien, Privatpflege, Armeneinlage, Krankenpflege, Transport von Armen (aus Verpflegungs- oder Krankenhäusern), Beerdigung verstorbener Armer. Die Bestattung mittelloser Personen auf Kosten der Gemeinde umfasste neben den entsprechenden hygienischen Erfordernissen, zugleich ein einfaches religiöses Ritual.

Die sog. Armeneinlage stand nicht selten in Verbindung mit einer Arbeitspflicht des sog. Einlegers: Die entsprechende Person erhielt Verpflegung und Unterkunft, musste jedoch eine ihren Kräften entsprechende Arbeit verrichten. Eine weitere Form der Armeneinlage stellte die Naturalverpflegung von Haus zu Haus dar. Im Laufe des 19. Jahrhunderts ging die Armeneinlage stetig zurück und kam meist in armen Gebieten zur Anwendung, beispielsweise in der Böhmisch-Mährischen Höhe, im südlichen Böhmerwald (Šumava) oder in den Bergregionen der Steiermark, wo im Jahre 1886 von insgesamt 13.761 unterstützten Armen 4.782 Personen (35 %) in Gestalt der Einlage ihre Unterstützung erhielten.[532] Im Jahre 1892 machten in der Steiermark die Einleger (mit Verpflegung oder mit Kost und Unterkunft) ein Fünftel aller aufgrund ihrer Armut versorgten Personen aus, in Böhmen waren dies zur gleichen Zeit lediglich 3,5 %.[533] Die Steiermark lässt sich de facto als Vorbild in der gesetzlichen Regelung der Armenfürsorge auf Gemeindeebene ansehen. Das Gesetz vom 27. August 1896 bestimmte drei Subjekte in der Gemeinde, die für die Armenpflege zuständig waren: Armeninstitute, die Armeneinlage und die verpflichtende Versorgung von Armen unmittelbar durch die Gemeinde.[534] Die ausführliche Festlegung von Rechten und Pflichten zeigt die komplizierte Verflechtung der Armenfürsorge in der Gemeinde, mit ihren Subjekten, Organen, Verwaltung, Vollziehern und Objekten. Das steirische Gesetz verankerte die Einlage in der Armenfürsorge, allerdings finden sich in dieser Form der Armenfürsorge bestimmte Begrenzungen.

---

[532] Stenographische Protokolle über die Sitzungen des steierm. Landtages. Graz: Leykam, 1887. VI. Landtagsperiode, III. Session, Beilage Nr. 5, 1886/1887.

[533] Engliš, Karel: Chudinství v království Českém na počátku XX. století. Praha: Zemský statistický úřad, 1908, S. CCVIII.

[534] Landesgesetz- und Verordnungsblatt für das Herzogthum Steiermark. Graz: Leykam, 1896, Bd. XXXI. Nr. 63, S. 103–131.

Behinderte Personen, arme Ehepaare, die durch die Einlage getrennt würden (weil es aus organisatorischen Gründen üblich war, nur eine Person in die Einlage aufzunehmen), blinde oder psychisch kranke Personen fielen aus der Versorgung in Gestalt der Einlage heraus. Kinder unter vierzehn Jahren sollten von dieser Regelung verschont bleiben.[535] Die Realität sah allerdings anders aus, wie die Erinnerungen von ehemaligen Einlegerkindern beweisen.[536] Die Einlage wurde von Zeitgenossen als unwürdig betrachtet, zumal sich in der Praxis Einleger kaum von Bettlern unterschieden. Der Charakter der Einlage von Haus zu Haus glich fast dem Vagieren. Einleger konnten leicht auf das Niveau von Vaganten abgleiten. Die Einlage von Haus zu Haus erwies sich aus hygienischer Sicht als gefährlich, da durch sie zur schnelleren Verbreitung von Epidemien beitragen konnte. Die Einlage verkörperte einen der Übertragungswege der Armenfürsorge und der damit möglicherweise verbundenen Kleinkriminalität auf Privatpersonen, und mit Worten von Karel Engliš ausgedrückt, „ein notwendiges Übel."[537]

Die Einlage gehörte zu den offenen Formen der Armenfürsorge, ebenso wie das in Deutschland im Jahre 1852 entstandene *Elberfelder System*. Nicht unähnlich dem Prinzip der Armeninstitute basierte es auf folgenden vier Prinzipien: 1. Individualisierung der Unterstützungsleistung, 2. Dezentralisierung der Entscheidungskompetenz, 3. ehrenamtliche Durchführung von Aufgaben öffentlicher Verwaltung, 4. Bestimmung von Zuständigkeiten nach rein räumlichen Kriterien.[538] In den siebziger Jahren des 19. Jahrhunderts

535 Ein Verbot der Armeneinlage für Kinder unter vierzehn Jahren beinhaltet das Armengesetz für Krain, Landesgesetzblatt für das Herzogthum Krain. Bd. V. Laibach: Klein & Kovač, 1883, Nr. 17, § 19, S. 25.

536 Klammer, Peter: Auf fremden Höfen. Anstiftskinder, Dienstboten und Einleger im Gebirge. Damit es nicht verloren geht, Bd. 26. 2. Auflage. Wien: Böhlau, 2007.

537 Engliš, Karel: Chudinství v království Českém na počátku XX. století. Praha: Zemský statistický úřad, 1908, S. CCVII.

538 *Das Elberfelder System* (*Elberfelder Modell*) der Armenfürsorge entstand am 9. Juli 1852 im preußischen Elberfeld als Versuch, die kommunale Armenfürsorge und -verwaltung an die Bedingungen der Industrialisierung anzupassen. Das Modell wurde von vielen Städten Deutschlands übernommen. Lube, Barbara: Mythos und Wirklichkeit des Elberfelder Systems. In: Beeck, Karl-Hermann (Hrsg.): Gründerzeit. Versuch einer Grenzbestimmung im Wuppertal (= Schriftenreihe des Vereins für Rheinische Kirchengeschichte, Bd. 80). Köln: Rheinland-Verlag, 1984, S. 158–184.

trug das Elberfelder System dazu bei, die Folgen der Wirtschaftskrise zu bewältigen.[539]

In Österreich fand das Elberfelder System keine so große Verbreitung wie in Preußen. Zuerst wurde es in Trautenau (Trutnov),[540] dann in Reichenberg (Liberec), Warnsdorf (Varnsdorf), Karlsbad (Karlovy Vary), Bilin (Bílina) und einigen anderen – vorwiegend nord- und westböhmischen – Städten wie Rumburg (Rumburk, Rojmbor) und Pilsen (Plzeň) eingeführt. In Mähren kam das Elberfelder System in Brünn, Mährisch Ostrau (Moravská Ostrava) und Zwittau (Svitavy) zur Anwendung.[541]

Das in Österreich angewandte Elberfelder System stellte eine Art Kompromiss zwischen dem Rechtssubjekt des Armeninstitutes, der Einlage und der kommunalen Armenfürsorge dar. Die Finanzierung des Elberfelder Modells basierte (hier am Beispiel Trautenau) auf Zinserträgen von Wertpapieren, Spareinlagen und Hypothekardarlehen (ähnlich dem sog. Gemeinde-Stammesvermögen bei Armeninstituten, die von der politischen Gemeinde übernommen wurden). Hinzu kamen Tanz- und Musiklizenzgelder, Strafbeträge, regelmäßige Sammlungen des Vereins gegen den Hausbettel und die sog. Michaeli-Sammlung (Kirchensammlung). Das System der dezentralisierten und individualisierten Armenfürsorge beruhte auf der Aufteilung des Gebietes in Armenbezirke und weiter in Armenquartiere, für die jeweils ein ehrenamtlicher Verwalter zuständig war. Das Armenquartier umfasste im Idealfall nicht mehr als vier Familien, deren Verhältnisse der Verwalter sehr gut kannte. Mit dem Prinzip der Armeninstitute verband das Elberfelder System die offene Armenpflege, motiviert durch den Gedanken, dass es für Arme besser sei, sie in ihrem Umfeld leben zu lassen, statt sie in Armenhäuser unterzubringen. Die offene Armenfürsorge war überdies kostenschonender, da Personal eingespart werden konnte. Das Elberfelder Modell bot eine breite Palette von Unterstützungsleistungen – vom Angebot des Gemeindewohnens, mit oder ohne Verpflegung über Heizungszuschüsse (Kohle, Holz) und direkte Geldzuwendungen bis hin zu Naturalien in Form von Gutscheinen. Die Form der „Almosen-Marken" glich, wie die Abbildung unten zeigt, ein wenig dem Elberfelder System der Kosteinlage.

---

539 Seyffardt, Ludwig Friedrich: Das beste Armenpflegesystem. Oesterreichische Zeitschrift für Verwaltung, Jg. 13, 27. März 1884, S. 53–54. Seyffardt, Ludwig Friedrich: Die Reform des Armenwesens. 2. Aufl., Crefeld: Kramer&Baum, 1874.

540 Denkschrift über eine zeitgemäße Verbesserung der städtischen Armenpflege in Trautenau. 3. Aufl., Trautenau: Verlag des Stadtrathes, 1891.

541 Beck, Emil: Armenwesen. Brünn: Selbstverlag, 1907, S. 6–9.

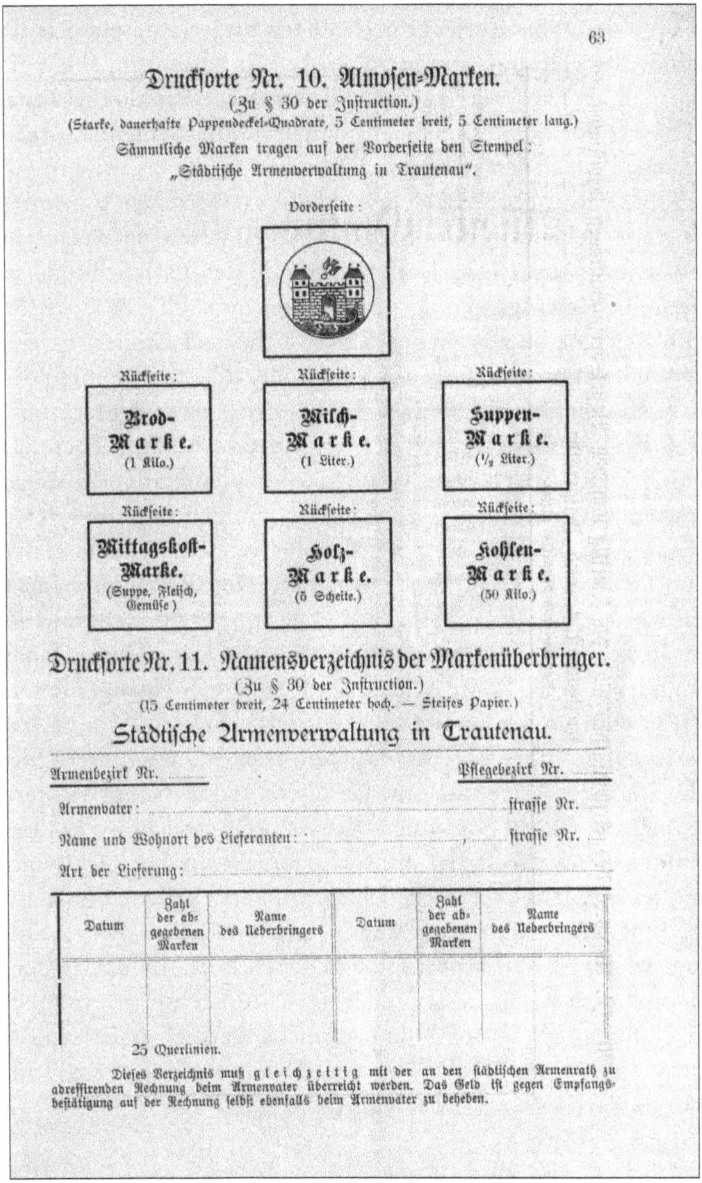

63

Drucksorte Nr. 10. Almosen-Marken.

(Zu § 30 der Instruction.)

(Starke, dauerhafte Pappendeckel-Quadrate, 5 Centimeter breit, 5 Centimeter lang.)

Sämmtliche Marken tragen auf der Vorderseite den Stempel:
„Städtische Armenverwaltung in Trautenau".

Vorderseite:

Rückseite:	Rückseite:	Rückseite:
Brod-Marke. (1 Kilo.)	Milch-Marke. (1 Liter.)	Suppen-Marke. (1/2 Liter.)

Rückseite:	Rückseite:	Rückseite:
Mittagskost-Marke. (Suppe, Fleisch, Gemüse)	Holz-Marke. (5 Scheite.)	Kohlen-Marke. (50 Kilo.)

Drucksorte Nr. 11. Namensverzeichnis der Markenüberbringer.

(Zu § 30 der Instruction.)

(15 Centimeter breit, 24 Centimeter hoch. — Steifes Papier.)

Städtische Armenverwaltung in Trautenau.

Armenbezirk Nr. ...... Pflegebezirk Nr. ......

Armenvater: ...... strasse Nr.

Name und Wohnort des Lieferanten: ......, ... strasse Nr.

Art der Lieferung: ......

Datum	Zahl der abgegebenen Marken	Name des Ueberbringers	Datum	Zahl der abgegebenen Marken	Name des Ueberbringers

25 Querlinien.

Dieses Verzeichnis muß gleichzeitig mit der an den städtischen Armenrath zu adressirenden Rechnung beim Armenvater überreicht werden. Das Geld ist gegen Empfangsbestätigung auf der Rechnung selbst ebenfalls beim Armenvater zu beheben.

Abbildung 19: „Almosen-Marken" des Armensystems im böhmischen Trautenau für Brot, Milch, Suppen, Mittagskost, Holz und Kohle.
Quelle: Denkschrift über eine zeitgemäße Verbesserung der städtischen Armenpflege in Trautenau. 3. Aufl., Trautenau, Verlag des Stadtrathes, 1891, S. 63.

Das Bild der Armenfürsorge in den Kronländern präsentierte sich bis zum Ende der Habsburgermonarchie als sehr heterogen, abhängig von entsprechenden Landesgesetzen und den finanziellen Möglichkeiten der konkreten Gemeinden. Der Staat finanzierte die Armenfürsorge nicht direkt, schuf jedoch den gesetzlichen Rahmen für die organisierte Armenfürsorge. Aus heutiger Sicht ist dies schwer zu verstehen. Eine mögliche Kritik an der fehlenden unmittelbaren Anteilnahme des Staates an der Armenfürsorge muss jedoch die Umstände des 19. Jahrhunderts und vor allem die Heterogenität der Habsburgermonarchie berücksichtigen. Die „im Reichsrathe vertretenen Königreiche und Länder“ (wie Zisleithanien offiziell hieß) stellten ein Konglomerat historischer Länder und ihrer Gewohnheiten dar, die jeweils aus ihren althergebrachten Quellen finanziert wurden. Der seit der Regierungszeit Maria Theresias und Josephs II. zentralisierte Staat versuchte, einen einheitlichen Zugang in der Frage der Armenfürsorge zu schaffen, was sich angesichts fehlender statistischer Übersichten über den Bevölkerungsstand kaum realisieren ließ. Im Laufe des 19. Jahrhunderts entwickelte sich das Konzept einer einheitlich definierten Fürsorge, das noch immer die Relikte einzelner Länder in sich trug. Der Staat wagte es nicht – nicht allein aus finanziellen Gründen – in die Kompetenzen der Kronländer einzugreifen, zumal diese ja in bestimmten Bereichen – Gesundheitswesen, Schulwesen und Armenfürsorge – ihre Eigenständigkeit besaßen. Wie unterschiedlich sich die Frage der Armenfürsorge gestaltete, zeigte die Entwicklung der Armenfürsorge in den Nachfolgestaaten. In Österreich, wo das Heimatrecht, die zentrale Norm der Armenfürsorge, im Jahre 1939 seine Aufhebung erlebte, gerieten viele Personen, vor allem in der Landwirtschaft, in eine sehr schwierige soziale Lage. Noch problematischer stellte sich die Lage in der Ersten Tschechoslowakischen Republik dar, in der zwar das Heimatrecht weiter bestand, der Staat jedoch mit den unterschiedlichen Bedingungen in den böhmischen Ländern einerseits und denen in der Slowakei sowie in der Karpatenukraine andererseits zu kämpfen hatte, zumal diese als Bestandteile des Königreichs Ungarn eine andere gesetzliche Vergangenheit in der Armenfürsorge hatten.

Das Bild der Armenfürsorge im Zisleithanien war stets vielfältig; parallel bestehende Subjekte vermochten eine minimale Fürsorge für arme Personen zu leisten, jedoch unterschied sich die Lage in den verschiedenen Ländern erheblich. In den Städten gab es Versorgungsanstalten, die eine Fürsorge für ihre Gemeindeglieder garantierten und pflichtgemäß die Pflege für Personen aus öffentlichen Krankenhäusern, die chronisch oder unheilbar krank waren bzw. die als nicht erwerbsfähig aus Heilanstalten entlassen wurden, übernahmen. Die entstandenen Kosten für die Versorgung forderten sie von den Heimatgemeinden der bei ihnen nicht heimatberechtigten Personen zurück. Die folgende Tabelle bietet eine Übersicht über die Zahl der Versorgungsanstalten in den Jahren 1878–1880.

Tabelle 31: Versorgungsanstalten in Zisleithanien 1878–1880.

Versorgungsanstalten in Zisleithanien 1878–1880				
Jahr	Anzahl der Versorgungsanstalten	Versorgte Personen	Leistungen in Gulden	Jahresbetrag pro Person
1878	1.222	31.419	2.131.249	67,83
1879	1.358	33.353	2.181.171	65,40
1880	1.404	34.257	2.325.572	67,89

Quelle: Oesterreichische Statistik. Statistik des Sanitätswesens der im Reichsrathe vertretenen Königreiche und Länder. Wien: Kaiserlich-königliche Hof- und Staatsdruckerei, 1883, S. XVIII.

Als finanzieller Träger der Versorgungsanstalten fungierten die einzelnen Kronländer. Die Anzahl und die angebotenen Dienstleistungen unterschieden sich grundsätzlich. Die höchste Anzahl an Anstalten gab es in Niederösterreich und Böhmen, wo sie vor allem in großen Städten zu finden waren. In der Bukowina hingegen bestanden keine Versorgungsanstalten.

Tabelle 32: Versorgungsanstalten in Zisleithanien im Jahre 1880 (absolut und umgerechnet auf die Einwohnerzahl).

Versorgungsanstalten in Zisleithanien im Jahre 1880		
Länder	**Anzahl**	**Einwohner je Versorgunsempfänger**
Böhmen	353	921
Bukowina	0	0
Dalmatien	11	1.404
Galizien	32	4.756
Görz und Gradiska	4	1.058
Istrien	20	505
Kärnten	23	417
Krain	7	2.291
Mähren	119	1.147
Niederösterreich	373	206
Oberösterreich	149	290
Salzburg	46	116
Schlesien	17	2.218
Steiermark	100	431
Triest	2	174
Tirol	119	284
Voralberg	29	91
Zisleithanien	**1.404**	**959**

Quelle: Oesterreichische Statistik. Statistik des Sanitätswesens der im Reichsrathe vertretenen Königreiche und Länder. Wien: Kaiserlich-königliche Hof- und Staatsdruckerei, 1883, S. 214–220.

Auf dem Land existierten für die Ärmsten der Armen von den Gemeinden getragene Armenhäuser, in einigen Ländern auch Hirtenhäuser („pastoušky") genannt, da sie zugleich als Unterkunft des Gemeindehirten und seiner Familie dienten. Die Anzahl der Plätze war jedoch in der Regel sehr begrenzt und richtete sich nach den finanziellen Möglichkeiten der jeweiligen Gemeinde. Zuwendungen in Naturalien oder Geld dienten Personen, die eine Möglichkeit der Unterkunft besaßen; im Laufe des 19. Jahrhunderts sank jedoch der Anteil von Naturalien zugunsten der Geldbeträge. In einzelnen Kronländern gab es in der Gemeinde ein bis vier Institutionen, die für Arme sorgten: die Gemeinde, das Armeninstitut, die Armeneinlage und das Versorgungshaus.

Die Kronländer spielten die Rolle eines Vermittlers, wobei direkte Zuschüsse an die Gemeinden eine Ausnahme darstellten; in der Kompetenz der Länder lag die Bewilligung von Gemeindezulagen, die meist dem Zweck der Armenfürsorge dienten. Der Staat beteiligte sich nicht unmittelbar an der Armenfürsorge, schuf jedoch die gesetzlichen Rahmenbedingungen für die elementare Armenfürsorge. Bis zur Mitte des 19. Jahrhunderts bestanden parallel zwei Träger der Armenfürsorge: die Gemeinden und die Herrschaften. Letztere fielen nach der Aufhebung des Patrimonialsystems im Jahre 1848 weg. Der Staat agierte somit als „Vater" der Idee, jeder Innländer (eigener Staatsbürger) in der Habsburgermonarchie sollte sein „Zentrum securitatis" besitzen, also einen Ort, aus dem er nicht vertrieben werden konnte, und damit eine Institution, an die er sich bei eventueller Bedürftigkeit wenden konnte.

Wir können heute die berechtigte, jedoch schwer zu beantwortende Frage stellen, ob die gigantischen Bemühungen um die Ordnung, das politische Domizil, das Heimatrecht, den Ehekonsens, den Schub und andere disziplinierende Faktoren lediglich Instrumente eines sich zentralisierenden Staates darstellten oder die notwendige Vorstufe des heutigen Sozialstaates sind, die Geburtsstunde von „„Vater Staat"".

ARCHIVQUELLEN

REPUBLIK ÖSTERREICH

Hausarchiv der regierenden Fürsten von Liechtenstein Wien

Herrschaft Wilfersdorf

Schwarzenbergische Archive Murau

Herrschaft Murau

Herrschaft Reifenstein

TSCHECHISCHE REPUBLIK

Archiv města Brna (Archiv der Stadt Brünn)

Spisovna (Registratur) in publicis sine signo

Archiv Národního technického muzea v Praze (Archiv des Nationalen Technischen Museums in Prag)

Sbírka vzpomínek a rukopisů (Sammlung von Erinnerungen und Handschriften)

Diecézní archiv Biskupství brněnského v Rajhradě (Diözesanarchiv des Brünner Bistums in Raigern)

Farní úřad (Pfarramt) Dačice (Datschitz)

Farní úřad Kostelní Vydří (Kirchwieder)

Farní úřad Olší u Tišnova (Olschi)

Farní úřad Ostrovačice (Schwarzkirchen)

Farní úřad Staré Hobzí Hobzí (Althart),

Farní úřad Vranov u Brna (Wranau)

Moravská zemská knihovna Brno (Mährische Landesbibliothek Brünn)

Sbírka císařských a královských patentů a cirkulářů (Sammlung von kaiserlichen und königlichen Patenten und Zirkularen)

Moravský zemský archiv Brno (Mährisches Landesarchiv Brünn)

Policejní ředitelství (Polizeidirektion) B 26

Velkostatek Břeclav (Herrschaft Lundenburg) F 43

Zemský výbor (Landesausschuss) R 7

Státní oblastní archiv Třeboň (Staatliches Regionalarchiv Wittingau)

Velkostatek Nové Hrady (Herrschaft Gratzen), Armeninstitut

Státní oblastní archiv Třeboň (Staatliches Regionalarchiv Wittingau), Pobočka Český Krumlov (Zweigstelle Böhmisch Krumau)

Herrschaft Böhmisch Krumau

Státní okresní archiv Olomouc (Staatliches Bezirksarchiv Olmütz)

Arcibiskupský sirotčinec (Erzbischöfliches Waisenhaus)

Archiv města Olomouc (Archiv der Stadt Olmütz)

Archiv města Litovel, (Archiv der Stadt Littau)

Farní úřad Cholina (Köllein)

Farní úřad Senice na Hané (Großsenitz)

Farní úřad Velký Týnec (Großteinitz)

Státní okresní archiv Žďár nad Sázavou (Staatliches Bezirksarchiv Saar)

Sčítací operáty (Volkszählungsverzeichnisse)

Digitalisiert: https://www.mza.cz/scitacioperaty/digisada/detail/13527 (19. September 2023).

Zemský archiv Opava, pobočka Olomouc (Landesarchiv Troppau, Zweigstelle Olmütz)

Fond Správa prebend kapituly Olomouc (Die Verwaltung von Benefizien des Olmützer Domkapitels)

Gedruckte Quellen

Allgemeines Landesgesetz- und Regierungsblatt für das Kronland Österreich ob der Enns. Linz: Johann Huemer's Witwe, 1850.

Allgemeines Reichs-, Gesetz- und Regierungsblatt für das Kaiserthum Oesterreich. Jg. 1849–1852. Wien: Aus der kaiserlich-königlichen Hof- und Staatsdruckerei, 1850–1852.

Allgemeines Reichs-Gesetz- und Regierungsblatt für das Kaiserthum Oesterreich. Wien: Kaiserlich-königliche Hof- und Staatsdruckerei, 1849–1852.

Archiv Český čili staré písemné památky české i moravské. Sebrané z archivů domácích i cizích. Bd. XXIV. Praha: Královská česká společnost nauk, 1908. Bd. XXV. Praha: Královská česká společnost nauk, 1910.

[Bayer, Thaddäus von]: Beschreibung der öffentlichen Armen-Versorgungsanstalten in der königl. böhmischen Hauptstadt Prag. Prag: Verlag unbekannt, 1793.

Beilagen-Band zu den stenographisch aufgenommenen Sitzungs-Protokollen des mährischen Landtages. Brünn: Aus der mährischen Statthaltereidruckerei, 1884, 1887.

Benj. Grafen von Rumford: Kleine Schriften politischen, ökonomischen und philosophischen Inhalts. Nach der zweyten vermehrten Ausgabe aus dem Englischen übersetzt, und mit neuen Beysatzen bereichert. Bd. 1, Weimar: Verlag des Industrie-Comptoirs, 1797.

Beschlüsse des Landtages der Markgrafschaft Mähren 1861–1868. Brünn: Druck von Březa, Winiker & Co., 1869, 1869–1872, 1873.

Blasek, Johann (Hrsg.): Auszug aller im Königreiche Böhmen bestehenden Verordnungen und Gesetze nach Johann Rorths Sammlung neu auferlegt, verbessert und vermehrt durch Johann Blaschek. Bd. 1–10. Prag: Scholl'sche Buchdruckerei, 1817–1818.

Brügel, Ludwig: Soziale Gesetzgebung in Österreich von 1848 bis 1918. Wien und Leipzig: Franz Deuticke, 1919.

Budwinski von, Adam (Hrsg.): Erkenntnisse des k. k. Verwaltungsgerichtshofes. Jg. IV–XIV. Wien: Manz'sche k. k. Verlags- und Universitätsbuchhandlung, 1880–1899.

Dvořáček, František: Soupisy obyvatelstva v Čechách, na Moravě a ve Slezsku v letech 1754–1921. Československý statistický věstník, Jg. VII, Nr. 9–10, Praha: Státní úřad statistický, 1926, S. 357–383.

Ehrle, Franz: Beiträge zur Geschichte und Reform der Armenpflege. Freiburg in Breisgau: Herder'sche Verlagsbuchhandlung, 1881.

Frič, Josef Jan (Hrsg.): Paměti babičky Kavalírové. 2. Aufl., Praha: F. Topič, 1930.

Fürstl, Carl: Die Strafrechtlichen Nebengesetze des österreichischen Rechtes. Wien – Prag: Verlag von F. Tempsky, 1894.

Gesetz- und Verordnungsblatt für das Kronland Herzogthum Ober- und Niederschlesien. Bd. IV. Troppau: Druck von Anton Pawlitschek, 1870.

Gesetze und Verordnungen im Justiz-Fache vom Jahre 1846 für die deutschen Staaten der österreichischen Monarchie. Wien: Aus der Kaiserlich-königlichen Hof- und Staats-Aerarial-Druckerey, 1846.

Goldemund, Ingobert – Ringhofer, Kurt – Theuer, Karl (Hrsg.): Das österreichische Staatsbürgerschaftsrecht, mit erläuternden Anmerkungen, einschlägigen Nebengesetzen und der Rechtsprechung der höchsten Gerichtshöfe (Manz'sche Ausgabe der österreichischen Gesetze, Bd. 19). Wien: Manz'sche k. k. Verlags- und Universitätsbuchhandlung, 1969.

Graßl, Ignaz: Das besondere Eherecht der Juden in Österreich nach den §§ 123–126 des Allgemeinen Bürgerlichen Gesetzbuches. 2. Aufl., Wien: Wilhelm Braumüller, 1849.

Handbuch aller unter der Regierung des Kaisers Joseph des II. für die K. K. Erbländer ergangenen Verordnungen und Gesetze in einer sistematischen Verbindung. 18 Bde. Wien: Johann Georg Moesle, 1785–1789.

Harrasowsky von, Philipp Harras: Der Codex Theresianus und seine Umarbeitungen. Bd. IV. Wien: Verlag von Carl Gerold's Sohn, 1886.

Herz, Hugo: Arbeitsscheu und Recht auf Arbeit: kritische Beiträge zur österreichischen Straf – und Sozialgesetzgebung. Leipzig – Wien: Deuticke Verlag, 1902.

Herzog, Franz Tobias: Sammlung der Gesetze über das politische Domicil im Kaiserthume Österreich. Verlag Anton Edler von Schmid: Wien, 1837.

Hock, Karl Ferdinand – Bidermann, Hermann Ignaz: Der österreichische Staatsrat (1760–1848). Wien: W. Braumüller, 1879.

Jaksch, Peter Karl: Gesetzlexikon im Geistlichen, Religions- und Toleranzfache, wie auch in Güter-, Stiftungs-, Studien- und Zensursachen für das Königreich Böhmen von 1601 bis Ende 1800, Bd. 2. Prag: Gubernialregistratur, 1828.

Joseph des Zweyten Römischen Kaisers Gesetze und Verfassungen im Justizfache. Für Böhmen, Mähren, Schlesien, Österreich ob und unter der Enns, Steyermark, Kärnten, Krain, Görz, Gradisca, Triest, Tyrol und die Vorlande. In den ersten vier Jahren seiner Regierung. Jg. 1785–1786. Wien: Aus der kaiserlich-königlichen Hof- und Staats-Aerarial-Druckerey, 1817.

Kindermann von Schulstein, Ferdinand: Zwo Reden des Probstes von Schulstein über die Worte des neunten Psalms: Der Arme ist dir überlassen, du bist der Waisen Helfer; an die Seelsorger der K. Stadt Prag nebst einer dritten Rede an die israelitische Gemeinde der nämlichen Hauptstadt von der Armenversorgung. Herausgegeben zum Besten christlicher und jüdischer Armen. Prag: Verlag der k. k. Normalschul-Buchdrukerey, 1787.

Kopetz, Wenzel Gustav: Allgemeine österreichische Gewerbs-Gesetzkunde, oder systematische Darstellung der gesetzlichen Verfassung der Manufacturs- und Handelsgewerbe in den deutschen, böhmischen, galizischen, italienischen und ungarischen Provinzen des österreichischen Kaiserstaates. Bd. 1, Wien: Verlag Friedrich Volke, 1829.

Kopetz, Wenzel Gustav: Österreichische politische Gesetzkunde, oder systematische Darstellung der politischen Verwaltung in den deutschen, böhmischen und galizischen Provinzen des österreichischen Kaiserthumes. Bd. 1, Wien: Verlag Kupffer und Wimmer, 1807.

Krammer, Michael: Von der Liebe gegen die Armen als eine Pflicht der Menschheit und Kennzeichen der Religion, am gehalten am 24 Brachmonats im Jahre 1778, in der St. Peterskirche in der kön. Neustadt Prag, da das neuerrichtete Verpflegshaus der armen Waisen das Fest Johannis, des Vorläufer Christi, feierlich begieng. In: Sammlung einiger Lob- und Sittenreden, die an verschiedenen Festen, auf verschiedenen Kanzeln zu Prag gesagt worden sind von Michael Krammer, Weltpriester, der Weltweisheit Doktor, und ehemaligen

Sonntags- und Fastenprediger in der neuerrichteten Pfarrkirche zu St. Nikolaus in der königl. kleinen Stadt Prag. Prag: Felizian Mangolg und Söhne, 1779, S. 273–291.

Kropatschek, Josef (Hrsg.): Sammlung der Gesetze welche unter glorreichen Regierung Kaisers Franz des II. in den sämtlichen k. k. Erblanden erschienen sind, in einer chronologischen Ordnung. Bde. 1–10. Wien: Joh. Georg von Moesle, 1793–1800.

Kropatschek, Joseph (Hrsg.): K. k. Theresianisches Gesetzbuch, enthaltend die Gesetze von den Jahren 1740 bis 1780 in einer chronologischen Ordnung und sistematischen Verbindung, 8 Bde. Wien: Verlag Joh. Georg Mößle, 1786–1789.

Kropatschek, Joseph (Hrsg.): Sammlung aller k. k. Verordnungen und Gesetze vom Jahre 1740 bis 1780, die unter der Regierung der Regierung des Kaisers Joseph des II. theils noch ganz bestehen, theils zum Theile abgeändert sind, als eine Hilfs- und Ergänzungsbuch zu dem Handbuche aller unter der Regierung des Kaisers Josephs des II. für die k. k. Erbländer ergangenen Verordnungen und Gesetze in einer chronologischen Ordnung. 8 Bde. Verlag Joh. Georg Mößle: Wien, 1786–1789.

Lammers, August: Die Bettel-Plage. Berlin: Verlag Leonhard Simion, 1879.

Landesgesetz- und Regierungsblatt für das Erzherzogtum Österreich unter der Enns. Wien: Aus der Kaiserlich-königlichen Hof- und Staatsdruckerei, 1848–1850.

Landesgesetz- und Regierungsblatt für das Kronland Böhmen. Prag: Aus der Statthaltereidruckerei, 1850, 1868, 1869.

Landesgesetz und Regierungsblatt für das Kronland Kärnten. Klagenfurt: Ferd. von Kleinmayr, 1850.

Landes-Gesetz- und Regierungs-Blatt für das Kronland Krain. Laibach: Aus der Eger'schen Buchdruckerei, 1850.

Landesgesetz- und Regierungsblatt für das Kronland Mähren. Brünn: Schnellpressdruck von Franz Gastl, 1850.

Landesgesetz- und Regierungsblatt für das Kronland Ober- und Niederschlesien. Troppau: Schnelldruck von Adolf Traßler, 1850.

Landesgesetz und Regierungsblatt für das Kronland Salzburg. Salzburg: Aus der Oberer'schen Druckerei, 1850.

Landesgesetz und Regierungsblatt für das Kronland Tirol und Vorarlberg. Innsbruck: Druck und Verlag der Wagner'schen Universitätsbuchhandlung, 1850.

Landes-Gesetz- und Verordnungsblatt für das Erzherzogthum Oesterreich unter der Enns. Wien: Aus der kaiserlich-königlichen Hof- und Staatsdruckerei, 1870, 1873.

Landesgesetz– und Verordnungsblatt für das Herzogthum Kärnten. Klagenfurt: Ferd. von Kleinmayr, 1870.

Landesgesetz– und Verordnungsblatt für das Herzogthum Steiermark. Graz: Leykam, 1896.

Landes-Gesetz- und Verordnungsblatt für die Markgrafschaft Mähren. Bd. VIII. Brünn: Verlag von Rudolf M. Rohrer, 1888.

Landesgesetzblatt für das Herzogthum Krain. Doželni zakonik za vojvodino Kranjske. Laibach – Ljubljana: Klein & Kovač, 1884.

Landesgesetzblatt für das Herzogthum Krain. Laibach: Klein & Kovač, 1883.

Landtags-Blatt über die Sitzungen des mährischen Landtags. Brünn: Aus der Statthaltereidruckerei, 1864–1889.

Luca, Ignaz de: Politischer Codex, oder wesentliche Darstellung sämmtlicher, die k. k. Staaten betreffenden, Gesetze und Anordnungen im politischen Fache. Bd. 1. Wien: Thad. Edler von Schmidbauer & Comp., 1789.

Migazzi, Christoph: Die Glückseligkeit der Armen und die Glückseligkeit der Reichen, in einer öffentlichen Rede in der Hauptkirche bey St. Stephan zu Wien vorgetragen bey dem zweyten allgemeinen Dankfest einer hochlobl. zum Behufe der Armen aufgerichteten Congregation (…) am 15. Des Aprilmonats 1761. Wienerisches Diarium, Nr. 30. 15. April 1761.

Mischler, Ernst – Ulbrich, Josef (Hrsg.): Österreichisches Staatswörterbuch. Handbuch des gesamten österreichischen öffentlichen Rechts. Bd. 1., 3. Umgearbeitete Aufgabe, Wien: Alfred Hölder, 1905, 1907.

Nachricht vom kaiserl. konigl. Mährisch schlesischen Landesgubernium. Uiber den Fortgang der Armenpflege in Mähren und Schlesien im Jahre 1843, mit Rückblick auf die Vorhergegangenen Jahre. Brünn: Mährisch-schlesisches Landesgubernium, 1845.

Nachricht von dem in der k. k. Residenzstadt Wien, auf Sr. Majestät allerhöchste Veranlassung eingeführten Armeninstitute. Wien: Gedruckt bei Johann Thomas Edlen von Trattern, 1784.

Ofner, Julius: Der Ur-Entwurf und die Berathungs-Protokolle des Österreichischen Allgemeinen Bürgerlichen Gesetzbuches, Bd. 1, 2, Wien: Alfred Hörder, 1889. Reprint Glashütten im Taunus: Verlag Detlev Auvermann KG, 1976.

Prochazka, Ignaz Joseph (Hrsg.), Die provisorische Gemeindeordnung für die Stadt Wien. Gemeinfachlich dargestellt und vom Standpunkte der inneren Freiheit der Gemeinde kritisch beleuchtet. Saltmayer & Comp.: Wien, 1850.

Provinzialgesetzsammlung des Königreiches Böhmen. Bd. 1–31, Prag: K. K. Hofbuchdruckerei, 1830–1849.

Reichel, Franz: Das Dorf- und Bauernrecht im Königreiche Böhmen, mit Rücksicht auf die übrigen k. k. teutschen Erbländer im Grundrisse. Prag: Kaspar Widtmann, 1817.

Reichs-Gesetz-Blatt für das Kaiserthum Oesterreich. 17 Bde. Wien: Aus der kaiserlich-königlichen Hof- und Staatsdruckerei, 1853–1869.

Reichsgesetzblatt für die im Reichsrathe vertretenen Königreiche und Länder. 49 Bde. Wien: Aus der kaiserlich-königlichen Hof- und Staatsdruckerei, 1870–1918.

Roth, Johann (Hrsg.): Vollständiger Auszug aller im Königreiche Böheim Ende des 18. Jahrhunderts bestehenden Gesetze. Bd. 1–5, Prag: K. k. Normalschul-Buchdruckerei, 1800–1805: Bd. 6–16, Prag: Caspar Widtmann, 1806–1817.

Seiner Majestät des Kaisers Franz Gesetze und Verfassungen im Justizfache für die deutschen Staaten der Oesterreichischen Monarchie. Von dem Jahre 1804–1816. Wien: Aus der kaiserlich-königlichen Hof und Staatsdruckerey, 1816.

Skopec, Jindřich (Hrsg): Paměti Františka J. Vaváka, souseda a rychtáře milčického z let 1770–1816. Bd. I, 1, Praha: Dědictví sv. Jana Nepomuckého, 1907.

Sojka, Drahoslav – Tauchen, Jaromír (Hrsg.): Codex Theresianus. Multimediale elektronische Ausgabe. Brno: Masarykova univerzita,

2009. https://is.muni.cz/elportal/estud/praf/ps09/codex/web/index.html (1. April 2024).

[Spazierer, Bernhard]: Detail exact de L'Institut érigé, pour le soulagement des pauvres, en 1779, sur les terres de M. Le Comte de Buquoy en Boheme. A Vienne: Selbstverlag, 1784.

[Spazierer, Bernhard]: Dostateczna gruntowna informacya oustawie Bractwa ubogych, ktore v hrabstwie Buquoyskim w Czechach w rocku 1779 zalożone. Lwów: Selbstverlag, 1785.

[Spazierer, Bernhard]: Esatto Ragguaglio dell' Istituto dei poveri erretto nel 1779 nelle terre del Signor Conte di Buquoy in Boemia Traduzione. Vienna: Nella stamperia privilegiata di Giuseppe Nobile de Baumeister, 1784.

[Spazierer, Bernhard]: Gistá a důkladná Zpráva o Instytutu aneb Založení pro chudé, genž na hraběcých Buquoyských panstwích w Czechách roku 1779 zřízeno bylo. Wydaná od samého institutu. Podruhé naložená. W Praze: U Jana Ferdinanda z Schönleldu, 1785.

[Spazierer, Bernhard]: Nuovo Ragguaglio intorno ai progressi dell' istituto dei poveri, Traduzione. Vienna: Selbstverlag, 1784.

[Spazierer, Bernhard]: Zuverlässige und ausführliche Nachricht von dem Armen-Institute, welches auf den gräflich-Buquoyschen Herrschaften in Böhmen im Jahr 1779 errichtet worden. Herausgegeben von dem Institute selbst. Brünn: Silvester Siedler, 1784.

[Spazierer, Bernhard]: Zuverlässige und ausführliche Nachricht von dem Armen-Institute, welches auf den gräflich Buquoischen Herrschaften in Böhmen im Jahr 1779 errichtet worden. Herausgegeben von dem Institute selbst. Linz: Selbstverlag, 1784.

[Spazierer, Bernhard]: Zweyte Nachricht von dem Fortgange des Armeninstituts, welches auf den gräflich Buquoischen Herrschaften in Böhmen im Jahre 1779 errichtet worden. Herausgegeben von dem Institute selbst. Brünn: Johann Siedler, 1784.

Sr. K. K. Majestät Ferdinand des Ersten politische Gesetze und Verordnungen für sämmtliche Provinzen des österreichischen Kaiserstaates, mit Ausnahme von Ungarn und Siebenbürgen. 14 Bde. Wien: K. K. Hof- und Staats-Aerarial-Druckerey, 1837–1851.

Sr. K. K. Majestät Franz des Zweyten Politische Gesetze und Verordnungen für die Oesterreichischen, Böhmischen und Galizischen Erbländer. 36 Bde. K. K. Hof- und Staatsdruckerey: Wien, 1817–1837.

Steiner, Maximilian: Zur Reform der Armenpflege in Oesterreich. Wien: Alfred Hölder, 1880.

Stenographische Berichte des böhmischen Landtags. Prag: Aus der Statthalterei-Buchdruckerei, 1868.

Stenographische Protokolle über die Sitzungen des Hauses der Abgeordneten. Bd. 1, Wien: Kaiserlich-königliche Hof- und Staatsdruckerei, 1864.

Stenographische Protokolle über die Sitzungen des Hauses der Abgeordneten des österreichischen Reichsrathes, 8. Session, 294. Sitzung am 17. Oktober 1877. Wien: Kaiserlich-königliche Hof- und Staatsdruckerei, 1864–1890.

Stenographische Protokolle über die Sitzungen des steierm. Landtages. Graz: Leykam, 1887.

Stubenreich von, Moritz: Handbuch der österreichischen Verwaltungs-Gesetzkunde, 3., verbesserte und vermehrte Auflage. Bd. 1, Wien: Fr. Manz Verlag, 1861.

Unger, Josef: System des österreichischen allgemeinen Privatrechts. Bd. 1, 3. Aufl., Leipzig: Breitkopf und Härtel, 1868.

Wolný, Gregor: Kirchliche Topographie von Mähren, meist nach Urkunden und Handschriften. Brünn: Selbstverlag, 1855–1866.

Zeiller von, Franz: Commentar über das allgemeine Bürgerliche Gesetzbuch für die gesammten deutschen Erbländer der Oesterreichischen Monarchie. Bd. 1., Wien und Triest: Geistingers Verlagshandlung, 1811.

Zippe, Augustin: Sechs Predigten, gehalten auf Veranlassung der in Böhmisch Kamnitz errichteten Armenversorgungsanstalt, nebst einer interessanten Vorrede und besonderen Nachrichten von der Verfassung dieser Anstalt. Prag: Anton Elsenwanger, 1782; Brünn: Siedler, 1784.

Zpráva o činnosti moravského zemského výboru za rok 1887. Brno: Nákladem zemského výboru, 1888.

Zucker, Alois: Einige dringende Reformen der Strafrechtspflege. Leipzig – Wien: Franz Deuticke, 1896.

Zucker, Alois: Die Polizeiaufsicht nach dem österreichischen Rechte mit besonderer Rücksicht auf die Bestimmungen der neusten Strafgesetzentwürfe. Prag: Verlag Fr. Řivnáč, 1894.

Zucker, Alois: Kriminalistické črty zejména se zřetelem k zločinné a zpustlé mládeži. Praha: Bursík & Kohout, 1894.

Zweyte Fortsetzung der Gesetze und Verfassungen im Justizfache. Wien: Aus der Kaiserlich-königlichen Hof- und Staats-Aerarial-Druckerey: Wien 1817.

Literatur

50 Jahre Wilhelmsdorf. Bilder aus der ersten Arbeiterkolonie in Deutschland. Bielefeld: Bethel, 1932.

Abel, Wilhelm: Massenarmut und Hungerkrisen im vorindustriellen Europa. Versuch einer Synopsis. Hamburg – Berlin: Parey, 1974.

Abel, Wilhelm: Massenarmut und Hungerkrisen im vorindustriellen Deutschland. Göttingen: Vandenhoeck & Ruprecht, 1972.

Adámek, Karel: Příspěvky k upravení chudinství. (Sbírka drobných spisů hospodářských, Bd. 26). Chrudim: S. Pospíšila zeť, 1896.

Adámek, Karel: Řešení otázky dělnické. Česko-moravský národní hospodář a samosprávný věstník, Jg. IV, 1884, S. 524–542.

Althammer, Beate – Gerstenmayer, Christine (Hrsg.): Bettler und Vaganten in der Neuzeit (1500–1933). Eine kommentierte Quellenedition. Essen: Klartext Verlag, 2013.

Ammerer, Gerhard – Fritz, Gerhard (Hrsg.): Die Gesellschaft der Nichtsesshaften. Zur Lebenswelt vagierender Schichten vom 16. bis zum 19. Jahrhundert. Affalterbach: Dydimos-Verlag, 2013.

Ammerer, Gerhard – Schlenkrich, Elke – Veits-Falk, Sabine – Weiß, Alfred Stefan (Hrsg.): Armut auf dem Lande. Mitteleuropa vom Spätmittelalter bis zur Mitte des 19. Jahrhunderts. Wien – Köln – Weimar: Böhlau, 2010.

Ammerer, Gerhard – Veits-Falk, Sabine: Die Visualisierung des Bettelns. Geben und nehmen zwischen Mildtätigkeit und Sozialkritik an bildlichen Beispielen Österreichs und Süddeutschlands vom 16. bis zum 19. Jahrhundert. Archiv für Kulturgeschichte, Jg. 89, 2007, S. 301–328.

Ammerer, Gerhard: Zur Versorgung von alten, arbeitsunfähigen Personen auf dem Lande – Überlegungen und Hinweise zu kommunalen Defiziten von Regionalbeamten und Betroffenen. In: Bräuer, Helmut (Hrsg.): Arme ohne Chance? Protokoll der internationalen Tagung „Kommunale Armut und Armutsbekämpfung vom Spätmittelalter bis zur Gegenwart“ vom 23. bis 25. Oktober 2003 in Leipzig. Leipzig: Univ.-Verl., 2004, S. 159–189.

Ammerer, Gerhard: Heimat Straße. Vaganten im Österreich des Ancien Régime (Sozial- und Wirtschaftshistorische Studien, Bd. 29). Wien-München: Verl. für Geschichte und Politik, 2003.

Ammerer, Gerhard: Vaganten ohne Lyrik. Studien zur Devianten, Nichtsesshaften Lebensweise in Österreich 1750–1800 – Ursachen und (Über)lebensstrategien. Habilitationsschrift an der Universität Salzburg. Salzburg, 2000.

Bauernfeind von, Karl Maximilian: Benjamin Thomson Graf von Rumford. In: Allgemeine deutsche Biographie, Bd. 28. Leipzig: Dunkler & Humblot, 1889, S. 643–655.

Baumann, Angelika: „Armuth ist hier wahrhaft zu Haus". Vorindustrieller Pauperismus und Einrichtungen der Armenpflege in Bayern um 1800 (Neue Schriftenreihe des Stadtarchivs München, Bd. 132). München: Kommissionsverlag UNI-Dr., 1984.

Beck, Emil: Armenwesen. Brünn: Emil Beck, 1907.

Bönisch, Monika: Opium der Armen. Lottospiel und Volksmagie im frühen 19. Jahrhundert. Eine Fallstudie aus Württemberg. Tübingen – Stuttgart: Silberburgverlag, 1994.

Bozděch, Lukáš: Vliv majetkových poměrů a povolání na sňatkový věk ve Staňkově v 19. století. Historická demografie, Jg. 44, 2020, Nr. 2, S. 145–178.

Bráf, Albín: Dvě nutné opravy. Pracovny donucovací. Praha: Selbstverlag, 1884.

Branald, Adolf – Klepl, Jan (Hrsg.): Život a dílo. Ze vzpomínek pracujících. Praha: Národní technické muzeum, 1953.

Bräuer, Helmut: Armenmentalität in der Frühen Neuzeit – Annäherungen an ein komplexes Thema aus sächsischer Sicht. In: Ammerer, Gerhard – Schlenkrich, Elke – Veits-Falk, Sabine – Weiß, Alfred Stefan (Hrsg.) Armut auf dem Lande. Mitteleuropa vom Spätmittelalter bis zur Mitte des 19. Jahrhunderts. Wien – Köln – Weimar: Böhlau, 2010, S. 19–36.

Bräuer, Helmut: Armut in der frühen Neuzeit – Sachsen und Österreich im Vergleich. In: Bruckmüller: Ernst – Bräuer, Helmut: (Hrsg.): Armut und Reichtum in der Geschichte Österreichs. Wien: Böhlau – München: Oldenburg, 2010, S. 33–57.

Bräuer, Helmut: Armsein in obersächsischen Städten um 1500. Sozialprofile und kommunale Handlungsstrategien vor der Reformation. In: Oehmig, Stefan (Hrsg.): Medizin und Sozialwesen in Mitteldeutschland zur Reformationszeit (Schriften der Stiftung

Luthergedenkstätten in Sachsen-Anhalt, Bd. 64). Leipzig: Evangelisches Verlagshaus, 2007, S. 25–52.

Bräuer, Helmut (Hrsg.): Arme ohne Chance? Protokoll der internationalen Tagung „Kommunale Armut und Armutsbekämpfung vom Spätmittelalter bis zur Gegenwart" vom 23. bis 25. Oktober 2003 in Leipzig. Leipzig: Univ.-Verl., 2004.

Bräuer, Helmut: Nachdenken über den Bettel um die Mitte des 18. Jahrhunderts. Ein Beispiel aus Wien. In: Donnert, Erich (Hrsg.): Europa in der Frühen Neuzeit. Festschrift für Günter Mühlpfordt. Bd. 5. Aufklärung in Europa. Köln – Weimar – Wien: Böhlau, 1999, S. 365–390.

Bräuer, Helmut: ... und hat seithero gebetlet. Bettler und Bettelwesen in Wien und Niederösterreich in der Zeit Kaiser Leopolds I. Wien – Köln – Weimar: Böhlau, 1996.

Brentano von, Dorothee: Zur Problematik der Armutsforschung. Konzepte und Auswirkungen (Sozialpolitische Schriften, Bd. 40). Berlin: Dunckler & Humblot, 1978.

Brettschneider, Falk: Fürsorge oder Disziplinierung? Die Armen und das Waldheimer Zuchthaus im 18. Jahrhundert. In: Bräuer, Helmut (Hrsg.): Arme ohne Chance? Protokoll der internationalen Tagung „Kommunale Armut und Armutsbekämpfung vom Spätmittelalter bis zur Gegenwart" vom 23. bis 25. Oktober 2003 in Leipzig. Leipzig: Univ.-Verl., 2004, S. 135–157.

Breuer, Stefan: Sozialdisziplinierung. Probleme und Problemverlagerungen eines Konzepts bei Max Weber, Gerhard Oestreich und Michael Foucault. In: Sachße, Christoph – Tennstedt, Florian (Hrsg.): Soziale Sicherheit und soziale Disziplinierung. Beiträge zu einer historischen Theorie der Sozialpolitik. Frankfurt am Main: Suhrkamp, 1986, S. 45–69.

Breuer, Stefan: Sozialdisziplinierung. Probleme und Problemverlagerungen eines Konzepts bei Max Weber, Gerhard Oestreich und Michael Foucault. In: Sachße, Christoph – Tennstedt, Florian (Hrsg.): Soziale Sicherheit und soziale Disziplinierung. Beiträge zu einer historischen Theorie der Sozialpolitik. Frankfurt am Main: Suhrkamp, 1986, S. 45–69.

Brügel, Ludwig: Soziale Gesetzgebung in Österreich von 1848–1818. Eine geschichtliche Darstellung. Wien – Leipzig: Franz Deuticke, 1919.

Buquoy, Margarete: Die Armen auf dem Lande im späten 18. und frühen 19. Jahrhundert. Eine Strukturanalyse am Beispiel der Buquyschen Herrschaft Gratzen in Südbohmen. Bohemia, Jg. 26, 1985, S. 37–78.

Buquoy, Margarete: Das Buquoysche Armeninstitut – Vorläufer der staatlichen Fürsorge. Ein Beitrag zur josephinischen Sozialpolitik. Zeitschrift für Ostforschung, Jg. 31, Nr. 2, 1982, S. 255–270.

Buquoy, Margarete: Graf von Buquoy und sein Armeninstitut. Ein Beitrag zur Sozialgeschichte Böhmens und Österreichs. Zulassungsarbeit zum Staatsexamen. München: Univ., 1967.

Camporesi, Piero: Brod der Träume: Hunger und Halluzinationen im vorindustriellen Europa. Frankfurt am Main: Campus Verlag, 1990.

Chocholáč, Bronislav: Poddaní na venkově. In: Borovský, Tomáš – Chocholáč, Bronislav – Pumpr, Pavel (Hrsg.): Peníze nervem společnosti. K finančním poměrům na Moravě od poloviny 14. do počátku 17. století. Brno: Matice Moravská, 2007, S. 292–336.

Chroust, Anton (Hrsg.): Das Würzburger Land vor hundert Jahren: eine statistisch-ökonomische Darstellung in amtlichen Berichten und Tabellen. Festschrift zur Jahrhundertfeier der Vereinigung Würzburgs mit dem Königreich Bayern (Veröffentlichungen der Gesellschaft für fränkische Geschichte, Bd. 3). Würzburg: Stürtz, 1914.

Cibulka, Pavel: Žebráci, otcové chudých. Počátky etatizace a sekularizace sociálního systému. In: Hlavačka, Milan – Raška, Jakub (Hrsg,): Symboly doby. Historické eseje. (Práce historického ústavu AV ČR, Bd. 89). Praha: Historický ústav, 2019.

Collet, Dominik: Die doppelte Katastrophe. Klima und Kultur in der europäischen Hungerkrise 1770–1772. Göttingen: Vandenhoeck & Ruprecht, 2019.

Conze, Werner: Vom Pöbel zum Proletariat. Sozialgeschichtliche Voraussetzungen für den Sozialismus in Deutschland. Vierteljahrschrift für Sozial- und Wirtschaftsgeschichte, Jg. 41, 1954, S. 333–364.

Čoupek, Lukáš: Hospodaření obecních samospráv na Velehradském panství v první polovině 19. století. Slovácko 57, 2015, S. 201–216.

Damm, Alfred: Das Armenspital in Weitersfeld. Herrschaftliche Armenversorgung in Niederösterreich 1669–1887. Frankfurt am Main – Berlin – Bern – Bruxelles – New York – Oxford – Wien: Peter Lang, 2008.

Das Armenwesen, die öffentliche Armenpflege in Wien und deren geschichtliche Entwicklung. Für die Jubilaeums-Ausstellung Wien 1898. Wien: Selbstverlag des Wiener Magistrats, 1898.

Denk, Ulrike: Alltag zwischen Studieren und Betteln. Die Kodrei Goldberg, ein studentisches Armenhaus an der Universität Wien, in der Frühen Neuzeit. Wien: Vienna University Press, 2013.

Denkschrift über eine zeitgemäße Verbesserung der städtischen Armenpflege in Trautenau. 3. Aufl., Trautenau, Verlag des Stadtrathes, 1891.

Dikreiter, Heinrich Georg: Vom Waisenhaus zur Fabrik. Geschichte einer Proletariatjugend. Berlin: Verlag Buchhandlung Vorwärts Paul Singer G.m.b.h., 1914.

Dinges, Martin: Frühneuzeitliche Armenfürsorge als Sozialdisziplinierung? Probleme mit einem Konzept. Geschichte und Gesellschaft, 17, 1991, S. 5–29.

Drobesch, Werner: Ideologische Konzepte zur Lösung der „sozialen Frage“. Die Habsburgermonarchie 1848–1948. Bd. IX Soziale Strukturen, 1. Teil, 2. Teilband, S. 1419–1463. Wien: Verlag der Österreichischen Akademie der Wissenschaften, Wien 2010.

Drozda, Martin: Vesnická obec na Moravě mezi osvícenstvím a zrušením poddanství na příkladu privátních statků olomoucké kapituly. Brno: Matice Moravská, 2023.

Duda, Detlev: Die Hamburger Armenfürsorge im 18. und 19. Jahrhundert. Eine soziologisch-historische Untersuchung. Weinheim und Basel: Beltz Verlag, 1982.

Dudeková, Gabriela: The system of social care in 19th century Bratislava and its modernization around 1900. Historický časopis, Jg. 63, 2015, S. 847–876.

Dvořáček, František: Soupisy obyvatelstva v Čechách, na Moravě a ve Slezsku v letech 1754–1921. Československý statistický věstník, Jg. VII, 1926, S. 62–63.

Ebner, Herwig: Die Habsburgischen Residenz- und Hauptstädte in den österreichischen Erblanden im späten Mittelalter und in der frühen

Neuzeit (Ein Überblick). In: Ebner, Herwig – Haselsteiner, Horst – Wiesflecker-Friedhuber, Inge (Hrsg.): Geschichtsforschung in Graz. Festschrift zum 125-Jahr-Jubiläum des Instituts für Geschichte der Karl-Franzens-Universität Graz. Graz: Karl-Franzens-Universität Graz, S. 29–42.

Eliáš, Karel: Noblesa civilistické tradice a postmoderní přístupy k občanskému právu. Právní rozhledy, Jg. 8, 2003, S. 413–417.

Endres, Rudolf: Das Armenproblem im Zeitalter der Aufklärung. Jahrbuch für fränkische Landesforschung, Jg. 34–35, 1975, S. 1003–1020.

Engliš, Karel: Chudinství v království Českém na počátku XX. století. Praha: Zemský statistický úřad, 1908.

Enzyklopädie der Neuzeit. Bd. 1, Stuttgart – Weimar: Verlag J. B. Metzler, 2005.

Fejtová, Olga – Hlavačka, Milan – Horčáková, Václava – Knotková, Veronika (Hrsg.): Poverty, Charity and Social Welfare in Central Europe in the 19th and 20th Centuries. Newcastle upon Tyne: Cambridge Scholars Publishing, 2017.

Feldbauer, Peter: Kinderelend in Wien. Von der Armenkinderpflege zur Jugendfürsorge 17. bis 19. Jahrhundert (Österreichische Texte zur Gesellschaftskritik, Bd. 1). Wien: Verlag für Gesellschaftskritik, 1980.

Feldbauer, Peter: Stadtwachstum und Wohnungsnot. Determinanten unzureichender Wohnungsversorgung in Wien 1848 bis 1914. Wien: Verlag für Geschichte und Politik, 1977.

Feldhofer, Gisela: Die Produktion des disziplinierten Menschen (Dissertationen der Johannes-Kepler Universität Linz, Bd. 70). Wien: Kommissionsverlag: Verband der wissenschaftlichen Gesellschaften Österreichs, 1987.

Fialová, Ludmila und Kollektiv: Dějiny obyvatelstva českých zemí, Praha: Mladá fronta, 1996.

Fischer, Gerhard – Fischer-Martin, Nora: Die Blumen des Bösen. Eine Geschichte der Armut in Wien, Prag, Budapest, Triest in den Jahren 1693 bis 1873. 3 Bde. Wien: Daedalus, 1993–1994.

Fischer, Thomas: Städtische Armut und Armenfürsorge im 15. und 16. Jahrhundert. Sozialgeschichtliche Untersuchungen am Beispiel der Städte Basel, Freiburg in Br. und Straßburg (Göttinger Beiträge zur Wirtschafts- und Sozialgeschichte, Bd. 4). Göttingen: Verlag Otto Schwartz, 1979.

Fischer, Wolfram: Armut in der Geschichte. Erscheinungsformen und Lösungsversuche der „Sozialen Frage“ in Europa seit dem Mittelalter. Göttingen: Vandenhoeck & Ruprecht, 1982.

Foucaut, Michel: Ordnung der Dinge. Überwachen und Strafen. Die Geburt des Gefängnisses. Frankfurt am Main: Suhrkamp 1985.

Franc, Martin: Rumfordská polévka a jiné pochoutky. Stravování chudých v habsburské monarchii v 1. polovině 19. století. In: Hojda, Zdeněk – Ottlová, Marta – Prahl, Roman (Hrsg.): Útisk – charita – vyloučení. Sociální 19. století. Praha: Academia, 1915, S. 99–113.

Frerich, Johannes – Frey, Martin: Handbuch der Geschichte der Sozialpolitik in Deutschland. Bd. 1, 2. Aufl. München – Wien: Oldenburg Verlag, 1996.

Geremek, Bronislav: Litość i szubienica. Dzieje nędzy i milosierdzia w Europie. Lublin: Czytelnik, 1989.

Geremek, Bronislav: Geschichte der Armut: Elend und Barmherzigkeit in Europa. München – Zürich: Artemis Verlag, 1988.

Gerle, Wolfgang Adolf: Prag und seine Merkwürdigkeiten – Ein Wegweiser für Fremde. Prag: Borosch & André 1846.

Gradner, Margarete: Sozialpolitik und Gewerkschaften. Aspekte der Entwicklung der österreichischen Gewerkschaften. In: Konrad, Helmut (Hrsg.): „Dass unsre Greise nicht mehr betteln gehn!“ Sozialdemokratie und Sozialpolitik im Deutschen Reich und in Österreich-Ungarn von 1880 bis 1914 (Veröffentlichungen des Ludwig Boltzmann Instituts für Geschichte der Arbeiterbewegung). Wien – Zürich: Europa-Verl., 1991, S. 25–45.

Graßl, Ignaz: Das besondere Eherecht der Juden in Österreich nach den §§ 123–126 des Allgemeinen Bürgerlichen Gesetzbuches. 2. Aufl., Wien: Wilhelm Braumüller, 1849.

Gründler, Jens: Armut und Wahnsinn. „Arme Irre“ und ihre Familien im Spannungsfeld von Psychiatrie und Armenfürsorge in Glasgow 1875–1921. München: Oldenburg Verlag, 2013.

Hahn, Silvia: Historische Migrationsforschung (Historische Einführungen, Bd. 11). 2. Aufl., Frankfurt – New York: Campus Verlag, 2023.

Hahn, Silvia – Komlosy, Andrea – Reiter, Ilse (Hrsg.): Ausweisung – Abschiebung – Vertreibung in Europa 16.–20. Jahrhundert (Querschnitte, Bd. 20). Innsbruck – Wien – Bozen: Studienverlag, 2006.

Hahn, Silvia – Komlosy, Andrea – Reiter, Ilse: Ausweisung – Abschiebung – Vertreibung in Europa 16.–20. Jahrhundert. Innsbruck – Wien – Bozen, Studienverlag, 2006.

Hartleif, Eva Maria: Die Düsseldorfer Armenversorgungsanstalt von 1800–1851. Dissertation der Universität Köln. Köln 1998.

Heindl, Waltraud – Saurer, Edith (Hrsg.): Grenze und Staat. Passwesen, Heimatrecht und Fremdengesetzgebung in der österreichischen Monarchie 1750–1867. Wien – Köln – Weimar: Böhlau, 2000.

Herz, Hugo: Der gegenwärtige Stand und die Wirksamkeit der Arbeiterschutzgesetzgebung in Oesterreich. Leipzig: Deuticke 1898.

Hlavačka, Milan – Cibulka, Pavel et alii: Chudinství a chudoba jako sociálně historický fenomén: ambivalence dobových perspektiv, individuální a kolektivní strategie chudých a instrumentária řešení (Práce Historického ústavu Akademie věd ČR, Bd. 46). Praha: Historický ústav AV ČR, 2013.

Hlavačka, Milan – Kaše, Jiří – Kučera, Jan P. – Tinková, Daniela: Velké dějiny zemí Koruny české. Praha – Litomyšl: Paseka, 2013.

Hochedlinger, Michael: Militarisierung und Staatenverdichtung. Das Beispiel der Habsburgermonarchie in der frühen Neuzeit. In: Kolnberger, Thomas – Steffelbauer, Ilja – Weigl, Gerald (Hg.): Krieg und Akkulturation. Wien: Mandelbaum Verlag, 2004, S. 107–129.

Hojda, Zdeněk – Ottlová, Marta – Prahl, Roman (Hrsg.): Útisk – charita – vyloučení. Sociální 19. století. Praha: Academia, 1915.

Hons, Josef: U kolébky železných drah. Praha: Dopravní nakladatelství, 1956.

Horsch, Philipp Joseph: Versuch einer Topographie der Stadt Würzburg in Beziehung auf den allgemeinen Gesundheitszustand und die dahin zielenden Anstalten. Arnstein und Rudolstadt: Langbein und Klüger, 1805.

Houser, Jaroslav: Dětská práce a její právní úprava v našich zemích za kapitalismu. (Rozpravy Československé akademie věd, řada společenských věd. Jg. 72, Heft 6). Praha: Nakladatelství Československé akademie věd, 1962.

Hozák, Jan: Tovární práce ve světle dobových svědectví tzn. Kleplovy sbírky vzpomínek a rukopisů, In: Hojda, Zdeněk – Ottlová, Marta – Prahl, Roman (Hrsg): Útisk – charita – vyloučení. Sociální 19. století. Praha: Academia, 2015, S. 82–89.

Hunecke, Volker: Überlegungen zur Geschichte der Armut im vorindustriellen Europa. Geschichte und Gesellschaft. Zeitschrift für historische Sozialwissenschaft, Jg. 9, 1983, S. 480–512.

Janák, Jan: Příčiny vzniku předlitavské sociální správy (Opera Universitatis Purkyniae Brunensis Facultas Philosophica, Bd. 162). Brno: Univerzita J. E. Purkyně, 1979.

Janák, Jan: Z počátků moravského sociálního zákonodárství. Vznik instituce stravovacích stanic a jejich frekvence na jižní Moravě. Časopis Matice Moravské, Jg. 88, 1969, 50–72.

Jordan, Wilbur Kitchener: Philantrophy in England 1480–1660. A Study of Changing Patterns of English Social Aspirations. New York: Russell Sage Foundation 1959. 2. Aufl., London: Routledge, 2006.

Just, Thomas – Pils, Susanne Claudine: Die Entstehung der Unbarmherzigkeit. Randgruppen und Außenseiter in Wien vom Mittelalter bis ins 20. Jh. (Wiener Geschichtsblätter, Beiheft 1). Wien: Verein für Geschichte der Stadt Wien, 1997.

Jütte, Robert: „Disziplin zu predigen ist eine Sache, sich ihr zu unterwerfen eine andere“ (Cervantes): Prolegomena zu einer Sozialgeschichte der Armenfürsorge diesseits und jenseits des Fortschritts. Geschichte und Gesellschaft, 17, 1991, S. 92–101.

Jütte, Robert: Abbild und soziale Wirklichkeit des Bettler- und Gaunertums zu Beginn der Neuzeit. Sozial-, mentalitäts- und sprachgeschichtliche Studien zu Liber vagatorum (1510). Wien – Köln – Weimar: Böhlau, 1988.

Jütte, Robert: Disziplinierungsmechanismen in der städtischen Armenfürsorge der Frühneuzeit. In: Sachße, Christoph – Tennstedt, Florian (Hrsg.): Soziale Sicherheit und soziale Disziplinierung. Beiträge zu einer historischen Theorie der Sozialpolitik. Frankfurt am Main: Suhrkamp, 1986, S. 101–118.

Kádner, Otokar: Vývoj a dnešní soustava školství. Praha: B. Janda, 1929.

Karner, Ernst: Menschenrechte und Schutz der Persönlichkeit im Zivilrecht. Österreichische Juristen-Zeitung, Jg. 106, Heft 20, 2013, S. 906–912.

Karner, Ernst: Ochrana osobnosti v Rakousku a v Evropě. Karlovarské právnické dny, Jg. 21, 2013, S. 662–680.

Kárníková, Ludmila: Vývoj obyvatelstva v českých zemích 1754–1914, Praha: Nakladatelství Československé akademie věd, 1965.

Kaser, Julia: Das Kapital des armen Mannes. Kinderarbeit im Tirol des 19. Jahrhunderts. Innsbruck – Wien – Bozen: Studien Verlag 2008.

Kebrdle, František: Meine Lebensgeschichte. Vošahlíková, Pavla (Hrsg.): Auf der Walz. Erinnerungen böhmischer Handwerksgesellen. (Mitterauer, Michael – Kloß, Peter Paul (Hrsg.): Damit es nicht verloren geht. Bd. 30). Wien: Böhlau, 1994, 31–79.

Klabouch, Jiří: Politický konsens k manželství v Čechách. Z novějších dějin manželství v našich zemích. Rozpravy Československé akademie věd – řada společenských věd, Jg. 70, Bd. 5. Praha: Academia, 1960.

Klabouch, Jiří: Zvláštní manželské právo osob židovského vyznání v letech 1783–1945. Právněhistorické studie, Jg. 5, 1959, S. 175–210.

Klammer, Peter: Auf fremden Höfen. Anstiftskinder, Dienstboten und Einleger im Gebirge. (Damit es nicht verloren geht, Bd. 26). 2. Auflage. Wien: Böhlau, 2007.

Klein, Alexander: Armenfürsorge und Bettelbekämpfung in Vorderösterreich 1753–1806. Unter besonderer Berücksichtigung der Städte Freiburg und Konstanz (Forschungen zur Oberrheinischen Landesgeschichte, Bd. XXXVIII). Freiburg – München: Verlag Karl Alber, 1994.

Klein, Alexander: Armenfürsorge und Bettelbekämpfung in Vorderösterreich 1753–1806. Unter besonderer Berücksichtigung der Städte Freiburg und Konstanz. Dissertation der Universität Freiburg, Freiburg: Univ., 1989.

Klíma, Arnošt: Manufakturní období v Čechách. Praha: Československá akademie věd, 1955.

Kobatsch, Rudolf: Armenpflege in Wien und ihre Reform. Jahrbücher für Nationalökonomie und Statistik, Jg. 61, 1893, Nr. 1, S. 79–101.

Koch, Lotte: Wandlungen der Wohlfahrtspflege im Zeitalter der Aufklärung. Erlangen: Verlag von Palm & Encke, 1933.

Kraft, Guido: Ein Großgrundbesitz der Gegenwart. Monographische Skizze der Besitzungen des Fürstenhauses Schwarzenberg in Böhmen als Beitrag zur Frage der Selbstverwaltung oder Verpachtung von Grossgütern in Oesterreich. Wien: Verlag von Faesy & Frick, 1872.

Kraus, Siegmund: Kinderarbeit und gesetzlicher Kinderschutz in Österreich. (Wiener Staatswissenschaftliche Studien, Bd. 5). Wien – Leipzig: Franz Deuticke, 1904.

Krofta, Karel: Dějiny selského stavu. Praha: Laichter, 1949.

Kröger, Silke: Armenfürsorge und Wohlfahrtspflege im frühneuzeitlichen Regensburg (Studien zur Geschichte des Spital-, Wohlfahrts- und Gesundheitswesens, Bd. 7). Regensburg: Verlag Friedrich Pustet, 2006.

Kühberger, Christoph – Sedmak, Clemens (Hrsg.): Aktuelle Tendenzen der historischen Armutsforschung (Geschichte. Forschung und Wissenschaft, Bd. 10). Wien: LitVerlag, 2005.

Lanzinger, Margareth: Pflege, Betreuung und soziale Fürsorge im ausgehenden 18. und im 19. Jahrhundert: Institutionen, familiale und verwandtschaftliche Netze. Balkanistic Forum, 2015, Nr. 1, S. 274–285.

Leonard, E M: The Early History of English Poor Relief. 2. Aufl., London: Frank Cass, 1965.

Liese, Wilhelm: Geschichte der Caritas. Bd. I. Freiburg in Breisgau: Caritasverlag, 1922.

Loewenstein, Bedřich: Každý svého štěstí strůjcem? Chudoba: evropské percepce a praktiky. Dějiny a současnost. Kulturně-historická revue. Jg. XXXIV, 2012, Nr. 1, S. 24–27.

Loužil, Jaromír: Postavení dělnictva na Trutnovsku a v přilehlých okresech v 2. polovině 19. století. In: Jaromír Loužil (Hrsg.), Hradecký kraj. Sborník statí o přírodních poměrech a dějinných proměnách severovýchodních Čech. Hradec Králové: Osvěta, 1958, S. 431–440.

Lube, Barbara: Mythos und Wirklichkeit des Elberfelder Systems. In: Beeck, Karl-Hermann (Hrsg.): Gründerzeit. Versuch einer Grenzbestimmung im Wuppertal (= Schriftenreihe des Vereins für Rheinische Kirchengeschichte, Bd. 80). Köln: Rheinland-Verlag, 1984.

Macenauer, Josef: Samospráva obecní, příruční kniha pro starosty a zastupitel obecní na Moravě. Brno: K. Winkler, 1899.

Malíř, Jiří et alii: Biografický slovník poslanců moravského zemského sněmu. Brno: Centrum pro studium demokracie a kultury, 2012.

Malý, Tomáš: Salvation und Disciplining of Charity in 18th Century Southern Moravia. In: Schmale, Wolfgang (Hrsg.): Zeit in der Aufklärung. 13. Internationaler Kongress zur Erforschung des 18. Jahrhunderts. Bochum: Verlag Dieter Winkler, 2012, S. 119–136.

Malý, Tomáš: Smrt a spása mezi Tridentem a sekularizací. Brněnští měšťané a proměny laické zbožnosti v 17. a 18. století. Brno: Matice moravská, 2009.

Marshall, Dorothy: The English Poor in the Eighteenth Century. A Study in Social and Administrative History. London: George Routledge 1926, 2. Aufl., London: Routledge and Kegan Paul, 1969.

Maschke, Erich: Die Unterschichten der mittelalterlichen Städte Deutschlands. In: Maschke, Erich – Sydow, Jürgen (Hrsg.): Gesellschaftliche Unterschichten in den südwestdeutschen Städten. Stuttgart: W. Kohlhammer, 1967, S. 1–74.

Matis, Herbert: Manufaktur und frühe Fabrik im Viertel unter dem Wienerwald. Eine Untersuchung der großbetrieblichen Anfänge vom Zeitalter des Merkantilismus bis 1848. Dissertation der Universität Wien. Wien 1964.

Melinz, Gerhard – Zimmermann, Susan: Armenfürsorge, Kinderschutz und Sozialreform in Budapest und Wien 1870–1914. Geschichte und Gesellschaft, Jg. 21, 1995, S. 338–367.

Mischler, Ernst: Die Armenpflege in den österreichischen Städten und ihre Reform. Wien: Commissionsverlag von Franz Deutiscke, 1890.

Mischler, Ernst: Enquete und Statistik der Armenverhältnisse in Steiermark. Statistische Monatsschrift 1896, S. 82–112.

Moravec, František: Otázka o útulnách pro zpustlou mládež. Česko-moravský národní hospodář a samosprávný věstník, Jg. 5, 1885, S. 321–323.

Münch, Paul: Ordnung, Fleiß und Sparsamkeit: Texte und Dokumente zur Entstehung der „bürgerlichen Tugenden“. München: Dt. Taschenbuch-Verlag, 1984.

Oestreich, Gerhard: Strukturprobleme des europäischen Absolutismus. Vierteljahrsschrift für Wirtschafts- und Sozialgeschichte, 55, 1968, S. 329–347.

Opluštil, Zdeněk – Řezníček, Josef: Vojnice. Čítanka hanácké dědiny. Vojnice: Dobrovol. Hasič. Sbor, 1935.

Österreichisches Biographisches Lexikon 1815–1850. Bd. 1, Wien: Verlag der Österreichischen Akademie der Wissenschaften, 1957, S. 446–447. Band 7. Wien: Verlag der Österreichischen Akademie der Wissenschaften, 1978, S. 216.

Pammer, Michael: Die Sozialstrukturen im Spiegel der Sozialstatistik. Die Habsburgermonarchie 1848–1948. Bd. IX Soziale Strukturen, 1. Teil, 2. Teilband, S. 1419–1463. Wien: Verlag der Österreichischen Akademie der Wissenschaften, Wien 2010, S. 1555–1583.

Pammer, Michael: Testamente und Verlassenschaftsabhandlungen. In: Pauser, Josef – Scheutz, Martin – Winkelbauer, Thomas (Hrsg.): Quellenkunde der Habsburgermonarchie (16.-18. Jahrhundert). Ein exemplarisches Handbuch. (MIÖG, Ergbd. 44) Wien – München: R. Oldenbourg Verlag, 2004, S. 495–510.

Petráňová, Alena: Využití práce tuláků a žebráků v textilní výrobě v Praze kolem r. 1731. Československý časopis historický, Jg. 10, 1962, S. 94–118.

Petráňová, Alena: Venkovská chudina evidovaná v Buquoyském „zaopatřovacím" zřízení v druhé polovině 18. století. Jihočeský sborník historický 30, 1961, S. 114–134.

Petráňová, Alena: Vývoj chudinství v Čechách v době Josefínské. Dissertation der Karls-Universität Prag. Praha: Univ., 1958.

Peukert, Detlev Julius Konrad: Grenzen der Sozialdisziplinierung. Aufstieg und Krise der deutschen Jugendfürsorge 1878–1932. Köln: Bund.-Verl., 1986.

[Pezzl, Johann], Marokkanische Briefe. Aus dem Arabischen. Frankfurt und Leipzig: Kraus, 1784.

Pokorný, Jiří: Práce dětská. In: Schelle, Karel – Tauchen, Jaromír (Hrsg.): Encyklopedie českých právních dějin. Bd. 5. Ostrava: Key publishing, 2016, S. 766–770.

Pokorný, Jiří: Dětská práce. In: Hojda, Zdeněk – Ottlová, Marta – Prahl, Roman (Hrsg): Útisk – charita – vyloučení. Sociální 19. století. Praha: Academia, 2015, S. 90–96.

Popelka, František, Ladislav: Donucovací pracovny a polepšovací ústavy. Česko-moravský národní hospodář a samosprávný věstník, Jg. 4, 1884, S. 30–37.

Přehled československých dějin. Bd. II, Praha: ČSAV, 1960.

Pumpr, Pavel: Beneficia, záduší a patronát v barokních Čechách. Na příkladu třeboňského panství na přelomu 17. a 18. století. Brno: Matice Moravská, 2010.

Rahn, Peter – Chassé, Karl August (Hrsg.): Handbuch Kinderarmut. Wien – Köln – Weimar: Böhlau, 2020.

Rathmayr, Bernhard: Armut und Fürsorge. Einführung in die Geschichte der sozialen Arbeit von der Antike bis zur Gegenwart. Opladen – Berlin – Toronto: Verlag Barbara Budrich, 2014.

Ratzinger, Georg: Geschichte der kirchlichen Armenpflege. Freiburg in Breisgau: Herder'sche Verlagshandlung, 1868.

Rauchberg, Heinrich: Zur Kritik des österreichischen Heimatrechts. Zeitschrift für Volkswirtschaft, Sozialpolitik und Verwaltung, Jg. 2, 1893, S. 59–99.

Richter, Johannes: Frühneuzeitliche Armenfürsorge als Sozialdisziplinierung. Zur sozialpädagogischen Bedeutung eines Perspektivenwechsels (Res Humanae, Bd. 7). Frankfurt am Main – Berlin – Bern – Bruxelles – New York – Oxford – Wien: Peter Lang, 2001.

Riedel, Stefan: Edward Jenner and the history of smallpox and vaccination. Baylor University Medical Center Proceedings, Jg. 18, Nr. 1, 2005, S. 21–25.

[Rosenbaum von, Alois]: „Die Errichtung von Arbeiterkolonien und Naturalverpflegsstationen in Deutschland." Česko-moravský národní hospodář a samosprávný věstník, Jg. 5, 1885, S. 119–128.

Rumpler, Helmut – Urbanitsch, Peter – Harmat, Ulrike (Hrsg.): Die Habsburgermonarchie 1848–1948. Bd. IX Soziale Strukturen. Wien: Verlag der Österreichischen Akademie der Wissenschaften, Wien 2010.

Sachse, Christoph – Tennstedt, Florian (Hrsg.): Soziale Sicherheit und soziale Disziplinierung. Beiträge zu einer historischen Theorie der Sozialpolitik. Frankfurt am Main: Suhrkamp, 1986.

Sachse, Christoph – Tennstedt, Florian: Geschichte der Armenfürsorge in Deutschland. Vom Spätmittelalter bis zum ersten Weltkrieg. Stuttgart – Berlin – Köln – Mainz: Verlag W. Kohlhammer, 1980.

Salaba, Josef: Bylo v českých zemích poddanství či nevolnictví? Časopis pro právní a státní vědu, Jg. 9, Nr. 3, S. 184–201.

Sandgruber, Roman: Österreichische Agrastatistik 1750–1918. Wirtschafts- uns Sozialstatistik Österreich-Ungarns. Wien: Verlag für Geschichte und Politik, 1978.

Sapori, Armando: Studi die storia economica (secoli XIII–XIV–XV). Bd. I. Firenze: Sansoni, 1955.

Scheiber, Ewald: Das Armenfürsorgewesen in Österreich. Dissertation der Universität Graz. Graz: Univ., 1948.

Schelle, Karel – Tauchen, Jaromír: Encyklopedie českých právních dějin. 24 Bde. Ostrava: Key publishing, 2015–2023.

Schelle, Karel – Tauchen, Jaromír: Právo chudinské. In: Schelle, Karel – Tauchen, Jaromír (Hrsg.): Encyklopedie českých právních dějin. Bd. 6. Ostrava: Key publishing, 2016, S. 515–519.

Scheutz, Martin: Armut und institutionelle Armenfürsorge. Vom Elend der Zuständigkeit. In: Kühschelm, Oliver – Loinig, Elisabeth – Eminger, Stefan – Rosner, Willibald (Hrsg.): Niederösterreich im 19. Jahrhundert. Bd. 1. St. Pölten: NÖ Institut für Landeskunde, 2021, S. 809–834.

Scheutz, Martin: Ausgesperrt und gejagt, geduldet und versteckt. Bettlervisitationen in Niedersösterreich des 18. Jahrhunderts. St. Pölten: Im Selbstverlag des NÖ Instituts für Landeskunde, 2003.

Scheutz, Martin: Alltag und Kriminalität. Disziplinierungsversuche im steierisch-österreichischen Grenzgebiet im 18. Jahrhundert. Wien: R. Oldenbourg Verlag, 2001.

Scheutz, Martin: Demand and Charitable Supply: Poverty and Poor Relief in Austria in the 18th and 19th Centuries. In: Grell, Ole Peter – Cunningham, Andrew – Roeck, Bernd (Hrsg.): Health Care and Poor Relief in 18th and 19th Century Southern Europe. Farnham: Ashgate, 2005, S. 52–95.

Schiffer, Peter: Betriebliche Sozialeinrichtungen im Wandel der Geschichte – dargestellt am Beispiel Schwarzenberg. Diplomarbeit der Universität Graz. Graz 1979.

Schneider, Gabrielle: The Legal Framework for Foundations in the Habsburg Monarchy from 1750 to 1918. Wien: Brill, Endowment Studies, Bd. 1, 2017, S. 154–172.

Schöne, Berndt: Armut und Versuche der Armutsbewältigung im 19. Jahrhundert im Erzgebirge. In: Bräuer, Helmut: Arme ohne Chance? Protokoll der internationalen Tagung „Kommunale Armut und Armutsbekämpfung vom Spätmittelalter bis zur Gegenwart" vom 23. bis 25. Oktober 2003 in Leipzig. Leipzig: Univ.-Verl., 2004, S. 251–268.

Schubert, Ernst: Arme Leute, Bettler und Gauner im Franken des 18. Jahrhunderts (Darstellungen aus der Fränkischen Geschichte, Bd. 26). Zweite durch ein Nachwort und ein Register ergänzte Auflage, Neustadt a. d. Aisch: Kommissionsverlag Degener, 1990.

Schulze, Winfried: Gerhard Oestreichs Begriff „Sozialdisziplinierung in der frühen Neuzeit". Zeitschrift für historische Forschung 14, 1987, S. 265–302.

Schweiger, Gottfried – Sedmak, Clemens (Hrsg.): Handbuch Philosophie und Armut. Berlin: J. B. Metzler Verlag 2021.

Seyffardt, Ludwig Friedrich: Das beste Armenpflegesystem. Oesterreichische Zeitschrift für Verwaltung, Jg. 13, 27. März 1884, S. 53–54.

Seyffardt, Ludwig Friedrich: Die Reform des Armenwesens. 2. Aufl., Crefeld: Kramer&Baum, 1874.

Simmel, Georg: Soziologie. Untersuchungen über die Formen der Vergesellschaftung. Leipzig: Dunkler & Humblot, 1908.

Singer, Isidor: Untersuchungen über die socialen Zustände in den Fabrikbezirken nordöstlichen Böhmen. Ein Beitrag zur Methodik socialstatistischer Beobachtung. Leipzig: Dunckler & Humblot, 1885.

Smutný, Bohumír: Brněnští podnikatelé a jejich podniky 1764–1948: encyklopedie podnikatelů a jejich rodin. Brno: Statutární město Brno – Archiv města Brna, 2012.

[Sovadina, Jan]: Zřízení naturálních stravovacích stanic na Moravě. Česko-moravský národní hospodář a samosprávný věstník, Jg. 7, 1887, S. 736–741.

Steckl, Hannes: „Labore et fame“ – Sozialdisziplinierung in Zucht- und Arbeitshäusern des 17. und 18. Jahrhunderts. In: Sachße, Christoph – Tennstedt, Florian (Hrsg.): Soziale Sicherheit und soziale Disziplinierung. Beiträge zu einer historischen Theorie der Sozialpolitik. Frankfurt am Main: Suhrkamp, 1986, S. 119–147.

Steckl, Hannes: Österreichs Zucht- und Arbeitshäuser 1671–1920. Institutionen zwischen Fürsorge und Strafvollzug. Wien: Verlag für Geschichte und Politik, 1978.

Steinberg, Swen – Müller, Winfried (Hrsg.): Wirtschaft und Gemeinschaft. Konfessionelle und neureligiöse Gemeinsinnmodelle im 19. und 20. Jahrhundert. Bielefeld: Transcript Verlag, 2014.

Steinová, Veronika: Práce nucená. In: Schelle, Karel – Tauchen, Jaromír (Hrsg.): Encyklopedie českých právních dějin. Bd. 5. Ostrava: Key publishing, 2016, S. 770–783.

Štěpánek, Ladislav: Pastouška a vývoj její funkce ve vesnici. Český lid, Jg. 66, 1979, Nr. 3, S. 166–169.

Stier, Bernhard: Fürsorge und Disziplinierung im Zeitalter des Absolutismus. Das Pforzheimer Zucht- und Waisenhaus im 18. Jahrhundert. Sigmaringen: Thorbecke, 1988.

Stoklásková, Zdeňka. Boj o chudé: Právní spory mezi obcemi o chudinské zaopatření. In: Nic prý hotovo není, když ještě cos učinit zbývá. Sborník příspěvků k životnímu jubileu Bohumíra Smutného. Brno: Archiv města Brna, 2024, S. 307–312.

Stoklásková, Zdeňka: Bürger werden in Österreich 1780–1811. In: Brauneder, Wilhelm – Hlavačka, Milan (Hrsg.): Bürgerliche Gesellschaft auf dem Papier: Konstruktion, Kodifikation und Realisation der Zivilgesellschaft in der Habsburgermonarchie. (Schriften zur europäischen Rechts- und Verfassungsgeschichte, Bd. 59). Berlin: Duncker & Humblot, 2014, S. 213–242.

Stoklásková, Zdeňka: Cizincem na Moravě. Zákonodárství a praxe pro cizince na Moravě 1750–1867. Brno: Matice moravská, 2007.

Stoklásková, Zdeňka: Der Ehekonsens als Mittel zur Bekämpfung der Armut? Das „lange Leben“ der Ehebewilligung in der Habsburgermonarchie. Journal on European History od Law, Jg. 16, Nr. 1, London: STS Science Centre, 2025, S. 72–88.

Stoklásková, Zdeňka: Der Schub in der Habsburgermonarchie. Instrument zur Aufrechterhaltung der öffentlichen Ordnung oder Hilfe bei der Armenfürsorge? Střed. Časopis pro mezioborová studia. Jg. 20, 2020, S. 11–39.

Stoklásková, Zdeňka: Die Arbeitsmigration in der Habsburgermonarchie im 19. Jahrhundert – Staat, Herrschaften, Gemeinden und das Sozialsystem. In: Zdeňka Stoklásková – Mojmír Stránský – Philipp Ther (Hrsg.): Österreich und Tschechien als Immigrationsländer – Transnationale Arbeitsmigration seit 1780 im historischen Vergleich. Wien: LitVerlag, 2024, S. 13–30.

Stoklásková, Zdeňka – Drozda, Martin: Die Armeninstitute und die soziale Frage in der Habsburgermonarchie 1780–1850. Mitteilungen des Instituts für österreichische Geschichtsforschung, Jg. 133, Nr. 1, Wien: Böhlau Verlag, 2025, S. 145–177.

Stoklásková, Zdeňka: Die Sprache der Bilder in den Josephinischen Gesetzbüchern. Journal on European History of Law. Jg. 13, Nr. 2, London: STS Science Centre, 2022, S. 70–76.

Stoklásková, Zdeňka: Fremdsein in Böhmen und Mähren. In: Heindl, Waltraud – Saurer, Edith (Hrsg.): Grenze und Staat. Paßwesen, Staatsbürgerschaft, Heimatrecht und Fremdengesetzgebung in der österreichischen Monarchie (1750–1867). Wien – Köln – Weimar: Böhlau, 2000, S. 621–720.

Stoklásková, Zdeňka: Panoptikum bídy. Obrazy ze všedního dne postrku na lichtenštejnském panství Časopis Matice moravské – Supplementum, Bd. 134, 2015, S. 85–90.

Stoklásková, Zdeňka: Postrk jako nástroj chudinské péče. In: Hlavačka, Milan – Cibulka, Pavel et alii: Chudinství a chudoba jako sociálně historický fenomén: ambivalence dobových perspektiv, individuální a kolektivní strategie chudých a instrumentária řešení (Práce Historického ústavu Akademie věd ČR, Bd. 46). Praha: Historický ústav AV ČR, 2013, S. 293–318.

Stoklásková, Zdeňka: Právo domovské. Encyklopedie českých právních dějin. Bd. VI. Ostrava: Key Publishing, 2017, S. 339–351.

Stoklásková, Zdeňka: Stát namísto rodiny. Státní sirotčí péče a dobročinnost. Historická demografie, Jg. 43, 2019, S. 101–123.

Stoklásková, Zdeňka: The Register of Workers in a City as a Tooll of the Care for the Poor: The City of Brno as a Case Study. In: Poverty, Charity and Social Welfare in Central Europe in the 19th and 20th Centuries. Newcastle upon Tyne: Cambridge Scholars Publishing, 2017, S. 257–283.

Stoklásková, Zdeňka: Wandernde Handwerksgesellen als privilegierte Gruppe. Ein Beitrag zur Geschichte des Handwerks in den böhmischen Ländern. In: Roth, Klaus (Hrsg.), Vom Handwerksgesellen zum „Green-Card"-Spezialisten. Interkulturelle Aspekte der Arbeitsmigration im östlichen Mitteleuropa. Münster – New York – München – Berlin: Waxmann, 2003, S. 29–44.

Stránský, Adolf: O dělnických osadách. Česko-moravský národní hospodář a samosprávný věstník, Jg. 4, 1884, S. 21–33.

Stürmer, Michael: Herbst des alten Handwerks: Quellen zur Sozialgeschichte des 18. Jahrhunderts. München: Deutscher Taschenbuch Verlag, 1979.

Svoboda, Rudolf: Sociální a charitativní aktivity českobudějovických biskupů v letech 1785–1883. Studia theologica, Jg. 1, 2016, S. 97–114.

Teichl, Anton: Geschichte der Stadt Gratzen mit theilweiser Berücksichtigung der Herrschaft Gratzen. Gratzen: Selbstverlag, 1888.

Učitelské noviny. 2. April 1884.

Veits-Falk, Sabine: Offene Armenfürsorge in der Stadt Salzburg. Armenkassen und das Wirken der städtischen Armenkomission. In: Bräuer, Helmut (Hrsg.): Arme ohne Chance? Protokoll der internationalen Tagung „Kommunale Armut und Armutsbekämpfung vom Spätmittelalter bis zur Gegenwart" vom 23. bis 25. Oktober 2003 in Leipzig. Leipzig: Univ.-Verl., 2004, S. 223–249.

Veselý, František Xaver: Všeobecný slovník právní. 5 Bände, 1 Ergänzungsband., Praha: Selbstverlag, 1896–1900.

Vošahlíková, Pavla (Hrsg.): Auf der Walz. Erinnerungen böhmischer Handwerksgesellen. (Mitterauer, Michael – Kloß, Peter Paul (Hrsg.): Damit es nicht verloren geht. Bd. 30). Wien: Böhlau, 1994.

Voß, Andreas: Betteln und spenden: eine soziologische Studie über Rituale freiwilliger Armenunterstützung, ihre historischen und aktuellen Formen sowie ihre sozialen Leistungen. Berlin – New York: de Gruyter, 1992.

Vychodil, Josef: Kterak se konaly sbírky na Prostějovskou nemocnici milosrdných bratří. Selský archiv, Jg. 2, 1903, Nr. 4, S. 222–225.

Weinzierl-Fischer, Erika: Die Bekämpfung der Hungersnot in Böhmen 1770–1771 durch Maria Theresia und Joseph II. Mitteilungen des Österreichischen Staatsarchivs, Jg. 7, 1954, S. 478–514.

Weiss, Alfred Stefan: Aus Unglück arm geworden. In: Bräuer, Helmut (Hrsg.): Arme ohne Chance? Protokoll der internationalen Tagung „Kommunale Armut und Armutsbekämpfung vom Spätmittelalter bis zur Gegenwart“ vom 23. bis 25. Oktober 2003 in Leipzig. Leipzig: Univ.-Verl., 2004, S. 191–221.

Weiss, Alfred Stefan: „Providum imperium felix.“ Glücklich ist eine voraussehende Regierung. Aspekte der Armen- und Gesundheitsfürsorge im Zeitalter der Aufklärung, dargestellt anhand Salzburger Quellen ca. 1770–1803. Wien: Österreichischer Kunst- und Kulturverlag, 1997.

Weiß, Karl: Geschichte der öffentlichen Anstalten, Fonde und Stiftungen für die Armenversorgung in Wien. Im Auftrag des Gemeinderathes der k. k. Reichshaupt- und Residenzstadt Wien. Wien: Im Selbstverlage des Gemeinderaths, 1867.

Wolf, Werner: Zur Geschichte des Armen- und Arbeitshauses in Potsdam 1774–1800. Potsdam: Bezirksheimatmuseum, 1963.

Zenker, Ernst Viktor: Die Wiener Revolution von 1848 in ihren Voraussetzungen und Beziehungen. Wien – Pest – Leipzig: A. Hartleben's Verlag, 1897.

Zimmermann, Susan: Die Armen- und Sozialpolitik in Ungarn im Vergleich zu Österreich. In: Harmat, Ulrike (Hrsg.): Die Habsburgermonarchie 1848–1918. Bd. IX,1. Wien: Verlag der Österreichischen Akademie der Wissenschaften, 2010, S. 1465–1535.

Zucker, Alois: Einige dringende Reformen der Strafrechtspflege. Leipzig – Wien: Franz Deuticke, 1896.

Zucker, Alois: Die Polizeiaufsicht nach dem österreichischen Rechte mit besonderer Rücksicht auf die Bestimmungen der neusten Strafgesetzentwürfe. Prag: Verlag Fr. Řivnáč, 1894.

Zucker, Alois: Kriminalistické črty zejména se zřetelem k zločinné a zpustlé mládeži. Praha: Bursík & Kohout, 1894.

Ortsregister

Hinweis: Seitenangaben mit „n“ beziehen sich auf eine einzelne Fußnote; „nn“ bezeichnet eine Reihe bzw. einen Bereich von Fußnoten auf der angegebenen Seite.

Personenregister

Hinweis: Seitenangaben mit „n“ beziehen sich auf eine einzelne Fußnote; „nn“ bezeichnet eine Reihe bzw. einen Bereich von Fußnoten auf der angegebenen Seite.

T

Sachregister

Hinweis: Seitenangaben mit „n“ beziehen sich auf eine einzelne Fußnote; „nn“ bezeichnet eine Reihe bzw. einen Bereich von Fußnoten auf der angegebenen Seite.

www.ingramcontent.com/pod-product-compliance
Ingram Content Group UK Ltd.
Pitfield, Milton Keynes, MK11 3LW, UK
UKHW021821290926
8980IPUK00004B/199